国家社科基金重大委托项目
中国社会科学院创新工程学术出版资助项目

中国民族地区
经济社会调查报告

总顾问　陈奎元
总主编　王伟光

宁德畲族聚居区卷

本卷主编　马　骅　陈建樾

中国社会科学出版社

图书在版编目(CIP)数据

中国民族地区经济社会调查报告·宁德畲族聚居区卷 / 马骅，陈建樾主编.
—北京：中国社会科学出版社，2015.12
ISBN 978 - 7 - 5161 - 8053 - 2

Ⅰ.①中…　Ⅱ.①马…②陈…　Ⅲ.①民族地区经济 – 经济发展 – 调查报告 –
宁德市②民族地区 – 社会发展 – 调查报告 – 宁德市　Ⅳ.①F127.8

中国版本图书馆 CIP 数据核字(2016)第 084369 号

出 版 人	赵剑英
责任编辑	宫京蕾
特约编辑	大　乔
责任校对	石春梅
责任印制	李寡寡

出　　版	中国社会科学出版社
社　　址	北京鼓楼西大街甲 158 号
邮　　编	100720
网　　址	http：//www.csspw.cn
发 行 部	010 - 84083685
门 市 部	010 - 84029450
经　　销	新华书店及其他书店

印刷装订	北京市兴怀印刷厂
版　　次	2015 年 12 月第 1 版
印　　次	2015 年 12 月第 1 次印刷

开　　本	710×1000　1/16
印　　张	20.75
插　　页	2
字　　数	361 千字
定　　价	76.00 元

《21 世纪中国少数民族地区经济
社会发展综合调查》
项目委员会

顾问委员会

总 顾 问　陈奎元

学术指导委员会

主　　任　王伟光

委　　员（按姓氏笔画为序）

丹珠昂奔　李　扬　李培林　李　捷　陈改户　武　寅

赵胜轩　　郝时远　高　翔　黄浩涛　斯　塔

专家委员会

首席专家　王延中

委　　员（按姓氏笔画为序）

丁卫东	丁　宏	丁　赛	马　援	王　平	王希恩
王　锋	开　哇	车明怀	扎　洛	方　勇	方素梅
尹虎彬	石玉钢	龙远蔚	卢献匾	田卫疆	包智明
吐尔干·皮达	朱　伦	色　音	刘正寅	刘世哲	
刘　泓	江　荻	赤列多吉	李云兵	李红杰	李克强
吴大华	吴　军	何星亮	张若璞	张昌东	张继焦
陈建樾	青　觉	郑　堆	赵立雄	赵明鸣	赵宗福
赵剑英	段小燕	姜培茂	聂鸿音	晋保平	特古斯
俸代瑜	徐　平	徐畅江	高建龙	黄　行	曹宏举
曾少聪	管彦波	毅　松			

项目工作组

组　　长　扎洛　孙懿

成　　员（按姓氏笔画为序）

丁　赛　孔　敬　刘文远　刘　真　李凤荣　李益志

宋　军　陈　杰　周学文　程阿美　管彦波

总　序

　　实践的观点是马克思主义哲学最基本的观点，实事求是是马克思主义的活的灵魂。坚持一切从实际出发、理论联系实际、实事求是的思想路线，是中国共产党人把马克思主义基本原理与中国实际相结合，领导中国人民进行社会主义革命和社会主义建设不断取得胜利的基本经验。改革开放以来，在实事求是、与时俱进思想路线指导下，中国特色社会主义伟大事业取得了举世瞩目的伟大成就，中国道路、中国经验在世界上赢得广泛赞誉。丰富多彩的成功实践推进了中国化马克思主义的理论创新，也为哲学社会科学各学科的繁荣发展提供了坚实沃土。时代呼唤理论创新，实践需要哲学社会科学为中国特色社会主义理论体系的创新发展做出更大的贡献。在中国这样一个统一的多民族的社会主义国家，中国特色的民族理论、民族政策、民族工作，构成了中国特色社会主义的重要组成部分。经济快速发展和剧烈社会转型，民族地区全面建成小康社会，进而实现中华民族的伟大复兴，迫切需要中国特色民族理论和民族工作的创新，而扎扎实实开展调查研究则是推进民族研究事业适应时代要求、实现理论创新、服务发展需要的基本途径。

　　早在20世纪50年代，应民族地区的民主改革和民族识别之需，我国进行了全国规模的少数民族社会历史与语言调查，今称"民族大调查"。这次大调查搜集获取了大量的有关民族地区社会历史的丰富资料，形成300多个调查报告。在此次调查的基础上，整理出版了400余种、6000多万字的民族社会历史建设的巨大系统工程——《民族问题五种丛书》，为党和政府制定民族政策和民族工作方针，在民族地区开展民主改革和推动少数民族经济社会的全面发展提供了重要的依据，也为新中国民族研究事业的发展奠定了坚实的基础。

半个多世纪过去了，如今我国边疆民族地区发生了巨大而深刻的变化，各民族逐渐摆脱了贫困落后的生产生活状态，正在向文明富裕的现代化社会迈进。但同时我们也要看到，由于历史和现实的原因，各民族之间以及不同民族地区之间经济社会的发展依然存在着很大的差距，民族地区经济发展不平衡性问题以及各种社会问题、民族问题、宗教问题、生态问题，日益成为推动民族地区经济社会发展必须着力解决的紧迫问题。深入民族地区开展长期、广泛而深入的调查研究，全面了解各民族地区经济社会发展面临的新情况、新问题，科学把握各民族地区经济社会发展趋势，是时代赋予民族学工作者的使命。

半个多世纪以来，中国社会科学院民族学与人类学研究所一直把调查研究作为立所之本。1956 年成立的少数民族语言研究所和 1958 年成立的民族研究所（1962 年两所合并），从某种意义上讲，就是第一次民族大调查催生的结果。作为我国多学科、综合性、国家级的民族问题专业研究机构，民族所非常重视田野调查，几代学人已在中国各民族地区近 1000 个点进行过田野调研。20 世纪 90 年代，民族所进行了第二次民族地区典型调查，积数年之功完成了 20 余部调研专著。进入新的历史时期，为了更好地贯彻党中央对我院"三个定位"的要求，进一步明确今后一个时期的发展目标和主攻方向，民族所集思广益，经过反复酝酿、周密论证，组织实施了"21 世纪初中国少数民族地区经济社会发展综合调查"。这是我国民族学研究事业发展的迫切需要，也是做好新时期民族工作的前提和基础。

在充分利用自 20 世纪 50 年代以来开展的少数民族社会历史与语言调查相关研究成果的基础上，本次民族大调查将选择 60—70 个民族区域自治地方（包括城市、县旗或民族乡）作为调查点，围绕民族地区政治、经济、社会、文化、生态五大文明建设而展开，计划用 4—5 年的时间，形成 60—70 个田野调查报告，出版 50 部左右的田野民族志专著。民族调查是一种专业性、学科性的调查，但在学科分化与整合均非常明显的当代学术背景下，要通过调查研究获得开拓性的成果，除了运用民族学、人类学的田野调查方法外，还需结合社会学问卷调查方式和国情调研、社会调查方式，把静态与动态、微观与宏观、定量分析与定性分析、典型与一般有机结合起来，突出调查研究的时代性、民族性和区域性。这是新时期开展民族大调查的新要求。

　　立足当代、立足中国的"民族国情"，妥善处理民族问题，促进各民族平等团结，促进各民族地区繁荣发展，是中国特色社会主义的重要任务。"21 世纪初中国少数民族地区经济社会发展综合调查"作为国家社科基金特别委托项目和中国社会科学院创新工程重大项目，希望立足改革开放以来少数民族地区的发展变化，围绕少数民族地区经济社会发展，有针对性地开展如下调查研究：（1）民族地区经济发展现状与存在问题调查研究；（2）民族地区社会转型、进步与发展调查研究；（3）西部大开发战略与民族问题调查研究；（4）坚持和完善民族区域自治制度调查研究；（5）民族地区宗教问题调查研究；（6）民族地区教育与科技调查研究；（7）少数民族传统文化与现代化调查研究。

　　调查研究是加强学科建设、队伍建设和切实发挥智库作用的重要保障。基础研究与应用对策研究是现代社会科学不可分割的有机统一的整体。通过全面深入系统的调查研究，我们冀望努力达成以下几个目标：一是全面考察中国特色民族理论、民族政策的探索和实践过程，凝练和总结中国解决民族地区发展问题、确立和谐民族关系、促进各民族共同繁荣发展的经验，把握民族工作的一般规律，为未来的民族工作提供坚实的理论支撑，为丰富和发展中国特色社会主义理论体系做出贡献。二是全面展示改革开放特别是进入 21 世纪以来民族地区经济社会发展的辉煌成就，展示以"平等、团结、互助、和谐"为核心内容的新型民族关系的当代发展状况，反映各族人民社会生活的深刻变化，增强各民族的自豪感、自信心，建设中华民族共同体，增强中华民族凝聚力。三是深入调查探寻边疆民族地区经济社会发展中存在的问题，准确把握未来发展面临的困难与挑战，为党和国家全面了解各民族发展现状、把握发展趋势、制定未来发展规划提供可靠依据。四是通过深入民族地区进行扎实系统的调研，搜集丰富翔实的第一手资料，构筑我国民族地区社会发展的基础信息平台，夯实民族研究的基础，训练培养一支新时代的民族问题研究骨干队伍，为民族学研究和民族地区未来发展奠定坚实的人才基础。

　　我们深信，参与调查研究的每一个专家和项目组成员，秉承民族学人类学界前辈学人脚踏实地、不怕吃苦、勤于田野、精于思考的学风，真正深入民族地区、深入田野，广泛汇集干部群众的意见、倾听干部群众的呼声，通过多种方式方法取得丰富的数据资料，通过科学严谨的数据分析和系统深入的理论研究，一定会取得丰硕的成果。这不仅会成为新世纪我国民族学与人类学学科建设的一个重要里程碑，也一定会为党和政府提供重要决策参考，为促进我国民族理论和民族工作的新发展，为在民族地区全面建成小康社会，为实现中华民族的伟大复兴做出应有的贡献。

王伟光

目　录

绪　　论

畲族是中国南部的一个古老民族，关于畲族的起源，学术界有不同的观点。但是，比较公认的看法是，在公元 6 世纪末 7 世纪初，以广东潮州凤凰山为中心的闽、粤、赣三省交界地的广袤的地理空间已居住着比较稳定的人类共同体——畲族先民。汉文献中所记载的"蛮""南蛮""蛮僚""峒僚""峒蛮""百越""山越"等不同称谓，均与畲族先民有一定的关联。

"畲"同"畬"，其字来历甚古，在《易》《诗》等典籍中已经出现。如《周易·无妄》有"菑畬"之句，《诗经·周颂》有"新畬"之语。意为耕后熟田，或火烧田（火种）。清光绪本《龙泉县志》载："民以畲名，其善田者也。"又据汉族文献，广东有俗字"輋"，音同"畲"（shē）。清乾隆本《海丰县志》载："土人以山林中结木覆居为'輋'，故称傜所止曰'輋'。"总之，从"畲""輋"字意，畲族的族称，包含了他们传统的生产、生活方式，即以刀耕火种为业（畲），以山间棚寮为居（輋）。畲民之称，始于宋代，如刘克庄《后村先生大全集》卷 93《漳州谕畲》便详言漳州地区畲民生活形态与聚落特点。畲族自称"山哈"，意为"山客"，此称谓与客家文化有关。1956 年 12 月，畲族作为单一民族被正式确认。

一　畲族的人口、分布，历史过程与文化特征

根据 2010 年第六次人口普查数据，畲族总人口为 708651 人，占全国总人口的 0.0532%。主要分布在我国南方的闽、浙、赣、粤、黔、皖、湘、鄂诸省，其中福建 365514 人，浙江 166276 人，江西 91068 人，广东

29549 人，贵州 36558 人，安徽 1682 人，湖南 3059 人，湖北 3058 人。在民族区域制度以及补充形式（民族乡）于畲族聚居地的实践过程中，我国先后设立了 1 个畲族自治县，即浙江省景宁畲族自治县，以及 45 个畲族乡，其中包括福建省 18 个畲族乡、浙江省 18 个畲族乡（镇）、江西省 7 个畲族乡、广东省 1 个畲族乡、安徽省 1 个畲族乡。

畲族有着千余年的民族发展史，在其历史进程之中，积淀了与众不同的文化特征：

（一）畲族移民史：从闽粤赣交界地到闽浙赣交界地

古代畲族是一个山地游耕民族，其民族发展史也是民族迁移史。虽然关于畲族的起源、发展莫衷一是，但是我们仍将畲族历史叙事的逻辑起点定在公元 6 世纪末 7 世纪初。就畲族迁移历史的总体而言，其地理空间的移动是从闽粤赣交界地到闽浙赣交界地，一般而言，前者的时间在唐宋元时期，后者的时间在明清时期。千余年来畲民迁徙的动因可概括成"戎"与"耕"二字。

隋唐时期，闽粤赣交界地居民之一是畲族先民。清代学者杨澜认为，当年畲族先民的分布是"长汀为光龙峒，宁化为黄连峒。峒者，苗人散处之乡。大历（766—769）后始设郡县，其巢窟招集流亡，辟土植谷，而纳贡赋。其地环万山中，厥壤宜稻田，有山溪水足资灌溉，故郡以汀名，表水利也。于是负耒耜者，皆望九龙山而来。"[1] "唐时初置汀州，徙内地民居之，而本土之苗仍杂处其间，今人呼曰畲客。"[2] 唐代发生在这里的三次军事事件都与畲族先民有关。

其一，唐高宗总章二年（669），"泉、潮间，蛮僚啸乱"。[3] 这是史书上关于畲族先民兵事的最早记载。这时，唐高宗诏令河南光州固始人、"卫翊府左郎归德将军"陈政统率唐军进兵闽、粤、赣交界地，几经交锋，在畲族先民的军事压力下，陈政"自以众寡不敌，退保九龙山，奏请益兵。"唐王朝派其兄陈敏、陈敷"领军校五十八姓来援"。陈敏、陈敷二人死于途中，其母魏氏"代领其众入闽，乃进师屯御梁山之云霄

---

① 杨澜：《临汀汇考》卷 1，《方域考》。
② 杨澜：《临汀汇考》卷 3，《风俗考·畲民附》。
③ 薛凝度：《云霄厅志》，卷 11，《宦绩》，清嘉庆二十一年（1816）本。

镇。"① 仪凤二年（677），陈政死后，其子陈元光"代领其众"，继续与苗自成、雷万兴等畲军较量，并一再增兵，终于，"讨山寨诸贼，遂擒蓝、雷二贼酋，杀之，平三十六寨。"② 唐垂拱二年（686），漳州建郡，陈元光出任刺史。唐景龙二年（708），畲族先民发起更大规模的战争，其首领为苗自成、雷万兴之子蓝奉高。漳州刺史陈元光率兵应战，几经交战，唐军兵败，陈元光被蓝奉高手刃而亡。唐开元三年（715）唐王朝以"岭南多故"，命陈元光之子陈珦"代州事"，"率武勇，夜袭巢洞，斩前刃父贼蓝奉高，并浮其余党，迁州治于李澳州（现漳浦县治）。"③这场发生在闽粤赣交界地的军事对峙，历时半个世纪，与畲族先民兵戎相见，陈政、陈元光、陈珦等人付出了祖孙三代的生命。

其二，唐末自"安史之乱"后，国内藩镇割据，唐光启元年（885）正月，王绪率河南光州、固始二州数千人渡江。八月，王潮掌兵权，和其弟王审知统率中州部队南下由赣入闽。据《资治通鉴》记载，唐昭宗景福元年（892），王潮所部从泉州"将兵攻福州，民自请输米饷军，平湖洞及滨海蛮夷者，皆兵船助之。"④ 胡三省的考证，"平湖洞在泉州莆田县界外"。平湖洞及滨海蛮夷就包括畲族先民。这次行动在闽东、闽北畲族的众多家谱中均有记载。如福安市甘棠镇田螺园畲族村《冯翊雷氏宗谱》载，"唐光启二年，盘、蓝、雷、钟、李共三百六十一口，从王审知为乡导官入闽，至连江马鼻登岸，时徙罗源大坝头居焉。盘王端（一说为'碧'——引者）一船被大风漂流，不知去向。"⑤ 关于闽王王审知与畲族先民的关系，在地方志书与畲民谱牒中还有其他记载。

其三，唐乾宁元年（894），"黄连峒蛮二万围汀州"。⑥ 胡三省注曰："黄连洞在汀州宁化县南，今潭飞石祭即其地"。这次"蛮乱"，被王潮的部将李承勋击破。

宋元时期，畲族先民的军事活动区域扩大，对其后向闽浙赣交界地的迁徙产生了很大的作用。刘克庄的《漳州谕畲》是宋人谈到畲族先民居住在漳州一带最为详尽的篇章，其文曰："……漳尤闽之近里，民淳而事

---

① 薛凝度：《云霄厅志》卷11，《宦绩》，清嘉庆二十一年（1816）本。
② 杨澜：《临汀汇考》卷11，《兵寇考》。
③ 薛凝度：《云霄厅志》卷11，《宦绩》，清嘉庆二十一年（1816）本。
④ 《资治通鉴》卷259，《唐纪》，七。
⑤ 福安甘棠田螺园《冯翊雷氏宗谱》，清光绪三十二年（1906）本。
⑥ 《资治通鉴》卷259，《唐纪》，七五。

简，乐土也。……省民、山越，往往错居，……凡溪洞种类不一：曰蛮、曰瑶、曰黎、曰蛋，在漳者曰畲。西畲隶龙溪，犹是龙溪人也。南畲隶漳浦，其地西通潮、梅，北通汀、赣，奸人亡命之所窟穴。……二畲皆刀耕火耘，崖栖谷汲，如猱升鼠伏，有国者以不治治之。畲民不悦（役），畲田不税，其来久矣。"①宋理宗景定年间，"畲人不堪"统治者的盘剥，"遂怙众据险，剽略省地"。景定四年（1263），宋王朝统兵"会合剿捕，仅得二捷"，无法根本解决"畲乱"。遂命官吏"入畲招谕"，他们"且招且捕"。"于是，西九畲相继受招"，"南畲三十所，酋长各籍户口三十余家，愿为版籍民。二畲既定，漳民始知有土之乐"。②自唐高宗之后，在闽粤赣交界区域，畲族先民的军事行动此起彼伏，未曾停息。宋宁宗嘉定二年（1209），湖南郴州"黑风洞寇"李元砺起事，"众数万"，攻城略地，历时两年，转战湘、赣、闽三省数州。宋理宗绍定二年（1229）宁化"宴头陀"宴彪起事，《宋史·理宗本纪》称其为"汀、赣、吉、建昌蛮僚窃发"。此事历时两年，波及福建的汀、剑、邵武和江西的赣、吉、建昌等州、郡。宴头陀之乱初熄，赣南陈三枪的反抗之火又燃。陈三枪的军队又得到蛮僚钟全的呼应，他们转战福建、江西、广东三路数州，连营六十砦。

据《元史》记载，宋景炎元年（1276），陈吊眼、许夫人等组织"畲军"配合陆秀夫等人抗元。"时诸郡盗起，其最盛者陈吊眼，拥众五万，陷漳州。"③他们在泉州配合文天祥、张世杰讨伐蒲寿庚，"张世杰围泉州将淮军及吊眼、许夫人诸洞畲军，兵威稍振。"④他们的行军路线包括漳浦、安溪、云霄、诏安等地。元至元十九年（1282），建宁黄华举事，⑤畲妇许夫人又率畲军转战闽北与黄华军汇合。畲军的行军路线又涉及南平、建宁、崇安、浦城、政和等地。元至元二十三年（1286），钟明亮在广东的徇州举事，他们转战于闽西南、赣东南等地。钟明亮的军队得到闽南、闽北等地的畲人响应，并出现了"拥众十万，声摇数郡"的局面。福建按察使王恽上疏朝廷曰："况福建归附之民户几百万，黄华之变，十

---

①　刘克庄：《后村先生大文集》卷93，《漳州谕畲》。

②　同上。

③　《元史》卷135，《塔里赤传》。

④　《宋季三朝政要》，附录，卷6。

⑤　《元史》卷162，《刘国杰传》。

去四五，今明亮之势又烈于华。"① 此起彼伏的抗元斗争促成了畲族的迁徙，迁徙的范围几乎遍及闽南、闽北。上述的抗元斗争虽然最终失败了，但产生很大的影响。元朝对抗元队伍采取了善后政策："放福建黄华军，收其军器，其部长于近处州郡民官迁转。"② "诏福建黄华畲军有恒产者放为民，无恒产与妻子者，编为守城军。"③

总之，唐宋元时期，闽粤赣交界地的军事史，几乎都有畲民参与其间，而且，相当规模的畲族迁徙都与军事行动相关，即畲军纵横千里，转战南北，便有人滞留在某个地方，安家落户。而封建朝廷的招抚和屯田，也会使大量的畲民被控制在朝廷"立屯耕作"的地方，休养生息。在闽粤赣交界地，畲族先民在日常生活中，与汉族民系客家人、闽南人（福佬）交往密切，文化互动，有斗争，有融合，对畲民族的传统文化的形成产生了直接影响。

明清时期，畲族迁徙的主要动因，从军事行动逐渐演变成了经济活动。明正德年间，闽粤赣交界地的赣南、汀州一带曾发生"畲乱"，被巡抚南赣都御史王守仁"檄四省备官选募民兵操练。……平之"④。正德十五年（1520）他精心设计了《南赣乡约》，凡十六条，是军事围剿后所进行的精神洗涤与社会控制。王阳明"心学"的胜利使赣南、汀州的畲民逐渐融入了客家民系。清康雍乾三世，闽南漳浦的蓝氏家族跟随了施琅征台，出现了一批如蓝理、蓝廷珍、蓝元枚等清廷水师将领，以及政治家"筹台宗匠"蓝鼎元。石椅蓝氏遂为位高权重的华丽家族，他们习文练武，逐渐融入了闽南福佬的上流社会。明清之际，畲民活动的闽粤赣交界地历史舞台，逐渐沉寂下来，并渐渐地移到了闽浙赣交界地。

自明代开始，在闽粤赣交界地的大量畲民迫于生计，以家庭为单位，开始了向闽浙赣交界地徐徐而行，移民的主要动因是种菁业。明代"福建蓝"名冠天下，为了获取丰厚利润，盛极一时的种菁业在闽粤赣交界地悄然崛起。该区域的畲民以"菁客"的身份，大批量地跟随"菁寮"寮主，向人口相对稀疏的闽浙赣交界地移动，他们向当地的"山主"租赁山地，种植蓝靛，生产染料，发展产业。闽浙赣交界地因为倭寇、邓茂

---

① 《元史记事本末》卷1，《江南群盗之平》。
② 《元史》卷13，《世祖本纪》，10。
③ 《元史》卷98，《兵志》，1。
④ 《明史记事本末》卷48，《平南赣盗》。

七等兵燹、战乱，以及连年山洪水灾等天灾人祸，造成田园荒芜，人口锐减，客观上为畲民腾出了定居的空间。畲民们种植畲禾等粮食作物与苎麻、蓝靛等经济作物，维持生计，安家落户。闽浙赣交界地的畲民便有"畲寮""菁寮""苎寮"的"三寮"之称。据畲族宗谱记载，大量的畲民定居闽浙赣交界地是始于明代中叶。

清朝是少数民族政权，其较为宽松的民族政策为闽浙赣交界地的畲民生存发展提供了社会空间。乾隆年间，最后一批畲族乡村实施了"编图隶籍"政策，将畲民与普通的黄册黎民视为同等地位，又将畲民编入《皇清职贡图》，即承认了畲民的苗夷之异。同意畲区的读书取士，诞生了畲族的文化精英与精英文化。畲族"大分散小聚居"的聚落格局在闽浙赣交界地逐渐形成。当下畲族传统文化的基本构件，即风俗文化、服饰文化、歌言文化、巫术文化与宗族文化的建构与定型也完成于这个地理空间。20世纪50年代，畲民族成分的鉴别、认定便主要是在这个区域得以佐证的。闽浙赣交界地对畲民族形成至关重要，学者认为"在闽浙赣交界地中畲民完成了民族共同体的建构，并且闽浙赣交界地作为一个关系的总体本身又在畲民族的建构过程中实现了其地理意义。换句话说，我们要理解畲族就不能不理解闽浙赣交界地，而要认识闽浙赣交界地就不能排除畲族的因素。"① 闽浙赣交界地畲族人口最密集、分布最广，所保留的民族特征也最明显、最丰富。

（二）在新民主主义革命中作出应有的贡献

在新民主主义革命时期，以闽西、赣南、闽东、浙南畲族为代表，畲族为民族解放事业做出了应有的贡献，畲民革命在我国少数民族革命史中是比较突出的。在大革命时期，闽西畲族乡村出现了民主革命的先驱者。土地革命时期，赣南、闽西中央苏区的红色政权建立在畲族乡村，毛泽东在上杭县苏家坡畲族村养病并兴办了第一所平民小学，陈毅在官庄畲族乡传达了党中央"九月来信"，确立了毛泽东的领导地位，在红军长征湘江战役的战斗中有畲族红军的身影。20世纪30年代，闽东第一支革命武装工农游击队建立于福安县溪潭马山畲族村，闽东独立团成立于霞浦县西胜畲族村。闽东苏维埃政权在福安溪柄斗面村成立，并在东山畲族村开展分

---

① 蓝图、蓝炯熹：《闽浙赣交界地：地理枢纽与畲民族共同体的建构——以历史地理为视角》，载《福州大学学报》2010年第6期，第6页。

田试点工作。包括畲族游击队员在内闽东红军独立师与浙南挺进师分别被编入了新四军三支队六团与二支队四团，并走上抗日前线。当年闽东革命领导人叶飞副委员长曾给予畲族高度评价："在闽东三年游击战争最艰苦的年代，畲族人民的作用是很大的。他们具有两大特点：第一，最保守秘密，对党很忠实；第二，最团结。"

（三）近八成的人口处于东南沿海改革开放与经济发达的省份

在畲族人口分布的格局中，一个突出的特点是将近八成的人口分布于我国东南沿海，畲族是我国东南沿海人口最多、分布最广的世居少数民族。据"六普"人口统计资料，福建、广东、浙江三省的畲族人口有561339人，占畲族人口总数的79.21%，其中福建、浙江的每一个县（市、区）都有畲族人口。广东、福建是 20 世纪 80 年代改革开放的前沿，闽、粤、浙三省是沿海经济发达省份。接受市场经济思想与改革开放意识，畲族乡村有着近水楼台与得天独厚的条件。畲族人民是我国改革开放进程的参与者与见证人。在民族政策与沿海改革开放政策的双重优惠中，畲族乡村是五大文明建设的实践者，也是文明成果的受益者。

（四）台港澳地区、东南亚和欧美大陆都有大量的畲族宗亲

在畲族歌言中，有两种版本的《过畲歌》，即闽南、闽东的畲族同胞漂洋过海远渡南洋的长篇叙事诗歌，文本分别以畲语和闽南语倾诉了畲民海外漂流的冒险、动荡生活与悲凉、困顿境遇。畲族的台港澳同胞与海外侨胞人口有 10 余万人，比较典型的地区，譬如漳浦畲族在中国台湾，安溪畲族在新加坡，古田畲族在马来西亚，连江畲族在美国，文成畲族在意大利，等等。境外畲族与本乡本土的交往，大都以家族的形式进行。闽粤浙赣都是汉族家族文化发达的地区，间接、直接地影响了当地的乡村畲族。从明代末期开始，畲族也仿效汉人编修谱牒，鼎建宗祠，畲族是少数民族中家族文化比较发达的民族。畲民家族文化中既有汉族的影响的烙印，又有着本民族独有的文化元素。改革开放以来，依凭血缘的纽带，畲民家族之间的往来，促进了畲族乡村的对外开放与经济、文化、社会的进步。

二　畲族调查研究的历史回顾

（一）清代的畲民调查

关于畲民的田野调查始于清代，福建、浙江、广东、江西等省的许多地方志书里对当地畲民有详略不一的记载。其中较有价值的是乾隆朝处州府青田县令吴楚椿于乾隆四十一年（1776）所撰的《畲民考》，这是现存的第一篇地方行政主官亲书的畲民调查文献，该文刊载于他主修的《续青田县志》中。在《畲民考》中，吴楚椿介绍了畲民的族源来历、生存处境等，他对畲民读书考试问题，表示了特别的关注，认为："阻其上进之阶，是草野之横议也。"①另者是刊载于清乾隆十四年（1748）《汀州府志》的长汀贡生范绍质的《猺民纪略》，该文较为详尽、生动地记载了明清时期福建畲民的社会生活，包括畲民居住环境、社会制度、体貌特征、服饰穿戴、姓氏构成、婚姻状况、信仰葬制、民风习俗、耕作行猎、物产贸易等。光绪三十二年（1906）上海虹口顺成书局出版的《畲客风俗》被认为是第一部以现代社会调查实录方法对畲民风俗生活的"辐轩之采"，作者为浙江云和人魏兰（笔名：浮云）。专著内容包括畲民起源、分布、迁徙、耕作、祭祖、婚嫁、饮食、服饰、伦理、信仰、语言、歌谣等。

（二）民国时期的畲民调查研究

民国初年，许多著名的学者开始关注位于南中国的畲民聚落。1920年7月，我国植物学先驱者南京高等师范学校教授胡先骕前往浙江东部采集植物标本，同时调查了当地畲民，并作《浙江温州处州间土民畲客述略》，载 1922 年《科学》杂志第 7 卷。北京大学教授沈作乾先后作《畲民调查记》《括苍畲民调查记》分别刊载于 1924 年《东方杂志》第 21 卷第 7 号和 1925 年《北京大学研究所国学门周刊》第 1 卷，第 4—5 期。福州协和大学董作宾作《说"畲"》《畲语十八名》《福建畲民考略》分别刊载于 1926 年《北京大学研究所国学门周刊》第 1 卷、第 2 卷和 1927 年

---

① 吴楚椿等：《续青田县志》卷6，"文部"，乾隆四十二年（1777）本。

《中山大学语言历史研究所集刊》第 1 集第 2 期。中山大学中文系钟敬文
作《惠阳崟仔山苗民的调查》刊于 1926 年《中山大学语言历史研究所集
刊》第 1 集第 6 期。1929 年夏天，同济大学教授、德国学者史图博
（A. Stübel）和他的学生李化民赴浙江省景宁县敕木山调查。《敕木山畲
民调查记》报告德文版刊于 1931 年中央研究院社会科学研究所《专刊》
第 6 号。该书是西方学者第一次以人类学视角对浙江畲民的全面考察，著
作中作者阐明了调查动机，认为："研究这个特殊的民族有多方面的重要
性。以前，关于福建和浙江土人的情况，还是比较不为人所熟悉的。而这
少量的材料，又是散见于简短的、往往难以弄到的报告中。这种土人居住
地，多半还根本没有被从事民族学研究的旅行家访问过。再则，这些当初
从南方迁来的居民的遗族，在文化史的意义上毫无疑问是值得注意的。我
们在这里可以看到，伟大的、比较统一的华南民族是由许多不同的民族混
合形成的。这一同化过程，如今还在进行。旧的风俗和服装，原始的性格
特征和原始的宗教，这是一个方面；汉人的农业经济和土著居民的农业经
济，几乎没有区别，这是另一方面。这里在一定程度上给我们一个机会来
抓住华南原始民族最终形成中华民族一部分的一个发展阶段。"该书内容
丰富，包括：畲民称谓、浙江畲民分布、聚落特点、服装服饰、农业经
济、食物饮料、身体特征、健康状况、民族性格、社会生活、畲汉关系
等。20 世纪 30 年代，燕京大学研究院硕士林耀华在闽东山区调查，作
《闽境僻壤中苗夷现状》载 1937 年 2 月 3 日《益世报》。福州协和大学翁
绍耳在童年生活过的福州郊区调查，作《福州北岭黄土岗特种部族人民
生活》和《福州北岭黄土岗畲民生产概况》，分别载于 1939 年《福建文
化》第 27 期与《协大农报》第 1 卷第 4 期。同时，中央研究院院长蔡元
培热心于提倡民族学的研究，中研院社会科学研究所民族学组原计划在
1932 年 "赴北满调查鄂伦春人及索伦（鄂温克）人，自'九·一八'事
变后，东北三省失陷，事实上已不能进行"，于是改为调查福建、浙江等
地的畲族。① 民族学组研究员凌纯声在浙江丽水调查畲族，先后作《浙南
畲民图腾文化的研究》《畲民图腾文化的研究》，分别载于 1939 年《人类
学集刊》第 1 卷第 2 期与 1947 年《国立中央研究院历史语言研究所集
刊》第 16 本。福建学院副教授傅衣凌作《福建畲姓考》，刊于 1944 年

---

① 参见中央研究院社会科学研究所《国立中央研究院社会科学研究所二十年度工作报告》，
1932 年。

《福建文化》第 2 卷第 1 期。

（三）新中国的畲族调查研究

中华人民共和国成立以后，党和政府对民族工作十分重视，各级政府多次组织专门调查组深入畲族乡村，开展畲族社会历史文化的调查研究。1952 年 7 月 8 日，福建省人民政府《畲族福安县仙岭洋调查情况》是中华人民共和国成立后，福建省人民政府的第一份社会调查资料，这份资料对福安仙岭洋村畲族迁徙历史、生活习俗作了简要叙述，着重调查了新中国成立前后畲民政治地位、生活水平，阐述了畲民族称问题，反映了畲族群众的要求，包括办学校与合作社，以及民族管理机构等。从 1953 年至 1982 年中央开展了规模较大的畲族调查：

（1）1953 年，全国人大民委与中央民委组织进行全国性的民族识别调查。中央派出全国畲族识别调查小组，施联朱为组长。在福建、浙江两省省委统战部、民政厅配合下，调查小组赴福建省罗源县八井、漳平县山羊隔、上杭县庐丰和浙江省景宁县东衕等畲村，进行为期三个月的民族识别调查。编写《浙江景宁县东衕畲族调查报告》《福建罗源县八井畲族调查报告》《福建漳平县山羊隔畲族调查报告》和《福建上杭县庐丰畲族调查报告》。根据此次民族识别调查，为确定畲族是单一少数民族提供直接证据。

（2）1958 年，为响应党中央关于抢救我国少数民族文化遗产的号召，在国务院民族事务委员会和中国科学院哲学社会科学部领导下，由中国科学院民族研究所主持，全国成立 16 个少数民族社会历史调查组，其中福建少数民族社会历史调查组，负责调查福建、浙江、江西、安徽等省的畲族。调查组由中国科学院民族研究所、中央民族学院、北京大学、中央音乐学院、厦门大学、福建省文联、福建省文化厅、民政厅等单位 50 多人组成。调查组成员分赴福建福安县的山岭、凤洋、仙岩，福鼎县的双华、浮柳、牛埕下，宁德县的飞鸾、七都、八都，霞浦县的盐田、青皎、草岗，罗源县的八井、飞竹、西兰，连江县的总洋；浙江景宁县的东衕，平阳县的王神洞、章家山、李家旺、牛角湾，泰顺县的竹垟；江西铅山县的太源、贵溪县的樟坪等 20 多个畲村进行为期半年的畲族社会历史调查，搜集了丰富的资料，编写了 20 多篇调查报告。1961 年，根据田野调查和文献资料，撰写《畲族简史简志合编》一书。该书于 1963 年由中国社会科学院民族研究所内部发行。后来由于"文化大革命"的原因，这项工作长期陷于停顿状态。1979 年 1 月，国家民委重新规划出版"民族问题五种丛书"，在 1963 年内部发行的《畲族简史简志合编》基础上，修改补充，作为中国少数民族简史丛书之一的《畲族简史》，于 1980 年由福建人民出版社出版。1958 年福建少数民族社会历史调查组专门组织文艺调查小组，中央文化部派郑小瑛为小组长，小组到闽浙两省 7 个县、22 个点、50 多个自然村，完成了《畲族文艺调查》报告。20 世纪 60 年代初，全国政协委员吴文藻、费孝通、潘光旦、浦熙修等人到罗源县石别下畲族村，专门调查畲族文化。

（3）1982 年，国家民委又委派调查小组，赴福建的霞浦、福安、罗源、贵溪，浙江的景宁、遂昌，安徽省宁国，江西省铅山，广东省潮州等县市的畲族乡村，继续进行畲族社会历史调查，获得大量有价值的资料，填补了 1958 年福建少数民族社会历史调查组尚未调查的许多空白。最后汇编成册，作为中国少数民族社会历史资料丛刊之一的《畲族社会历史调查》，于 1986 年由福建人民出版社出版。1986 年《景宁畲族自治县概况》作为中国少数民族自治地方概况丛书之一由浙江人民出版社出版。

此外，20 世纪 80 年代厦门大学人类学系到福建漳浦县的赤岭、湖西，宁德县的金涵，霞浦县的崇儒、水门等畲乡，对畲族进行社会历史文化调查，先后编写了《崇儒乡畲族》《宁德金涵畲族》《霞浦水门畲族》《漳浦赤岭、湖西畲族》和《畲族民俗》等书。

1983 年 6 月厦门大学历史系、人类博物馆和复旦大学生物系人类学教研组、上海自然博物馆人类学组组成联合调查组，在霞浦崇儒乡的霞坪、新村、上水等畲族村，进行畲族体质人类学调查。

1994 年 4—6 月，按照国家民委、卫生部、国家统计局所制订的全国少数民族人口健康素质调查抽样调查及福建省畲族人口健康素质调查抽样调查实施方案，调查组调查了福建省宁德、龙岩地区，漳州市以及福安、上杭、漳浦等县（市）的畲族人口健康素质等课题。调查组共完成了《福建省畲族人口金字塔分析》《福建省畲族居民死因分析》《福建省畲族妇女生育状况分析》《畲族小儿血红蛋白 M 病 3 例报道》《畲族红细胞 ACP1、6—PGD、ADA 和 AK1 的遗传多态性》《畲族组特异性成分的遗传多态性》《畲族红细胞磷酸葡萄糖变位酶 1 的遗传多态性》《福建省畲族人口健康素质抽样调查结果分析》《福建省福安市畲族成人体质调查报告》《福建省霞浦县畲族遗传病调查研究报告》等十余篇调查报告。

20 世纪 90 年代，中共中央统战部、中国社会科学院民族研究所主持开展了"中国少数民族现状与发展"的调研，这是 50 年代我国各少数民族的调查的跟踪调查与延续研究，福建省福安市畲族是先期工作的 13 个点之一，调查组完成了《中国少数民族现状与发展调查研究丛书·福安市·畲族卷》的调查报告，该成果于 1999 年由民族出版社出版。

1997 年 12 月 8 日至 13 日，在福建省宁德市—厦门市召开"面向 21 世纪中国畲族社区研讨会"。对于这次研讨会时任福建省委副书记的习近平是这样评价的，他说："经国家民委党组批准，由中国民族理论学会、国家民委民族问题研究中心、中国社会科学院民族研究所和福建省民族研究学会联合主办的'面向 21 世纪中国畲族社区研讨会'在福建省召开，这个会议得到福建省委、省政府的高度重视，全国人大常务委员会布赫副委员长专程亲临会议。与会代表有我国畲族聚居的浙江、江西、广东、安徽、湖南、贵州、福建的民族工作者以及我国大专院校和科研院所的专家学者。与会者考察了畲族社区的风貌，研讨了畲族社区的发展，为了畲族的明天，献计献策，会议开得很成功。这次会议的直接成果之一便是这个《畲族社区研究》的论文结集。在这本论文集中，我们可以读到畲族的历史和现状，读到畲族社区的方方面面。每个论者都试图从一个侧面论述畲族社区发展的经验和教训，都在努力寻求畲族社区的小康之路，都不约而同地传递着一个共同的心声：一切为了畲族的发展。"① 这次会议在历史、现实与未来的思考中，对 21 世纪的畲族发展作了展望。

21 世纪畲族调查研究更加深入、全面、系统，其中最具影响力的调查研究成果有 3 种：其一，2007 年"民族问题五种丛书"中《畲族简史》《畲族社会历史调查》《畲语简志》《景宁畲族自治县概况》等由民族出版社修订再版。其二，"畲族研究书系"于 2002 年由福建人民出版社出版，"书系"包括吴永章《畲族与瑶苗比较研究》、谢重光《畲族与客家福佬关系史略》、蓝炯熹《畲民家族文化》、蓝雪霏《畲族音乐文化》、雷弯山《畲族风情》、游文良《畲族语言》等 6 本专题研究畲族文化、历史论著。其三，"闽东畲族文化全书"于 2009 年由民族出版社出版，"全书"包括现代文明卷、乡村卷、语言卷、歌言卷、民间故事卷、

---

① 习近平：《一切为了畲族发展——〈畲族社区研究〉序言》，载《福建民族》1999 年第 2 期，第 1 页。

民俗卷、服饰卷、工艺美术卷、体育卷、医药卷、民间信仰卷、谱牒祠堂卷、文物卷等 13 卷 12 册，共 800 万字。

三　本调查的基本内容

2013 年年初，国家社会科学基金特别委托项目、中国社会科学院"创新工程"重大专项"21 世纪初中国少数民族地区经济社会发展调查"正式立项，2014 年"21 世纪初畲族经济社会综合调查"作为其中的一个子项目随之立项。这是继"民族问题五种丛书"关于 4 项畲族调查报告和《中国少数民族现状与发展调查研究丛书·福安市·畲族卷》调查报告之后的第三次大规模的畲族地区调查项目。

为了反映 21 世纪畲族地区发展的面貌，我们调查的范围包括浙江省景宁畲族自治县，其次是闽东（宁德市）畲族乡村。因为新中国大规模的畲族调查与畲族文化的表述都发生在这个地方。这两个区域均位于闽浙赣交界地，即上述畲民千百年移民史中的最后落脚点，其畲族人口集中，特色鲜明，既蕴藏着丰富的畲族文化传统，又能体现畲族历史嬗变与现实发展。选取这两地作为调查的重点区域，既能保持历年畲族经济社会调查之时间的衔接、呼应与空间的连续、固定，又能准确、翔实地记叙我国民族区域自治制度与党的民族政策在畲族地区的实践。

景宁畲族自治县地处洞宫山脉，其西北部和东南部分别属于瓯江、飞云江两水系支流之源。景宁设县于明景泰三年（1452），取"景泰缉宁"之义，故名景宁。后几经撤并，1984 年经国务院批准以原景宁县地域建立景宁畲族自治县。县域面积 1950 平方公里，设 2 个街道 4 个镇 16 个乡 254 个建制村。2010 年第六次全国人口普查资料统计，全县常住人口为 10.71 万人，其中畲族人口为 1.45 万人，占畲族总人口的 13.54%。景宁是全国唯一的畲族自治县，也是华东地区唯一的民族自治县。

闽东（宁德市）畲族分布在闽东北鹫峰山脉前缘、太姥山脉和交溪、霍童溪两大流域，以及闽东北诸小河流域等地区。2010 年第六次全国人口普查资料统计，区域内有畲族人口 154771 人，占我国畲族总人口 21.84%。分布全市 9 个县（市、区），123 个乡镇及街道办事处，734 个建制村。市内设 1 个畲族经济开发区、9 个畲族乡、286 个畲族（建制）村。闽东是我国畲族人口比例最高、分布最广、民族特点最突出的地域。

本调查以上述两个区域的经济、政治、文化、社会、生态建设等"五位一体"的文明建设为基本框架，叙述 21 世纪初畲族地区的发展。强调以 21 世纪的畲族自治县、畲族乡村的现实问题为主，注重调研材料与数据之鲜活而有说服力的形态，在如实叙述畲族地区发展的过程中，关注"五位一体"建设中之现实问题的分析与思考。

宁德市畲族是我国畲族最主要的聚居地，因其地域分布、人口结构与经济文化的构成都有着突出而鲜明的特点，在畲族历史发展的进程中有着不容忽视的地位。在历年的畲族调查研究中，闽东畲族乡村都是作为重要的区域予以关注，长期的闽东畲族调查研究积累了丰富的资料。要了解畲族的过去、现在与未来，不能不考虑闽东畲族的状况。本书通过对 21 世纪初宁德畲族与畲族乡村的发展所出现新的事物、新的动向、新的特点、新的问题作必要的展示与分析，即对宁德市畲族及畲族乡村进行有针对性的专题调研，有助于对 21 世纪初畲族的发展有着更为全面、更为深入的了解。

特别指出的是，从 1988 年至 2007 年，习近平同志先后在福建、浙江两省的地方党委、政府部门工作，1988 年至 1990 年任福建省宁德（闽东）地委书记，1990 年至 2002 年先后担任福建省福州市委书记、福建省委副书记、省长等职务。在担任省委副书记期间，分管福建省的民族工作。2002 年至 2007 年先后担任浙江省委副书记、书记、代省长。在近 20 年时间里，他在民族工作实践中，接触最多的少数民族是畲族，用他自己的话说："我和畲族是有缘的。"[1] 他对畲族的历史与文化、现状与发展都有深入而独到的见解。世纪之交的闽东以及福建、浙江的民族工作与畲族的发展留下了他的心血与思路。在"21 世纪初畲族聚居区经济社会综合调查"课题的完成过程中，习近平同志关于民族工作和畲族发展的一系列思考是值得特别关注与认真总结的。

---

[1]　习近平：《一切为了畲族发展——〈畲族社区研究〉序言》，载《福建民族》1999 年第 2 期，第 1 页。

第一章

宁德畲族的地理禀赋与民族特征

　　宁德市是位于福建省东北翼的中心城市。东临东海，与台湾隔海相望，处于长江、珠江三角洲两个发达经济区的中间地带。南接省会福州市，是福建省离长三角最近的地区。西邻南平，北连浙江温州、丽水。宁德市地处洞宫山脉南麓，鹫峰山脉东侧，东面濒临太平洋，中北和中南部横亘太姥山、天湖山两条山脉，构成沿海多山地形。区内地貌以山地丘陵为主，其间杂有山间盆地，沿海一带夹滨海堆积平原。区内海岸线漫长曲折、港湾、海岛众多，海域辽阔。其地理形势兼具明显的东南沿海与丘陵山区的两大特点。1999 年 11 月，国务院批准撤销宁德地区，设立地级宁德市。宁德设区市下辖蕉城区、东侨区、福安市、福鼎市、古田县、霞浦县、周宁县、寿宁县、屏南县、柘荣县。其中蕉城、东侨、福安、福鼎、霞浦等 5 个为沿海县（市、区），古田、屏南、周宁、寿宁、柘荣等 5 个为山区县。域内共 124 个乡、镇、街道办事处，2261 个村（居）委员会，土地面积 1.34 万平方公里。根据 2010 年第六次人口普查统计，户籍人口 3393698 人，常住人口 2821996 人。宁德域内有畲族人口 154771 人，占我国畲族总人口 21.84%。分布全市 9 个县（市、区），123 个乡镇及街道办事处，734 个建制村。市内设 1 个畲族经济开发区、9 个畲族乡、286 个畲族（建制）村。宁德是我国畲族人口比例最高、分布最广的地域。

　　宁德市通称闽东，历史上，闽东的地域范围还包括了今由福州市管辖的罗源、连江二县。畲族是我国东南沿海的一个主要的少数民族，也是闽东最主要的世居少数民族。畲族先民大量迁徙于闽东始于明代，明清两代，闽东畲民"大分散、小聚居"的聚落格局逐步形成。随着有清一代的政治、经济政策在畲区的实施，畲民的社会地位逐渐显示出来，清代各县的地方志书上均开始有了关于畲民的记载。明清时期，在闽浙赣交界地的我国畲民最主要的聚居地中，闽东畲民人口比例最大，并逐步形成了自己的文化传统。清光绪本《福安县志》有"各都畲民村居"的详细记载，即在福安县 35 都中，畲民村居占 30 都，共 215 个村落。[①] 清乾隆年间，官方绘制的《皇清职贡图》中，有两帧描绘罗源、古田两县畲民。这种用满汉两种文字描述畲民的彩色绘图是清廷首次将东南沿海的族群归入了国家档案。

宁德市畲族主要分布在闽东北鹫峰山脉前缘、太姥山脉和交溪（长溪）、霍童溪两大流域，以及闽东北诸小河流域等地区，还有小部分畲族村落分布于沿海岛屿。宁德畲族是南中国兼具山区与沿海地域特征的少数民族。我国学者林校生对宁德畲族的地理分布有基本的认识："福建畲族比较集中地迁居今日宁德市境内（包括临境的罗源和连江），当与闽东北滨海区域的地表形态有密切关系。闽东北的地表形态与整个福建的情况，同中有异。例如，多山，溪河多独流入海，山岭纵横河道交错的结果，是把大地分划成许多'格子状'的小单位，'格子'与'格子'之间能够相互联系，但不便捷，有相当大的独立性。整个福建大体如此，而闽东北的地形更'细碎'些，除了古田溪与闽江可以相通，这里的河流都自成格局，长溪为福建第五大河，霍童溪为福建第七大河，全区 24 条较大河流的流域总面积可以占到全部土地面积的将近 89%。而且陡峭的丘陵直接延伸到海中，造成全国曲折度最大的一长段海岸线。这与闽东南较多滨海小平原是很不相同的。闽东南的地理条件比较优越，人口繁衍快，人地关系更紧张，汉族势力也更大。畲族在那里更难插足，插上足的，接受汉族文化影响的速度也更快。而闽东北滨海地带亦山亦海、山在海中的特点，可以使初迁的山地畲民更快适应环境，在海滨丘陵从事传统的生产活动。"[②] 自古以来，闽东北的地理交通是很艰难的，历史上曾有"闽道难于蜀道"之说。清初畲族学者蓝鼎元说："自浙东海岸温州入闽，由福宁州、宁德、罗源、连江至省城，皆羊肠鸟道，盘纡陡峻，日行高岭云雾中，登天入渊，上下循环，古称蜀道无以过也。"[③] 畲族大大小小聚落，

---

① 张景祁：《福安县志》卷 3《疆域》。清光绪十年（1884）刊本。

② 林校生：《"滨海畲族"：中国东南族群分布格局的一大变动》，载《福州大学学报》（哲学社会科学版）2010 年第 5 期，第 7 页。

③ 蓝鼎元：《鹿洲初集》卷 12《福建全省总图说》，载《鹿洲全集》（上），厦门大学出版社 1995 年版，第 238 页。

格子状地分布在道路曲折、交通艰难的闽东山水之间，畲族村民自给自足的自洽性，使得其文化特征，既有本民族的共同性，又有所处地域的差异性，也构成了闽东畲族文化的丰富性。

学者赵明龙对宁德畲族地理分布与经济格局的形成有比较具体的论述，他认为，宁德畲族经济文化中心的形成特点："一是畲族经济文化中心大多分布在沿江、沿海、沿路的商道上。这些商道，古代以水路为主，现代则为公路所取代，或公路、水路并举，扬长避短，优势互补。二是畲族经济文化中心在商道上从寄生到形成，不是随意在沿江、沿海、沿路的每个地方形成，而是选择在由畲汉民众约定俗成，定期交换的商品集散地中产生，这些商品集散地通常是一个盆地或小平原，周边由众多的畲汉村庄和一定人口的生产与消费需求所支撑。三是畲族经济文化中心的形成，往往也与政治中心相辅相成。一般地说，畲族的简单商品生产培育了畲族经济中心的形成，使商品集散地成功上升为圩镇，而圩镇的形成又被历代政权选择为政治中心（县治、区乡镇治所），而政治中心的设立，使城镇既是商贸中心，又是政治文化中心，从而进一步聚集城镇人口，加快城镇化的发展。"[1]

1989 年，时任中共宁德地委书记习近平认为："闽东是少数民族的聚居地，畲族同胞有十几万，占全国畲族人口总数的 40%，占全省畲族人口总数的 70%。这是闽东地区的一个特殊情况，也是闽东民族工作的一个特色。我们的事业方方面面，千万不能漠视少数民族事业这一重要方面。这是一个原则，基于这个原则，我们有必要深刻地思考关于促进少数民族共同繁荣、富裕的几个问题，我们的出发点和归宿是要巩固民族大团结的基础。"[2] 由此，我们认为，宁德是我国东南沿海的民族地区，宁德的民族工作特色就是如何把握畲族发展与民族团结问题。

一　宁德畲族村与畲族乡

要了解宁德市的畲族经济、社会、文化，主要依据是宁德市的畲族村

---

① 赵明龙：《福安经济开发区的建设与畲族的城镇化进程》，载《中国南方少数民族的变迁》，民族出版社 2010 年版，第 188 页。

② 习近平：《巩固民族大团结的基础 ——关于促进少数民族共同繁荣富裕问题的思考（一九八九年六月）》，载《摆脱贫困》，福建人民出版社 2014 年版。

与畲族乡。

据 2005 年宁德市统计的 234 个畲族村委会中，包括福安市 106 个，霞浦县 49 个，蕉城区 35 个，福鼎市 25 个，古田县 6 个，柘荣县 5 个，寿宁县 4 个，周宁县 3 个，屏南县 1 个。在 234 个畲族村中，海拔高度在 99 米以下的有 59 个，占 25.21%，100—499 米的有 146 个，占 62.39%，500—799 米的有 29 个，占 12.39%。可知，闽东畲族村主要在海拔 100—499 米的丘陵山地之间。

表 1　　　　　　宁德市畲族行政村平均海拔高度统计表　　　　单位：个/米

县（区、市）	畲族村	0—49	50—99	100—199	200—299	300—399	400—499	500—599	600—699	700—799
福安	106	21	14	19	20	13	10	6	3	
霞浦	49	4	5	10	5	10	12	3		
福鼎	25	3	2	5	6	5	2		1	1
蕉城	35	6	4	7	9	2	6			
古田	6					1	2	2	1	
屏南	1									1
寿宁	4						2	2		
周宁	3			1	1					
柘荣	5						2	2	1	
合计	234	34	25	41	41	31	33	15	11	3

据 2013 年《福建少数民族乡村社会经济统计资料》（福建省统计局、福建省民族宗教厅编），宁德市有畲族建制村 238 个。总户数 60659 户，其中少数民族 31464 户，占 51.87%；总人口 234395 人，其中少数民族人口 137001 人，占 58.45%。少数民族人口中 95% 是畲族。

表 2　　　　　　2013 年宁德市畲族建制村统计表　　　　单位：个/人

县（市、区）	畲族村	村民小组	总户数	其中少数民族户数	总人口数	其中少数民族人口数	劳动力数	其中少数民族
蕉城区	37	286	8520	4555	32155	18079	35094	8234
福安市	106	759	21894	11106	86530	57593	40908	27387
福鼎市	26	291	10863	4797	41153	18909	26157	11361
霞浦县	50	507	15039	8412	57548	32636	29558	16687

续表

县（市、区）	畲族村	村民小组	总户数	其中少数民族户数	总人口数	其中少数民族人口数	劳动力数	其中少数民族
古田县	6	127	2268	1426	8409	5012	4671	2964
寿宁县	4	30	862	333	3249	1360	1882	681
周宁县	3	15	583	316	2808	1273	1114	559
柘荣县	5	28	508	411	2053	1704	906	745
屏南县	1	6	122	108	490	435	300	276
合计	238	2049	60659	31464	234395	137001	140590	68894

（根据福建省统计局、福建省民族与宗教事务厅编《福建省少数民族乡村统计资料（2013）》）

　　宁德畲族乡都在沿海县（市、区）域，其中蕉城区有金涵畲族乡，福安市有坂中畲族乡、穆云畲族乡、康厝畲族乡，霞浦县有盐田畲族乡、水门畲族乡、崇儒畲族乡，福鼎市有硖门畲族乡、佳阳畲族乡等9个畲族乡。在9个畲族乡中位于城区近郊、高速公路互通口与沿海沿江水道的有金涵、坂中、盐田、硖门、佳阳等5个畲族乡，这些畲族乡在经济、社会、文化发展中有一定的地理优势。如金涵畲族乡，位于蕉城城区东南部，距市区中心2.3公里。在金涵乡驻地本地户籍人口仅3000人，而外地流动人口1.3万人。这里是蕉城主要的工业区，有规上企业[①]26家。2012年其产值29.28亿元，占蕉城区99.12亿元的29.54%，2013年产值43.21亿元，占蕉城区133.79亿元的32.30%。

表3　　　　　　　2013年宁德畲族乡三次产业从业人员统计表　　　　　单位：人

畲族乡名	从业人员	第一产业	第二产业	第三产业
蕉城区金涵畲族乡	16982	4352	6990	5640
福安市坂中畲族乡	13993	3516	7684	2793
福安市穆云畲族乡	16483	8326	5172	2985
福安市康厝畲族乡	11307	5537	2436	3334
霞浦县盐田畲族乡	12982	8903	3146	933
霞浦县水门畲族乡	11209	2192	1508	7509

----

　　① 规上企业，即指规模以上工业企业，即当年产品销售收入2000万元以上（含）的工业企业。

续表

畲族乡名	从业人员	第一产业	第二产业	第三产业
霞浦县崇儒畲族乡	13308	6645	1299	5364
福鼎市硖门畲族乡	8610	4595	1965	2050
福鼎市佳阳畲族乡	13456	4763	2990	5703
合计	118330	48829	33190	36311

（根据福建省统计局、福建省民族与宗教事务厅编《福建省少数民族乡村统计资料
（2013）》）

宁德 9 个畲族乡三次产业从业人员比例中，第一产业占 41.27%，第二产业占 28.05%，第三产业占 30.69%；福建全省 18 个畲族乡三次产业从业人员 213731 人，其中第一产业 102523 人，占 47.97%，第二产业 52479 人，占 25.55%，第三产业 58732 人，占 27.48%。

表4　　　　　　　　2013 年宁德畲族乡三次产业产值统计表　　　　　单位：万元

畲族乡	总量	第一产业	第二产业	第三产业
蕉城区金涵畲族乡	442635	9790	419520	13325
福安市坂中畲族乡	673148	20366	628434	24348
福安市穆云畲族乡	71634	21543	36517	13574
福安市康厝畲族乡	149202	17105	115075	15022
霞浦县盐田畲族乡	304147	24537	269165	10445
霞浦县水门畲族乡	47263	13477	12528	21258
霞浦县崇儒畲族乡	51181	12415	28553	10213
福鼎市硖门畲族乡	221935	10925	200560	10450
福鼎市佳阳畲族乡	19603	12797	5001	1805
合计	1980748	142955	1715353	120440

（根据福建省统计局、福建省民族与宗教事务厅编《福建省少数民族乡村统计资料
（2013）》）

宁德 9 个畲族乡三次产业产值比例中，第一产业占 7.22%，第二产业占 86.60%，第三产业占 6.65%；福建全省 18 个畲族乡三次产业总产值 2186926 万元，其中第一产业 246205 万元，占 11.40%，第二产业 1788034 万元，占 81.76%，第三产业 149684 万元，占 6.84%。

宁德畲族乡村有着丰富的山海资源，最主要的特产是茶叶与水产品。宁德 9 个畲族乡茶园面积占福建省 18 个畲族乡茶园面积 95726 亩的

85.31%，茶叶总量6620吨的84.14%；其淡水产品量占全省18个畲族乡淡水产品8160吨的29.72%，海水产品47470吨的39.94%。

表5		2014年宁德畲族乡茶叶、水产统计表		单位：亩/吨
	茶园面积	茶叶产量	淡水产品	海水产品
蕉城区金涵畲族乡	6122	684	1794	
福安市坂中畲族乡	9100	542	151	
福安市穆云畲族乡	9490	456	207	
福安市康厝畲族乡	8150	673	192	
霞浦县盐田畲族乡	5341	65	50	12399
霞浦县水门畲族乡	13960	1170		
霞浦县崇儒畲族乡	13513	1016	31	
福鼎市硖门畲族乡	7500	554		3025
福鼎市佳阳畲族乡	8485	410		3536
合计	81661	5570	2425	18960

（根据福建省统计局、福建省民族与宗教事务厅编《福建省少数民族乡村统计资料（2013）》）

习近平认为："畲族地区有潜在的资源力量，但这并不等于具有现实的经济实力。要实现这种'潜在'与'现实'之间的转换，必须进行对自然资源的开发。资源开发，有一个重要的条件，就是市场需要，我们讲的资源开发，是符合社会主义商品市场需要的开发，因而是经济的综合开发，这种开发不是单一的，而是综合的；不是单纯讲经济效益的，而是要达到社会、经济、生态三者的效益的协调。"①

表6		2014年宁德畲族乡规上企业产值统计表	单位：个/亿元
	规上企业数	规上企业产值	在县（市区）比例%
蕉城区金涵畲族乡	27	41.61	26.78
福安市坂中畲族乡	12	45.93	4.78
霞浦县盐田畲族乡	13	15.06	12.65
福鼎市硖门畲族乡	9	21.66	2.95
福安市穆云畲族乡	3	3.31	0.38

---

① 习近平：《畲族经济要更开放些》（一九八九年四月）载《摆脱贫困》福建人民出版社2014年版，第109页。

续表

	规上企业数	规上企业产值	在县（市区）比例%
福安市康厝畲族乡	3	9.02	0.94
霞浦县水门畲族乡	3	3.44	2.79
霞浦县崇儒畲族乡	4	4.2	3.41
福鼎市佳阳畲族乡	1	0.55	0.07

（资料来源于蕉城区统计局、福安市统计局、霞浦县统计局、福鼎市统计局）

关于宁德畲族乡村的发展问题，习近平还有精辟论述，他说："一般来说，由于传统的原因和客观因素的制约，少数民族地区经济发展水平较低，科技力量薄弱，交通运输不便，人才短缺，但自然资源十分丰富；非少数民族地区经济发展水平较高，科技力量雄厚，交通运输便利，人才济济，但自然资源相对匮乏。这样一种反差，决定了闽东畲族地区的发展要走一条'双向开放'和'双向开发'的道路。'双向开放'即对内、对外同步开放。一方面积极参与本地区和沿海经济发达地区的市场竞争，加强外引内联，大力引进信息、资金、技术和人才。进行优势互补；另一方面，积极参与国际市场的竞争和交换，努力发展外向型经济，促进本地区经济的全面发展。'双向开发'即资源和市场同时开发。一方面大力开发本地区的'山海田'资源，开辟与之相关的加工工业和第三产业，推动农村商品经济的发展；另一方面，要开发市场，开拓商品流通渠道，根据市场需要努力发展种植业、养殖业和与之配套的加工业，为广大农村特别是畲族地区大量剩余劳动力提供更大的用武之地。"①

二 "闽东之光"的丰富性与开放性

习近平把闽东值得引以为豪的物质与非物质文化喻为"闽东之光"，他说："什么是闽东之光呢？我想，闽东的锦绣河山就是一种光彩。闽东的灿烂文化传统就是一种光彩。闽东人民的自强不息、艰苦奋斗、善良质朴的精神就是一种光彩。认识到自身的光彩，才有自信心、自尊心，才有

---

① 习近平：《巩固民族大团结的基础——关于促进少数民族共同繁荣富裕问题的思考（一九八九年六月）》，载《摆脱贫困》，福建人民出版社 2014 年版，第 121—122 页。

蓬勃奋进的动力。一个地区的文化建设内容很多，有一个重要的着眼点就是要弘扬地方的传统文化。从整个国家来说，中华民族的传统文化在民族的延续和发展中起到了积极的作用。在几千年的文明发展史中，我们已经树立了强烈的民族自信心，无论是在民族危亡，还是在民族昌盛时期，这种自信心都是我们民族精神中最稳定的成分。正是这种自信心，使中华民族渡过了近代史上许多内忧外患的危机，使中华民族在世界上有了令人敬佩的今天。闽东的文化建设也具有同样的意义。我们有一个明确目标：通过文化建设，弘扬民族文化传统，不仅增强我们的自信心，而且提高外界对闽东的信心。这就给我们提出了一个基本的要求——一定要把握住闽东的闪光之处：畲族文化是一个闪光点；闽东是老区，有长期的斗争历程，也是一个闪光点；闽东人民现在正在抓紧机遇，脱贫致富，这又是一个闪光点；闽东的山海交融，风景独特，这也是一个闪光点。"① 习近平充满热情地概括了闽东文化的 4 个闪光点，其中第一个闪光点是畲族文化，其余的 3 个闪光点也都与畲族文化有关。可见，畲族文化在闽东文化中的重要地位。习近平说："畲族人民在漫长的历史岁月中，创造了光辉灿烂的文化，这不仅是畲族人民自己的瑰宝，也是我们国家的一份宝贵的财富。畲族文化为畲族的延续和发展起到了积极作用，在实现社会主义现代化过程中一定要让畲族文化更加发扬光大。"②

宁德畲族的地理禀赋孕育了丰富的畲族文化。在我国的畲族文化系统中，宁德所具有的畲族文化，从内容到形式，都是最丰富的。从内容上，畲族文化在物质、精神、社会等层面，在生产与生活，在日常与节日，从衣食住行到生老病死都富有地域性的民族特征。从形式上，在畲族文化基本相同特征中，又因为所处闽东的地域不同，而存在差异性。如以最体现畲族文化特征的歌谣、服饰为例，闽东畲族歌谣，就有连罗调、福安调、霞浦调、福鼎过海调等。闽东畲族女性服装、头饰又有连罗装、福安装、霞浦装、宁德装、福鼎装等。展示畲族文化的丰富性、多样性是宣扬"闽东之光"的重要途径。习近平说："我建议，一是办一个畲族文化节，我们已经挖掘了不少畲族的民族文化，如新畲歌、民俗、民谚、民间音乐

---

① 习近平：《闽东之光——闽东文化建设随想（一九九〇年一月）》，载《摆脱贫困》，福建人民出版社 2014 年版，第 21—22 页。

② 习近平：《巩固民族大团结的基础——关于促进少数民族共同繁荣富裕问题的思考》（一九八九年六月），载《摆脱贫困》，福建人民出版社 2014 年版，第 124—125 页。

舞蹈、民间故事、民族工艺美术品、民族文物、民族武术等，完全有条件办一个文化节，搞一次畲族文化大检阅。"①

畲族文化的另一个特点是具有强烈的开放性，即畲族文化在发展过程中都会或多或少采借汉民族的文化基因。如畲族传统文化的三大构件，即"畲族宗教意识产生巫术文化，伦理规范产生家族文化，审美思维产生歌言文化。"这三大构件体现在"以汉字为载体的畲村地方性文献"之中，包括畲民巫师的科仪法书，乡村家族的文书档案，家家传唱传抄的歌言（歌谣）唱本。② 畲族巫师科仪法书中有浓厚的闽浙赣交界地汉民族闾山派陈靖姑文化的巫术色彩；在畲民家族文化中，家谱世系的编订完全按照汉族的"欧苏模式"进行；在畲族小说歌所歌唱的故事蓝本中有来自汉族章回小说与民间艺人的评话，如《白蛇传》《梁祝》《奶娘传》等。畲族文化的开放性就在于大量地吸收汉族文化基因，并加以再创造，而熔铸成畲族传统文化的基本构件。畲族文化的开放性奠定了畲族文化生存的基础。

畲族文化的开放性是有启迪意义的，即畲族经济的发展也应该具有开放性。习近平说："畲族经济要发展，一个关键的问题是，走开放的道路，跨出自己的小天地。人类的历史就是在开放中发展的。任何一个民族的发展都不能只靠本民族的力量。只有处于开放交流之中，经常与外界保持经济文化的吐纳关系，才能得到发展，这是历史的规律。要树立商品经济观念，这是开放的前提条件。畲族经济的发展，既需要外力的帮助和推动，更需要内在活力的启动：要启动内在活力就要把原始的、自然经济的封闭保守的观念，改变为发展社会主义商品经济的新思想、新观念。……虽然，闽东畲族的经济发展起步要更晚些、基础更差些、限制条件更多一些，但是只要畲族经济更开放些，畲族经济的持续、稳定的发展还是大有希望的。"③

---

① 习近平：《闽东之光——闽东文化建设随想（一九九〇年一月）》，载《摆脱贫困》，福建人民出版社 2014 年版，第 23 页。

② 参见蓝图、蓝炯熹《闽浙赣交界地：地理枢纽与畲民族共同体的建构——以历史地理为视角》，载《福州大学学报》（哲学社会科学版）2010 年第 6 期，第 15 页。

③ 习近平：《畲族经济要更开放些》（一九八九年四月），载《摆脱贫困》，福建人民出版社 2014 年版，第 108 页。

三 宁德畲族人口的散居化与城镇化趋势

21 世纪初，宁德畲族人口变迁的重要标志是，人口的散居化与城镇化。

闽东畲族人口的散居化主要表现在 3 个方面：其一，"造福工程"等异地移民政策的实施，畲族聚落从自然条件恶劣的地方迁移到了自然条件相对优越，靠近集镇，适合人居住的地方。至 2012 年年底，宁德市少数民族"造福工程"共搬迁 12505 户 53851 人，占全市少数民族总人口 198919 人的 27.07%，涉及 93 个乡镇，占全市乡镇总数的 71%，涉及的 296 个建制村，共搬迁 713 个少数民族自然村。以上搬迁的少数民族村落人口中 95% 是畲族人口。在"造福工程"实施的过程中，许多畲族聚居的旧村落，变成了民族杂居的新村落。其二，闽东畲族人口的流动中既有大量的乡村农民三五成群地外出打工所形成的"离土又离乡"的水平流动，也有他们在乡镇兴办企业所造成乡村人口的"离土不离乡"的结构性流动。这两种人口的流动伴随畲族人口的城镇化实施而行。其三，畲族与其他民族（主要是汉族）的通婚。据《福安畲族志》记载："据 1990 年第四次人口普查资料统计，坂中畲族乡 18 个村民委员会（缺井口、坂中）累计，1608 对夫妇中，畲家族内婚 1523 对，占 94.71%；畲娶汉 45 对，占 2.80%；畲嫁汉 40 对，占 2.49%。韩阳镇 16 个街（村）统计，715 对夫妇中，畲家族内婚 230 对，占 32.17%；畲娶汉 260 对，占 36.36%；畲嫁汉 225 对，占 31.47%；畲汉通婚共 485 对，占 67.83%。综上所述，农村畲汉通婚现象并不普遍，而城镇畲汉通婚比例高于畲家族内婚 35.66 个百分点。"[①] 这种畲族婚姻数据基本反映了 20 世纪末闽东畲族的族际通婚状况。到了 2010 年闽东第六次人口普查统计，畲族与其他民族通婚的现象已然很普遍。据下表统计，2010 年宁德市 60240 户畲族家庭户中，畲族与其他民族组成的混合户有 24092 户，占 40%。而 1990 年福安市畲族家庭户 14995 户中，畲族与其他民族组成的混合户 1331 户，占 8.88%。[②] 以上两种时间段的统计资料，说明相差 20 年，畲族族际婚姻、混合家庭的变化是巨大的。闽东畲族的散居化促进了民族的融合。

---

① 蓝炯熹：《福安畲族志》，福建教育出版社 1995 年版，第 294 页。

② 同上书，第 38 页。

表7　　　　　　　　　　2010 年"六普"宁德畲族人口户数统计表　　　　　单位：户

	畲族户数			畲族混合户数			纯畲族户数		
	合计	家庭户	集体户	合计	家庭户	集体户	合计	家庭户	集体户
全市	62233	60240	1993	25949	24092	1857	36284	36148	136
蕉城区	8834	8298	536	4290	3786	504	4544	4512	32
霞浦县	14045	13800	245	5925	5695	230	8120	8105	15
古田县	3311	3194	117	2591	2484	107	720	710	10
屏南县	265	246	19	213	194	19	52	52	0
寿宁县	964	889	75	705	632	73	259	257	2
周宁县	734	692	42	428	387	41	306	305	1
柘荣县	687	660	27	347	320	27	340	340	0
福安市	22452	21836	616	7189	6630	559	15263	15206	57
福鼎市	10941	10625	316	4261	3964	297	6680	6661	19

　　闽东畲族人口的城镇化主要表现为如下特点：其一，大量农村人口离开了户籍地。根据 1990 年"四普"资料，宁德畲族人口 157313 人中农业人口 146113 人，占畲族总人口的 92.88%，非农业人口 4653 人，仅占畲族总人口的 2.96%。[①] 可知，在 20 世纪 90 年代，闽东畲族人口主要在农村。但是，20 年后情况发生变化。据 2010 年"六普"统计，闽东畲族人口中，户籍人口 189173，常住人口 154771，即有 34402 人口不在户籍所在地，而在异地流动，其人数占户籍人口的 18.19%。在闽东各县（市、区）畲族人口的变化都基本如此，特别山区县份的畲族，更多人离开户籍地，而前往经济发展较为活跃地区。如屏南、古田、寿宁、周宁四地畲族离开人口数，分别占户籍人口的 39.02%、35.46%、35.14%、32.15%。只有宁德东侨区，户籍人口 209 人，而常住人口多出 932 人，占户籍人口的 445.93%，较之其他县（市、区），东侨区基本没有农村，是闽东城镇经济相对集中、商机潜存的地区。

---

① 蓝运全、缪品枚：《闽东畲族志》，民族出版社 2000 年版，第 100 页。

表8　　　2010年"六普"资料中宁德畲族常住人口与户籍人口对照表　　　单位：人

	总　计	蕉城区	福安市	福鼎市	霞浦县	古田县	寿宁县	周宁县	柘荣县	屏南县	东侨区
常住人口	154771	20484	60005	26485	35475	5923	1848	1378	1685	447	1141
户籍人口	189173	23868	72145	32525	44153	8712	2849	2031	1948	733	209
比较	-34402	-3384	-12140	-6040	-8678	-3089	-1001	-653	-263	-286	932

其二，根据2010年"六普"资料，闽东畲族人口的城镇化率不是很高，即维持在20.20%—42.76%。而且，宁德各县市区的畲族人口的城镇化率的发展也不是很平衡。

表9　　　　　　　　　2010年宁德畲族城镇化统计表　　　　　　单位：人

	总人口	城镇	乡村	城镇率（%）
合计	154771	48371	106400	31.25
蕉城区	21525	9205	12320	42.76
霞浦县	35475	7167	28308	20.20
古田县	5923	1887	4036	31.86
屏南县	447	188	259	42.06
寿宁县	1848	736	1112	39.83
周宁县	1378	566	812	41.74
柘荣县	1685	613	1072	36.38
福安市	60005	20663	39342	34.44
福鼎市	26485	7346	19139	27.74

四　"弱鸟先飞"与"滴水穿石"

从宁德畲族的地理禀赋与民族特征，可以看出，闽东是我国东南沿海少数民族人口比例较高、特色较明显的地区。因此，闽东地方的畲族工作，可以看成是我国散杂居地区的民族工作。1989年，时任宁德地委书记的习近平在闽东工作中，留下了许多关于畲族工作的宝贵经验。他曾满怀深情地说："我和畲族是有缘分的。我曾经工作过的闽东地区是我国畲族人口最多、分布最广、特点最明显的区域，工作挂点的福安市坂中乡是典型的畲族乡。在闽东，我耳闻目睹了畲族人民的艰苦奋斗和畲族地区的繁荣进步，尤其是畲族人民贯彻执行改革开放方针和党的民族政策，使畲族乡村发生令人振奋的变化。今天，我虽然离开了闽东，但时常还会回忆起畲乡的山山水水，我的心系着畲族人民。"①

习近平在宁德工作时说："当前，民族问题更集中地反映在少数民族和民族地区迫切要求加快经济文化建设的问题上。加速发展少数民族地区经济，使他们赶上或接近汉族的发展水平，才能够解除事实上的不平等，使各民族得到共同的繁荣。这是社会主义时期处理民族关系问题的主要内容，是少数民族工作的主要内容，也是少数民族的根本利益所在。民族平等，是马克思主义民族理论的基石，也是我国民族政策的核心。社会主义的经济基础和消除了民族压迫的社会主义政治制度为民族平等提供了最根本的保证。但是，我们还应当认识到，实现民族间事实上的平等首先就要消除各民族在经济、文化发展水平上的差距。目前，全国扶贫工作的主战场已开始转移到少数民族地区。90 年代，闽东畲族地区开始从解决温饱问题为重点的摆脱贫困时期，进入以经济开发和开放为重点的实现小康时期。这一时期，我们要巩固和发展 80 年代的成果，力争尽快缩小畲族地区与闽东、与全省全国先进地区的经济差距。"② 当时，习近平领导了包括畲族在内的闽东各族人民，进行反贫困的攻坚战，并将工作经验编成文稿，名曰《摆脱贫困》。在书中他大力倡导"弱鸟先飞""滴水穿石"精神，这是习近平在宁德工作实践的总结，蕴含着深刻的哲学意涵，具有重要的现实意义。

在《摆脱贫困》的文集中，开篇的文章说："闽东的畲族人口占畲族总人口的 40%，占全省畲族人口的 70%。畲族多居住在山高偏远的地方，生活比较贫困。民族工作是我们一项带有根本性的工作，致力于各民族的平等、团结是我党民族政策的基本内容。民族工作的立足点在于发展经济，只有把经济搞上去，才有可能谈民族的真正平等。要制定一些少数民族乡村的特殊、优惠政策，给他们以更好的帮助。要注意培养少数民族干部、整理民族文化，办好民族中学。"③ 1988 年 6 月，习近平上任闽东，7 月到 8 月就协同地区的几位领导同志，走了闽东九县，还顺带走了浙南温

---

① 习近平：《一切为了畲族发展——〈畲族社区研究〉序言》，载《福建民族》1999 年第 2 期，第 1 页。

② 习近平：《巩固民族大团结的基础——关于促进少数民族共同繁荣富裕问题的思考》（一九八九年六月），载《摆脱贫困》，福建人民出版社 2014 年版，第 118 页。

③ 习近平：《弱鸟如何先飞——闽东九县调查随感》（一九八八年九月），载《摆脱贫困》，福建人民出版社 2014 年版，第 8—9 页。

州、苍南、乐清。根据闽东的"老、少、边、岛、贫"的实际，他确立了"弱鸟先飞"的精神。"弱鸟先飞"有如下两层含义：一是敢于正视自身"弱"的现状，贯彻一切从实际出发、实事求是的思想路线；二是充分发挥主观能动性，提出"先飞"的行动要求，贯穿了对内因和外因辩证关系的深刻理解。事物的产生、发展都是内因和外因共同作用的结果，内因是事物变化发展的内在依据，外因通过内因起作用。贫困地区的落后既受发展基础、自然条件等客观外因的影响，也有观念举措相对保守等内在因素。因此，摆脱贫困，既要加大外力扶持力度，又要充分调动"弱鸟先飞"的主动性。而外力扶持必须通过贫困地区的主动"先飞"起作用。

"滴水穿石"生动体现了量变质变规律。事物的发展变化都要经历由量变到质变的过程，质变不是突变，是需要经过量变的长期积累。摆脱贫困不是一蹴而就的工作，习近平强调不能只热衷于做"质变"的突破工作，而要注重做"量变"的积累工作。因此，推动扶贫开发工作，必须大力弘扬"滴水穿石"精神。"要根据本地的特点大力发展生产力，开发资源和开拓市场并举，走出一条具有畲族山区特色的市场、技术、资源相结合的开发路子。"[1] 推及言之，民族工作也要提倡"滴水穿石"的精神，即要立足实际，胸怀大志，需要的是一步一个脚印的实干精神，需要的是锲而不舍的韧劲。[2]"滴水穿石"精神与习近平在 2014 年中央民族工作会议上所提倡的民族工作要"绵绵用力""久久为功"的理念是一脉相承的。

---

[1] 习近平：《巩固民族大团结的基础 ——关于促进少数民族共同繁荣富裕问题的思考》（一九八九年六月），载《摆脱贫困》，福建人民出版社 2014 年版，第 120 页。

[2] 参见习近平《滴水穿石的启示》（一九九〇年三月），载《摆脱贫困》，福建人民出版社 2014 年版，第 58—59 页。

第二章

宁德畲族乡村的挂钩帮扶

对口支援是由经济比较发达的省市通过制定相关扶植政策来推动少数民族地区发展的一项具有中国特色的特殊政策。"挂钩帮扶"是福建省"对口支援"的主要表现形式。1998 年 10 月出台的省委、省政府《关于加快我省少数民族和民族地区经济、社会发展若干政策措施》决定,"开展对口支援挂钩帮扶活动,推动民族团结进步事业的发展",实施省直民族工作协调委员会成员单位和沿海经济发达的县(市、区)挂钩帮扶民族乡发展经济和社会事业。时至今日,对少数民族地区的这一常规性的挂钩帮扶已成为福建省历史最悠久、支援规模最大、支援时间最长的政策模式,并在实践中取得了巨大的成就,使福建省民族地区的面貌发生了天翻地覆的变化,少数民族的物质文化生活水平显著提高。

宁德是福建省畲族聚居区,同时也是贫困问题最突出的地区。贫困和落后是闽东畲族乡村的主要矛盾,因而,闽东不仅是福建省民族工作的重点区域,也是福建省挂钩帮扶民族乡村工作的重点区域。本章详细介绍了福建省少数民族地区帮扶政策的演变,系统地分析了闽东畲族乡村实施挂钩帮扶的做法及成效。

一 实施挂钩帮扶政策的价值内涵

"凡政策都包含一定的价值系统、规范系统和行为系统。价值系统的作用在于告诉人们政府所提倡的政策的有用性、有效性及其对社会发展的意义。"①《民族区域自治法》第六十九条规定:"国家和上级人民政府应

---

① 胡宁生:《现代公共政策学:公共政策的整体透视》,中央编译出版社 2007 年版,第 26 页。

当从财政、金融、物资、技术、人才等方面加大对民族自治地方的贫困地区的扶持力度，帮助贫困人口尽快摆脱贫困状况，实现小康。"帮助民族地区加快经济社会发展不仅是贯彻落实科学发展观、构建社会主义和谐社会的必然要求，也是全面建成小康社会、实现共同富裕目标、确保国家长治久安的迫切需要，是各级政府的义务与责任。

经济发展不平衡是福建省挂钩帮扶制度应运而生的前提条件。福建省是少数民族散杂地区，改革开放后，在福建沿海以汉族为主的地区和山区少数民族地区之间，存在着地理位置、资源禀赋、经济活动在空间分布和社会经济发展水平上的差异。为了解决区域发展不平衡的问题，帮助民族地区发展，实现各民族事实上的平等，福建省自20世纪90年代开始，在国家政治制度和政府管理体制下萌芽、发展并不断完善实施挂钩帮扶的政策模式。在实施扶持全省少数民族和民族地区发展的过程中，灵活多样的挂钩帮扶方式，已经成为最有效益且意义重大的工具。

民族问题中最重要、最根本的问题是解决发展问题。受发展条件的限制，福建省民族地区自我发展的能力不足，与沿海发达地区的发展差距日益扩大，少数民族群众的生活水平相对较低。加快福建省少数民族经济社会发展、促进区域经济协调发展是少数民族和民族地区人民群众的迫切要求。这不仅是解决福建省民族问题的根本途径，是确保全体人民共享改革发展成果的重要举措，也是构建平等、团结、互助、和谐的社会主义民族关系的坚实基础。挂钩帮扶不是权宜之计，而是福建省的宏观调控手段。挂钩帮扶不仅仅是扶贫，其外延大于扶贫，重在实现人、财、物、知识、能力等各方面的全面支援，重在支援少数民族地区发展达到平衡发展，重在培植福建民族乡村最需要的可持续发展的能力。这一政策对于促进福建省少数民族地区经济社会加快发展和长治久安具有重大意义。

二 挂钩帮扶政策体系的形成

一项政策的出台总有其政治环境和现实要求，福建省的挂钩帮扶政策也是如此。《宪法》第四条第二款明确规定："国家根据各少数民族的特点和需要，帮助各少数民族地区加速经济和文化的发展。"《民族区域自治法》第六十四条规定，"上级国家机关应当组织、支持和鼓励经济发达地区与民族自治地方开展经济、技术协作和多层次、多方面的对口支援，帮助和促进民族自治地方经济、教育、科学技术、文化、卫生、体育事业的发展"，以法律的形式确定了对口支援各方的权利义务。

法律的权威性决定了福建省挂钩帮扶政策能够转化成现实的可能性。"改革开放以来，特别是1985年实施扶贫工程以来，福建省委、省政府陆续制定了一些对民族地区进行挂钩扶持的政策，特别是1995年，省委、省政府作出《关于省直单位定点扶贫工作的决定》，确定省计委、财政、交通、水电、卫生等14个省直单位挂钩扶持17个民族乡。1998年省委、省政府又出台了《关于加快我省少数民族和民族地区经济、社会发展的若干政策措施》的文件，做出明确部署，确定省民族工作协调委员会成员单位分别挂钩扶持17个民族乡；确定沿海经济发达地区的县、市、区进行教育对口支援民族乡的工作。1998年全省民族工作会议召开后，各地市成立了民族工作协调委员会，出台了一些适合本地区少数民族发展的优惠政策，并确定了一批地市直机关单位挂钩扶持民族村的工作。从省直机关到地、市直机关、县市直机关；从县、市、区发展到部分富裕的乡镇、企业和经济条件较好的宗教活动场所，挂钩面不断扩大；从干部挂职交流培训，帮扶基础设施建设，提供项目、资金、物资的支持，发展到人才、技术、市场、资本的全方位高层次合作，初步形成了省委提出的举全省之力，动员全社会力量，支援少数民族地区经济社会发展的格局。"①

2000年1月开始实施的《福建省少数民族权益保障条例》，标志着全省民族工作完成从政策到政策法制并举的历史性跨越。依照《条例》，福建省制定了更多推动少数民族和民族地区经济社会事业发展的倾斜政策。同年7月，省委办公厅、省人民政府办公厅文通知，在"十五"期间继续实施挂钩扶持、对口支援民族乡工作。具体安排第二批挂钩扶持对子和第二批实施教育支援协作对子。各级政府（省、市、县）加大了对民族乡的财政转移支付力度和资金投入水平。2006年，福建省委办公厅、省政府办公厅联合发出《关于实施第三批挂钩帮扶民族乡工作的通知》。《通知》指出，根据福建省委、省政府《关于进一步加强民族工作加快少数民族和民族地区经济社会发展的若干意见》精神，省委、省政府决定在实施第一批、第二批挂钩帮扶民族乡的基础上，决定"十一五"期间（2006—2010年）继续实施第三批挂钩帮扶民族乡工作，省直18个单位

---

① 林文：《福建民族工作纵横谈》载《民族团结》1999年第12期，第32页。

和 18 个沿海发达县（市、区）挂钩帮扶全省 18 个民族乡。

近年来，福建经济社会发展突飞猛进，但区域经济发展不平衡问题仍较突出。民族乡村经济发展、农民人均纯收入长期滞后于全省平均水平，且差距逐年扩大，成为实现全面建成小康社会目标的制约因素。为了更好地发挥福建省挂钩帮扶政策的作用，推动民族乡村发展，福建省政府加大了挂钩帮扶力度，2011 年，省委办公厅下发《关于实施第四批挂钩帮扶民族乡工作的通知》。决定在"十二五"期间（2011—2015 年）继续实施第四批挂钩帮扶工作，明确 19 个省直单位和 19 个沿海发达县（市、区）对口支援 19 个民族乡，2012 年 5 月，省政府下发《关于进一步帮扶民族乡加快发展五条措施的通知》。其中一条明确每年省财政和有关市县区、省直单位共同出资 400 万元帮扶一个民族乡。将帮助民族地区加快经济社会发展提升到一个新的战略高点。

2013 年 2 月，福建省民族宗教局长会议暨挂钩帮扶民族乡工作会议强调，"2013 年，全省民族宗教工作要抓发展，为民族乡村全面建成小康打好基础，重点抓好年人均纯收入在 3000 元及以下的民族村的整村发展工作和贫困群众的脱贫致富；要动真情，提升挂钩帮扶工作水平，各挂钩帮扶单位主要领导要亲自抓，落实帮扶责任，把挂钩帮扶工作延伸至民族村。"[①] 2014 年 2 月，全省挂钩帮扶民族乡工作暨民族宗教局长会议强调要进一步创新帮扶机制，明确帮扶重点，以"补短板"为主线，以"贫困村、困难户"为重点，提高帮扶的精准性和实效性，扎实推进挂钩帮扶工作。要着眼小康，继续引导民族乡村发展"一乡一特色产业"和"一村一优势产品"，全力推进民族地区加快发展。[②] 上述法律、法规、规章、政策文件和行政性协议构成了福建省挂钩帮扶法律制度的表现形式。

福建省的挂钩帮扶政策自 20 世纪 90 年代制定出来，根据挂钩帮扶政策实施的情况，福建省各级政府也在不断总结政策实施过程中的经验，在多次的重申、补充和强化过程中，这项政策的各项制度和措施也在不断丰富发展完善，帮扶的力度也不断加强，并基本形成体系。其政策的稳定性保证了政策的连续性，挂钩帮扶双方之间已呈现出动态的、渐进的、变化的、良性的、发展的关系。

---

① 《全省民族宗教局长会议召开》，载《福建日报》2013 年 2 月 26 日要闻 2。
② 《2013 年福建省民族乡村经济实现赶超发展》，载《福建日报》2014 年 2 月 12 日。

三　闽东畲族乡村的挂钩帮扶的历史回顾

闽东畲族总人口数中有 90% 以上是农业人口。改革开放后，闽东经济社会发展取得了显著成效。与此同时，也面临着发展不平衡、畲族山区少数民族群众贫困面较广的现象。畲族乡村大多分布于偏僻山区。受自然环境和地理位置的限制，传统思想观念的束缚、资金投入的局限、经济结构不合理的阻碍以及科学技术和人才的制约，闽东畲族乡整体发展水平较为落后。由于缺乏好的经济项目，大部分畲族乡村产业的比重还是以传统农业为主，第二第三产业发展缓慢，收入较低。由于历史欠账积累较多，闽东畲族乡村经济发展资金缺口较大。重点项目、基础设施、社会事业、产业开发、文化教育、医疗卫生等方面都需要投入大量资金。由于内部投资受到闽东各县、乡、村财力薄弱的限制，外来投资又受到投资环境恶劣的约束，闽东畲族乡村的经济发展与小康建设只有依赖于挂钩帮扶政策这一政府投资的重要形式。

（一）闽东畲族乡村挂钩帮扶起动与发展阶段（1998—2008年）

省政府、宁德市及福安、霞浦、福鼎等各级政府首先设立了相应的机构，并逐步形成挂钩帮扶民族乡村的工作网络。2001 年，时任福建省省长习近平在接受《中国民族报》记者采访时说："宁德地区的一个传统是第一把手挂点民族乡，帮助乡里解决实际困难和问题，并以此为典型，总结经验，推动整个地区的民族工作。我当时挂点的乡是福安坂中乡，是典型的畲乡。通过深入基层进行调查研究，我感到，民族地区的发展，要把经济摆在首要的位置。解决这个关键是要找准一条正确的发展路子。要充分发挥优势，扬长避短，不做不见效益、劳民伤财的事情。"[①] 每年，宁德市委常委会、市长办公会议都专题研究民族工作，研究如何实施民族地区和全市同步发展。他们还采取"两挂钩一扶持"的帮扶模式：领导挂钩——市级领导挂钩少数民族乡镇，县级领导挂钩村，帮助民族乡村发展经济；单位挂钩——联系省直单位挂钩民族乡，组织市直单位挂钩民族

[①] 刘德伟：《举全省之力做好民族工作——访福建省省长习近平》，载《中国民族报》2011 年 5 月 29 日第 1 版。

村，安排县直单位挂钩自然村；一帮一扶持——组织干部与民族乡村贫困户采取一帮一。①

在闽东畲族乡村经济发展进程中，交通运输、邮电通信、水利电力等基础设施是重要的基础性平台。恶劣的自然条件、偏远的地理位置，加之历史上基础设施建设投入的不足，已严重制约了民族地区经济的发展。由于基础设施具有投资规模大、建设周期长的特性，民族乡村对此心有余而力不足，有赖于各省直部门及沿海发达地区的投入，为民族地区经济发展与小康建设构建坚实的基础性平台。此外，闽东畲族山区，科学、教育、卫生事业落后，技术水平低，劳动者的素质差，也构成了民族地区经济发展和小康建设的进程中重要的障碍和瓶颈。在挂钩帮扶民族乡村最初的十年间，福建省直及沿海发达地区各帮扶单位充分发挥职能优势，倾斜扶持民族乡村解决实际问题和困难，对涉及闽东畲族乡的道路、电力、水利、教育等民生项目和基础设施建设等方面的项目、资金的安排上，主动给予闽东畲族乡村更多的优惠政策、更大的倾斜力度。与此同时，一些帮扶单位还因地制宜，帮助民族乡村发展经济。通过挂钩帮扶，帮扶单位为闽东畲族乡村援建了多所学校、卫生院、敬老院、福利院、文化站、幼儿园、托儿所，逐步提高了畲族乡村的基本公共服务水平。

"据统计，1998年至2009年，省、沿海发达县（市、区），市直部门单位挂钩帮扶民族乡、村，帮扶项目577个、资金8312.77万元。全市9个民族乡和235个民族村开通了程控电话、移动电话；214个村通电视，占91.1%；233个村实施道路硬化，硬化总里程1037公里；155个民族村通自来水；实施'万户搬迁造福工程'，全市少数民族村已搬迁8554户、38744人。②"

案例1：金涵畲族乡位于宁德市城郊，耕地面积0.96万亩，林地面积7.24万亩。挂钩单位省文化厅投入资金8万元（1998年至1999年），省统计局投入资金52万元（2000年至2005年），省农业厅投入资金123万元（2006年至2008年），南安市投入资金125万元（1998年至2008年），总计投入资金308万元，修建了琼堂村小学，金涵中心小学南安

---

① 《宁德这样铺设民族乡村发展的快车道》，载《中国民族》2003年第9期，第51页。

② 《沐浴党恩，十年巨变，畲家"金凤凰"环三舞蹁跹》，载《闽东日报》2010年9月5日第A01版。

楼，金涵村自来水工程，建立现代农业示范园、乡畜牧兽医站、修复水利设施，建立茶叶加工、蜜柚专业协会，开发畲族风情旅游等项目。同时，帮扶单位还结合金涵的产业特点，开展新型农民培训、农业科技下乡活动，组织专家小分队进村入户，提供生产、销售服务。在帮扶单位的共同努力下，金涵乡把"一村一品"工程作为农业经济发展的重要内容来抓，全乡共发展各类民营企业93家，其中上亿元企业4家。

案例2：坂中畲族乡地处福安市郊区，全乡总人口2.4万人，是宁德市畲族人口最集中的乡镇。挂钩单位省科技厅投入资金175万元（1998年至2008年）；福州市马尾区投入资金170万元（1998年至2008年），总计投入资金345万元，建成和安民族寄宿制小学、松潭小学、坑下小学和长汀小学的新教学楼，建设了中心校的综合楼、校园绿化美化和配套设施，完善了中心校省级达标新图书馆、多媒体室、电脑室，捐赠图书5000多册，计算机20台；完成长汀、坑下防洪堤岸一期修建工程，修复防洪堤岸1000多米；先后牵线搭桥产业项目28项，同时扶持了该乡"蔬菜新品种引进栽培推广及配套技术研究""橄榄矮化、密植、早结、丰产栽培技术研究""无公害茶叶绿色食品示范区建设"等11个科技扶贫项目。

案例3：穆云畲族乡地处福安市西部，是个以种植业为主的乡镇。挂钩单位省发改委投入资金625万元（1998年至2005年）；省经贸委投入资金120万元（2006年至2008年）；福州市仓山区投入资金62万元（1998年至2008年），总计投入资金807万元。重点扶持水蜜桃、刺葡萄、茶叶三大支柱产业发展，扶持水蜜桃育苗基地、生态茶叶基地、重点旱片治理工程、无公害技术产业化工程等项目建设，初步形成了"一村一品一特色"的经济发展模式。在基础设施方面，完成了贵洋、桥溪等19个行政村的村道硬化，对桂林官头坝等10多条水利设施进行维修、改造，修复了虎头坝的主体工程。同时，新建了隆坪等6所小学的校舍及附属设施；建成学生宿舍楼并安装太阳能热水器，解决了寄宿生住宿难和洗浴难问题。并帮助竹洲山、高岭等10个民族村造福搬迁。

案例4：康厝畲族乡位于福安市西部，自然资源丰富，富有畲族文化底蕴。挂钩单位省教育厅投入资金180万元（1998年至2005年）；省水利厅投入资金203万元（2006年至2008年）；长乐市投入资金90万元（1998年至2008年），总计投入资金473万元。先后完成农村公路硬化，完成了竹沃、彭洋、高台等 7 个村人饮工程，解决了 5000 多人安全饮水问题，先后修复修建象地北岸防洪堤坝、东山防洪堤坝、施洋防洪堤坝 105 米、岭尾村拦河导水坝 170 米、岭尾村前防洪护堤，清理岭尾溪河床，修复红坪村灌溉水利、东山村引水蓄水池、洋溪电灌站，建设岭尾护岸护坡，完成象地、岭尾村封禁治理 150 公顷，支持一村一品特色农业发展，建立了葡萄沟基地。

案例 5：硖门畲族乡位于福鼎市东南部，全乡海岸线 13 公里，近海深水浅水养殖面积 1.8 万亩，滩涂养殖面积 8000 多亩。挂钩单位省农办投入资金 150 万元（1998 年至今）；福清市投入资金 128 万元（1998 年至今）。总计投入资金 278 万元。挂钩帮扶单位积极帮助该乡发展蓝色产业带，在沿海搞浅海滩涂综合利用，建立了文渡大弹涂鱼国家级示范基地。优先安排造福工程指标，对 45 个自然村进行了整村搬迁，先后形成了民族街、永和、葫芦墩等规模较大的"造福工程"聚居新村。在教育帮扶上，兴建了瑞云民族小学"福清楼"，硖门初级中学师生食堂和学校操场、图书馆等设施。

案例 6：盐田畲族乡位于霞浦县西部，耕地 1.44 万亩，浅海滩涂 10.8 万亩，海岸线长 27 公里，素有霞浦"西大门"之称。挂钩单位省民政厅投入资金 367 万元（1998 年至 2005 年），省国土资源厅投入资金 110 万元（2006 年至 2008 年）；晋江市投入资金 205 万元（1998 年至 2008 年），总计投入资金 682 万元。先后完成了西胜民族小学、盐田中学、盐田中心小学改扩建工程，申斗铁索桥，村道水泥硬化，里马渡改桥和农业综合开发等项目。完成中坝、南塘等六个行政村的村道水泥硬化补助和南沃海堤除险加固等基础设施和社会公益事业项目，为盐田乡经济社会事业注入了强有力的发展后劲。

案例 7：崇儒畲族乡位于霞浦县西北部，是个典型的山区乡。挂钩单位省财政厅投入资金 600 万元（1998 年至 2008 年），石狮市投入资金 105 万元（1998 年至 2008 年），总计投入资金 705 万元，以"公司 + 基地 + 农户"的模式，发展绿竹生产；建立了绿竹示范基地、速生林生产基地、无公害茶园示范基地、青草药生产基地和食用菌生产基地五个基地。与此同时，实施项目带动战略，引进一批乡镇企业落户该乡，并相继投入生产。实施了村级道路硬化工程，修复了十多条农田水利设施，兴建了明才希望小学教学楼和中学寄宿生宿舍楼，并为中学和学区各配 50 台电脑，为乡卫生院和 17 个村卫生所、20 个村安装了闭路电视。

案例 8：水门畲族乡位于霞浦县东北部，距高速公路 10 公里。帮扶单位省广电局投入资金 107 万元（1998 年至 2005 年）；省发改委投入资金 265 万元（2006 年至 2008 年）；泉州市鲤城区投入资金 256 万元（1998 年至 2008 年），总计投入资金 628 万元帮助建设乡供水工程、修建小学校舍、帮助村道硬化，完善乡域路网建设，支持卫生院、文化站改造，资助设立了乡教育基金会，赠送有线电视器材，支持乡广播电视综合楼、乡政府局域网、乡村无线电视联网和无线覆盖工程的建设。挂钩单位还因地制宜，协助该乡发展万亩无公害茶叶，培养了一批技术能人、致富能手，促进了畲乡经济发展。

这一时期，闽东的挂钩帮扶工作已深入考察并延伸至民族村这一基层单元，加强了对民族村经济发展的规划与直接指导。自 2007 年起宁德市实施了市直单位挂钩帮扶民族村计划，并下发通知，要求各挂钩单位主要领导要亲自抓，同时确定一名分管领导和一名科级干部具体负责，每月进村入户不少于一次，了解挂钩村发展情况，支持、帮助解决遇到的问题。与此同时，各县（市、区）也要指定一名处级领导负责联络市直挂钩单位，协调县（市、区）有关部门配合市直挂钩单位开展帮扶工作，在项目、资金上给予优先安排，并组织开展与民族村结对子活动。通知还要求各挂钩单位要发挥优势，帮助民族村制订新农村建设发展规划，积极争取上级和有关部门的支持，促进民族村发展经济，改善基础设施条件。各挂钩单位每年年底作一次总结报送市府办，市民宗局要加强帮扶工作的协调、指导，适时召开帮扶工作会议，交流通报工作开展情况。

（二）闽东畲族乡村挂钩帮扶持续推进阶段（2009—2011 年）

就闽东整体而言，2009—2011 年的挂钩帮扶，在闽东畲族地区结出了丰硕的成果，改变了少数民族干部群众的思想观念，促进了民族地区的经济发展和社会进步。2009 年至 2011 年，省直单位、沿海发达地区及市直部门单位挂钩帮扶全市民族乡村共落实项目 190 个，帮扶资金 3463.61 万元。第三轮省级扶贫开发重点村 49 个，其中民族行政村 3 个，分别是福鼎市赤溪村、桥亭村，霞浦县岚下村。

宁德市 2009—2010 年省、沿海地市，市直部门

表 1　　　　　　　**单位挂钩帮扶民族乡村数字统计表**①　　　　单位：个/万元

序号	挂钩单位名称	民族乡村名单	2009 年		2010 年	
			项目	金额	项目	金额
	总计		76	1373.51	53	816
	1. 省有关厅局：		21	500	28	540
	统计局、农业厅	金涵畲族乡	4	25	1	10
	科技厅	坂中畲族乡	1	30	3	30
	发改委、经贸委	穆云畲族乡	4	65	3	60
	教育厅、水利厅	康厝畲族乡	4	65	5	80
	民政厅、国土厅	盐田畲族乡	1	100	3	100
	财政厅	崇儒畲族乡	1	85	7	85
	广电厅、发改委	水门畲族乡	3	70	1	30
	农办	硖门畲族乡	0	0	1	25
	省环保局	佳阳畲族乡	3	60	4	120
	2. 沿海发达市：		13	233	17	240
	南安市	金涵畲族乡		0	1	20
	马尾区	坂中畲族乡		0	3	30
	仓山区	穆云畲族乡	4	25	3	25
	长乐市	康厝畲族乡	1	30	3	30
	南安、晋江市	盐田畲族乡	1	35	2	50
	晋江、石狮市	崇儒乡	3	35	1	20
	鲤城区	水门乡	2	35	3	40
	福清市	硖门乡	1	35	1	25
	闽侯县	佳阳乡	1	38	0	0
	3. 省级贫困村：		16	419.21		
	（1）第一批：5					
	省民宗厅	仙岩村				
	省人防办	井口村				

———————————

① 统计表由宁德市民宗局供稿。

序号	挂钩单位名称	民族乡村名单	2009 年		2010 年	
			项目	金额	项目	金额
	省质监局	高岭村				
	省民宗厅	茶岗村				
	省财政厅	半岭村				
	（2）第二批：7		16	419.21		
	福州电厂	王楼村	6	66.31		
	省口岸办	日宅村	1	30		
	省民宗厅	西胜村	2	70		
	省民宗厅	湖里村	2	70		
	省安全厅	溪坪村		0		
	省残联	阮洋村	2	118		
	省科技厅	湾里畲族村	3	64.9		
	（3）第三批：3					
	省民宗厅	赤溪畲族村			0	0
	省民宗厅	桥亭畲族村			0	0
	4. 市级贫困村：		4	31	2	3
	（1）第一批：4					
	市人大	瑞云村				
	市宣传部	霞坪村				
	市统战部	金斗洋				
	市纪委	猴盾村				
	（2）第二批：3		4	31		
	市职业中专	牛山湾	1	1		
	市进修学院	象阳村	1	8		
	市卫生局	八斗贝	2	22		
	（3）第三批：3				2	3
	市发改委	牛山湾			0	0
	市教育局	象阳村			0	0
	市卫生局	八斗贝			2	3
	5. 市直有关单位		22	190.3	6	33
	43 个单位	村名略				

省、沿海地市，市直部门单位 2011 年挂钩帮扶民族乡村汇总表

| 表2 | | | | 单位：个/万元 |

序号	挂钩单位名称	民族乡村名单	2011 年	
			项目	金额
	总计		62	1507.1
	1. 省有关厅局：			
	农业厅	金涵乡	1	5
	科技厅	坂中乡	1	30
	经贸委	穆云乡	5	70
	水利厅	康厝乡	2	30
	国土厅	盐田乡	0	0
	财政厅	崇儒乡	6	88
	发改委	水门乡	1	40
	农办	硖门乡	0	0
	环保厅	佳阳乡	2	60
	2. 沿海发达市：			
	南安市	金涵乡	1	20
	马尾区	坂中乡	4	40
	仓山区	穆云乡	2	30
	长乐市	康厝乡	0	0
	晋江市	盐田乡	0	0
	石狮市	崇儒乡	2	25
	鲤城区	水门乡	2	40
	福清市	硖门乡	2	260
	闽侯县	佳阳乡	1	250
	3. 省级贫困村：			
	第三批：3			
	省民宗厅	赤溪村	6	99.2
	省民宗厅	桥亭村	5	99.2
	省审计厅	岚下村	6	90

续表

序号	挂钩单位名称	民族乡村名单	2011 年	
			项目	金额
	4. 市级贫困村:			
	第三批: 4			
	市委办	燕坑	8	125
	市民宗局	和安	2	55.7
	市财政局	笕下	1	10
	市卫生局	大墓里	2	40

　　就闽东畲族乡村个案来看，福鼎市佳阳畲族乡的发展颇具典型，在省直部门的挂钩帮扶下，畲族乡的经济发展和小康建设有了突破性进展。福鼎市佳阳畲族乡是福建省最晚设立的民族乡，位于福鼎市东北部，与浙江省苍南县交界，背靠风景秀丽的天湖山，面临天然良港——沙埕港。全乡总人口2.1万，其中畲族人口约占总人口的40%。2009年确定省环保厅挂钩帮扶佳阳畲族乡。三年来，省环保厅共给予佳阳畲族乡帮扶资金230万元，帮助完成乡村两级环卫设施、安全饮水、河道整治以及水电路等基础设施建设，并指导开展省级生态乡镇创建工作。在省环保厅的高度重视和大力帮扶下，佳阳2011年实现社会总产值16318万元，与2009年比较，年均比增9.8%；工农业总产值12740万元，年均比增18.4%，其中农业总产值9144万元，工业总产值3596万元；第三产业产值1422万元；农民人均纯收入6522元，年均比增15.7%。佳阳畲族乡还被省环保厅评为2010年度省级生态乡镇，被省建设厅评为2011年度省级绿色乡镇。佳阳畲族乡不但脱了贫，致了富，并且迈着稳健的步伐，向小康之路前进。

　　虽然这一时期的闽东挂钩帮扶畲族乡工作成效显著，深受畲族群众的好评，但也应看到挂钩帮扶民族乡工作仍存在一些不尽如人意的地方，如个别单位领导重视程度不够，帮扶力度不大，帮扶成果不多，帮扶成效不明显；帮扶工作开展不平衡，部分单位和县（市、区）没有制订明确具体的帮扶计划、机制和措施，未尽到全面帮扶的责任。同时，有的民族乡上门汇报情况争取支持的主动性不够，挂钩帮扶工作的检查、考核、通报机制也不够健全。这些问题的存在影响了挂钩帮扶这一好机制的落实。

（三）闽东畲族乡村挂钩帮扶的强化跨越阶段（2012 年至今）

经过多年的挂钩帮扶，福建省少数民族乡村的农民收入有所提高，但与全省农民的总体收入水平相比还有较大差距。据统计，少数民族乡村农民的年人均纯收入与全省农民的年人均纯收入之间的差距已经从 2008 年的 1785 元扩大到 2012 年的 2982 元。2012 年至今，按照福建省政府《关于进一步帮扶民族乡加快发展五条措施》的基本目标和资金要求，在原有基础上，宁德市结合挂钩帮扶民族乡实际，进一步调整完善帮扶规划，在新的起点上不断提升挂钩帮扶工作水平。

1. 明确挂钩帮扶新目标，谋划发展新规划

2012 年，宁德市政府就贯彻落实闽政 27 号文件，在挂钩帮扶目标、帮扶力度、落实政策、帮扶成效和帮扶责任等方面进一步具体化和提高要求。如制定出台《进一步帮扶民族乡加快发展实施意见》。意见提出由 9 名市领导和民族乡所在县（市、区）领导（每个乡安排 1 名）分别挂钩帮扶 9 个民族乡。调整充实市、县两级民族工作协调委成员单位，由市直 24 个民族工作协调委成员单位挂钩帮扶发展相对滞后的民族村，发挥部门各自职能优势，优先安排发展项目，每年都要帮助协调解决一定项目资金，从人员、资金、项目方面加大民族乡村的支持力度。意见要求从 2012 年开始，民族乡所在的区市、县（市、区）分别安排帮扶民族乡配套资金各 50 万元，主要用于民族乡发展特色产业和社会事业、完善基础设施，优先用于民族村发展项目；市政府和蕉城、福安、福鼎、霞浦县（市、区）政府将帮扶民族乡配套资金列入当年财政预算。市、县两级扶贫、农业、交通、水利、国土、财政、环保、旅游、民政、卫生、教育等部门优先安排民族乡村资金、项目；将扶持老区发展、扶贫开发等方面的优惠政策和专项资金在民族乡落实到位，各类专项资金按扶持革命老区的标准执行；为帮助民族乡加强集镇规划建设管理，提升集镇功能，全市 9 个民族乡比照小城镇综合改革建设试点政策。

在挂钩帮扶具体工作中，宁德市四套班子主要领导多次到畲族乡村调研，指导挂钩帮扶工作，协调有关部门解决制约发展瓶颈问题。福安市四套班子主要领导挂钩特色村寨试点村。福鼎、古田、周宁县（市）对每个畲族村还安排一名县处级领导挂点帮扶。福建省财政、发改委、国土、

科技、农业、农办、水利、经贸委、环保，南安市、马尾区、长乐市、仓山区、福清市、石狮市、晋江市等厅领导或县（市、区）领导到闽东畲族乡开展实地调研，现场办公，商讨项目和资金落实情况。蕉城、福安、福鼎、古田、寿宁、周宁 6 个县（市、区）分别成立了民族工作协调委员会。闽东畲族乡村也主动到挂钩帮扶单位汇报帮扶项目进展和经济社会发展情况，早规划、早申报、早对接，形成一批基础设施项目、民生工程、主导产业项目。

2. 不断加大挂钩帮扶的力度

2012 年福建省政府出台《五条措施》之后，福建省各级挂钩单位和闽东畲族乡所在省、市、县（市、区）共投入闽东畲族乡村帮扶资金 8098 万元，支持基础设施、民生工程、农村特色产业等项目 110 多个，拉动社会投资 1.6 亿元。在安排挂钩帮扶配套资金上，宁德市、县两级财政每年安排畲族乡 900 万元，部分县市继续提高帮扶配套资金。福安市从 2014 年至 2017 年，市财政每年安排畲族乡配套资金增加到 100 万元。福鼎市政府除在安排帮扶畲族乡配套资金 50 万元基础上，福鼎市财政每年再给予增加硖门、佳阳畲族乡转移支付资金 100 万元，且在畲族乡工作干部职工每人每月增加补助 100 元。

宁德部分县（市）将挂钩帮扶政策延伸至民族村。福安市财政每年给予上年度农民人均纯收入在 7000 元以下的民族村经济社会发展可行性项目补助 5 万元；福鼎市政府财政每年给予畲族村财政转移支付 5 万元；周宁县财政每年给予畲族村 2 万元资金扶持，给予畲族自然村 1 万元扶持；寿宁县财政每年给予畲族建制村和 9 个较大畲族自然村所在建制村补助民族发展项目经费每村 1.5 万元。用于畲族村经济社会事业发展和村级组织建设。

3. 突出产业帮扶，全力提高挂钩帮扶成效

以产业帮扶为重点，因地制宜、因势利导，选准项目，培育经济新增长点，并在政策上予以优惠、资金上予以倾斜、管理上予以规范、市场开拓上予以指导。按照闽政 27 号文件要求，闽东畲族乡村科学制定发展规划，整合资源，做到选准发展路子，上好项目。各级挂钩帮扶单位根据畲族乡村区位和资源优势，结合各自职能，倾斜扶持畲族乡村培育经济发展新增长点，增强民族乡村"造血"功能和自我发展能力。如福建省环保厅 2012 年挂钩帮扶福鼎市佳阳畲族乡，在项目实施上坚持"四个立足"。立

足环保，先后投入 220 多万元实施双华村河道环境整治项目，完成集镇 3 公里排污管道铺设和垃圾焖烧炉建设，实施乡村水源周边环境整治。立足民生，支持佳阳乡继续完善"造福工程"配套设施建设，佳阳中心幼儿园、敬老院、卫生院、自来水厂泵站等民生设施先后建成使用。立足产业，推动佳阳乡大力发展生态农业项目，引进福建象洋农业开发有限公司等 3 家生态农业企业，带动当地特色产业发展。加大招商引资力度，近两年先后引进 4 家企业带动当地 800 多人就业。同时在 3 个少数民族村推动发展山羊养殖、东魁杨梅、山茶油等特色产业，增加农民收入。立足重点项目，推进国家海洋科学院上海东海水产研究所福鼎养殖试验场项目动工建设，该项目是宁德市重点农业水产养殖试验项目，总投资 6000 万元，建成后将带动养殖户提高育苗、水产品防疫病等养殖技术水平，预计年新增产值 3000 万元。

闽东畲族乡按照"一乡一优势产业、一村一优势产品"的发展思路，引导畲族乡村立足当地资源，发挥比较优势，适度规模发展茶叶、果蔬、林竹、畜牧、药材等特色产业。闽东畲族乡从挂钩帮扶资金中切出一定比例资金用于扶持畲族村农业特色产业发展。穆云畲族乡出台《穆云畲族乡扶持发展特色产业优惠政策》，2013 年从帮扶资金切出 100 万元扶持发展特色农业，进一步提升全乡水蜜桃、刺葡萄、林下经济及山地农业等特色农业产业效益，其中水蜜桃和刺葡萄获国家工商总局地理标志证明商标和农业部农产品地理标志，打造的"福安穆阳水蜜桃"入选全国首批名特优新农产品目录；崇儒畲族乡投资 200 万元扶持特色农业，发展芙蓉李加工升级、笕下和濂溪等村葡萄基地建设；水门畲族乡每年安排三分之一帮扶资金用于扶持林下经济、特色产业和精品农业。2012 年和 2013 年，扶持闽东畲族乡村发展特色产业的畲族村 106 个，扶持资金 1132 万元。福建省财政厅自 2012 年以来，除帮扶霞浦县崇儒畲族乡资金 334 万元外，还协调争取土地治理、低产田改造、美丽乡村建设资金 370 万元；福建省农办、福清市根据福鼎市硖门畲族乡的区位优势，调整农业产业结构，建设硖门山上绿色产业带，海上蓝色产业带，做大做强茶叶、紫菜、弹涂鱼三大农业支柱产业，促进农民增产增收。宁德市老区办筹措资金 15 万元，引导蕉城区九都乌坑畲族村群众发展铁皮石斛中草药种植和开展少数民族群众救灾补助；宁德市农业局扶持福安下白石王坑畲族村巨峰葡萄示范基地 50 亩。

"据统计，2012 年至 2014 年，宁德市扶持发展特色产业民族村 121 个，争取特色产业项目扶持资金 1607 万元，引导民族乡村立足当地资源，发展茶叶、果蔬、林竹、畜牧、药材等特色产业，促进少数民族群众增收。如今，宁德市的民族乡村初步形成茶叶、水果、蔬菜、药材等一批特色产业，并成立民族村专业合作社 232 家。福鼎硖门、佳阳和霞浦盐田畲族的山上"绿色产业"、海上"蓝色产业"，霞浦水门畲族乡的茶产业、大坝村雷竹种植，福鼎赤溪畲族村的"生态立村、农林强村、旅游富村"，蕉城上金贝畲族村的民俗文化旅游，福安穆云畲族乡虎头村畲村水蜜桃种植都成为了当地少数民族群众增收的重要来源。(《民族团结花盛开 亲如一家共繁荣——宁德市少数民族经济社会发展综述》2015 年 2 月17 日《闽东日报》)

4. 提升集镇功能，提高惠农层次

帮扶民族乡工作不断向民族村延伸，且注重帮扶民族乡村加强集镇规划建设管理，提升集镇功能，进一步完善教育、医疗、文化、农业科技服务、信息服务、社会保障等公共服务设施，加强绿化、环保等基础设施建设。村道硬化、安保工程、自然村公路上衔下延、行政村环境整治等农村公益事业建设持续推进，昔日贫困落后的畲乡正发生着翻天覆地的变化。宁德市民协调委各成员单位联系畲族村，在人力、财力有限情况下，倾心扶持，宁德市交通运输局投入 40 多万元实施福鼎桐城浮柳畲族村岔门头至往里村水泥路面硬化和龙山至浮柳村公路安保工程项目建设；宁德市教育局争取筹集补助经费 239 万元，实施霞浦县盐田畲族乡中心幼儿园建设和改善盐田南塘畲族村小学学前班办学；宁德市发改委帮助寿宁县李家洋畲族村筹措资金 42.8 万元，实施李家洋村至河山自然村道路扩宽改造、村饮水工程及卫生所建设。如今已改建福安市坂中畲族乡森林公园、农业服务中心；穆云畲族乡敬老院、中华畲族民俗文化村已投入使用；穆云畲族乡桂林村旧街、康厝畲族乡的西大门的改造工程竣工；蕉城区东山畲族村水利设施、霞浦县崇儒畲族乡的溪边景观和综治服务中心大楼以及水门畲族乡的乡道主干线、文化服务中心陆续建成；盐田畲族乡的二铺小流域治理、镇区"亮绿"工程、福鼎市硖门畲族乡的庙后洋排洪沟、永德新村基础设施配套建设、佳阳畲族乡的中心区农村环境一期综合整治等一大批基础设施、民生工程在帮扶工作的推动下也相继完成。

5. 做好"生态文章"，推动畲村经济快速发展

省、宁德市、福安市各级各部门高度重视民族乡、民族村发展工作，出台了一系列帮扶措施，确定了挂钩帮扶单位，重点扶持畲族乡基础设施、特色乡村旅游工程、农业经济发展等重点项目建设。畲族乡村咬定青山不放松，坚持生态理念，做好"绿色"文章，大力发展生态农业、绿色产业，涌现出了一批各具特色的畲族"明星"村、示范村，畲乡群众在辛勤打造"绿色"家园的同时也快速向"全面奔小康"迈进。

2014年，国务院发布了《关于促进旅游业发展的若干意见》，提出要大力发展乡村旅游，闽东特色畲乡旅游已开始成为农村产业转型发展的一个重头戏。宁德市康厝、穆云、佳阳、硖门、崇儒等畲族乡还每年从挂钩帮扶资金中划出专项资金用于畲族特色村寨试点村建设，其中佳阳、康厝畲族乡从帮扶资金中分别划出200万元和100万元。目前宁德市康厝乡金斗洋、穆云乡虎头畲族村、佳阳乡双华畲族村等第二批试点村建设已初显规模，特色民居的保护改造、特色产业发展、民族文化弘扬传承以及基础设施建设取得明显成效。如虎头村正大力发展生态旅游观光农业，不断把"桃色"经济最大化，改造了桃园里的小溪，在溪中放养小鲤鱼，还开辟了20个观光游览桃园，吸引游客亲身体验采摘的乐趣。宁德市规划局结合蕉城区八斗畲族村民族特色村寨建设工作，投入20万元，帮助八斗村编制规划，实施村寨门、停车场等建设。

林禽养殖、林畜养殖、林下种植、森林旅游、畲医药，已成为闽东畲乡科学发展绿色经济的亮点。如福安市穆云畲族乡燕坑村是一个165户646人的纯畲族行政村，下辖燕窝、险坑、长坝埕3个自然村。2011年起，燕坑村被列为第三轮宁德市级扶贫开发重点村，市委书记廖小军挂点该村。挂钩单位大力扶持茶业、林业、畜牧业发展，垦覆荒地60亩，新增林竹面积300亩，改造低产茶园100亩，种植小种花生80亩；重点扶持种粮、种茶大户和鸡、鸭、鹅、羊养殖户共10户。3年26个帮扶项目让畲村发生了翻天覆地的变化：村道硬化了，农民公园建起来了，林下经济发展起来了。走下田头，水蜜桃、猕猴桃、金银花、太子参等特色农业欣欣向荣，漫步林间，放养的生态鸡觅食撒欢。

四　挂钩帮扶政策执行的拓展思路

挂钩帮扶政策为闽东畲族地区经济增长带来了资金、技术、人才等有利因素，加快了闽东畲族地区经济社会的发展，同时增强了汉族地区与少数民族地区的民族团结，对缩小地区间的经济社会发展差距起到了至关重要的作用。但是，在挂钩帮扶政策实施的过程中也存在许多不尽如人意之处。本章尝试分析挂钩帮扶政策执行过程产生的执行偏差现象，并阐释提出挂钩帮扶政策执行的拓展思路。笔者认为：

1. 从制度设计上保证挂钩帮扶政策的有效性

挂钩帮扶政策作为一种行政命令，缺乏规范性，简单的政策工具容易弱化政策执行的效率，容易造成挂钩帮扶工作积极性不高。为此，政府必须从社会政治、技术、经济多个角度做政策可行性分析，同时，转变单一的政策工具，注重政策手段的多元化。实现政府决策民主化，政府权力多中心化，政府信息公开化，进一步完善政策有效执行的制度基础，从制度设计上保证政策的有效性。当前的挂钩帮扶还不是制度性的安排，需要加快将其纳入法治化轨道，转化为制度性安排，以法律形式将帮扶双方关系固定下来，建立援助项目的跟踪协调制度，这是挂钩帮扶政策长期有效实施的保障。

2. 清晰界定挂钩帮扶政策执行中政府与市场各自的功能与职责

挂钩帮扶政策是一个系统工程，政府是挂钩帮扶政策的主要执行主体。然而，"政府主导"并不等于"政府包揽"。"政府主导"应该主要是指由政府制定政策、设立目标、配给资源、组织考核。政府有必要清晰界定挂钩帮扶政策中政府与市场的功能与职责，界定集权与分权的合理边界，建立有效的分权制约结构。如人力投入和项目开展乃至效果评估，则可以考虑采取政府向社会购买服务的形式。目前的挂钩帮扶单位都是在整合帮扶单位的资源基础，深一脚浅一脚地摸索经验下帮扶，成效差异颇大。挂钩帮扶政策的有效执行，既离不开政府的支持、规划和引导，同时也离不开市场在资源配置中的基础性地位。在充分发挥政府作用的同时，还应结合和利用市场的优势和长处。

3. 建立健全评估和跟踪管理等政策评估机制

挂钩帮扶政策具备权威性、合理性、具体性、稳定性、社会化扶助性、制度与组织的共同保障性等有利因素。挂钩帮扶政策的实施是政府利用行政手段开展资源分配的政治性举措，因而从启动到实施过程都是以政府法规、规章以及政策文件为依据。各地方政府对政策进行分解，并制订适合本地区的挂钩帮扶方案。然而，挂钩帮扶模式目前还处在政策规范化的层面，挂钩帮扶政策以"意见"或"通知"的方式下达，具有极强的政治动员性。帮扶双方没有与之相关的法律法规来对政策的实施进行规范和约束，缺乏相应的评估体系。而要使得挂钩帮扶得以持续贯彻、有效运行，使援助项目得以有效管理，发挥其效用，必须加强对援建项目、资金等进行监控，并完善评估、跟踪、激励等行政管理体制，良性地推进这项政策的落实。还需要不断完善扶助一方的制度性激励，将政治动员融合到系统的制度保障体系中，进一步完善挂钩帮扶政策的行政监督、评估、跟踪、激励等行政管理体制。在建立评估机制时还可以尝试进行体制外的评估，吸引更多的非政府组织参与评估，以增强评估结果的客观性，为各级政府决策提供更准确的参考依据。

4. 进一步加大财政挂钩帮扶资金投入

挂钩帮扶政策实施以来，从挂钩帮扶的数额上、援助的形式上看，顺利完成了一大批援助项目，其实施的效果也越来越明显。挂钩帮扶加快了闽东少数民族乡村经济社会的发展，增强了汉族与少数民族的民族团结，缩小了地区间经济社会发展的差距，逐步改善了民族乡村落后的公共服务设施，推动其迈上生产发展、生活富裕、生态良好的可持续发展之路。但与发达地区相比，闽东畲族乡村的重点项目、基础设施、社会事业、产业开发、文化教育、人才培养等方面，还需投入大量资金。全省 19 个民族乡在面积、人口、农民人均纯收入等方面存在较大差异，但根据第四批帮扶计划，在 2012—2015 年期间，统一规定每个民族乡每年帮扶资金 400 万元。这种将有限的帮扶资金绝对平均化的做法，不利于差距大的闽东畲族乡获得更多的资金支持，因而挂钩帮扶政策工具应从简单化向精细化转变。如宁德市共 239 个民族村，其中 71 个民族村分布在民族乡，另有 167 个民族村分布在非民族乡。这些非民族乡的民族村，均未能享受到省委、省政府《关于进一步帮扶民族乡加快发展五条措施》的相关民族优惠政策。又如农村撤点并校后，对提高教学质量起到了一定作用，但对少数民族困难子女上学也带来问题。闽东 239 个民族村，目前仅有 45 个村独立设置民族小学，仅占民族村总数的 19.3%。民族村文化站 86 个，仅占民族村总数的 36.1%。影响了民族文化的挖掘和民族乡村文化设施滞后弘扬。因此，民族教育、民族文化亟须投入更多的帮扶资金，应继续加大财政挂钩帮扶资金的投入。此外，还可以尝试加大对民族乡、民族村和农户的金融支持和服务，提升银行资金对民族乡村发展的支持力度，鼓励和引导更多的社会民间资金参与到民族乡村的发展建设中。

5. 注重民族乡村专业人才的培养

挂钩帮扶民族乡村的工作是一个系统工程，在卫生、教育、农业技术推广、民族乡村旅游等方面都需要专业人才。一方面，挂钩帮扶政策实施以来，在人才和智力帮扶上还存在不足之处，最为突出的就是缺乏人才智力的选派机制，从而影响了挂钩帮扶的实施效果，所以，应当尽快制定相应的人才选派机制。另一方面，由于民族乡村大多地处偏远，村民的社会交往、信息获取受到一定的限制，掌握先进生产技能能力有限，缺乏科技创新意识，依靠科技实现增收脱贫难度较大。而村民最急切的需要就是先进的生产技术和管理方法，开拓新的生产领域。因而需要鼓励农业科研机构、龙头企业、专业合作社开展农业实用技术培训。此外，要加强民族乡村中小学校的硬件设施建设，方便教师和学生教学、生活；加强对贫困学生的补助，避免辍学；提高民族中小学校的教师的生活津贴，让学校教师来得了，留得下。加强职业学校建设，培养一大批合格的中等职业学校学生。

第三章

宁德畲族乡村的"造福工程"

　　闽东海岸线长，山区面积大，居住在山高、偏远、分散的山村和偏僻小岛的部分群众，生产生活条件恶劣，地理条件成为致富瓶颈。自 20 世纪 90 年代开始，福建省政府通过自愿移民搬迁的方式，解决生存条件恶劣地区群众的贫困问题。这项措施在福建省被命名为"造福工程"。"造福工程"的名称起源于 20 世纪 80 年代，中共宁德地委领导在霞浦三沙五澳村调研灾后重建时，受一户村民新居门上新贴对联的启发，其对联为："造就一方新天地，福照万家感党恩。"随之，便将乡村灾后重建、渔民连家船民上岸或贫困户异地搬迁等由政府出台相关政策扶持的家园建设统称为"造福工程"。"从 1994 年开始，造福工程被列为省委省政府为民办实事项目，在历届省委省政府的推动下，造福工程发轫于闽东，继而推广至全省，至今持续 20 年不间断，成为百姓口口相传的德政工程、民心工程。"[1] 20 年来，"造福工程"已成为帮助农民脱贫致富的重要手段，也成为改善民生、促进城乡基本公共服务均等化的一个重要支点。贯穿 20 年造福工程的，是福建省各级党政"摆脱贫困"的为民情怀，是当年习近平在闽大力倡导的"滴水穿石"奋斗精神。宁德市是最早探索、设计、实施这项工程的地区，也是福建省畲族人口最多、分布最集中以及畲族乡村实施这项工程最见成效的地区。

---

　　① 《造福工程二十年，我们倾情记录》，载《福建日报》2014 年 10 月 17 日。

一　宁德畲族造福工程的源起与酝酿
阶段（1986—1993 年）

“上世纪 80 年代中期，中央、省委出台各项扶贫政策。闽东大地，人们在奋力摆脱贫困。到 1988 年年底，全区脱贫率已达 87.3%。然而，对‘山高坡陡石头多，居住分散村庄多，基础薄弱灾害多’的闽东地区，处在恶劣环境中的一部分人脱贫则难上加难。”① “20 世纪 90 年代初，闽东 10 户以下的畲族自然村有 357 个，2570 户，11500 人。聚落分散，直接导致了扶贫成本的增加，基础设施发展滞后。据统计资料显示，1989 年，全区已通公路的畲族村 405 个，仅占畲村总数的 1/5，已通电的畲族村 971 个，占畲村总数的 1/2，已用上自来水的畲族村 262 个，占畲村总数的 1/7。同时，教育、卫生、文化、科技等公共服务难以覆盖和延伸到少数民族山区群众，村民普遍存在行路难、看病难、上学难等基本生存问题。由于闽东畲族村民生活必需品的获取结构和数量、公共交通、饮用清洁水、卫生环境、受教育程度、医疗保健以及必要的文化设施等等与我省发达地区存在显著的差异，这使得闽东畲族乡村的生产力水平低于全省平均水平，接受新事物、感受外界变化的能力弱于发达地区，并最终导致获取收入的能力差距。据统计数据显示，1993 年，全省农民人均纯收入为 1210.5 元，全省少数民族农民人均纯收入为 880 元，而闽东畲族农村居民的人均纯收入仅为 700 元。② 另有一批畲族村落处于地质灾害频发的地带，这里缺乏最基本的生命和财产的保障。对村民的生产和生活危害较大的地质灾害主要有山体滑坡、崩塌、泥石流等。就 20 世纪 80 年代，闽东畲族山区山体滑坡危及村庄民居的现象多次发生，如 1987 年 9 月 11 日，宁德蕉城区九都镇九仙畲族村遭遇了百年罕见的泥石流灾害。一夜之间，小畲村被乱石、碎瓦覆盖，有 31 人遇难。”③

综观发达国家和发展中国家的反贫困行为，贫困现象往往是在一定的

---

① 《造就一番新天地　福到农家感党恩——我省造福工程走过二十年》，载《福建日报》2014 年 5 月 29 日。

② 《闽东少数民族“造福工程”的调查与思考》，载《福建省社会主义学院学报》2008 年第 4 期。

③ 同上。

政策干预下得到缓解和消除。政府始终是农村反贫困资金最主要的提供者及大规模扶贫的最有力的推动者。取决于反贫困的运行机制、总体规划以及项目的选择、操作、执行等,在很大程度上决定反贫困的效率。早在闽东工作时期,习近平就开始探索畲民下山、连家船民上岸的移民搬迁工程。在考虑到救济式扶贫救济不治本、就地开发综合成本太高之后,闽东党委、政府意识到以人口迁移来帮助这部分贫困人口从恶劣的生态环境中脱离出来,有效解决这一矛盾。

"当时,闽东几任领导,一任接一任地探索脱贫致富的路子。'搬迁'成为一个很好的出路。早在1985年扶贫工作刚起步时,闽东就开始对一些偏远地方的受灾户实施'救灾搬迁'工程,迁出的群众较快地脱了贫。""闽东最早尝试实施'造福工程'的是地质灾害频发的民族村,如福安市康厝畲族乡东山畲族村,1987年该村有96户、370人,其中畲族79户、310人。当年,该村后门山出现裂缝,有滑坡险情,政府有关部门十分重视。随即,省民政厅拨款5万元,地区民委拨款1万元资助村民搬迁。至1992年止,共搬迁90户380人至石碑洋村。新的村落仍称'东山村'。搬迁前的1988年,东山畲族村人均收入270元,比全市当年农民人均纯收入475元低205元。搬迁后的1993年,全村总收入达40.3万元,人均1060元,比1988年增长790元,比全市农民人均纯收入980元高8.16%。"①

尽管宁德畲族村搬迁的初始酝酿阶段大多是为了避免自然灾害,而不是以解决贫困问题为出发点,但客观上搬迁畲村却取得了脱贫致富的良好效果,从而为贫困山区畲族村的脱贫摸索出一条可行之路。"1987年人均收入才130元、人均口粮不足200公斤的福安市溪潭乡马山畲族村,搬入公路边的新村后,1992年全村种植生姜100多亩,加工出口新加坡,大部分村民仅生姜一项年收入就达6000多元,很快脱了贫,告别了年年领救济款的日子。"②"宁德市三都澳半山畲族村原地处海岛的大山之中,仅有12户56人,全是畲族。村中水、电、路等基础设施缺乏,教育落后,生活艰辛。村里妇女远嫁,男人独身,人口呈下降趋势。1993年5月,

---

① 《闽东少数民族"造福工程"的调查与思考》,载《福建省社会主义学院学报》2008年第4期。

② 《造就一番新天地,福到农家感党恩——我省造福工程走过二十年》,载《福建日报》2014年5月29日。

政府补助 9.9 万元，帮助他们迁往海边，并完善基础设施。搬迁户除了种田外，还养殖海带、紫菜等，人均年收入从搬迁前的 340 元增加至千元以上。"①

二　宁德畲族造福工程的启动与发展阶段（1994—2008 年）

"1994 年 1 月，《关于实施'造福工程'的通知》正式下发，福建省委、省政府明确提出全省农村 1997 年基本实现小康、消灭绝对贫困和完成造福工程搬迁三项历史性任务。时任省委副书记、省委农村脱贫致富奔小康工作领导小组组长习近平，对这项工作高度重视，经常深入调查，指导搬迁工作。"② "1997 年 5 月，一份来自省政协的调查报告，摆在了习近平同志的案头。报告反映：尽管近几年来全省脱贫致富奔小康工作取得了显著成绩，但在闽东畲乡仍有一些少数民族群众住在以茅草为顶、泥土为地的茅草房里。闽东少数民族至今还有人住茅草房，这与全省奔小康的大形势相差太大。报告深深地触动了习近平同志。他率领省直有关部门负责人专程赴闽东调研，走访了福鼎市、霞浦县一些典型的茅草房户，当场研究解决的方案和措施。回到福州后，他立即向省委写了《关于闽东农村扶贫开发与小康建设情况的报告》，建议进一步明确把少数民族地区，特别是闽东少数民族居住区的脱贫致富奔小康工作作为重点，在政策、资金等方面给予扶持。省委、省政府高度重视，决定采取更加实际的措施，重点扶持少数民族地区加快脱贫致富奔小康的步伐。省政府专题研究，很快落实了闽东少数民族茅草房改造等 600 万元资金和有关政策扶持措施。"③

"在茅草房集中的霞浦县和福鼎市，茅草房改造被当作扶贫脱贫工作的重中之重。很快地，政策兑现，资金到位：草房改造户用地优先审批；当年的许多税费减免；政府的补助款很快落实到户，不足部分，草房户自筹一点，银行借一点，亲友帮一点……在霞浦县三沙镇东山畲族村，原来

---

① 《宁德市少数民族"造福工程"让 3.3 万人受益》，宁德网，2008 年 9 月 28 日。
② 《造就一番新天地，福到农家感党恩——我省造福工程走过二十年》，载《福建日报》2014 年 5 月 29 日。
③ 同上。

住草房的 13 户 47 人，当年都搬进了砖瓦房。新建的八幢砖混结构平房，每幢占地面积近 50 平方米。"①

　　为了把好事办好办实，从 1994 年到 2001 年，福建省曾连续 8 年出台政策文件，指导全省范围内实施造福工程，严格制度、规范运作，有序推进，并将其列入政府为民办实事项目。1994 年 4 月 13 日，福建省委、省政府出台《关于加强民族工作的若干意见》，（闽委〔1994〕7 号文）明确要求"要积极组织实施'造福工程'。按照群众自愿的原则，有计划地将一些山高路远、生存条件恶劣、零星分散的少数民族村集中搬迁到地理条件较好的地域，改善生产生活条件，形成新的有利于民族乡经济社会发展的格局"。在补助对象方面逐步明确，在补助资金方面逐年提高。

　　造福工程最直接的受惠者是闽东畲族乡村与畲族群众。在起动发展阶段由于其创新性体现了强有力的作用，使得闽东畲族搬迁户的生产生活条件得到较大改善。"寿宁县斜滩镇畲族天凤新村是寿宁'造福工程'示范点，村民从后井自然村集体搬迁到新村。在这里，看到的是欢乐富足的村民，家家户户地上铺着地砖，厨房设计时尚先进，房间里摆放大彩电，各种现代电器齐全。村民们早年居住的后井自然村是个缺水村，农用水几乎是肩挑手提，生产生活条件恶劣。1998 年，当地政府以'造福工程'的方式将全村 30 多户村民全部安置到天凤新村。'不仅交通方便，而且居住环境宜人。'村民钟成福告诉说，'搬入新村后，对外界接触多了，信息灵通了，乡亲们的变化一天一个样，真是山里山外两重天。'"②"福安市有 6.3 万畲族人口，大多分布在高山边远地区和沿海偏僻岛屿，村落分散。这些地方不通电、不通公路、不通电话，生存空间狭窄，自然条件恶劣，多数畲民住房破旧不堪，有的甚至人畜混居。1994 年，该市全面组织实施'造福工程'，以居住在'一方水土养活不了一方人'的畲族地区为重点，每年切出全市搬迁任务的 50% 左右的指标，着重解决畲族地区的'造福工程'搬迁。实施'造福工程'几年来，该市近 200 个畲族自然村进行了搬迁，畲民脱贫致富的门路也宽了，他们积极发展生产增加收入。留安、岭尾、东山、大梨、半山等许多畲族新村都成了小康村。坂中、康厝、穆云三个畲乡 1998 年被省委省政府授予'脱贫先进乡'称

---

　　① 《造就一番新天地　福到农家感党恩——我省造福工程走过二十年》，载《福建日报》2014 年 5 月 29 日。

　　② 《下山走向新生活》，载《闽东日报》2009 年 3 月 23 日。

号，摘掉了贫困乡的帽子。全市畲族农户的人均纯收入从 1993 年的 1300 元，提高到 2001 年底的 2490 元。"①

"告别了穷山恶水，改变了生存空间，少数民族村民的思想观念也产生了变化。过去靠天吃饭、'等、靠、要'思想严重的少数民族贫困农户提高了进取心，经过培训、引导，脱贫致富的门路宽了。他们积极发展生产，从事第二三产业，拓宽生活出路。各级政府也不失时机地组织引导，有效地提高了他们自我积累和自我发展的能力。福鼎市白琳镇牛埕下民族村全村 173 户 706 人，其中畲族人口占 98.3%，散居在海拔 754 米的大旗山半山腰，1998 年人均纯收入仅 800 元。由于迁出地离集镇较远，1999 年，'造福工程'将居住在松柴岗、下新厝、陶必山等自然村的 43 户村民搬到了主村。来到崭新的生活环境，住上了整齐的砖瓦房，村民通过开展种杨梅、太子参、高标茶等农副业生产，逐步走上多种经济共同发展的路子。搬迁后的 2001 年，村民人均纯收入已提高到 2700 元。闽东周宁县竹洲山山麓共住着 70 户 389 人，是周宁县畲族人口的四分之一。上世纪 90 年代，周宁县委、县政府在城建规划图中划出一块'特区'，让利近 70 万元，省、地、县资助 20 万元，同时免除一切税费，帮助畲民建设'造福工程'新村。搬迁后原先的山场田地还由村民栽种，农闲时村民还可以上街摆摊，村里的孩子能上城里读书，城里的女子也嫁进了新村，最大限度地缩小了城乡之间的差别。搬迁后，无论是交往对象、交往场合，还是交往内容，都突破了以往单调的格局，显得更加广泛而丰富，村民们的视野也更加开阔了。"②

跨入 21 世纪，造福工程有了新的起点，随着工业化、城镇化进程的加快，群众对于改善居住条件和就学就医等公共服务的要求越来越高，造福工程的搬迁对象逐步调整为帮助居住在生产生活条件恶劣、解决"五通"（路、电、水、通信和广播电视信号）问题难度大且公共服务难以覆盖的偏僻自然村，实施整体搬迁。2002 年，福建出台了《关于实施〈中国农村扶贫开发纲要（2001—2010）〉的意见》，文件提出要继续实施造福工程，坚持开发式扶贫，努力改善生产生活条件，坚持政府引导和全社会共同参与，坚持以人为本的要求，要做到"搬出来、稳下来、富起

---

① 《福安"造福工程"为畲民造福》，载《闽东日报》2002 年 10 月 28 日。
② 《闽东少数民族"造福工程"的调查与思考》，载《福建省社会主义学院学报》2008 年第 4 期。

来"。2002 年到 2007 年间，政府每年都下发实施造福工程搬迁的文件，加大对造福工程搬迁对象的补助力度，省级财政人均补助标准从 1000 元提高到 2500 元。

随着造福工程的推进，一批道路、供水、供电、通信、电视网络建设项目启动，闽东畲民的生产生活条件得到很大改观。"'新房有水有电有液化气，公路直通家门口，'造福工程'就是幸福工程啊！'58 岁畲族老人雷朝淮笑得合不拢嘴。他原先住在福鼎市硖门畲族乡瑞云畲族村后樟自然村，那里交通不便，信息闭塞，没有生活来源。是'造福工程'使他搬到了下里洋新村，开始了幸福生活。置身下里洋新村，映入眼帘的是一条条平坦宽阔的水泥路面，一栋栋白瓷砖、塑钢窗的四层砖房，村路两侧造型新颖的路灯……一景一处都在无语诠释着'造福工程'带来新变化。"①"实践证明，'造福工程'投入少、效益高，受益群众多，成效显著。闽东少数民族'造福工程'有意识地采取了依托工业园区或经济开发区安置的搬迁模式，并组织'造福工程'新村村民参加当地的就业培训，就地务工，将山区富裕的劳动力资源转化为了人力资本，人口'包袱'就地转化为了'财富'。"②"福安市康厝畲族乡福源畲族村 82 户 346 人原来分散居住在海拔 760 米的 6 个自然村，2005 年开始实施'造福工程'搬迁，搬迁至乡政府所在地的工业园区附近，这样既便于群众就近打工，又解决了企业用工问题。2007 年全村农民人均收入达 4500 元，比搬迁前增加了一倍多。"③

"据统计，截至 2008 年上半年，闽东少数民族'造福工程'共搬迁 7406 户、33363 人，占全市少数民族总人口 198919 人的 16.77%，涉及 88 个乡镇、占全市乡镇总数的 71%，涉及的行政村 296 个，共搬迁少数民族自然村 713 个。闽东少数民族总量最多的福安市，搬迁畲族农户的人均纯收入已从 1993 年的 1300 元，提高到了 2007 年底的 3000 元以上。"④

① 《福鼎：造福工程建设新畲村》，载《闽东日报》2008 年 4 月 15 日。
② 《宁德市少数民族"造福工程"让 3.3 万人受益》，宁德网，2008 年 9 月 28 日。
③ 《闽东少数民族"造福工程"的调查与思考》，载《福建省社会主义学院学报》2008 年第 4 期。
④ 《宁德市少数民族"造福工程"让 3.3 万人受益》，宁德网，2008 年 9 月 28 日。

三　宁德畲族造福工程的提升与优化
　　阶段（2008—2014 年）

　　2008 年，福建省出台了《福建省加快实施造福工程的若干意见》，提出要在 2008 年至 2012 年间，完成全省 38 万人的搬迁任务。为了做好全省造福工程建设，政府还出台了《福建省造福工程项目资金管理办法（试行）》《福建省造福工程验收办法（试行）的通知》《关于造福工程有关扶持政策的实施意见》《福建省造福工程搬迁规划（2008—2012 年）》等一系列政策文件。省委、省政府决定从 2010 年 8 月初开始，抓住牵动全局的重点和关键，集中力量启动重点项目建设战役、新增长区域发展战役、城市建设战役、小城镇改革发展战役和民生工程战役等"五大战役"，力求在加快发展上取得突破。新一轮造福工程被列入'五大战役'组织攻坚，扶持资金更高、受益面更广，进一步加快了乡村城镇化进程。2011 年，福建省出台了《关于加快推进"十二五"时期"造福工程"的指导意见》，提出把实施"造福工程"与小城镇、新农村建设相结合的思路。"新一轮造福工程提倡整村搬迁，集中安置，并将道路、供水、供电、通信等基础设施项目和教育、卫生、文化等公共服务设施项目建设纳入其中，进行统一规划、统一实施。搬迁范围扩展至农村贫困残疾人危房改造、石结构房搬迁安置、省级试点小城镇的旧村复垦搬迁、农村劳动力转移安置、农村住房灾后重建等七大类。"①。省级财政补助标准对偏僻自然村搬迁和农村贫困残疾人危房改造，由原来的每人 2500 元提高到每人 3000 元，对困难计生户追加补助 2500 元，对少数民族搬迁对象额外每人补助 600 元。此外，坚持生产、生活并重，拓宽搬迁群众增收途径，提高自我发展能力。比如，通过小额信贷、税费减免等政策，支持搬迁户自主创业；有针对性地进行技术培训、择业指导和就业服务，组织有意愿者外出务工。

　　2012 年，福建省政府办公厅印发《关于贯彻落实少数民族事业"十二五"规划的意见》（闽政办〔2012〕216 号）文件。文件提出要"认真贯彻落实省委、省政府《关于加快推进"十二五"时期"造福工程"的

---

　　① 《科学发展　成就辉煌——跨越之路·为民之举　关键词⑧造福工程》，载《福建日报》2012 年 8 月 22 日第 1 版。

指导意见》（闽委〔2011〕47 号）精神，加大少数民族"造福工程"实施力度，把少数民族"造福工程"和加快新农村建设、推进城镇化进程结合起来，拓宽搬迁少数民族群众就业、增收和创业渠道，着力提升搬迁群众的自我发展能力，不断提高搬迁群众的生活质量。"2013 年 12 月 6 日，走进蕉城区飞鸾镇桂洋新村，清洁的水泥路，整齐美观的小洋房，在和煦的阳光下，三三两两的老人坐在门前攀谈，一派祥和幸福的景象。作为省级重点造福工程集中安置区，桂洋新村位于飞鸾镇南部 104 国道南侧镜洋坂，紧邻风景优美的黄岳主题公园，交通便利、环境优美。'以前住的地方环境差，交通不方便，孩子上学、家人看病极其不便。现在，生活环境好了，人的心情也舒畅了。'谈起自去年年底搬进新村后的生活，村民兰银娟笑得合不拢嘴。兰银娟一家原本住在飞鸾镇南山畲族村，那里地处蕉城与罗源交界的深山里，不通公路，土地多为贫瘠的山坡田，村民只能种些水稻、竹子等维持生活，加上还不时遭受自然灾害的侵袭，生活水平较低。如今，兰银娟一家住进一栋占地 90 平方米的两层小洋房里，新式家具、电视、洗衣机等设施应有尽有。在飞鸾镇蒲岭溪南侧的造福工程——华盛新村，工人们正忙着拓宽新村主干道和修建防护坡。在他们的身后，一排排崭新的房屋拔地而起，已经入住的新房门檐悬挂着喜庆的红灯笼。'生活方便，方便赚钱。'谈起'造福工程'带来的改变时，从蒲岭畲族村搬迁下来的钟水珠感叹道。2012 年，华盛新村的房子陆续盖起来，新村也变得热闹多了。这让钟水珠看到了'商机'。她把自家房子的一楼改造成了店面，开起了小卖铺，销售日常生活用品。'我现在除了照看自家的小卖铺，还在村旁的食品加工厂做保洁工作，一个月有 1200 多元的收入。'钟水珠告诉记者，以前居住在山里，交通不便，致富门路又少，生活条件一直难以改善。如今，不仅丈夫和孩子打工方便了，她自己也实现了家门口就业，日子越过越红火。"① "'新房宽敞、舒适，而且交通便捷。'2013 年 12 月 1 日，在霞浦县盐田乡二铺造福新村内，村民雷维勇开心地说，这一切变化源于政府'造福工程'的实施。雷维勇原来住在磨石坑自然村一栋破旧的土木房子里，自从得知乡里实施'造福工程'后，就日夜盼望着入住新房。他说：'老房子低矮、昏暗，而且漏水，一下雨，屋内到处都湿漉漉的。'雷维勇最心疼的是儿子，他告诉笔者，

---

① 《"造福"新村笑意浓》，载《闽东日报》2013 年 12 月 17 日。

磨石坑自然村距离二铺行政村 3.5 公里，仅有一条窄小又凹凸不平的土路，车辆无法行驶，儿子在县城打工，下班回家，从县城坐车到二铺村后，只能步行回家，非常辛苦。2013 年，霞浦县盐田畲族乡将磨石坑自然村 19 户村民列为'造福工程'对象，在二铺行政村为他们无偿提供 12.8 亩土地建设新房，并按照每户每人 3600 元，给予新房建设补助。二铺村支部书记钟勇说，在推行'造福工程'时，部分村民因为经济困难，担心即使拿了建房补助仍建不起新房而不愿搬迁。乡党委、政府为让村民们都能搬离偏远的磨石坑，由乡党委书记、乡长带队，多次深入磨石坑与群众共同商讨对策。最后决定由乡党委政府、村两委帮助他们向农信社申请贷款建房。雷维勇说：'这次建设新房，一家六口拿到 2.16 万元补助款，另外，盐田乡政府、村两委还帮忙向农信社借贷款 3 万元。'二铺造福新村的水、电、路等基础设施已配套齐全，村民们全部迁入新村，告别偏远的磨石坑。"① 自 2013 年起，"造福工程"还被赋予"百姓富、生态美"的新时代精神，将居住在江河源头、自然保护区、生态保护区农户纳入造福工程搬迁改造对象，促进发展与生态建设相统一。"2011 年，福鼎市磻溪镇赤溪村被确定为省级整村推进扶贫开发重点村，由福建省民族与宗教事务厅开展为期三年的挂钩帮扶工作，'造福工程'由此升级为整村推进。福鼎市脱贫办主任滕建军说，'通过搬迁，原来居住的地方已经退耕还林，自然恢复了生态。'在滕建军看来，原来村民煮饭一般都是烧柴火，砍伐林木的现象比较严重，通过搬迁，对村民原来居住环境的生态保护起了很大的作用。如今，下山溪不仅恢复了生态，还成为赤溪村发展生态旅游的经典线路。'通过这几年的努力，我们把一些偏远山区的村民都集中搬迁到赤溪村来，使山区偏远地方的生态得到进一步的保护。然后让赤溪村充分发挥它的生态优势、旅游资源的优势，开展生态旅游等经济发展这方面的工作，使农民增收，并迈出坚实的步伐。赤溪村的做法，是扶贫开发一个很好的示范。'启动'造福工程'后，福鼎市打造出一个全新的赤溪村，这样的模式，很快在全市推广。赤溪村的改变改写了扶贫开发的历史，实现由'输血'向'造血'的转变，同时，谋求'百姓富'、'生态美'，走出一条美丽乡村的独特发展之路。"如今的赤溪村，已成为闽浙边界独具特色的旅游热点和亮点，拥有户外拓展、竹筏漂流、

---

① 《霞浦县盐田乡："造福工程"润民心》，宁德市人民政府门户网站，2014 年 12 月 2 日。

鱼香家园、天然游泳池、耕乐园、农家乐园等多处生态旅游景点以及畲族风情表演等系列风俗表演。①

近年来，宁德"造福工程"较之以往有了新的追求。与以往单纯建造栖身之所，不会特别兼顾村容村貌等其他硬件建设的方式不同，这一时期的闽东少数民族"造福工程"，通过新区选取，合理规划，科学设计，艺术营造等一系列高标准、严要求的建筑程序，建设了一批设施更为完善的新型民族聚居区。各民族乡村干部群众坚持新村建设必须融入畲族的优秀文化传统和当地的生态环境中，在绿色家园中坚守优秀的民族传统、特色民风民俗。住上好房子，过上好日子，养成好习惯，形成好风气。文明之花、和谐之花在闽东畲族乡村绽放。勤劳节俭、清洁卫生、自尊自强、厚养薄葬等新观念，正在成为畲族群众追求的风尚。新村建起了广场，广场上绘制了富有民族特色的壁画，安装了运动器材、宣传栏等。在距离柘荣县县城只有3公里的东源乡造福工程新村，集中安置了从大山中搬出来的汉族、畲族、黎族、高山族及苗族5个民族群众。造福工程新村占地面积86亩，8米多宽的大道贯穿于整个新村，沿途一幢幢居民住宅鳞次栉比，水电、广播电视、宽带网络和视频监控等设施一应俱全。数千人集中安置的造福工程新村，曾经乱象丛生，问题成堆，带来了一系列难题。"整个新村大家互不融洽，处于无序状态，村民事务无人受理，柴片物品乱堆放，垃圾随处乱丢，治安案件接连不断。"造福新村村民蓝天雄说，这里成为斗殴、吸毒、赌博藏身点。"我"搬迁过来不到3年，就发生了3起重大刑事案件，造成两死一重伤。最重要的是，户籍关系都留在原有乡村，要办理医保报销、收入证明、孩子上学等手续，都要回户籍所在地，很不方便。造福工程新村的"乱象"引发尴尬处境，很快引起了柘荣县委、县政府领导的高度重视。经过反复研究后，探索在造福工程新村设立农村社区。2013年11月17日，由造福工程新村暂住人口组成的东源乡"福源农村社区"正式挂牌，社区党支部和管委会同时成立。经社区全体党员、群众分别选举产生5名社区两委成员。农村社区的设立，让村民有了归属感，管理上也规范了，原本松散型治安管理转变成群防群治的防控体系。社区成立半年多来，没有发生过一起治安或刑事案件。社区里还有社区服务中心、就业介绍中心和警务室、幼儿园、小额支付便民点

---

① 《福鼎市磻溪镇赤溪村：中国扶贫第一村的绿色变迁》，载《宁德晚报》2013年10月9日。

等服务机构，60 岁以上老人都有健康档案，可以享受到各种便利的公共服务。不仅环境卫生整洁了，社区治安好了，还可以在自家门口看病。"社区成立后，分成 5 个网格区域，分别由一名社区工作人员牵头开展吃'百家饭'活动，介绍邻居互相认识，一下拉近了邻里之间的距离。"社区党支部书记钟春森说，社区每半年还组织"金邻居""好媳妇""卫生之星"等一系列评选活动，邻里关系更加和谐，互助风尚明显改观。①

四　结语

"福建在民生领域屡有大手笔，人民生活明显改善。这里边，有三条经验值得总结。舍得投，向民生领域集中财力；看得准，优先惠及贫困群体；抓得实，把民生建设像抓经济发展、考核经济指标一样抓紧抓实。'看得准'这方面最生动的例子是"造福工程"。这项工程于 20 世纪 90 年代就开始启动，先后有 70 万农民从偏远、交通不便、地质条件差的自然村搬出，整体移居至集镇、中心村等公务服务水平较高的聚居地，既改善居住环境，又增加就业机会，是扶贫致富的治本之策。但其投资也相当大，福建省委、省政府咬定青山不放松，看准了就坚持不懈地做下去，久久为功，因而惠及越来越多的贫困群众。"②

考察宁德畲族造福工程政策的实施过程，首先是宁德各级政府建立专门的工作机构和规章制度，加强对畲族乡村"造福工程"的领导和管理。由于移民搬迁政策性强、涉及面广、协调任务重，闽东各级政府所属的扶贫办为牵头单位，各有关市、县财政局、发展和改革委、人口计生委（局）、建设局、民族与宗教事务局、国土资源局、林业局、老区办统一筹划相关工作。通过政府广泛的动员发动，周密的计划、繁杂的组织协调和持续的资金投入，为这一系统工程的实施创造了前提条件。在制订移民计划之前，闽东进行了广泛的摸底调查，对需要搬迁的地点和人数进行论证。畲族乡村"造福工程"的迁移对象主要是居住在高山边远地区和沿海偏僻岛屿，村落分散、生存空间狭窄，立地条件恶劣、脱贫致富步伐缓慢，解决"五通"要花很大代价的自然村以及受地质灾害威胁地域的群

---

① 　郑峰、潘文书：《造福工程新村的社区治理探索》，载《海峡通讯》2014 年第 9 期，第42 页。

② 《让百姓看得见幸福》，载《人民日报》2012 年 8 月 16 日。

众。就移民点来看，闽东有关部门认为扶贫移民搬迁随着迁移距离的延长，难度会相应的加大。这不仅是因为迁移距离的延长，会导致迁移成本的增加，更由于迁移涉及的行政区域多，在获得新的生产资料、户籍等方面，困难也会增多，且移民造就迁入地生产生活的难度也会加大。因此，闽东少数民族"造福工程"基本采取县内安置的向中心村落或小城镇的集聚的移民方式。

宁德各级政府意识到，为了保证异地扶贫项目的有效性，需要充分发挥贫困者的作用，因为内因是反贫困成功的关键。只有将畲族贫困村民视为扶持的主体，让他们直接参与到反贫困实施过程中去，逐渐提高他们的认知能力、技术能力、管理能力、与外界交往的能力，才能最终达到提高他们综合素质、综合竞争能力的目的。在异地安置扶贫政策选择之始，闽东采取了村民自力更生、自愿搬迁的原则，所需要资金以群众自筹为主，各级财政补助和有关部门的支持为辅。实施"造福工程"中规定：（1）造福工程用地和基建免缴税费；（2）所需建筑材料优先安排指标；（3）建设部门要优先安排规划、设计施工；（4）"造福工程"新迁住户先接通水、电供应；（5）对少数民族"造福工程"，省、地、县民委都列入当年工作要点，在资金方面除按统一标准补助外，民族工作部门再作一定数量的户均补贴。

"造福工程"建房资金以群众自筹为主、财政补助为辅。补助标准逐年提高，2007年1500元，2008年已增加至每人2500元。对少数民族搬迁户，福建省相关部门还给予每人额外300元补助。2009年对少数民族搬迁户补助款提高到600元。闽东各县（市、区）财政普遍设立"造福工程"补助资金专户，为扶贫专项资金，专款专用。财政和部门补助的资金都集中到专户管理，按人头下达；补助资金直接发放到户、到人，并实行县级报账和公告公示制度。另外，部门配套资金按项目下达。到2014年"造福工程"补助款又作调整，即依据工程危房改造对象的改造方式和困难程度，确定不同类型的补助标准。一是异地搬迁和原址新建的，按每人3000元补助。困难计生户、少数民族、贫困残疾人等对象享受政策叠加，即困难计生户每户追加补助3000元、少数民族户每人追加补助600元、贫困残疾人家庭人口每人增加1000元。按"就高不就低"原则，每户补助不低于10000元；二是对危房进行修缮加固的，按每户10000元给予补助；三是五保户无论新建或修缮，按照每户（人）15000

元补助。"造福工程"新村基础设施配套建设资金主要依靠县、乡政府安排的配套补助资金和群众投工投劳解决。自 1998 年至 2013 年闽东各县（市、区）少数民族乡村"造福工程"补助金额共 2032.11 万元。以下为闽东各县（市、区）历年"造福工程"补助金额情况：

1998—2013 年闽东各县（市、区）少数民族
乡村"造福工程"补助金额统计表

表1　　　　　　　　　　　　　　　　　　　　　　　　　　　　　　单位：万元

县	1998—2000 年	2001—2005 年	2006—2010 年	2011—2013 年	合　计
蕉城区	12	39.28	119.28	111.9	282.46
福安市	26	76.67	264.78	203.28	570.73
福鼎市	20.7	49.89	198.39	152.16	421.14
霞浦县	22	56.13	203.3	184.98	466.41
古田县	3.49	16.83	30.39	5.46	56.17
寿宁县	2.25	20.76	41.13	10.32	74.46
周宁县	5.16	20.74	39.63	27.9	93.43
柘荣县	0	16.22	33.48	15.6	65.3
屏南县	0	1.26	0.75	0	2.01
合　计	91.6	297.78	931.13	711.6	2032.11

为了让迁出地畲族村民了解迁出的意义，迁移前，闽东各级政府向他们进行广泛的宣传，动员农户自愿报名。为了免除移民的后顾之忧，政府制定了一系列的优惠政策，解决移民初期的生产生活问题。如闽东畲族人口总量最多、分布最广的福安市，从 20 世纪末实施"造福工程"至 2009 年已先后搬迁了 387 个畲族自然村，4086 户，1.2 万人，政府为少数民族搬迁户共减免各种税费 1000 多万元，户均 4000 多元；兑现省地市补助配套资金 540 多万元，户均 2000 多元。与此同时，福安市还出资为少数民族"造福工程"新村做好公共设施配套建设。全市 72 处畲族"造福工程"新村，80% 以上基本实现了水、电、路、电话、电视的"五通"。

作为这项涉及面广、政策性强、关系到群众切身利益的自愿移民搬迁系统工程组织者，闽东各级政府在政策运作过程中，还制定出相应的管理办法，如要求各县（市、区）扶贫部门跟踪落实"造福工程"搬迁进度，向市农办报送工作进展情况。各级政府要对搬迁对象的情况进行公示，接受群众监督，并将符合搬迁条件的农户建档立卡，随时可查。要求各级扶贫部门要认真做好检查督促工作，发现问题及时纠正，确保各项资金的及时到位和搬迁任务的如期完成。

　　为了实现搬迁户稳得住，能致富，对于列入"造福工程"的畲族搬迁户，闽东各地扶贫小额信贷等各项帮扶措施，帮助搬迁户提高就业技能，实现稳定就业。闽东各地根据畲族搬迁户的实际情况，按照宜农则农、宜商则商、宜工则工的原则，有针对性地制定和采取了发展致富规划和措施。通过优先安排"阳光工程"培训、发展科技扶贫项目、组织劳务输出等措施，力求使每个搬迁户或有地种，或有活干，或有挣钱门路，减少返贫率，巩固扶贫的成果。

　　宁德畲族乡村扶贫移民搬迁是一项以移民自愿、政府为主导，涉及面广、涉及部门多，政策性强、工作任务繁重的社会系统工作。由于各级政府周密地部署、正确地引导、精心地规划，有效地监督检查，及时地总结经验，显示出经济、社会等多重效益。（1）减少了国家对畲族地区"五通"的投入。闽东畲族贫困乡村主要分布在偏远山区，人口密度小，居住分散，难以形成有规模的社区，发展二三产业缺乏基本的人口规模，只能维持原始的小农经济。改变这种状态，首先要解决水、电、路基础设施问题。但这些项目需要政府支出的金额很大，政府很难满足这些贫困山村的资金缺口。从闽东异地安置扶贫的经验看，政府投入的移民费用大大低于修建通往大山深处公路等基础设施的投资。据统计，仅福安市自1994年至2012年搬迁387个畲族自然村后，可少修机耕路1300公里，少架设供电线路600公里。仅"五通"一项，就可为国家减轻负担8000万元以上。（2）改善了畲族搬迁群众的生活条件。宁德畲族"造福工程"的搬迁对象主要是长期居住在高山、偏远、交通不便、信息闭塞的民族自然村。由于居住分散，教育、卫生、文化、科技等公共服务难以覆盖和延伸，行路难、上学难、看病难等问题普遍存在，村民生活极为艰苦。通过"造福工程"，将这些畲族自然村群众整体搬迁到生产生活条件较好的地方，从根本上解决了水、电、路、通信、广播电视信号等"五通"，改善了人居环境，提高了福利水平和生活质量。（3）提高了畲族搬迁群众的收入水平。村民来到崭新的生活环境，住上了整齐的砖瓦房，摆脱了过去受传统、封闭、单一生产模式的影响，树立了劳动致富、科学经营的新观念，充满了进取精神。各级政府不失时机组织引导，有效地提高了他们自我积累和自我发展的能力。（4）增进了各民族之间的团结。在"造福工程"的实施过程中，为了居住的便利，在新村地块的选择上，有时会涉及不同民族、不同宗族、不同族群的地块归属问题。如福安市穆云畲族乡黄儒回族村，原来住在高山上，由于遇到山体滑坡泥石流，原有的住地已然无法继续居住，需要及时迁址搬村。经过穆云乡政府协调，新村地址选在属于桂林汉族村的地块，这里临近福安西部人口密集的穆阳镇。桂林汉族村主动出让了土地。为了尽早实施新村建设，黄儒回族村民暂住在溪塔畲族村，待新村建成后再行迁入。以上一个村的"造福工程"项目，涉及了三个村，三个民族的相互协调、相互支持、相互帮助。（5）解决了畲族乡村剩余劳动力的出路。闽东少数民族"造福工程"有意识地采取了依托工业园区或经济开发区安置的搬迁模式，劳动力转移获得的收入已成为闽东许多少数民族贫困农户家庭收入的重要来源。（6）加快了畲族乡村城镇化的进程。闽东少数民族"造福过程"安置始终坚持向中心村、集镇、工业园区集聚，从城镇化的高度实行扶贫攻坚，带领贫困村民迅速摆脱落后的状态，走上共同发展的快车道。（7）合理利用土地，推动了现代农业发展。闽东少数民族"造福工程"建设过程中将旧村腾退的用地复垦为耕地，解决了农村居民点原先布局零散、面貌脏乱差的局面，促进了村庄集聚，布局更合理。土地在复垦整理中形成了标准化耕地。

"造福工程"原为消除农村贫困的一项重要举措，也是宁德畲族新农村建设的一大亮点。通过 20 多年"造福工程"的实践，闽东畲族乡村基础设施建设已然取得显著成绩，新村与集镇缩短了距离，新村居民打工、经商、上学、求医等方便了，带动了新产业，畲民收入大大增加。畲族乡村公共服务得到发展，畲民生活生产条件得到明显改善。在"造福工程"实施过程中，一些偏僻、落后的畲族自然村搬迁，在地图上消失，一些更为美丽、宜居的畲族新村诞生了，提升了闽东畲族乡村的新形象。"然而，随着物价上涨、用地紧张，造福工程后续发展存在隐忧。'搬迁补助标准赶不上物价上涨要求，造福安置区用地指标越来越难拿，成为最大的瓶颈。'省农办扶贫处工作人员表示，建房成本上升让偏僻山村部分困难群众无法搬迁，用地指标紧则影响了造福工程进度。有关人士呼吁，一要继续加大对贫困人口的补助力度，可尝试在安置区建造廉租房等，解决无能力搬迁群众的生活困难；二是当地政府在规划用地时，应将造福工程用地需求优先纳入规划，让造福工程'造福'更多百姓。"①

---

① 《造福工程，让农民居好屋》，载《福建日报》2012 年 10 月 26 日。

第四章

宁德畲族乡的城镇化问题

——以福安市畲族乡为例

宁德与全国一样，正处于城镇化深入发展的关键时期。目前，我国的城镇化率处于 30%—70% 的迅速发展区间。在相当长的历史时期，城镇化都是我国社会发展的客观趋势。因此，少数民族与民族地区的城镇化，势在必行。宁德的畲族乡城镇化正不以人们的意志为转移地悄然进行着。宁德畲族乡的城镇化，是 21 世纪初宁德畲族发展中必然遇到的一个问题。厉以宁认为符合中国国情的城镇化道路，是不同于世界上传统城镇化的，即其新型城镇化模式的设计"分三部分：老城区 + 新城区 + 农村新社区"①。根据"三区合一"的新城镇化模式，宁德 9 个畲族乡的城镇化基本上属于新城区建设与农村新社区建设的两种方式。

由于畲族乡建制的特点，在"六普"人口统计的口径上，畲族乡的人口基本属于乡村人口。因此，在表 1 中，宁德畲族乡的畲族城乡人口统计中，仅金涵、坂中、穆云三个畲族乡标明有城镇人口。其中，坂中畲族乡城镇人口最多，是因为坂中畲族乡有满春居委会、工业园区等城镇社区。而穆云畲族乡的畲族城镇人口主要在桂林街道。基于此，本章以福安市畲族乡为例，调查研究宁德畲族乡城镇化问题。

表1　　　2010 年"六普"统计宁德市畲族乡城镇、乡村人口对比表　　　单位：人

畲族乡	总人口	城镇人口	乡村人口
总计	37900	5237	32663
金涵畲族乡	3902	1061	2841

① 厉以宁：《走符合中国国情的城镇化道路序》，载厉以宁主编《中国道路与新城镇化》，商务印书馆 2013 年版，第 3 页。

畲族乡	总人口	城镇人口	乡村人口
盐田畲族乡	4544		4544
水门畲族乡	2643		2643
崇儒畲族乡	2976		2976
坂中畲族乡	8991	4047	4944
穆云畲族乡	4935	129	4806
康厝畲族乡	4485		4485
硖门畲族乡	1177		1177
佳阳畲族乡	4247		4247

一　融入福安城区的坂中畲族乡的城镇化过程

坂中畲族乡位于福安城西郊，与福安城区仅富春溪一溪之隔。辖区面积67.7平方公里，下辖19个村委会、3个居委会，总人口2.385万人，其中畲族人口9300人，占总人口的39%，为闽东畲族人口比例最大的乡镇。1988—1990年，坂中畲族乡是时任宁德地委书记习近平的工作联系点。在1949年之前，虽然坂中与福安城关相距不远，但是，由于溪水阻隔，交通往来十分不便，人们仅靠舟楫通行，于是坂中在封建时代的历史中，其经济贸易的地位并不突出。清光绪《福安县志》记载，福安城外集市，属于坂中界的仅是"洪口市"。[①] 在明、清、民国时期，坂中始终无法融入福安城的经济贸易活动中。1982年，坂中大桥建成后，随着人流、物流的畅通，坂中与福安的经济、社会的往来逐渐紧密起来。1992年福安市在坂中畲族乡创立了第一个工业园区，占地14公顷，最初50多家企业进驻，到2000年达475家，从业人员7442人，总产值34.12亿元，净利润1.02亿元，上缴税金9894万元。在18个畲族乡中，坂中畲族乡乡镇企业人员规模、生产总值、上缴税金和净利润均居全省18个畲族乡的首位。

---

① 清光绪《福安县志》卷3《疆域》。

表 2　　　　　　　　　　　1998—2013 年坂中畲族乡
　　　　　　　　　　　　　　乡镇企业统计表　　　　　　　　单位：万元/个

年　份	企业个数	从业人员	总产值	上缴税金	净利润
1998	379	4353	60150	318	2305
2008	436	6395	319890	7452	7581
2013	475	8116	600138	17927	14677

（摘自福建省统计局、福建省民族宗教厅编《福建少数民族乡村社会经济统计资料》）

坂中畲族乡的城镇化建设属于新城区建设，即将坂中畲族乡作为福安城区建设的一部分，融入了福安城区城镇建设的范围。坂中畲族乡现有 3 个居民委员会，即满春、坂中、松潭居委会，是福建省 18 个畲族乡中居委会最多的畲族乡①。2000 年以后，福安市政府关于坂中畲族乡的城镇化建设是以 3 个居委会为中心，置于福安城区城镇化发展的建设规划中。在坂中畲族乡的城镇化土地规划中，总用地 728.17 公顷，其中城市建设用地 370.71 公顷。包括东至富春溪和 104 国道、西至华坪畲族自然村、南至满春街、北至沈海高速公路互通口连接线上。作为福安城区西北郊，坂中畲族乡以生活居住为主，集茶叶加工、电机制造、汽车展销、休闲旅游等功能于一体，配套完善、环境优美的生态型综合片区，居住人口规模可达 3.8 万人，包括城镇常住人口 3.5 万人，村庄常住人口 0.3 万人。

在福安西北郊的坂中畲族乡片区城镇化遵循经济、社会、生态的三维目标，在 728.17 公顷的用地面积中，建设用地 432.35 公顷，非建设用地 295.92 公顷。前者包括城市建设用地 370.71 公顷、村庄建设用地面积 20.46 公顷、区域交通设施用地 25.35 公顷、特殊用地 15.73 公顷；后者包括水域 122.10 公顷、农林用地 173.82 公顷。形成"一核、一带、三组团"的空间布局结构。一核指中部五洲山山体公园形成的生态绿核；一带指富春溪及其两岸沿线滨水绿地与桃花岛生态林地共同构成滨水生态景观带；三组团包括以五洲山和富春溪为界，形成的南部、北部和溪东三个功能组团。

城市建设用地主要包括居住用地、公共管理与公共服务用地、商业服务业设施用地、工业用地、物流仓储用地、道路与交通设施用地、公用设施用地、绿地与广场用地等。

————————

①　另闽南隆教畲族乡 1 个，闽东盐田畲族乡 1 个。

表 3　　　　　　　　　　　　**坂中畲族乡城市用地表（一）**

序号	大类	中类	小类	类别名称	面积（hm²）	备注
1	H			建设用地	432.25	
		H1		城乡居民点建设用地	391.17	
			H11	城市建设用地	370.71	
			H14	村庄建设用地	20.46	长汀、溪东村
		H2		区域交通设施用地	25.35	
			H22	公路用地	25.35	高速公路、104 国道
		H4		特殊用地	15.73	903 电台
2	E			非建设用地	295.92	
		E1		水域	122.10	含滩地
		E2		农林用地	173.82	含桃花岛
总计				总用地	728.17	

在公共管理与公共服务用地中，包括坂中畲族乡中心小学与福安市民族中学等公共教育用地。这两所学校是福安市畲族学生就学的主要学校之一。①

在绿地与广场用地中，包括坂中森林公园，这是城镇化过程中不可或缺的生态环境。坂中森林位于富春溪西岸，古老防护林地是明万历年间福安城遭受特大洪水后栽种的，迄今已经有近五百年历史。是阔叶林为主的片林，林中有天竺桂、樟树、绿竹、榆树、榉树、构树、枫树、木荷等多种乔木，林地覆盖面积为 32.67 公顷。这种自然式种植的生态林地，在福建省城镇中实属罕见。数百年来，居民护林，严禁砍伐。有明确规约，这种规约是由阮、郑、黄、韦、李、陈六姓族人在"敦和堂"（众厅）讨论确定的。若有人违规，盗砍树木，一旦发现，按六姓族人人口数，给每人一块"红灯牌"甜饼。再次发生类似事情，则罚放映三场电影。数百年坂中居民的维护，乡规民约的约束，成就了城区中难得的坂中森林公园。坂中森林公园是福安城区的绿色之"肺"。在森林公园边将建造畲族歌场，以作为富有畲族特色的城镇文化景观。

---

① 坂中畲族乡还有一所福安市民族实验小学，位于仙岩畲村。

表 4　　　　　　　　**坂中畲族乡城市建设用地表（二）**

序号	用地代码	用地名称		用地面积（hm²）	占城市建设用地比例（%）
1	R	居住用地		65.20	17.59
		其中	一类居住用地（R1）	6.04	
			二类居住用地（R2）	59.16	
2	A	公共管理与公共服务设施用地		26.86	7.24
		其中	行政办公用地（A1）	2.08	
			文化设施用地（A2）	1.32	
			教育科研用地（A3）	14.27	
			体育用地（A4）	0.63	
			医疗卫生用地（A5）	3.81	
			社会福利设施用地（A6）	0.30	
			文物古迹用地（A7）	1.08	
			宗教设施用地（A9）	3.37	
3	B	商业服务业设施用地		22.86	6.17
		其中	商业用地（B1）	7.39	
			公共设施营业网点（B4）	0.74	
			商务用地（B9）	14.73	
4	M	工业用地		81.48	21.98
5	W	物流仓储用地		14.10	3.80
6	S	道路与交通设施用地		84.88	22.90
		其中	城市道路用地（S1）	79.13	
			交通场站用地（S4）	5.75	
7	U	公用设施用地		1.30	0.35
		其中	供应设施用地（U1）	0.49	
			环境设施用地（U2）	0.23	
			安全设施用地（U3）	0.58	
8	G	绿地与广场用地		74.03	19.97
		其中	公园绿地（G1）	53.65	
			防护绿地（G2）	18.60	
			广场用地（G3）	1.78	
9	总计	城市建设用地		370.71	100

在坂中畲族乡居住用地中，畲族聚居地主要在满春居委会、福阳新

村、朝阳新村 3 个居住点。

满春居委会是于 1993 年 8 月 12 日从坂中居委会析出另外成立的，由留安、满春、吉安等居住点组成。20 世纪 80 年代中期，以畲族为主的农民从福安各地畲族村搬迁到名为"流坑"地方，那里位于坂中畲族乡通往穆云畲族乡的福穆公路沿线的起点。当年，这里是甘蔗林地、荒郊野地、坟茔墓坵等。1987 年"流坑"改名为今名"留安"。最早搬进的人口大概 10 户，后来发展到 188 户 760 人。到了 2000 年"五普"统计，共 3081 人，其中男性 1320 人，女性 1761 人。2014 年统计，总人口 1942 人，其中男性 1004 人，女性 942 人。18—59 岁 1366 人，其中男性 700 人，女性 665 人。60 周岁以上 64 人，其中男性 37 人，女性 27 人。畲族人口 720 人，占满春总人口的 37%。满春居聚落特点是女性多，出嫁的女人户口一般不外迁。青年人多，多在附近打工。满春居流动人口有 2 万多人，来自福建、浙江、四川 3 省，宁德设区市 9 个县（市、区），18 个乡镇。因为是城区结合部的地理优势，又是畲族聚居地，加上宅基地价格相对便宜，许多畲族慕名来此安家。满春居占地面积仅 0.4 平方公里，居住人口的密度很大。满春居委会初创时期，没有办公地点，租用民房办公，2000 年租用坂中旧村委楼，交通不方便，满春居委会基础设施很差，没有一条像样的道路。2013 年 7 月 1 日才建成综合楼，作为居委会办公地与居家养老设施。2014 年修整路面 400 米，安装了这段路的路灯，还解决了 59 户自来水。办公经费 5 万元。建设了停车场、清理了河道。居委会有 14 个干部，其中长住办公的 5 人，3 人拿补贴，即支部书记、居委会主任、会计，每人每月 900 元。居委会干部中大多有自己的职业，支部书记从事汽车配件生产，居委会主任办电机配件厂。他们认为，今年经济萧条，几近停产，有债务，资金回笼差，但是工人工资不能欠。居住地建有大圣宫庙，供奉齐天大圣，这是坂中畲族乡畲汉共祀的主要神祇。居民中主要从事建筑行业，有相当部分人从事坂中畲族乡的主要产业电机电器、茶叶、纸品等生产、销售。

福阳新村，位于坂中居委会北面，距离乡政府所在地 2 公里，在唐代古刹崇福禅寺旁边。2001 年经福安市政府批准，从有地质灾害隐患的和安畲族建制村白石岩下畲族自然村整村搬迁到这里的，现有人口 250 户 1120 人，村民中 90% 是畲族，许多人都是举家迁入的。目前，该村仍然隶属于和安畲族村。福阳新村的 203 户人家已经盖好房子，村落建筑比较规整，当年搬迁在这里的村民只有享受政策优惠，没有实质性的经济补助。新农村建设的经济扶持还没有惠及这里。村里有"王三公"庙宇，是当地畲汉供奉的神灵。

朝阳新村，位于坂中居委会南面，距离乡政府驻地 3 公里，在唐代古刹栖云寺与兴建中的道教青松观的附近。1983 年，畲族村民从仙岩畲族建制村白岩下、仙岭洋畲族自然村自发迁入，他们在自耕地上建成了新的聚落。随后，彭家洋畲族建制村洋坪、青元等地畲民相继迁入。村中人口156 户 789 人，几乎清一色畲族。最早迁入的是白岩下 16 户人家。由于在自留地上建房，因此住宅没有规整的排列，房子插花似地穿插着，或高或低，或南或北，显得随意与无序。村里没有官庙，曾有人动议建筑神庙，但是因为资金、土地等原因，没有真正付诸实施。但是，正月里的神戏照样是免不了的。

以上两村居民主要从事泥木工、电工，多数人回原来村里栽种蔬菜、水果。还有洋坪吹鼓班是远近闻名的传统技艺，吹鼓手们会三五成群逢红白喜事，被请到各地演奏。

三处畲族聚居地都处于坂中畲族乡城镇化规划的用地范围内，比较三者，其共同点是在畲族居民迁居伊始，都有自愿的原则与自发的倾向。但是空间的选择却不尽相同，满春留安占据了交通要冲，福阳村址的选择是因原有居住地存在地质隐患而由政府批准的重新安排，朝阳村址的确立纯粹是家庭的自发行为，即将个人农作物自留地作为宅基地。现有 3 处畲族聚居地表现为不同的发展趋势：（1）留安已经归入满春居委会管理，居住地开始了街道修建、停车场、路灯的配置，居委会养老机构大楼的建设，并逐步转入社区管理，已然形成了城镇化的雏形。（2）福阳新村隶属于和安村委会管理，由于新村建设时对村庄的基础设施、道路空间作了预留，房屋的建设有相对规整、统一的标准，这为美丽乡村建设定下了基础，为城镇化的推进在空间上作了安排。（3）朝阳新村的管理状态是多元的，居民仍旧维持原状，即归属于不同的村委会管理，如仙岩、彭家洋等村委会等，这种状况给新村的统一管理带来很大的困难。同时，由于房屋建设没有预先的统一规划，道路、下水道的预留都很随意。没有统一的管理机构，加之缺乏统一的村落规划，凡此种种，都给新农村建设带来很大的阻力与难度，更谈不上启动坂中畲族乡的城镇化工程。

二　以福安畲族经济开发区为中心的福安 西部畲族乡城镇化过程

宁德市级小城镇综合改革试点之一，是以福安畲族经济开发区—穆阳镇为中心的福安西部城镇化建设。畲族经济开发区地处福安西部的穆水溪畔，包括穆阳镇和穆云畲族乡、康厝畲族乡，面积 16.8 平方公里，现有总人口 8.1 万，其中畲族人口 2.8 万，占总人口的 34.56%，占全市畲族总人口 42.42%，人口密布 4821 人/平方公里，是宁德市畲族人口最密集的地方。1993 年 1 月，宁德地委、行署批准设立了穆阳民族经济开发区，作为福安市派出的科级机构。1998 年 9 月 22 日，福建省人民政府（闽政〔1998〕378 号文）对宁德地区行署关于要求确认福安市穆阳民族经济开发区的请示作了批复：同意将福安市穆阳民族经济开发区确认为省级开发区，并更名为"福安市畲族经济开发区"。福安市畲族经济开发区享受《福建省进一步促进开发区发展的若干规定》的有关政策和福建省有关开发区的各项优惠政策。畲族经济开发区是福建省级少数民族开发区，也是全国已建立的 9 个民族经济开发区之一，属国家民委改革开放联系点。

历史上，穆阳就是福安的商业重镇。明嘉靖本《福宁州志》记载，明代福安设置的镇市，是县域经济命脉之所在，"以镇备防，以市集货，斯国税所不废，而民用所宜亟者也"①。此时福安商贸经济的中心和税收来源的重点在西部，即廉溪流域，其流域商贸起点便是穆阳。明嘉靖年间，掌控福安商贸经济的是"一镇三市"，即黄崎镇，以及穆洋（穆阳）市、石矶津市、苏洋市。万历本《福安县志》记载的福安商贸中心地带仍处于西部廉溪流域，而万历年间福安集市仅剩黄崎镇、富溪津市、穆洋市三所，其中富溪津市即石矶津市，而"在三十一都，旧置盐运分司，蹉舟皆集于此"②的苏洋市已退出了历史舞台。与此同时，穆洋市之经济地位得以加强，"穆洋市，在十八都。盐货从富溪津过者，居积于此。盖廉溪之上游，亦泰顺、寿宁、政和、浦城之喉舌也"③。活跃于廉溪流域的商埠、航运、码头、货栈，是福安西部商贸经济的灵魂，食盐、咸货、

---

① 嘉靖本《福宁州志》卷 1《镇市》。
② 同上。
③ 明万历本《福安县志》卷 1《舆地志》。

盐运是激活福安西部商贸经济的诱发剂与催化剂。"穆洋市—富溪津市—黄崎镇"链接了福安的淡水与咸水的水系，直至清代乾隆年间，廉溪富溪津商税仍不容忽视，占了福安商税的四分之一。① 总之，位于廉溪上游的穆洋市既是叩开闽北、闽东北腹地商贸大门的起点，又是接纳三江口、白马门海洋文化的终点。经济繁荣，必然是人才会集，诚如嘉靖本《福宁州志》所云：穆洋市"在十八都，人才颇盛，鬻盐者发迹于此。"② 于明清两代有着举足轻重的历史地位的西部商贸经济圈，是以穆洋市为中心，辐射到钦德里 5 都，即十五都至十九都，包括今之福安西部两乡一镇：穆云畲族乡、康厝畲族乡和穆阳镇。穆阳北连周宁、政和、松溪及浙江衢州，南接赛岐、下白石、宁德，东面与韩阳坂、寿宁、福鼎相交，是周边各县市乡镇的生活物资集散地。商贸物资种类涉及布匹、渔货、盐、烟草、主副食品、中药、酒、酱业、日用品等 10 多种。

　　穆阳也是茶叶的交易中心。清同治七年（1868），福安就有茶叶出口外销业务。清光绪三十二年（1909），出口茶叶多达 500 吨，此间，县内有 24 个集市，其中坦洋茶市、富溪津渔市、穆阳山货市均已远近闻名。清末民初，茶叶生产繁荣时期，穆阳有茶行 18 家，其中著名的有"新记""顺源""福昌隆""荣记"等。收茶范围上至政和县新村，下至霞浦县赤岭，跨六七个县境，成为当时福安的主要茶叶集市之一。

　　福安的风俗文化是多元的，明万历本《福安县志》概括了当时安邑风俗文化的六大板块，即城内、洋头、穆洋、苏江、三塘、秦溪等，"其文物亦称是"。③ 六大板块是明代福安民间文化中各具特色的典型性区域。这个时期的穆洋（穆阳）文化，涵盖了现时的"两乡一镇"。流传至今的民间谚语"福安好穆阳"，其实实在在的文化内涵，即包括商贸文化的开放性、农耕文化的地域性、民族文化的兼容性与山水文化的神秘性。④

　　总之，以福安畲族经济开发区—穆阳镇为中心的穆阳地区具有深厚的历史人文传统，是福安畲族人口最密集的地方，也是西部重要的集镇，其自然资源丰富，公共设施也较齐全，开发潜力大，发展基础较好，水路、陆路交通方便，距离福安市区和赛岐高速公路交汇处均为 12 公里左右，

---

　　① 乾隆本《福宁府志》卷 10《食货志·商税》。
　　② 《福宁州志》卷 1《镇市》。
　　③ 陆以载：《福安县志》卷 1《舆地志·风俗》。
　　④ 参见蓝炯熹主编《穆云畲族乡志》，海峡书局 2014 年版，第 3—4 页。

适合发展为福安三镇鼎立（福安市区、赛岐镇和穆阳镇）的城镇化格局。因此，以穆阳镇—福安畲族经济开发区为中心的福安西部畲族城镇化，既顺应了城镇自主发展的规律，也遵循了有计划地培育发展城镇的原则。福安西部畲族乡所走的"原始交易中心—传统集市—经济开发区—现代小城镇"新型小城镇发展模式，是当地政府贯彻党的民族政策，顺应了畲族的意愿和城镇发展规律。①

关于福安西部畲族地区制定的规划有：（1）《福安市畲族经济开发区总体规划（2000—2020）》（福安市畲族经济开发区、福建省城乡规划设计研究院，2000）；（2）《福安市城市总体规划（2005—2020）》（福安市人民政府、清华大学，2005）；（3）《福安（畲族）经济开发区工业集中区控制性详细规划》（福安市畲族经济开发区、福建工程学院规划设计研究院，2007）；（4）《福安市城市总体规划（2010—2030）》（福安市人民政府，2010）。历次规划都将穆阳镇、穆云畲族乡及康厝畲族乡三个乡镇作为统一整体，并将规划区域统称为穆阳镇区。

《福安市畲族经济开发区总体规划（2000—2020）》把镇区的性质确定为"福安市西部经济文化中心，以发展商贸、高新农业和资源转换型加工工业的少数民族经济开发区"。《福安市城市总体规划（2005—2020）》，确定福安畲族经济开发区的性质为"畲族经济文化中心，福安西部的物资集散基地和商贸、经济、文化、旅游中心"。《福安市城市总体规划（2010—2030）》，把穆阳镇的城镇职能确定为"工贸型城镇，市区西部的重点城镇，畲族人口的集聚区，以发展农副产品加工、特色手工业为主导的城镇"；将镇区性质确定为福安市副中心（即"畲族经济文化中心，福安西部的物资集散基地和商贸、经济、文化旅游中心"），区域生态旅游目的地和新兴经济开发区。作为福安市副中心，穆阳承担的城镇功能可概括为"三地"，即畲族文化人居福地、自然生态旅游目的地、新兴工业集中地，着力打造"宜居、宜游、宜业"的魅力名镇。

城镇化是福安西部畲族地区经济增长的最大潜力，新农村建设则是福安西部畲族地区最大的内需，畲族乡村城镇化与畲族新农村建设体现了统筹畲族城乡一体化发展的战略决策。以穆云畲族乡桂林村、溪塔村、虎头村为例，叙述福安西部畲族乡新城镇化转型的两种形态：一是建设城镇化

---

① 参见赵明龙《福安经济开发区的建设与畲族的城镇化进程》，载《中国南方少数民族的变迁》，民族出版社 2010 年版，第 188—189 页。

社区，二是建设新型农村社区。

（一）建设城镇化社区：桂林

桂林村现有人口 5000 多人，从地理位置上，既是与穆阳镇相毗邻，又可看成是穆阳街道的延伸，桂林是穆云畲族乡最大的建制村。早在清乾隆年间，桂林街已具雏形。据民国《螺峰王氏宗谱·建置·桂林街》记载："乾隆五十五年（1790）当祠建议寨边兴市，以为风水。因向郑可昭承租三亩，递年加租钱十八千（文），邀有力者架楼店，共计四十余间，名曰'桂林街'。将村内各店俱兴于外，集齐贸易。"20 世纪 80 年代后，穆阳的商贸业跟全国各地一样，有了长足的发展。1984 年穆云畲族乡从穆阳镇分立出来，但由于历史与地理的特殊原因，穆云乡老百姓依旧分享穆阳街的繁荣。同时，桂林商贸街、亭前街、城北街也逐步兴起。1993 年"中国少数民族现状与发展调查研究"曾赴福安调查，他们认为："1992 年福安市设立了穆阳民族经济开发区。经过 5 年的发展，穆阳民族经济开发区的建设已取得了重大进展，两乡一镇的桂林、苏堤、康厝、苏坂、邮亭等村的城镇化进程正在加快，这些村庄已经与穆阳镇连为一体，许多居民也从事与城镇居民同样的非农产业活动，仅桂林村的茶叶加工企业就有近 30 家。同时，穆阳还是我国重要的茶叶交易市场，茶叶的日交易量最多时曾达到 1000 多担，现今亦有二三百担。"① 20 世纪 80 年代中期，桂林还是福安市茶叶（绿茶）精加工集中地，当时仅桂林村就有茶叶精、初制厂 34 家。福安各乡镇及周宁、屏南、政和等地都有茶叶送到此地进行精加工，然后销往福州、北京、山东、广东等地。1988 年桂林茶叶市场成立。桂林茶叶市场是当时宁德地区唯一的茶叶专业市场，开业时，时任宁德地区地委书记的习近平亲临剪彩。每年清明前 20 天开始，就有全国各地茶商到此采购茶叶，人来人往，络绎不绝，直至 10 月底结束。20 世纪 90 年代中后期，社口茶叶市场、福安笔杯山茶叶市场相继诞生，桂林茶市商号逐渐迁入。到 1997 年桂林茶叶市场全面结束。

随着宁武高速公路开通、白云山世界地质公园的开发和福安西部市级小城镇综合改革试点建设的推进，启动了桂林的土地城镇化，2009 年 1 月，福安畲族经济开发区在桂林村征地 816 亩，作为开发区的工业集中

---

① 龙远蔚：《关于福安畲族乡村经济发展的思考》，载《中国少数民族现状与发展调查研究丛书·福安市·畲族卷》，民族出版社 1999 年版，第 294 页。

区。1992 年穆云畲族乡动工建设桂林商贸街，1997 年形成规模，全长560 米，宽 18 米，建筑面积 60 亩，共有铺面 220 多家，主要经营穆阳烤肉、线面、桂林扁肉、水果等穆阳特产、特色小食以及日常生活用品。2011 年，桂林商贸街完善了人行道、路灯等设施。2010 年桂林村投入 80多万元，建起全长 335 米，宽 26 米，占地面积 8000 多平方米的溪边生态公园。2013 年 6 月，穆云畲族乡启动桂林村旧街改造工程，将原来从桂林城门口接至桂林桥平均不到 3 米宽的旧街拓宽改造成宽 18 米，其中两旁人行道各 3 米，中间主干道 12 米，项目建设总长 436 米，共拆迁 75 户6600 多平方米，拆迁补偿款达 550 万元。桂林村在穆云畲族乡的地位日益凸显。随着桂林商贸街、城北街、环城路以及桂林公园、桥南绿化带的相继建成，桂林村容村貌焕然一新，桂林村既有新农村建设的风貌，又为城镇化社区的建设奠定了基础。

（二）建设新型农村社区：溪塔、虎头

穆云畲族乡溪塔畲族村于 2006 年被确定为福安市第一批社会主义新农村建设试点示范村。2012 年被提升为宁德市社会主义新农村建设重点示范村。2007 年 4 月，穆云畲族乡溪塔村被列为全省 6 个农村社区建设试点村之一。2010 年，溪塔村委托福州大学土木建筑设计研究院、福州大学建筑技术研究院，编制溪塔村建设规划。

溪塔村位于穆云畲族乡东部秀溪河畔，通往世界地质公园白云山蟾溪石臼景区公路沿线，距乡政府所在地 4 公里，海拔 90 米，相传临溪曾有一塔故名。村开基明万历年间，主姓蓝姓，于明万历十六年（1588）从寿宁迁入，为福安最大的蓝姓迁途起始地，史称"溪塔蓝"。清光绪十年（1884）属用儒乡钦德里十九都，民国 35 年（1946）属穆阳镇溪亭保。现辖溪塔、下坪 2 个自然村，户籍人口 610 人，其中畲族 589 人，蓝姓303 人，雷姓 102 人，钟姓 90 人，吴姓 79 人。有耕地面积 174 亩，其中水田 170 亩。居民主要经济收入来源于水果种植，盛产刺葡萄，该村的"啸溪"和"茶园溪"沿溪绵延种植了近 4 公里刺葡萄，沟上绿荫蔽日，沟下流水潺潺，形成一道景观奇特的美丽葡萄沟，年产 100 多吨，2006年被中国葡萄协会评为"中国三大葡萄沟之一"。在茶园村口的山路边，生长着一棵巨大的野生刺葡萄树，刺葡萄树冠部第一分枝径围达 183 厘米，主干高 15—16 米，此树树龄尚无据可考，现每年都开花结果。村中

建有蓝氏祠堂、林公宫、王七公宫等家族和民间信仰建筑。溪塔村畲族风情浓郁，畲族祖先遗留下来的一些习俗一直保留至今，2010年建成闽东唯一的畲族民俗文化展览馆，馆内收藏了珍贵的畲族宗谱、畲族传统服饰、银饰以及大量畲巫的服饰、法器等，成为了解畲族文化的一个重要窗口。2005年至2006年，修建了村自来水工程；修建了下坪自然村通村桥。2007年，与宁德交通旅行社共同成立了溪塔刺葡萄旅游开发有限公司，引资60万建设葡萄沟景区，修建了廊桥、丁步坝、步行道、公厕等。2008年，投资5万修建绿化带260米。2009年，硬化学校操场，修缮老人活动中心，完善溪塔畲族民俗馆，完成村委楼的改造。2010年，完成村下水道工程，修建了120米古畲村特色石栏杆，完成多栋房子外墙包装（畲族特色元素包装）。溪塔因畲族风情和南国葡萄沟风采，于2006年作为"闽东北亲水游"的站点入选CCTV十大完美假期旅游线路，同时被评为国家AA级风景区，中央电视台、福建电视台等主流媒体先后来村拍摄节目。2010年10月被中国村社发展促进会评为"中国特色村"。

2012年，虎头村为福安市第二批社会主义新农村建设试点示范村，2013年，福建省建筑工程设计院为虎头村编制了建设规划。

虎头村位于穆云畲族乡东部秀溪畔与白云山旅游大道沿线，距乡政府驻地2公里，海拔60米，为福安少有的位于平原的畲村之一，是闽东与浙南地区特有的吴姓畲族聚居村。虎头是穆阳水蜜桃专业村，村民种植"穆阳水蜜桃"千余亩，2009年1月注册成立了福安市虎头水蜜桃种植专业合作社。现辖虎头、洋中亭、加头、和平洋、蜈蚣岔5个自然村。拥有耕地面积800亩，其中水田600亩，旱地200亩。全村户籍人口791人，畲族人口650人，占全村人口82%。村民收入主要以种植穆阳水蜜桃、刺葡萄、茶叶及劳务输出为主，此外也种植蔬菜、杨梅、枇杷等。据《福安市吴姓统谱》记载，吴姓约于明万历年间自墓亭迁入虎头。存有清同治八年、光绪三十年修《吴姓族谱》。建成沿溪道路500米，园区栈道2.1公里，观景亭1座；跨溪栈桥两座。停车场面积10亩，公共厕所2座。村中还建有吴氏祠堂以及林公大王宫等4座民间信仰神庙。虎头村新农村建设的目标定位是充分发挥"千亩桃园"的旅游资源优势，努力打造休闲度假观光旅游的美丽新畲村。2012年至2014年，共投入400多万元，拓宽修整沿溪步行道500米；修建园区栈道2.5公里、观景亭3座、观景台1个、跨溪栈桥3座等。同时拆除屋前临时搭建200多平方米，装修房屋外墙 25818 平方米，使村容村貌与景区风格保持一致。

以上两个畲族村在村镇体系规划中具有新型农村社区功能，即分别以葡萄沟与桃花源为可持续发展的旅游休闲产业资源，依托农业和自然资源发展旅游服务产业，以家庭独立经营，农户住房改造后拓展出一部分经营功能的房舍。如"农家乐"餐厅、农产品营业部等，可以承担城市扩散的特定功能，如商务、文化、度假休闲等现代服务业，实现农业与现代服务业直接融合。两个畲村产业经济基础以现代农业或者依托农业发展起来的服务业为主，农业和服务业是主要的收入来源。居住方式还是一户一宅的农村庭院式格局，宅基地的功能和权益继续存在，除农民自己的居住功能之外，还可以拓展出服务业的经营功能。两村人口规模小于城镇社区，方便生产经营活动，基础设施和公共服务设施配套等级和规模低于城镇社区，部分公共服务接受附近城镇社区的辐射。村社会组织结构和治理方式仍以村民自治为主。社区和生态环境仍保留传统村庄的蓝姓、吴姓畲族的历史文脉，贴近大自然的宜居环境优于城镇社区。两村建成的新农村社区传承农业文明，有乡土气息，有自然生态，有宜居条件，有周到服务，保持与城镇社区的异质化，形成对城市的反磁力，吸引城市人口的假日扩散。新型的畲村社区建设实质上是农村的重要改革创新，两个畲族村的建设仅是新畲村社区的雏形。

在畲族乡新型城镇化建设中所作的畲族社区建设的尝试，是有着特殊意义的。在 16.8 平方公里的土地面积，有 4 个行政机构，包括福安畲族开发区（副处级）、穆阳镇、穆云畲族乡与康厝畲族乡（科级），在行使行政职能时，就可能存在关系纠缠、重叠的问题。在 20 世纪 90 年代，曾有把福安西部畲族聚居地析出，设立畲族自治县建制的设想。当时，全国人大民委、国家民委也着手作了实地调查。福建省人大代表们也曾多次作过建自治县的提案。但是，最终还是维持现状，这个问题没有解决，以上的矛盾依然存在。目前，畲族乡城镇化建设不啻是一个契机，以建设畲族社区作为一把钥匙，来解开福安西部畲族乡村城镇化的纠结，可算是一种有益的探索。

三　福安畲族乡的"人口城镇化"问题

李克强说："扩大内需的最大潜力在城镇化"，但"城镇化不是简单的人口比例增加和城市面积扩张，更重要的是实现产业结构、就业方式、人居环境、社会保障等一系列由‘乡’到‘城’的重要转变。"① 以往的城镇化是"土地城镇化"先于"人口城镇化"，即在城镇化过程中，首先考虑土地规划与利用，旨在对城镇空间的拓展、蔓延与扩张，或者通过"土地财政"来摆脱政府财政的困境。从以人为本的长远发展观点看，新型城镇化应该是实现由"土地城镇化"向"人口城镇化"的转变。人口城镇化的过程，就是乡村农民进入城镇就业并长期生活，成为新市民并逐步融入城市的过程。所以，归根结底，畲族乡人口城镇化的核心就是畲族乡农民的市民化。

2014 年 9 月，我们在坂中畲族乡政府办公室召开畲族乡城镇化问题的座谈会，与会的畲族乡畲汉干部、群众，对于畲族乡城镇化问题，发表了自己的看法：

"城镇化要做到具备城市功能，和城里人一样享受的基础设施要跟上去。"

"在配套设施建设中，特别是教育、医疗不能滞后。"

"现在，许多畲族村民为了孩子读书，才跑到城里来住。"

"产业很重要，有企业、有地方做工，城市才吸引人。没有钱赚，在城里干什么？"

"到城里，要能够享受市民待遇。如果没有这一条，住在城里，具体生活步步困难，心理总是不踏实。"

"现在能真正搬进城住的人，都要有足够的积蓄。没有钱，城里一天也待不了。"

"对城镇的选择四条：有户口、能就业、附近有集市、有较好的生活配套设施。"

从上述的发言中，我们知道，人们所关心的城镇化问题，最终还是落实到每一个人的切身利益问题，即搬迁的新居民如何实实在在、真真正正融进城镇的问题。因此，从实际出发，把人口城镇化作为畲族乡新型城镇化的出发点与落脚点才是明智的抉择。

人口城镇化要有坚实的产业作支撑。在表 5 福安畲族乡的三次产业从业

---

① 李克强：《坚决防止并严处权力寻租权钱交易等行为》，转引自段进军、钟旭东、倪方红《多维视角下的新型城镇化内涵解读》，载《人的城镇化》，中国经济出版社 2013 年版，第 37 页。

人员的构成中，第一产业仍然在畲族乡三次产业中占最大的比重（45.45%）。因此在产业层面，畲族乡的人口城镇化的主动力应该是现代农业。

表5　　　　　　　　　　　　2005—2013 年福安畲族乡
三次产业从业人员统计表　　　　　　　　　　单位：人

年份	从业人员	第一产业	第二产业	第三产业
2005	33494	16025	10288	7181
2010	37760	17970	13710	6080
2013	41783	17379	15292	9112
合计	113037	51374	39290	22373
比例（%）	100	45.45	34.76	19.79

　　［福建省统计局、福建省民族宗教厅编《福建省少数民族社会经济统计资料》（2005 年、2010 年、2013 年）］

　　畲族乡人口城镇化以现代农业为主产业，最终形成城乡互补、城乡协调、城乡一体化发展的新格局。在现代农业的产业选择上，畲族乡从乡情实际和市场需求出发，大力发展茶叶、蔬菜等传统种植业，水蜜桃、刺葡萄等特色水果，大力发展循环农业、高产高效优质农业和凭借畲族田园风光的休闲农业。

　　在提倡现代农业为主动力推进人口城镇化时，并不排除其他推进城镇化建设的动力，如第三产业、第二产业等。畲族乡现有的电机电器产业、茶叶粗精加工等产业已经有相当的规模，白云山地质公园景观、畲族民俗风情等人文生态旅游、畲族传统食品销售等服务业方兴未艾。畲族乡对城镇化中发展现代农业产业进行各种形式的重点鼓励和扶持，对发展其他产业也积极进行规范和引导。

　　例如，穆云畲族乡 2012 年有乡镇企业 270 余家，其中工业企业有 118 家。工业企业门类主要有机电、建材、家具生产、木竹加工、砖瓦烧制、石板材加工、茶叶加工、农产品加工等。企业个数、总收入、人员就业情况等，见表6：

表6　　　　　　　　1990—2012 年穆云畲族乡企业统计表

年份	乡镇企业数	工业企业数	从业人员	工业企业从业人员	乡镇企业总产值（万元）
1990	119	41	641	340	1104

续表

年份	乡镇企业数	工业企业数	从业人员	工业企业从业人员	乡镇企业总产值（万元）
2005	224	119	932	650	17805
2010	273	121	870	618	35824
2012	270	118	877	632	36400

在畲族乡人口城镇化的产业选择过程中，我们要研究畲族人口劳动力池（Labor Pool）的效应问题。我们调查了满春、福阳、朝阳等畲族聚居地的 3261 个男女劳动力所从事的职业，其中从事建筑业 587 人、种植业 848 人、电机电器制造 978 人、农产品加工 489 人、农产品销售 163 人、电机产品销售 147 人，其他职业 49 人。

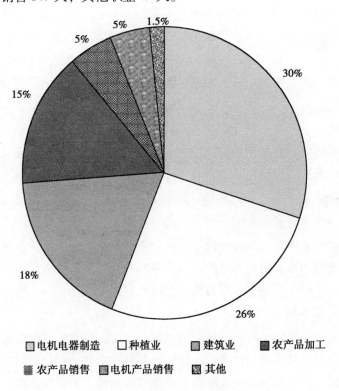

畲族聚居地劳动力池构成图

以上劳动力池的构成中，建筑业是坂中畲族乡的传统产业，源于坂中建筑社的前身，有人在新组建的建筑公司当技术员、施工人员、设计师；

有的人单干，当私人建构新房的泥木工匠。种植业，主要是茶叶与蔬菜，这也是畲族乡传统的产业，茶叶销往全国各地，蔬菜主要销往福安城区。电机电器生产，是改革开放以来畲族乡的主要制造业之一，除了小型电机外，主要从事各类家庭按摩器的生产，工厂多为家庭式作坊，也有较为标准化的车间。农产品加工主要是红绿茶粗制与精制加工业，随之是电机产品与茶叶的销售业。单单满春居内，有产值百万以上的生产按摩器的企业13家、生产电机配件的企业8家，这些企业的工人都在20人以内。还有茶叶加工的、经销的36家。从事其他职业的，包括3家纸箱包装业，以及养殖业、客运、货运、电力安装等。由于以上劳动力池构成的异质性与多样性，在畲族乡人口城镇化中发挥了实际而长期的效应，能够就近依托相关的产业，推动畲族乡人口的经济收入和保障他们的日常生活。

目前畲族乡第三产业的发展还不突出，第三产业发展与畲族乡城镇化程度和畲族村民的收入水平相关。一方面，城市的发展需要大量的第三产业从业人员，尤其是经过技能培训和提供城市所需的相关技能人员，这不仅能够帮助农民增加收入，而且还能有效引导农村劳动力的就业，优化资源的配置。

总之，畲族乡城镇化如果不以现代农业为主动力，城镇化对国民经济的推动作用就只有短期效应而没有长期效应。城镇化就很可能只有土地城镇化而没有人口城镇化，或者有了人口城镇化，但由于没有坚实的产业基础来支撑，最终可能导致城镇发展的"空心化"，遂使"城市病"出现。在我们调查满春居委会时，就有老者对坂中畲族乡没有足够的产业来满足劳动力的就业而造成失业现象，表示很大的不满。他埋怨说，城镇化造成了满春居中闲散人员的大量产生，出现有的妇女手持大叠的钞票，参与赌博现象。乡村儿童离开了庄稼地，致使什么是"饭的树"（粮食是怎么长出来的）都不知道。

在人文的层面，畲族乡城镇化过程中不能出现畲族文化的缺失，人口城镇化不能没有畲族个性化的民俗风情与精神生活。在我们调查福阳、朝阳新村时，畲族村民对畲族歌言十分推崇与热爱，满春居畲族居民要求政府能出面成立畲歌传习所，开展畲族歌言传唱活动。同时，城镇化过程不能单纯为了经济利益，人口城镇化要通过文明、和谐、健康的社会生活与精神追求来培育新型的富有社会主义正能量的城市精神。如城市精神必须讲法制、讲创造、讲和谐、讲宽容、讲诚信。

　　在制度层面上，畲族乡人口城镇化应该以制度建设作为保障，这种制度建设包括户籍制度的统一性，就业制度的公平性，以及管理制度的民主化。要尽可能让畲族乡城镇化的决策能够协商化与公开化。人口城镇化的转型，伴随着深刻复杂的利益关系调整和政府发展理念的重大变革，要充分、持续释放人口城镇化的潜力。

　　畲族乡人口城镇化，农业人口的市民化面临着经济约束和体制障碍，长期滞后的农业转移人口市民化进程制约了城镇化质量的提高，通过户籍制度改革和公共服务均等化逐步实现农村土地制度和相应的财政配套制度。要推进以人为核心的新型城镇化，要避免简单的人口比例增加和面积扩张，关键在于实现产业支撑、社会保障、生活方式等方面的转变，城镇化是一个长期复杂的发展过程，针对大量的农业转移人口难以融入城镇、"土地城镇化"快于"人口城镇化""城市病"日益突出等问题，要走新型城镇化道路，实现城乡一体化，要进一步加大小城镇培育发展的力度，引导更多的公共资源和优质的资源投向小城镇。总之，畲族乡城镇化的道路曲折而漫长。

第五章

宁德畲族乡村特色产业与农民专业合作社

21 世纪初，备受关注的"三农"问题的核心与关键是解决农民增收问题，畲族乡村也不例外。虽然近年畲族乡村经济社会发展有很大的推进，但是与福建全省农民的人均纯收入相比仍有较大差距，而且还有逐步拉大的趋势。根据福建省统计局资料，2008 年福建省民族村农民人均纯收入与全省农民人均纯收入差距是 1785 元，到 2011 年扩大到 2854 元。[①]民族乡村的农民收入问题已然成为了福建省民族发展的短板，也势必影响福建省建成小康社会的进程。为此，于 2010 年，福建省民族宗教事务厅专门组织有关人员，对民族乡村农民收入问题展开全省性的调查。

调查组分析了不同地域（沿海与山区）少数民族农户家庭经营收入、工资收入与转移性收入（主要指粮食补贴收入、退耕还林补贴与亲友赠送收入等），调查结果认为，少数民族农民增收难的原因是复杂的，有着地理、历史的时空因素，也有农业、非农业内外部因素，问题的解决需要一个长期的实践过程。从农业内外部因素分析，民族乡村基础实施仍然相对薄弱；农产品结构不尽合理，与市场需求不尽适应；农业生产效率低，难以规模化经营；品牌意识不强，难以培植特色产业；自身素质的局限性等都成为影响收入的内部原因。另一个方面，外部经济环境的制约，包括乡村两级财政困难，提供支持与服务的能力有限。2011 年民族乡财政收入为 27925 万元，人均财政收入为 665 元，虽比上年增长 35.7%，但是其人均财政收入不及当年全省平均水平 7004 元的 10%；农产品市场体系不健全，35.6% 的种植户对市场供求信息完全不知，52.4% 的种植户每年均自行设法销售农产品；农民贷款难，不易扩大再生产。47.6% 的家庭认为

---

① 《福建省少数民族村农民可持续增收调研报告（上）》，载《福建民族》2013 年第 2 期，第 9 页。

影响其收入增加的第一要素是缺乏资金。仅 24.9% 的农户获取贷款，而贷款数额较小，大多在 3000 至 5000 元之间，最多 3 万元。乡镇企业发展缓慢，对农村剩余劳动力的吸纳力不强。①

2012 年，为了尽快缩小福建省民族乡村群众人均收入与全省农民平均水平的差距，省民族宗教事务厅确定在全省实行"民族乡村特色经济发展扶持增收工程"，以此作为福建省民族宗教事务厅推进民族乡村经济发展的一项重要举措。先期的工程是，相对集中部分民族经费，重点扶持民族乡村特色产业发展，以"一乡一业""一村一品"适度规模的发展方式，促进少数民族地区增产增收。2012 年共筹集 1000 多万元集中扶持 106 个有特色、有规模、有显著增收项目的民族村，发展优势特色产业和产品，充分发挥特色经济项目带动和典型示范作用。2013 年 7 月，福建省民族宗教事务厅召开了全省加快民族乡村特色产业现场经验交流会。总结经验，推广典型，扩大规模，促进增收。

在实施"民族乡村特色经济发展扶持增收工程"的过程中，宁德畲族乡村立足当地资源优势，积极发展"一乡一优势产业，一村一优势产品"，调整产业结构，突出特色产业，创建特色品牌，提升产品品质，赢得广阔市场。2012 年宁德市优先扶持了民族乡村种养特色项目 47 个，4725 户农民受益，其中畲族 3066 户。到 2014 年初步形成茶叶、水果、蔬菜、药材、水产等一批特色产业。如福安市穆云畲族乡溪塔、虎头畲族村，刺葡萄、水蜜桃分别获国家地理标志。虎头村"虎桃牌"穆阳水蜜桃获全国优质水蜜桃第二名。福鼎市硖门畲族乡文渡大弹涂鱼成为国家级规范化建设基地，石兰紫菜种植面积占全市 10% 以上。福安市坂中畲族乡大棚蔬菜基地获农业部无公害蔬菜基地和无公害农产品论证，成为福建省副食品调控基地。霞浦县崇儒畲族乡"丛绿牌"清水绿笋系列产品、"金牡丹"茶叶、水门畲族乡"金山翠芽"茶叶均获得福建省级知名品牌，产品获得国家出口产品商检卫生注册及自营出口权。蕉城区八都镇韩丹畲族村拥有 1600 多亩铁观音生产基地，18 条茶叶加工生产线，创立"富蓉山"茶叶品牌，全村产值达 650 万元。霞浦县沙江镇大墓里畲族村发挥加工甘薯粉的传统产业优势。全村种植 1300 多亩甘薯，创建"山哈

① 《福建省少数民族农民可持续增收调研报告（下）》载《福建民族》2013 年第 3 期，第 12—13 页。问卷调查共抽取 8 个民族乡中 24 个民族村，发放问卷 350 份，收回 320 份，回收率 91.4%，有效问卷 309 份，有效率 96.6%。

牌"甘薯产品，年产甘薯粉650多吨，产值达520多万元。霞浦县水门畲族乡大坝畲族村发展雷竹生产，全村种植雷竹面积达1000多亩，总产值达3000多万元，仅这一项，每年为村里人均增收3000元。并成功注册了"畲华宝"牌雷竹商标，与浙江等地建立了长期的营销合作关系，产品销售市场不断扩大。2013年畲族乡村茶园面积达92762亩，年产茶叶9600吨，果园面积60238亩，年产水果量25700吨。2013年，宁德市畲族乡农村经济总收入181.5亿元、乡财政收入2.5亿元、畲族乡农民人均纯收入10193元，分别比2010年增长226.4%、150%和80.7%。群众收入增长明显加快，2013年闽东少数民族农民人均纯收入8203元，畲族乡农民人均纯收入10193元，其中福安市坂中、康厝畲族乡，福鼎市硖门、佳阳畲族乡农民人均纯收入均超过万元，穆云畲族乡虎头、溪塔畲族村人均收入2万元，种植水蜜桃的虎头村民中家庭年收入最高可达40多万元。民族乡村的干部群众普遍认为，发展特色产业是现阶段畲族乡村脱贫致富、经济建设的基本举措，一个畲族村如果没有真正意义的特色经济，美丽乡村与特色村寨的建设都是一句空话。没有产业支撑，乡村难以聚集人才，村民收入难以提高，乡村经济也难以永续发展。畲族乡村的发展，外力支持固然重要，但是最关键的还是自身的活力。其中，特色产业的实施是近阶段乡村发展最主要的活力。

在福建省实施"民族乡村特色经济发展扶持增收工程"的过程中，畲族农民专业合作社是畲族乡村增产增收的一个不可忽视的群体。《中华人民共和国农民专业合作社法》（以下简称"专业合作社法"）界定合作社成员："同类农产品的生产经营者或者同类农业生产经营服务的提供者、利用者。"成员交付的产品经营或服务的同质性，是农民合作社得以创建并获得发展的先决条件之一。这种同质性就是体现在农户所经营或服务的产品的同一性上。而这种同一性就是同一的特色产业。由于农民专业合作社是农村家庭承包经营基础上而自愿组合的经济互助组织，"农民专业合作社法"的颁布，从立法的层面确立了农民专业合作社的法人资格，大大增强了其作为市场主体的地位，在不断适应市场经济的环境中，积极发挥自身优势与效能，成为畲族乡村经济社会发展的新事物、新力量、新趋向。据宁德市民族宗教事务局统计，2013年畲族村有专业合作社205家。其组织制度、构成方式、经营范围、互助形式、发生效益、盈余分配、经验教训均不尽相同，各具特点。

一　畲族乡农民专业合作社的组织原则与结构

"农民专业合作社法"对于传统的农业合作社的认识有很大的突破。人们对 1950 年代的农业合作社记忆犹新。当时，农业合作社是一条从小农经济走向集体所有制的必由之路，是以社会主义按劳分配原则为基础的农村劳动者政治性的联合。随着农村社会主义高潮的逐渐深入，在互助组—初级社—高级社—人民公社的历史进程中，农民入社成了一种强制性的被动行为。历史上，畲族群众对这种劳动力高度集中，产能消耗过大，经济效益较低的组织形式是有相当大的抵触情绪的。这是畲族的民族性决定的，在数百年的民族迁徙过程中，畲族都以家庭为单位，随山种插，徐徐而行，这种以家庭为单位的经济活动，积淀成了固有的民族性，即使在集体化程度极高的年代也顽强地表露出来。如 1965 年福安开展农村社会主义教育运动，福安专区召开少数民族工作会议，会议批评了福安畲族乡村存在着有悖于"社会主义集体方向"的 6 种单干形式：田地集体，农地单干；征购部分集体，口粮部分单干；田地农地集体，副业单干；扩大自留地，多占"三包地"，缩小集体耕地，明集体，暗单干；稻谷生产集体，夏秋小麦甘薯生产单干；带原耕地完全单干等。① 这种状况一直若隐若现地维持到了 20 世纪 80 年代。20 世纪 80 年代，农村实行家庭联产承包责任制，作为经济社会基本构成单位的畲族家庭，其内在关系紧密，利益诉求相对一致，内部的监督成本最低，必然成为最适宜的农业生产组织形式，于是，畲族乡村的社会能量因此得以充分释放。

但是，随着市场经济的逐步深入发展，畲族乡村的单纯经济个体已经无法适应新的形势要求。尽管家庭经营在农业生产中具有独特的效率，但是从整个农业生产链来看，在农业生产资料供应、农产品购销及加工、农业技术推广、农业基础设施建设等方面家庭经营并不具备优势，同时，在规模经营、市场竞争与谈判，市场风险的承受力等方面，家庭经营更存在明显的局限性。要做到既能发挥家庭经营的独特优势，又能克服其局限性，建立农民专业合作社是明智的选择，也是农业现代化与市场经济发展的必然要求。"只要农业生产中一些最为基本的特点——生产的生物性、

---

① 蓝炯熹总纂《福安畲族志》，福建教育出版社 1995 年版，第 143 页。

地域的分散性以及规模的不均匀性存在，农民的合作就具有内在的必然性。"①

现阶段"专业合作社法"的制度设计，完全脱离了传统的农业合作社认识的束缚，撇开了行政手段的强制性，充分尊重生产者个体的自由度，是生产者立足于农村家庭承包经营基础之上的，通过自由组合并具有一定契约关系的经济联合体。其作用于农业产业的上下游生产环节中，活跃于企业与市场的运行链条上。其强调的是专业合作社成员经济利益的共同性和资源禀赋的差异性。

专业合作社人员的组合，除了以具有共同利益和从事相同产业为基准外，往往联合本村或者就近的邻村人。畲族的民族性之一是，"民族即家族"的泛家族观念。畲族人认为，追溯历史，在"高皇歌"时代，"盘、蓝、雷、钟"等四姓人本是"自己阵"（一家人）。以家庭为单位的社会活动，也可以看成是以家族为单位，甚至看作以民族为单位。以本族（民族或家族）为主，办专业合作社，具有天然的向心力与凝聚力。专业合作社的畲族成员在谈起专业合作社时，大多说：

"这几年，乡政府叫干的事情，都是好事。"

"人多力量大。"

"畲家'凑头话'（谚语）上说，'山哈（畲族），山哈，不是亲戚，就是叔伯'山哈都是厝下人，厝下人一起办'专业合作社'，错不了。"

"外村办了，我们也办；河佬（汉族）办了，我们也办。"

在创建、运作、收益的过程中，专业合作社成员之间又存在着资源禀赋的差异性，即由此差异性而分解为核心成员与普通成员。前者掌握社会资本和资金等关键性的生产要素，后者仅有土地和劳动力等基础性的生产要素；前者为了获取权力与保障收益而资本参与较多，后者由于资本短缺和畏惧风险而不出资或者象征性出资，故而二者存在资本参与与风险分担的不均衡性。因此，在专业合作社的内部结构中存在着成员的异质性特征。一般核心成员多包括生产专业户、运销户、村干部、基层农业服务组织、基层供销社、龙头企业等。而普通成员则指一般农户。

畲族乡农民专业合作社人员的组合，除了以从事相同的产业与共同的利益为基准外，则基本遵循托布勒地理学第一定律（Tobler's First Law of

_____

① 参见黄祖辉《农民合作：必然性、变革态势与启示》，载《中国农村经济》2000年第8期，第4—8页。

Geography），即以本村或邻村村民为主要组合对象。地理学第一定律认为，人类行为与所在地区有绝对的影响，此种影响随着距离的缩小而递增，若加进时间的向度，则形成空间的扩散作用。反之，即随着距离的扩大而影响递减，若加之时间的向度，则形成空间的逐渐消弭的结果。通俗地说，近距离协作既节约了时间与空间的成本，又共享外部经济要素，如共同利用现成的基础设施（水利、道路、设备等），共同传递、交流只能言传身教而获取的经验与"地方性知识"（Local Knowledge），易于发生同质的"劳动力池"（Labor Pool）效应。以福安市3个畲族乡农民专业合作社组成的状况为例，基本上可以看出闽东畲族乡村农民专业合作社的构成特点。

福安市畲族乡建社建制村、畲族村统计表　　　单位：个

福安畲族乡	建制村（居委会）	建社建制村（居）	畲族村	建社畲族村
坂中畲族乡	22	20	11	11
康厝畲族乡	32	27	8	5
穆云畲族乡	33	26	16	13
总计	87	73	35	29

福安市畲族乡建社时间统计表　　　单位：个

福安畲族乡	2008年建社	2009年建社	2010年建社	2011年建社	2012年建社	2013年建社	2014年建社	小计
坂中畲族乡	5	10	8	5	8	18	10	64
康厝畲族乡	8	20	7	6	12	2		55
穆云畲族乡	4	10	11	5	7	6	9	52
总计	17	40	26	16	27	26	19	171

福安市畲族乡专业合作社法人身份构成表　　　单位：个

福安畲族乡	专业合作社数	村干部	经济能人	公司老板	其他
坂中畲族乡	64	22	4	3	35
康厝畲族乡	55	27	3	3	22
穆云畲族乡	52	14	8	2	28
总计	171	63	15	8	85

以上登记表中可知：

其一，农民专业合作社的组合成员基本上没有脱离建制村的范围。福安市畲族乡共有专业合作社 171 个，覆盖了 73 个建制村（居），占全市畲族乡建制村的 83.90%，其中覆盖 29 个畲族村，占全市畲族乡 35 个畲族村的 82.86%。造成以上比例的原因是有的建制村（包括畲族村）特色产业不突出，或者尚处于初步发展阶段，没有形成一定规模，再者或缺乏核心成员，即还缺乏具有统领合作社实践的乡土精英。

其二，宁德市畲族乡农民专业合作社成立的时间，最早在 2008 年，如位于福安市穆云畲族乡的福安市溪塔刺葡萄专业合作社与位于福安市坂中畲族乡的福安市大林山中养殖专业合作社分别于 3 月与 4 月注册成立，其法人代表是溪塔畲族村蓝锦锋、大林畲族村钟伏堂，其距离《中华人民共和国农民专业合作社法》颁布的 2007 年仅 1 年时间。2009 年之后，畲族乡村的农民专业合作社的发展速度加快。

其三，福安畲族乡专业合作社法人代表中村干部的比例较大，占36.82%。这是专业合作社兴办之初的一种现象。而村落经济能人、公司老板等所占的比例较小，仅仅占 13.45%。一般的专业户占比例最大，为 49.71%。

其四，福安畲族乡专业合作社成立之初，社员户数较小。基本上都维持在 5 户左右。即畲族乡的专业合作社主要以小群体为主，这也是现阶段我国农民专业合作社的一个特点。即如我国学者研究的结论："小群体容易在组织和开展集体行动中，往往隐含着更高的一致性。"①

其五，上述所涉及的专业与当地特色产业息息相关，特色产品包括葡萄、刺葡萄、水蜜桃等水果；茶叶、油茶、生姜、小籽花生等经济作物；毛竹、绿竹、松树、杉树、桉树等林木，还包括淡水养殖、牲畜养殖，家禽养殖，休闲农业，乡村旅游，园林绿化施工，农产品初加工等 20 多个项目。其中坂中畲族乡与福安城区仅一江之隔，注重郊区农业，在专业合作社所经营的项目中，特别关注城里人的"菜篮子"，如蔬菜、生猪、山羊、家禽等。坂中畲族乡每日为市民提供 1.5 万公斤蔬菜、0.15 万公斤猪肉及其他鲜活农副产品。坂中畲族乡特色蔬菜有仙岩畲村丝瓜，林岭畲村香葱、蒜、生姜等。康厝畲族乡农业生产已形成水果、蔬菜、生姜、食

---

① 杨光华、贺东航、朱春燕：《群体规模与农民专业合作社发展——基于集体行动理论》，载《农业经济问题》2014 年第 11 期，第 81 页。

用菌、无公害茶园、禽畜、绿竹等基地型区域性分布，全乡的反季节蔬菜基地面积 1500 亩，"早熟"葡萄面积 500 亩，茭白面积 300 亩，无公害茶园 4800 亩，生姜 3000 亩，茶园 1 万亩。建制村著名的产品有洋溪村花生、高台村生姜、界竹村茭白等。穆云畲族乡茶园面积达 8000 多亩，高岭畲村是我国茶叶良种"福安大白茶"的原生地，现保存有一株三百多年树龄的"白茶树王"；"穆阳水蜜桃"面积 5000 多亩，年产优质桃果 5000 多吨；溪塔刺葡萄沟绵延 4 公里。穆云成了福安市水蜜桃、刺葡萄、茶叶、林业主产地，还形成畜牧业专业市场，特别是福安市肉牛批发市场。

其六，合作社经营既突出"一村一品"，又兼顾"一村多品"，除了单一的成熟的特色产业外，往往因地制宜试种其他农作物、经济作物等，为了避免品种单一，更有效地规避市场风险。

其七，畲族乡专业合作社以从事产品上游阶段的生产居多。产品加工的下游阶段仅是直接组织销售，较少的合作社从事茶叶、油茶的初制；畲族乡提供农业机械服务的合作社仅 2 家。

二　畲族乡村农民专业合作社的实践案例

虽然实践证明家庭经营是最适合农业的经营方式，其基础地位无可替代。但是，如何提升经营效益，增大现代农业的作用，从一般小农经营走向更加多元化的经营主体，符合未来农业发展的趋势。在农民专业合作社的运行中，要提高农民的内聚力，加快生产合作、销售合作和信用合作的"三位一体"的新型农村合作体系的建设。积极培育合作社管理的人才队伍，大力提高农业社会化的服务水平。以下实地田野调查案例，反映了畲族乡村农民专业合作社的经营模式和实践过程的多元化与各具特色。

案例一，福安市穆云畲族乡虎头村 3 个水蜜桃专业合作社：以技术咨询、培训，科学管理以及组织产品销售为主。

虎头村是福安市穆云畲族乡吴姓为主的畲族村，也是穆阳水蜜桃核心产区，拥有桃园 1600 多亩，年产鲜桃 1200 多吨，产品畅销闽东、浙南。虎头村是专业合作社比较活跃的区域，全村 60% 的畲族村民都加入了专业合作社。与专业合作社相关联的是福安市水蜜桃协会，该协会成立于 2005 年，现有农户会员 213 人，由桃农、水蜜桃专业户、营销户等组成，遍布福安市 8 个乡镇 37 个建制村。协会凝聚会员力量，形成利益共享、风险共担的经济实体，并竭力地为桃农提供服务。协会每年邀请市农业局专家到桃区，为桃农开设讲座、深入田间地头指导农民种桃。大力培养科技种桃示范户，并且实行"一户带十户，十户带百户"科技示范户机制。引进"五新"（新品种、新技术、新控产、新肥料、新农机）先进集成栽培技术，促使全村水蜜桃量多质好。协会邀请省农技所专家前来研究传授异花传粉技术，解决了梅雨季节水蜜桃坐果率低等问题。协会配合穆云畲族乡政府举办桃花节及水蜜桃擂台赛等，借机交流推广种桃新技术、新方法。协会还注意做好品牌的树立和保护工作，2011 年协会成功注册了"虎桃牌"商标，2011 年"穆阳水蜜桃"获省"无公害农产品认证""无公害农产品产地认证""名牌农产品证书"等。2011 年，"穆阳水蜜桃优株选育及配套技术研究应用"还获得福建省农业科技二等奖。虎头村水蜜桃协会在水蜜桃技术提纯复壮、嫁接异花授粉、大棚避雨栽培、果实套袋等推广科普惠农计划。2012 年，该协会又摘取了中国科协、国家财政部授予的"基层科普行动计划奖"。协会会员吴木寿等 3 户果农被评为全国农技推广示范县的科技示范户，吴武雄等 2 位果农参加了福建省农函大学习并被评为优秀学员，吴树汉等 2 位果农被评为福安市果业先进工作者。2011、2012 年协会参与完成了"穆阳水蜜桃品种认定""穆阳水蜜桃优株选育及配套技术研究应用"等两项技术创新，并分别获得福建省农业科技二等奖和三等奖。全村果农都沉浸在讲究水蜜桃科技种植的氛围中，自 2009 年至 2014 年，虎头村经济能人吴木寿、吴武雄、吴树汉等既是村委会干部、也是发展桃业的带头人，他们先后注册成立了 3 个虎头畲族村水蜜桃专业合作社。

（1）福安市虎头水蜜桃种植专业合作社。于 2009 年 1 月注册，核心成员 13 人，注册资本 80 万元，基本成员 120 人，法人代表吴木寿原为虎头村村委会主任，合作社办公场所位于穆云畲族乡虎头村委楼。专业合作社依靠政府搭建的平台，开展技术咨询、技术培训、技术推广为主的活动，合作社成员是作为虎头水蜜桃协会科技创新的技术骨干而活跃于穆云桃区。合作社的主要功能是为水蜜桃种植专业户提高科技素质与水蜜桃种植水平，同时，加强与外界联系，拓展水蜜桃营销市场。合作社配合市农业局有关部门做好技术推广工作，每年举办 3 次培训班，邀请专家、农技人员等现场教授、指导。每次参加培训人数均在百人以上，来自全市的多个乡镇。合作社推广水蜜桃种植的"五新"集成技术，包括推行桃树矮化、太阳能杀虫灯、桃树冬剪、反光膜、树干刷白、避雨栽培、有机肥下料等多项科学技术，旨在提高水蜜桃品质与产量。该社部分成员作为水蜜桃种植"土专家"外出经营，他们多以输出水蜜桃种植技术为主。合作社在水蜜桃成熟时，加强客户与果农之间的联系，帮助做好水蜜桃的订购与营销业务。合作社引导和带动当地果农推进穆阳水蜜桃经营产业化、组织专业化、种植标准化、生产规模化，逐步实现数量、质量、效益的同步增长，为实现穆阳水蜜桃种植由传统产业向现代农业的全面转型奠定坚实基础。目前，合作社争取山地开发项目资金 20 万元，用于果园道路等基础设施改造和技术改造等。

2. 福安市吴武雄水蜜桃专业合作社。法人代表吴武雄，他是虎头村党支部书记。于 2010 年 12 月注册合作社，核心成员 5 人，以家族成员为主，注册商标为"吴武雄水蜜桃"。2013 年合作社成员增至 65 人，到 2014 年成员扩展到 114 人，带动果农 380 户。种植穆阳水蜜桃面积由原有的 65 亩扩展到 600 多亩。注册资金 200 万元。合作社产业依托穆阳水蜜桃良种资源，发挥畲族山地优势，加强品牌创建工作，对接集成技术创新，全面推广穆阳水蜜桃"五新"集成技术。合作社以增加农民收入，发展"优质、安全、高效"果业为目标，以培养适应现代农业发展的新型农民和种植户。合作社的运行模式是为了保障果农们的主体地位与经济利益，采用"一人一票"与"一股一票"相结合，按责任和风险大小进行民主决策。全社重大决策采取了一事一议，充分体现果农主体，多元主导，面向市场，服务社员，高度体现效率和公平兼顾的内部运行机制。果农购买股份入社，实现合资同劳共利。共同在合作社的机制下生产，向合作社交售产品，合作社按股份或农产品交售量向社员返利，不仅让生产者成员在生产环节上获利，也在销售和加工环节上获利。合作社按市场要求配置生产要素，组织生产，不断扩大产业规模。各社员依靠合作社铺就的专业销售网络和品牌化经营，提高产品的竞争力。同时为建成农民群众的诉求平台与农村管理的示范平台。合作社一方面联系快递公司的鲜果快递业务，提高果农在交易谈判中的主体地位，有效促进了政府与农民的沟通，及时表达果农的意愿和要求。另一方面，合作社建设农村民主管理的示范平台，培养成员的集体观念和合作意识。合作社对管理人员及成员开展梯级培训，培养出一批有科技素质又乐于奉献的强大队伍。同时通过

"五新"技术推广，促进穆阳水蜜桃规模化种植、商品化处理、品牌化销售、产业化经营的现代"四化"实施。建立农业科技培训、推广为一体的穆阳水蜜桃生产示范园和示范基地100亩，做好道路平整、主干道修建基本设施，推广集成技术应用等新技术，并建立了5亩防治桃流胶病示范园及50亩产业集成技术示范园，引进了"雨花露""颐红"等多个新品种。除此之外还建立了水蜜桃休闲采摘园，带动了农村第三产业的发展。合作社加强科技服务，致力于合作社科技户的果树技术培训，结合基础农技推广、妇联、电大阳光培训计划，到各乡镇村举办培训班5期，累计培训果农550人，示范桃园3000亩，涉及福安市3个乡镇，11个建制村。为解答果农生产中疑难问题。合作社多次邀请国家产业技术体系的知名专家廖汝玉、江帆等，深入田间地头为水蜜桃生产把脉，为桃农讲解、示范科学种桃知识，解答桃农实际难题。围绕教育培训，开办了桃农综合培训室和图书阅览室，建立了一支由教授、研究员、高级农艺师等专业技术人员组成的培训辅导员队伍，适时开展病虫害防治、新农药施用、新农机操作、长枝修剪等培训，着力培养一支有文化、懂科学、善经营的新型桃农队伍。由于合作社实力雄厚，成为中国桃产业体系福安工作站示范点，以产业体系为平台，广结知名专家学者，推广穆阳水蜜桃名牌，共同为穆阳水蜜桃的现代化、科技化、产业化、生态化、良性化提供创新动力。在合作生产的基础上办起商品化保鲜冷库，为社员增加收入40多万元。合作社获得项目补助资金达10万元，用于购置设备、技术培训和农民劳务补助，合作社穆阳水蜜桃种植户每户增收2万元左右。合作社成员的年收入比未入社农户高出23%以上。

3. 福安市虎头桃源种植专业合作社。成立于2014年12月，核心成员20人，注册资本300元，注册商标"艳源红"。法人代表吴月英，是虎头村现任村委会主任吴树灿女儿，毕业于厦门华天涉外学院，原为厦门泓展货运代理有限公司操作员，工作两年后回乡创业。合作社经营理念是打造富有畲村特色的"绿色"果蔬。产前由合作社直接向相关厂家统一采购有机化肥、有机农药等相关产品，进行统一的施肥与喷药，确保产品的质量。产后统一销售，提高产品附加值。为避免了农民的盲目生产、无计划销售，合作社通过科学的市场预测和分析，了解市场的需求，并实现以销定产，实现订单农业。在生产过程中引进科技指导、机械作业，降低了劳动强度，节约了生产成本，加强病虫害防治，提高了农产品的产量和品质,实现了农民增产增收。同时由合作社提供农业保险,规避了自然灾害风险,减少了农业损失。在产后订单价收购,社员收入不受市场波动影响。通过合作社产前、产中、产后服务,实现社员增产增收。

案例二,福安市溪塔刺葡萄专业合作社:以刺葡萄保鲜储藏、刺葡萄栽培技术培训与苗木培育为主。

穆云畲族乡盛产刺葡萄,刺葡萄遍及了溪塔、虎头、玉林、高岭等16个建制村,面积1200多亩,年产量逾1500吨。其中溪塔畲族村是穆云畲族乡刺葡萄主产区。该村畲族群众在种植野生刺葡萄时,结合当地地理环境,沿溪种植,在溪面搭架,充分利用溪水空间,让刺葡萄藤交叉穿插,形成绵延5公里、独具特色的南国"刺葡萄沟"。2014年溪塔畲族村133户刺葡萄产量600吨,有35户收入达10万元。福安市溪塔刺葡萄专业合作社是畲族乡最早成立的农民专业合作社,成立于2008年3月。法人代表蓝锦锋,现改为蓝伏兰。合作社注册资金50万元。核心股东5人,基本成员68人。合作社主要组织销售、技术培训、苗木培育为主。为了延长刺葡萄销售时间,提高产品价格,合作社成立不久便筹资10万元建设保鲜库,让社员在刺葡萄采摘的高峰时将水果作储藏保鲜处理,待刺葡萄采摘结束后,再将保鲜后的果实推向市场,使得产品价格提高五成。合作社组织刺葡萄销售,通过3条措施拓展销路:推介"葡萄沟"旅游者购买,与经销商制定销售合同,由酿造刺葡萄酒厂家收购。通过多年努力,逐步形成良性的产业链,价格稳定,销路畅通。从2013年开始每年组织为期1周的技术培训,聘请电大教员讲解刺葡萄等水果栽培技术,政府给参与培训的合作社成员适当的培训补贴。每年培育租赁土地,培育刺葡萄苗木,近年来苗木销往浙江、福建多地,供不应求。合作社分红按照社员投入资金的多寡进行分配。

案例三,福安市穆云王楼种植专业合作社:种植大户为主导,大规模山区开发,发展立体农业。

王楼畲族村位于福安市穆云畲族乡白云山麓,海拔300米。福安市穆云王楼种植专业合作社2010年1月创立于王楼畲族村。法人代表蓝反修,是村支部书记,也是种植大户。合作社注册资本500万元,核心成员5人,均为其家庭成员。基本社员50户。合作社着重山地开发,承包山地700亩,其中发展茶叶400亩、水蜜桃300亩,培育浦城丹桂苗木。又培植3公里杨梅树长廊。在果树下养殖本地土鸡、建瓯三黄鸡、孔雀等禽类。引进优质茶叶新品种，如紫玫瑰、紫牡丹、金玫瑰、白芽奇兰、梅占等，按照上述品种采摘期的前后安排社员采摘，新茶青每百斤价值3000—4000元。土鸡、三黄鸡肉以每公斤80多元销往闽南泉州等地，孔雀以每只1200元销往上海。在山地挖掘池塘引水放养鸭子、淡水鱼等。为了耕作种植的便利，投入了150万元，修建了水泥盘山机耕路，配置了休闲竹亭，为营造休闲农业打下基础。普通社员没有出资，主要是投工投劳，按照工日得到报酬。蓝反修常年参加各类农业培训，为提高自身科技水平，平时与茶叶专家交流栽培经验。市政府补助合作社山地开发资金100万元，合作社被福安市评为"民族特色产业示范社"。

案例四，福安市仙岫山养殖专业合作社：结合"幸福工程"，从事养猪为主的饲养业。

彭家洋畲族村位于福安市坂中畲族乡仙岫峰南麓，全村地貌以山地为主，面积4平方公里，海拔360—530米。有较丰富的林木资源和茶叶资源，村民多从事小规模的养鸡、养鸭、养猪等饲养业，为较大规模培育饲养业提供技术基础。福安市仙岫山养殖专业合作社于2008年9月创立于彭家洋畲族村。法人代表吴幼生，是村支部书记。核心成员12人，每人按4万元基本金入股，吴为最大股东。合作社将小猪赊账给基本成员，待菜猪出栏后取回成本。又借助"幸福工程"的小额贷款①，成立"彭家洋村幸福工程种猪场"。提倡科学养猪方法，组织参加坂中畲族乡举办的养猪培训班，请福安市兽医站、农技站的技术人员上门作技术指导。学会防疫消毒确保母猪和猪仔健康生长。合作社扩展27户，遍及洋坪、仙岭下、仙岭头、青元等彭家洋所属的畲族自然村。顺应市场行情，发展淡水养殖，种植以四季豆为主的蔬菜、培育食用菌。

案例五，福安市凤翔天宇种植专业合作社：将村级特产小籽花生进行全村统一包装销售。

凤洋畲族村位于福安市康厝畲族乡凤翔山麓，是闽东畲族人口较多的畲族村，盛产小籽花生。福安市凤翔天宇种植专业合作社创立于凤洋畲族

---

① 幸福工程：根据《国家八七扶贫攻坚计划》提出，要进一步动员贫困地区妇女积极参与脱贫行动。1995年2月，中国人口福利基金会联合中国计划生育协会和中国人口报社共同发起了"幸福工程——救助贫困母亲行动"公益项目。"幸福工程"项目的模式是"小额资助、直接到人、滚动运作、劳动脱贫"。同时，鼓励各地因地制宜，探索成本低、效益好、可持续的其他救助方式。

村。成立于 2011 年 9 月。法人代表钟绍铃，村支部书记。核心成员 5 人，注册资金 150 万元，基本成员 300 人。合作社自产自销小籽花生的同时，又组织村民，一并推销，营造凤翔品牌。小籽花生通过熟加工后，以每斤高于市场价 1 元钱向本村种植户收购，再进行筛选、小盒分装，每盒 5 市斤。因讲求质量，注重口味，每年销售 3000 盒，供不应求。合作社运行模式是，自行种植，统一销售。利润除了付与经销人员外，主要充实村级集体经济。

案例六，福安市宝宏林木种植专业合作社：经营模式由合作社转向农场，专门种植高品质水果。

位于福安市溪尾镇坎下畲族村，初创于 2009 年，核心股东 5 人，注册资金 600 万元。法人代表钟乃宝，占 50% 股份。2011 年，核心成员变更，并充实经济实力，办坎下村马山农场。固定工人 8 人，季节性工人 15 人，工人按月发工资。培育温带、热带水果蓝莓、樱桃、百香果等高品质水果，农场面积 280 亩，其中蓝莓 150 亩，樱桃 50 亩，百香果 80 亩。产品质量好，销路旺，为宁德市机关单位专供食品，年收入 40 万元。为"福安市 SIYB 创业示范基地""福安市民族特色产业示范基地""福安市农村科普示范基地"。

案例七：福安市高利茶业专业合作社：初制茶叶，集中销售。

位于福安市社口镇南山畲族村，初创于 2009 年。核心成员 10 人，基本成员 300 人，包括南山建制村下属的山峰山、王里、洋头村民，其中 75% 为畲族。法人代表钟金声，为南山村副支部书记。合作社办茶叶初制厂，年加工初制茶叶 200 吨，包括 150 吨绿茶，销往广东；50 吨红茶，在福安市内销售。毛茶产值 600 万元，利润 40 万元，原有利润占 10%，今年利润仅 6%—7%，社员按所提供茶叶量分红。又为节省人力，创办茶叶实验基地，推广机械采摘，核心成员基地 300 亩，基本成员 700 亩。

案例八：福安市钟连发毛竹合作社：利用竹林资源，开发竹业，因市场误判而亏空，终于被动注销。

位于福安市潭头镇鹅山畲族村，成立于 2008 年年底。村中有毛竹 200 多亩，临近村落有 2000 多亩。利用以上竹林资源开发竹业。先投资 30 多万，从事本村 200 亩竹林地的管理、开发。雇用工人多人，每日工资 6 元。连续运行 4 年，因为没有考虑到市场要素，前来求购竹子的客户不多，不能形成规模经营，至 2013 年，已经亏空 50 多万元。只好于 2014

年3月上报注销。

案例九：霞浦县山哈郎农业专业合作社：以公司＋合作社＋农户方式，经营茶叶、食用菌、蜂蜜等产品。

位于溪南镇白露坑半月里畲族村，成立于2013年12月，法人代表雷国贝，注册资金302万元，核心成员26人，基本成员86人。合作社与福建高山野茶叶有限公司建立长期合作关系。公司派出代表，作为核心成员参与合作社业务。合作社基本成员有茶园1000亩，公司自有茶园400亩。合作社将茶叶初加工后，由公司收购，进行精加工，以自有品牌推向市场。2014年合作社茶叶销售1170万元，公司按照市场行情定茶叶价格，其中头春茶单价175元/斤，二春茶单价30元/斤，三春茶单价5—7元/斤。茶销量头春占50%，二春占35%，三春占15%。总体利润在20%—30%。

案例十：福鼎市渔丰水产专业合作社，国家级农民专业合作社示范社。

法人代表雷新义，福鼎市桐城镇柯岭畲村人。现为福鼎市农民专业合作社联合会副会长。自小酷爱淡水养鱼，从18岁开始至今已有23年养鱼经验。在平时的养殖实践中，他仔细揣摩和认真总结，从鱼苗选育、养殖密度、饲料投喂、鱼病防治、市场营销等方面形成了自己独特的技术与经验。2007年，他与合作伙伴5人，当时合作社法还没有公布，当时是参照供销合作社规则，注册成立了"兴农"淡水养殖专业合作社。以养殖草鱼、鲤鱼、鲢鱼、鳙鱼等"四大家鱼"为主。经过3年实践后，于2010年6月，雷新义注册成立了福鼎市渔丰水产专业合作社，注册资金800万元，在核心成员5人中，他占75%股份。至2014年注册资金已达1700万元，他个人占60%股份。吸收社员125户，分布太姥山、磻溪、桐城、桐山、白琳等乡镇。其中1/4畲族。现有养殖"新四种"，包括草鱼、鳙鱼、鲈鱼、对虾等。承包了磻溪桑园水库、巨口村的平桥水库、硖门渠洋溪水库、吉坑水库等水质优良的大中型水库。他承包的山塘、水库、河流等淡水水域面积达到了15000亩。年均出产各类淡水鱼3000多吨，占据福鼎市80%以上的淡水鱼市场份额，还远销浙江省苍南县。2014年已有营业额达2100万元，另还库存鱼货900万元，留在春节期间销售。社员分红采取资金入股、养鱼回收、按月工资等三种基本形式。养鱼回收时，由专业配送团队，从厂家直接进饲料，分配给养鱼户，可降低饲料成本，统一收购可降低运输成本与人工费用。养鱼技术人员多来自山东省，配备发电等设备，自己掌控鱼塘环境。2010 年 8 月，他作为农村拔尖人才，被推荐到由农业部组织的第三期农村实用人才带头人培训班学习，2010 年被授予"农业部水产健康养殖示范场"，2013 年福鼎市白琳镇沿州村渔丰淡水鱼养殖基地被福建省海洋与渔业厅定为福建无公害水产品产地。【产地证书编号：WNCR – FJ13 – 03807】专产草鱼、鳙鱼。2015年被农业部等九部委评为国家级农民专业合作社，获得资金、政策、信贷等方面的支持补助。同时，国家级示范社承担有关国家涉农项目将获得重点支持。此外，在信贷支持方面，示范社贷款授信等级和贷款信用额度也将有所提高。

三　存在问题与对策思路

以上案例反映出闽东畲族乡村农民专业合作社的各种表现形态。畲族乡村农民专业合作社作为现代农业经营主体，基本上既能够保证农业家庭经营的效率，又能克服小规模经营的局限性。宁德市畲族乡村农民专业合作社经过近十年的实践与探索，呈现出较好的发展势头，但也存在一些问题，值得我们重视与思考：

其一，人才的重要。如果一个村落有特色产业，村民也有成立专业合作社的需求，但是并不意味就能够产生专业合作社。有特色经济的村寨，还要有特色的专业人才。合作社实现的基本前提是两方面的成员，即核心成员与普通成员。尤为重要的是核心成员，即合作社的发起者、带头人，他们是关键要素的拥有者，其关键要素包括经济资本、政治资本、人力资本、社会资本等。特别是他们的经济实力、社会关系、市场驾驭力等直接构成了合作社的规模边界与业务边界。目前，这种人才并不是每一个村寨都有。为了在专业合作社的成立过程中弥补上述核心人员的稀缺，一种变通的方法是将与政府关系密切的村干部、涉农机构（农技站、经营站、供销社等）或农业龙头企业等，充当核心成员的角色。在专业合作社发展的初始阶段，这不失为良策。但是，发现与培育专业人才是产生合作社的关键所在，虽然畲族乡村一时没有种田大户等具备核心人员的人选，可以从有一定经济实力，有公心，能赢得村民信任的人才中推举。畲族乡政府要建立相关人才的档案库，为新的专业合作社的创建做好人才储备工作。

其二，政府的作为。农民专业合作社所处的环境不是处于单纯的市场经济里，而是深嵌于错综复杂的社会政治结构之中。作为一种乡村经济组织而出现的专业合作社，其生存的首先任务是获得政府部门权威机构的认可。其合法性包括社会（文化、经济）合法性、法律合法性、政治合法性和行政合法性四大类。① 其中社会合法性是市场经济赋予的之外，其他方面更多的是依赖政府部门的获取。在各级政府解决"三农"问题的决策中，农业专业合作社是负责农业农村经济发展的重要载体。尤其是《农民专业合作社法》正式赋予专业合作社以法律合法性之后，各级政府的介入日益深入，其影响力日益增强。政府的强势介入，虽然有利于合作社的顺利组建和快速扩展并对合作社内部管理进行规制，但是也容易将政府的一些经济或社会功能强加给专业合作社，以此牵制了合作社的独立性和自主性。②因此避免政策实施的过度性与盲目性，要增强这些支持政策的瞄准机制，进一步完善与健全畲族乡村专业合作社的各项支持政策与具体措施。政府相关农业管理部门、农技推广机构与农业考验机构等要广泛宣传、普及农民专业合作社的知识，让广大畲族村民充分认识到农民专业合作社在推广现代农业技术、降低市场交易成本、提高畲民市场交易主体地位等方面的功能和优势，并深刻领会农民专业合作社的组织原则和治理机制，引导畲民自发开展农产品生产、运销、信用等方面的合作。政府要加强培训力度，培训对象不只是理事长，还包括财务人员、管理人员。要指导畲族乡合作社的规范管理，帮助完善畲民专业合作社的治理机构，充分发挥合作社在引领现代农业发展、带动畲民致富等方面的作用。

其三，合作社的建设。以上案例中，可知畲族乡农民专业合作社的内部管理比较粗放，也不健全。作为新生事物，其规范化建设的最终目标包括生产标准化、管理规范化、经营品牌化、社员知识化、产品安全化等。要逐步健全畲族乡合作社内部运行机制，实行民主管理。建立健全岗位职责、生产管理、收购营销、档案管理等切实可行的制度。要设置成员股金明细账，明确社员出资的方式、比例及分红细则。规范民主管理，实行民主决策和民主监督，重大事项须民主讨论决定。实行社务财务公开，按照

---

① 高丙中：《社会团体的合法性问题》，载《中国社会科学》2000 年第 6 期，第 100—109 页。

② 任大鹏、郭海霞：《多主体干预下的合作社发展态势》，载《农村经营管理》2008 年第 12 期，第 22—24 页。

《农民专业合作社财务会计制度（试行）》建立台账，规范会计核算。做到会计资料完整、会计账目规范。切实按照社员交易额（量）进行盈余返还。定期向社员公布生产、销售等情况。畲族乡农民合作社应根据生产经营需要，配置一定的生产经营服务设施，逐步形成相对紧密型的产销链接的利益共同体。通过规模采购，降低成本，提高效益，防范违规，逐步建立生产技术规程、生产质量标准、产品质量追踪等一系列标准化制度。

其四，融资的难题。畲村专业合作社发展的瓶颈是资金短缺。虽然各级财政对畲村专业合作社给予了一定的支持，有效地改善畲村专业合作社的生产经营条件，提高了专业合作社的经营效益。但由于许多农业项目的投入是基础设施、生产技术投资大，回收期长，专业合作社常常面临资金困难问题，又由于缺乏抵押担保品，专业合作社较难从金融部门获得融资的支持，直接制约了专业合作社的发展。应该明确畲乡金融机构要自觉承担起服务于"三农"的责任，继续深化畲乡金融体制的改革，健全畲乡金融体系。畲族乡要有主动适应农民专业合作社金融服务需求的特点，创新产品与业务，缓解畲乡专业合作社融资的难题。要加快推进农业保险业务的拓展与创新，扩大农业保险的覆盖面，降低畲乡专业合作社面临的自然风险，保证畲乡专业合作社经营的稳定性，降低金额机构的信贷风险。财政要向提供"三农"贷款服务的金融结构给予税收优惠与补贴，破解合作社贷款难的问题，金融部门应尽快出台直接面向合作社法人的信贷政策，激励金融机构向专业合作社贷款的积极性。

其五，"休眠社"的窘境。当看到闽东畲族乡专业合作社成功的案例时，还要看到畲族乡存在极小部分合作社，自成立后仍处于"休眠"状态的，没有任何动作。造成这种状态的原因是多方面的，由于注册成立的门槛低，社员在 10 户左右，注册资金仅 10 万元以下，没有办公服务地点，没有组织章程和管理制度，只凑足几户农户草草创立，盲目跟风、应景上马。合作社势必成了"空架子"，起不到带头示范作用。究其原因，其中最重要的是欠缺激发合作社运作的动力。政府要正视这个问题，不要有一丝容忍的态度。畲族乡政府要严格审查、完善考核制度，每年进行示范性的评选，并及时、适当给予一定的奖金激励。要继续加大对畲乡农业基础设施建设的投入，加快农田水利、机耕路等基本建设，农产品信息平台的建设等，改善农产品生产、运输和销售条件，降低畲乡专业合作社的生产经营的成本与风险，为农民专业合作社的发展创造更加有利的环境。

第六章

宁德畲族的企业家现象

在 21 世纪畲族经济发展的过程中，一个值得关注的现象是畲族乡村涌现出了一大批的经济能人，其中不乏畲族农民企业家。据中共宁德市委机关报《闽东日报》载，2014 年，宁德（宁德市）畲族股东或以畲族股东为主创办的企业达 300 多家，营业收入 25 亿元，从业人员达 1.5 万人。[①] 畲族农民成了企业家是其人生的一大飞跃，也是畲村致富的关键性过程。实践证明，畲族经济的真正崛起，其中一个重要的因素是依靠一大批各具特色的经济能人，包括畲族企业家。他们的创业带动了更多人就业，在农村剩余劳动力的就地转移中发挥了主渠道的作用，有利于减轻政府就业压力。他们的创业，引领了更多人致富，有效地增加了农民收入。畲族村民创业，不但解决了自身的就业问题，还可以通过合作创业、组建公司等方式带动更多的人就业，培养和造就更多的创业主体。畲族村民在本地创业，促进了畲族乡村农业产业结构调整，促进了个体私营经济和块状经济群体的形成。畲族村民创业形成规模，有效地减轻了农村经济的对外依赖程度，改变农村"空壳化"局面，有利于畲族的家庭稳定、畲村和谐与可持续发展。以往我们在叙述畲族经济社会的发展时，畲族企业家的经验，往往被忽视。21 世纪关于畲族企业家的问题已经成为了畲族经济社会发展中一个不可或缺的热点问题。

2014 年 5 月 17 日，宁德市畲族企业与企业家协会会员大会在宁德市蕉城区召开。协会通过《宁德市畲族企业诚信经营倡议书》，企业家协会要求，协会成员要增强企业创新理念，建设完善诚信体系，加强商业道德建设，维护消费者合法权益，积极承担社会责任，自觉接受社会监督。

[①] 《宁德日报》2014 年 5 月 20 日第 1 版。

1914 年 7 月，调查组对畲族企业家协会 120 家企业进行了全面调查，调查的畲族企业包括 3 家钢材企业，2 家汽车配件企业，7 家建筑业，12 家电机企业，5 家广告业，3 家服装业，28 家农业，3 家畜牧业，5 家渔业，28 家销售企业，2 家休闲旅游业，22 家贸易类企业等实体企业。结合宁德畲族经济发展史与畲族企业家的创业现状，分析 21 世纪畲族企业家的创业特点。

一　"猴墩茶人"的商业传统

"猴墩茶人"是清末民初宁德县九都猴墩畲族村茶商群体。猴墩畲族村地处宁德、福安两县交界地，据史书和畲民家族谱牒记载，畲民大量迁徙宁德始于明代。畲民雷天辟于明隆庆四年（1570）到宁德尖山大坪兴居立业。过了 3 年，因遭兵燹之乱，他的 7 个孩子，遂散处离居，各奔东西。四子雷光清于明万历元年（1573）旋游宁德九都闽坑堂的猴墩地界，他"见其山水秀丽、地土肥饶，遂卜筑焉"。[①] 清初，两条道路修到了猴墩村。清乾隆三十七年（1772），宁德贡生叶禹为了恢复清初迁界时被毁的官道，"倡捐力辟旧路，百余年废路复睹周行，邑人竖碑以志"，官道"由六都左旋七至铜镜又分东西二道，一右旋为东路，历福口、洋头、闽坑至福岭头，离城五十里与福安福岭塘交界。一左旋属西路，历九都、霍童等地至咸村（今周宁）。"[②] 上述之"东路"又称"大岭"，位于猴墩村的东部。闽坑还辟有一路，位于大岭以西，并伸入宁德北腹地的更为偏远的"十二洋"，（因 12 个村名均冠有"洋"字，故总称"十二洋"）这一条路也穿过了猴墩村。加之，猴墩村离八都镇的霍童溪码头不到 15 华里，霍童溪可通向三都澳、官井洋，这条海路可达福州、广州、上海。猴墩村既得人工开凿的陆路之利又得天然形成的水路之便。清咸同年间，宁德茶叶大兴，据民国猴墩村《雷氏宗谱·序言》记载："清咸丰、同治时，闽省大开茶局，猴墩遂为商旅辐辏之场，而五都（指宁德七都、八都、九都、十都、十一都等 5 都）之市集焉。"得天独厚的经济地理背景给猴墩畲村茶市的形成带来了难得的契机。猴墩村乡土精英雷志波在猴墩村创办了畲族村第一家茶叶商家"雷震昌号"，他凭借自身的政治影响

---

① 《雷氏宗谱》，《源流谱序》，民国 16 年（1927）。
② 清乾隆《宁德县志》卷 2，《建置志·道路》。

力、经济实力和个人魅力，既任猴墩村雷氏家族的族长，又任九都茶叶商会会长。他扶持堂兄弟雷志满办起了第二家茶庄，商号为"雷泰盛号"。又带动了其族亲雷成学办起了第三家"雷成学号"茶庄。随着茶叶市场的拓展，雷志波的"雷震昌号"茶庄扩展为"灿记""庆记"茶庄，雷志满的"雷泰盛号"茶庄扩展为"满记""祥记"茶庄。① 400 余人的畲族村落有 5 家茶庄，并都是雷氏畲民家族成员经营，他们的贸易伙伴也基本上是"畲家阵"，即以附近畲村为主的畲族茶农。这些畲族村落包括七都的漈头、高山，八都的半山、南岗、灵山，九都的九仙、后湖、柴坑、施洋、巫家山、上乌坑，赤溪的社洋、棉头石、尖山等。临近福安县甘棠、溪潭、穆阳等乡镇的畲族村落的茶叶也流向猴墩村。猴墩茶市以"畲家阵"的本民族认同感构建起了茶叶物流的社会经济网络。受猴墩茶人的影响，附近一些畲村也办起茶庄。如漈头畲村办起了"雷伏保"茶庄、中前畲村办起了"雷德庚"茶庄。同时，外地汉族茶商也来到八都，兴办了"吴兴记""鲍乾""顺德""经永"等多家茶庄。民国《福建之茶》记载，宁德县共有 6 个茶叶初级市场，其中九都、八都两个初级市场即泛指以上的畲汉茶庄。② 猴墩茶市拉动了九都、八都等地畲族村庄的规模化生产，并使地方性的民族商品经济融入了超民族的区域性经济之中。猴墩畲族茶庄属于内地茶庄，他们收购的对象主要是四邻乡村畲族茶农，由于同属"畲家阵"，彼此信任，根本无须茶贩中介代劳，因而降低了运营成本。和一般的内地茶庄一样，猴墩茶庄"资本不甚充足，多赖中心市场茶栈之货款以资周转。……其制成之茶少有直接出口者，均须运至中心市场投栈。"③ 每年入冬，猴墩茶庄从福州茶栈挑回一桶桶银元，每担银元重 90 斤（官秤），作为定金分发给畲族茶农。四乡的畲族茶农得到了定金，用于修整茶园、发展茶叶、置办年货、盖房娶亲。到了来年三春茶季，担担茶叶定期送到猴墩茶庄。茶庄将茶叶运往福州，取回余额，购回杂货。回到猴墩，卸下杂货，备足资金，好让茶农索取。一般一个来回需一旬时间。资金循环，从 19 世纪 50 年代到 20 世纪 40 年代，百年如一日，畲族茶农—猴墩茶庄—福州茶栈，三者所构成的经销网络，相

---

① 参见蓝纯干主编《宁德市畲族志》，天津古籍出版社 2001 年版，第 131 页。

② 唐永基、魏德端：《福建之茶》，福建省政府统计处，民国 30 年（1941）版，第 241 页。

③ 同上书，第 195 页。

互默契，合作共赢，信用的链条不曾中断。猴墩茶市虽然规模不大，但却能始终如一、长盛不衰。究其原因，在于猴墩茶市全靠方园数十里的畲族乡村支撑，这个与众不同的茶市运营模式，是在畲民家族伦理的支配之下推进的，商业法则的真空由本家族的同心和本民族的协力来填补。猴墩茶市的主体是由畲族茶商与畲村茶农构成，这个特殊的农商结合经济群体，在宁德县九都茶叶初级市场中，以家族文化的壁垒，杜绝了商场上的失信、瞒骗和讹诈等弊病，并以极端传统的社会诚信与贸易取予的基本规则，与福州中心市场的有关茶栈缔结了稳定的经济联盟，这种独树一帜的市场优势是清末民初其他茶叶市场根本无法达到的。"猴墩茶人"成功的秘诀在于：

其一，猴墩茶市是初级茶叶专业市场，最贴近茶区与茶农，其交易伙伴以"畲家阵"为主体，广大的畲族村落是维护猴墩茶市经济正常运行的稳定基础和坚强后盾。从猴墩茶市，我们看到了今天"公司加农户"的雏形。其二，猴墩茶人具备亦农亦商的身份，他们既熟悉茶叶种植与制作的全过程，对货品质量的优劣有着较强的鉴别力，又熟悉茶叶初级市场的运行规则，还具备富有创意的运营本领。因此，在猴墩茶市的茶叶交易中不会出现重大的失误。其三，猴墩茶市成功的关键还需要一批乡土精英与经济能人，如雷志波、雷志漆等人，他们不仅具有商品意识、商人素质，而且还具有社会公信度，能够主导并掌控整个茶叶初级市场的运行。其四，猴墩茶市具有地理方位的优势与水陆两便的运输条件，在宁德茶市兴起时，他们抢到了先机。其五，猴墩茶市与福州茶叶中心市场（福州茶栈）对接，在产、购、运、销的全过程中，"九都等地茶农—猴墩茶市—福州茶栈"三者构建了稳定的经济网络，他们按照产销规则与商业信用，各行其是，各获其利，他们的经济活动暗合了现代社会资本理论，测量现代社会资本运行的三个指标便是"信任、规范与网络"。所不同的是，猴墩茶市的信任度不仅建立在畲民的族规家范上，以"畲家阵"为主体的畲族茶农的同心协力是更为重要的砝码。民族意识与家族道德融为一体，"民族—家族"的经济伦理精神，虽有历史的局限性，但在封建时代的商品经济活动中却能够独放异彩。其六，猴墩茶市主要经营绿茶，绿茶在海外市场的竞争力不如红茶，但内销省内外却有绝对优势，因此，不容易受到国际茶叶市场风波的干扰。初级市场的利润空间不如中心市场大，但所承担的风险也相对小，因此，猴墩茶人农商并举，持筹握算，细水长流，家道还是会逐步殷实，其经商之路也能够走得较远。总之，猴墩茶人在留下历史记忆的同时也留下了精神遗产，在当下少数民族地区培育和发展社会主义市场经济的形势下，是有一定借鉴意义的。①"猴墩茶人"给予当代畲家人的历史遗产是畲族商人群体之兴盛，需得天地之利，因地制宜，顺应市场，掌握商机，抱团诚信。改革开放后的 20 世纪 80 年代，最早意识到市场经济的就是与"猴墩茶人"家族有关的茶人后代，福安县甘棠镇北山畲族村的蓝姓年轻人。他在 104 国道的甘棠沿线，创办了民族茶厂。民族茶厂初办阶段，得到了福建省民委的政策、资金的扶持，并作为宁德畲族地区畲族农民创业的典型而受到许多部门的关注。后来由于对新时期的社会主义市场经济形势、规律与法则缺乏正确判断，朴素单纯的诚信无法抵御残酷的市场变幻，盲目扩张，产品积压，资金链断裂，几经沉浮，宁德第一个畲族企业最终破产了。经过时间的历练，21 世纪的宁德畲族经济能人便成熟得多。他们所从事的茶业，在宁德畲族农业经济中仍然占有最大的比重。猴墩畲族村雷姓族人借助当年雷志波的商号，成立蕉城区震昌号农业发展有限公司，从事茶叶与茶叶有机肥经销。当下宁德从事与茶业经济上游、中游、下游生产环节相关的畲族茶业公司与畲村茶叶专业合作社共有 208 家。其中具有较大经济实力与影响力的畲族茶叶企业有 5 家。茶叶生产仍然是宁德畲族农业经济的主业，从事茶叶种植与经销者，更是不计其数。在我们调查的企业中，畲族企业家都把企业经营的诚信视为生命。正像宁德畲族企业家《宁德市畲族企业诚信经营倡议书》所说的：诚信是"畲族同胞长期以来赖以生存的基本理念，企业作为建设社会信用的重要方面，是实现社会主义伟大中国梦的重要力量。倡导畲族企业提高诚信经营意识，促进畲族区域经济健康发展"。

二 "匠师文化"的传承基因

在我们的调查中，许多畲族企业家对"样式雷"津津乐道。他们认为，宁德畲族企业家所具备的建筑、裁缝等技术水平都得诸"样式雷"的灵气。"样式雷"是清代负责主持皇家建筑设计的雷氏建筑世家，因长期掌管样式房而得名，样式房是指清代宫廷建筑设计的基层单位，是清廷

---

① 参见蓝炯熹《近代宁德一个畲族村落的茶叶商帮（1874—1927）》，载《宁德师专学报》2008 年第 1 期，第 40—48 页。

内务府中负责宫室、苑囿、陵墓等修造的工程部。当下，中国世界遗产的建筑设计中有 1/5 出自雷氏家族。自始祖雷发达（字明所，江西建昌人）起，家族 7 代世袭清朝样式房掌案。2007 年，清代"样式雷"建筑图档入选了联合国教科文组织的世界记忆名录。"样式雷"祖籍在江西省永修县梅棠镇新庄畲族雷家村。经过调研，江西省民族宗教局将"样式雷"的后人定为畲族。虽然，"样式雷"与宁德畲族企业家未必有关联，但是，我们知道，畲族企业家所具有的"匠师文化"却是一脉相承的。

在宁德建筑行业中有大量的畲族建筑工人。从 20 世纪 90 年代开始，福安市康厝畲族乡与坂中畲族乡的建筑技术工人中畲族村民占有较大比例。康厝畲族乡凤洋畲族村，住着钟姓畲民。该村被称为"百艺村"，村里人所从事的行业几乎覆盖了传统社会生活的方方面面。该村特别拥有实力雄厚的建筑人才，当年他们成了康厝建筑公司的中坚力量。从图纸设计、施工监理、技术员到最基层的泥木工匠，几乎都有凤洋畲族村村民。早在 1966 年康厝乡成立建筑修缮队 4 个核心成员中，凤洋钟姓畲民就占 2 人；1970 年修缮队改为建筑队，共 15 人，凤洋畲民占 2/3；1975 年建筑队改为建筑社，畲汉人员各占一半。1980 年更名为康厝建筑公司，人员扩充，长潭、金斗洋等畲族村民参与其中，1990 年公司在册人员 40 人，畲汉各占一半，其中泥木工人有 70% 畲民。2000 年在册人员 50 人，畲族人员占 40%。从 20 世纪 80 年代开始，建筑公司是宁德盛极一时的乡镇企业，长期活跃于闽北建阳一带。后来，公司回到家乡承建福安县委、县政府大楼。当时，康厝建筑公司承担福安机关单位 1/3 建筑项目的建设业务。公司还承建了福安最早的居民商品房安居工程的项目。2011 年公司改制，更名宁德康华建筑有限公司，资产 2000 万元，共有 10 个股东，其中畲族有 2 人，分别来自凤洋、金斗洋畲族村。原来公司的畲族高层人员中，有一部分人到其他建筑企业就职，如钟建章就任福建环宇建筑集团有限公司总工程师。现在，凤洋畲村每年输出劳动力仍然多达 600 多人，而且主要从事建筑业技术工作。我们这次调查的畲族企业家中从事建筑业，以及装修与家具行业者。如福建艺达木业有限公司是"规上企业"，其董事长是钟姓畲族。宁德市钦诚装饰工程有限公司，其董事长是雷姓畲族。福建衡泰建筑工程有限公司，其董事长是钟姓畲族。他们都是具有一定经济实力的企业家，还兼任宁德市企业家协会副会长。

畲族服装、服饰的制作是流传至今的一种传统技艺，畲族服装、服饰的制作都是由男性技师完成。畲族裁缝师傅大都是半工半农，极个别人是全年外出。他们都是农忙在家务农，农闲时走村制衣。畲族谚语中所谓的"男绣女不绣"，即指整个绣花过程均由男性师傅完成。他们精通女性上衣、裙子的装饰性绣花工艺。制衣师傅的服饰图案设计很少有预设纸样，仅依靠自己长年的技艺积累，随心所欲，即兴完成。绣线的选择以及捻线、叠边、扣绣等都富有民族特色。畲族服装服饰手艺的传承主要是在父子、叔侄之间。传承过程十分严格，不徇私情。据凤洋村传统制衣技师回忆，清代之前凤翔畲族服装服饰制作技艺的传承情况不详，仅知道在民国时期村里出了钟廷如、钟章弟、钟伏进、钟顺松、钟石轩等五位制衣技师，当年他们曾被誉为"制衣五杰"，是宁德畲族"福安装"制作的代表性人物。除了为本村人制衣外，他们长年在外，靠自身手艺赢得各地畲族村民的信任。他们制作的服装服饰覆盖宁德东北部的长溪流域，包括寿宁、周宁、福安、宁德（今蕉城区）等县的畲族村落。在"制衣五杰"中，钟廷如支系传承范围最广，传承人数最多，影响力最大，至今已传承了四代，民国时期第一代传人钟廷如，民国时期第二代传人钟祥春，新中国时期第三代传人钟章生，新中国时期第四代传人钟锐金、钟玉其、钟石全、钟伏龙等。第三代健在的钟章生是其中佼佼者，他生于1939年，17岁开始学艺，师从其叔父钟祥春，因勤奋好学，不到3年就出艺。20岁后，他走南闯北，已然成为闻名遐迩的凤翔畲族服装服饰师傅。小至烟袋，大至蚊帐，精巧至衣饰花纹，繁复至女性婚礼服装服饰。"福安装"的所有服装服饰他都得心应手，他坚守传统，技术精湛、全面。形成了完整的与众不同的制作程序与技巧，并具有完善的制衣技艺传承体系。钟章生目前收4个徒弟。钟伏进的第三代传人钟志金，现为中央民族大学美术学院民族服装系主任、教授、博士生导师。其有关民族服装的研究性著作"少数民族美术教育系列教材"《民族文化与时尚服装设计》（河北美术出版社2009年出版），是中央民族大学的研究生教材。[①] 宁德市各级政府正深入实地调研，总结畲族裁缝的制作技艺，寻找出色的畲族传统制衣人，并以此申报畲族非物质文化遗产与非物质文化遗产传人。畲族企业家创办畲族服装、服饰公司，主要以标准化生产畲族服装、服饰。其市场定向是宁德、浙南、浙西南畲族聚居区。公司除了制作用于畲族妇女出嫁的嫁衣

---

① 参见刘冬《新考工记：福安市凤翔畲族服装服饰技艺》，载《宁德师范学院学报》（哲学社会科学版）2013年第1期，第10—14页。

等传统样式外，还出产两种形态成品：其一是舞台表演过程中所穿戴的，面料轻盈且艺术夸张的"舞台装"，其二是色彩明快、图案简约的"职业装"，如民族中小学的校服、民族酒店的制服，以及浙江景宁畲族自治县等地公务员上班时的工装。主要代表有在宁德畲族企业家理事会中福安市桂梅畲族服装设计与制作中心的法人代表钟姓畲族；福鼎市金凤畲族服饰有限公司的法人代表蓝姓畲族。

三 "创新精神"的市场攻略

宁德畲族企业家在市场进取过程中，他们有着先天的不足之处，如资本金不足、社会资本欠缺、见识不广、信息不灵、交通不便、文化程度偏低等，这些都是创业之初的致命点。他们在创业的初始阶段总是困难重重，举步维艰。在我们调查的企业家中，许多人都有外出打工的经历，他们在外多年，积累智慧、积累资金、积累经验、积累信息、积累资源，同时不仅具备艰苦创业、苦心经营、勇于冒险、敢闯市场的品质，还具备不可或缺、难能可贵的创新精神。美国经济学家约瑟夫·熊彼特（Joseph Alois Schumpeter）认为，所谓"创新"（Innovation）就是要"建立一种新的生产函数"，包括产品创新、技术创新、市场创新、资源配置创新、组织创新、运营模式创新等。从我们的调查中，成功的畲族企业家都不同程度地具备以上的创新品格。这种创新，往往是各种创新要素的组合，而创新意识的获取是他们在长期自我实践中的经验总结、见闻启示和灵感妙想等。

（一）资源配置创新

宁德有着丰富的山水海岛等自然资源，为有着经济敏感力的畲族企业家的创业提供了有利条件。他们善于利用独特的自然资源，为我所用，借助自然资源之力创办富有特色的民族企业。如利用福安赛岐港航运水道的便捷与宁德水力发电能源的丰沛，畲族企业家协会常务副会长钟荣善等人在福安赛岐开发区创办了福华轧钢有限公司，这是一家集钢铁生产、科研、贸易、物流于一体现代化高新企业，凭借天然的地理条件优势，造就了快速配货、发货的物流体系。公司成立于1998年，已发展成为福建省最具竞争力的民营钢铁企业之一。占地面积约300亩，拥有固定资产6亿元，打造了 3 大生产车间，4 条生产线。生产螺纹钢为主导的多品种、多规格钢材，产品畅销于福建、浙江、广东、海南等地，该公司是福安"规上企业"。其妹妹钟荣英为企业家协会常务理事，于 2010 年 11 月创办了福安市华旺金属制品有限公司，公司也是位于赛岐经济开发区，其金属制品也受到市场青睐。畲族企业家协会常务理事蓝金花，与丈夫雷廷生在福清市打工 10 年后回乡创业，他们借助家乡福鼎市太姥山镇（秦屿镇）财堡村地处世界地质公园太姥山风景名胜区山脚下的地理位置，以及温福铁路线穿越全境，太姥山动车站就设在该村的特点，创办了福鼎市太姥绿野山庄休闲农业开发有限公司，投资 2300 万元，建设宾馆、游泳池等一系列配套设施，接待来太姥山旅游的游客。企业家协会会长钟乃荣，福安市坂中畲族乡大林畲族村人。创办福安市健龙汽车配件有限公司，于 2006 年将公司厂房建在自己家乡大林畲族村，投资 600 万元，占地 100 亩。工厂吸纳了 10 余个男女村民。该企业是外向型"规上企业"，产品远销美国、欧洲等汽车配件市场。

（二）生产技术创新

技术创新是市场经济的产物，技术创新主要有产品创新和工艺创新两种类型。畲族企业家技术创新主要体现在制造工艺上，他们的产品虽然没有很高的科技含量，但是产品的制造工艺好，具备性能稳定、使用寿命长等特点，即他们在创新实践中，从知识形态转化为物质形态，从潜在的生产力转化为现实的生产力的过程中是务实的，也是成功的。如福安市健龙汽车配件有限公司生产空气滤清器系列产品，其科技含量不高，但是工艺要求很高。公司目前有 26 项发明专利，其中外观型专利 8 项，实用型专利 18 项。其产品在美国占有 20% 的市场份额，曾经高达 30% 的市场份额。协会常务副会长钟永华，福安市坂中畲族乡白岩下畲族村人，为怡嘉（福建）电子有限公司董事长。他于 2004 年毕业于厦门大学电子工程系，曾在上海外资、台资企业上班，又当过福光（香港）电子有限公司驻上海办事处副总。自主创业后，创造了"康尔达"牌按摩器系列产品，有 43 项发明专利，其中实用型专利 30 项，外观型专利 13 项。产品远销秘鲁等南美国家、德国等欧洲国家。

（三）产品创新

产品创新是技术创新的延续和深入。产品创新却不限于技术创新，因为新材料、新工艺、现有技术的组合和新应用都可以实现产品创新。产品创新可以增加获利的机会，降低市场风险，形成新的增长点。宁德畲族企业家的产品创新，主要表现在对产品创新信息的获取与利用上。宁德畲族企业家意识到，开发新产品，形成合理的产业结构和核心竞争力，这样在满足人民日益增加的物质文化生活需要的同时，公司也可用核心竞争力去创造更多的顾客和市场，实现公司的盈利，从而使企业持续发展。产品创新有利于公司形成一种积极向上的企业文化，蓬勃向上的创新氛围，从而增强了员工的凝聚力、向心力和归属感。如宁德常富建材有限公司董事长畲族蓝慈富于2005年在一家酒店建筑工地上偶然见到一种新型的建筑材料"加气砖"，"加气砖"不仅质轻，还具有保温、隔热、隔音、抗震、环保、节能等优点。"加气砖"的最大优势就是原料来源非常广泛，矿渣、粉煤灰和煤矸石等都是做加气混凝土的原材料。在2007年宁德"616"招商节上，宁德常富建材有限公司以项目投资的"加气砖"，填补了宁德新型建筑材料的空白。创业伊始，蓝慈富任命侄儿蓝文耀为厂长，负责具体的经营管理。年轻人毕业于福州大学电气系，已有多年工作经验。2007年6月，宁德常富建材有限公司破土动工，2008年6月竣工投产。产品随之源源不断进入市场，常富的产品在蕉城区建筑材料市场占有率已经达到90%以上。宁德万达广场、秦屿核电厂、宁德学院、宁德保障性住房等重点工程选用和采购的都是常富生产的"加气砖"。产品还销往宁德其他县市。如霞浦誉美商贸有限公司总经理畲族蓝清斌在闽南打工10年，一直当服装行业车工。回乡创业之初，主要缝制16岁到60岁的男女各类马甲，因为工艺精湛，材料精良，销路很好，在霞浦全县销售量达10万多件。2007年福建服装业不景气，马甲销路不畅。通过外贸系统，改制布艺收纳箱系列，远销欧美各国。新产品带来了企业的生机，2010年以后每年产值一千多万，目前有工人70多人，其中40%是畲族，在管理阶层中更是有70%的畲族人。如福安市健龙汽配有限公司在制造空气滤清器有着广阔欧美市场前景时，又尝试生产新产品，即轿车系列水箱。水箱是易耗品，美国、欧洲一般两年换一个水箱。他们在临近福安社口镇的寿宁县武曲乡办分厂，专门生产轿车系列水箱。经过几年实践，终获成功，为了便于管理，将分厂搬回了坂中畲族乡大林畲族村总部，并购置了设备，进行批量生产，一年有千万元的海外订单。畲族企业家协会会长钟奶荣说："产品是通过物流配送的，一年花在物流上费用几十万元。

去年产值 3000 多万元，是特殊的一年，纯利润 10% 是有的。新产品有 12%—13% 利润。产品主要是轿车空气滤清器，这一年里，我们也淘汰一部分旧产品。"

（四）营销创新

畲族企业家与所有的企业家一样，要直面变幻不定的市场。一个永远不变的真理是必须树立市场决定一切的经营理念。畲族企业家协会会长钟奶荣说："市场创新很重要，市场创新与技术创新是两个最关键的事。"而新型的市场营销模式的确立是经过不断的实践总结出来的。根据企业的特性和发展规律，制定市场操作规范，完善运营机制，重点围绕发挥企业自身优势，激发营销队伍的创造性来开展科学营销，已然成为畲族企业家的共识。宁德发展稳定、效益良好的畲族企业都有比较得当的营销途径。畲族企业家营销途径有三种：

1. 网络营销。互联网络是一种功能最强大的营销工具，由于网络营销同时兼具渠道、促销、电子交易、互动顾客服务以及市场信息分析与提供的多种功能。引起了宁德畲族企业家的兴趣，他们根据自身实际，开展了互联网营销业务。福安市电子商务首屈一指的畲汉企业家是钟永华、吴双金畲族两兄弟，他们主要从事按摩器生产、销售，他们分别是怡嘉（福建）电子有限公司、福安市康尔达电器厂法人代表和福安市乐尔康电子有限公司、福建省掏享购电子商务有限公司法人代表。福安市康尔达电器厂成立于 2006 年，怡嘉（福建）电子有限公司成立于 2009 年。均使用"康尔达"品牌，原来做地面商务，2010 年开始从事电子商务。国内市场总部从福安搬到上海，海外市场总部在广东深圳，产品远销美国、加拿大、欧洲、日本等国家和地区，并有了稳定的市场占有率。年营业额 400 万美金。工作人员由 7 人扩大到 63 人。2013 年营业额 1.3 亿元，2014 年 1.17 亿元。2013 年创税 300 多万元，2014 年 200 多万元。福安市乐尔康电子有限公司创建于 2005 年，福建省掏享购电子商务有限公司创立于 2007 年。是专业研发、生产、销售保健按摩类电子产品的生产型企业。与客户开展 OEM 和 ODM 业务合作。电商国际部设在浙江宁波，国内部设在福安秦溪洋工业区。公司员工 40 人。年出口额 5000 万元，总销售额 1 亿元。

2. 绿色营销。即指企业在充分意识到社会日益提高的环保意识和由此产生的对清洁型无公害产品需要的基础上，发现、创造并选择市场机会。通过一系列理性化的营销手段来满足消费者以及社会生态环境发展的需要。绿色营销的核心是按照环保与生态原则来选择和确定营销组合的策略，是建立在绿色技术、绿色市场和绿色经济基础上的、对人类的生态给予充分关注的一种经营方式。如霞浦高山野茶业有限公司创立于 2005 年，是具有民族特色并提倡绿色营销的茶企，是集种植、生产、加工、销售为一体的综合性企业。在福建省优质茶产区柏洋乡洋里村种植生态茶园 2000 余亩，福鼎白茶种植基地 500 多亩，建设现代化加工基地 10000 多平方米。公司继承了畲族传统的人工、天然制茶工艺，并结合现代先进的食品安全检测技术，产品通过国家食品质量安全 QS 认证。公司先后与"中华畲族文化研究与慈善基金会""福建农林大学茶学院"等单位合作，提高自身的茶叶种植、生产水平，吸收先进的现代茶叶技术，2009 年公司对传统红茶、白茶加工工艺进行改造，研发出"畲霞红""畲香雪"等红茶、白茶。2012 年公司更名为"福建高山野茶业有限公司"，扩建茶园面积 4000 余亩，大幅提高茶叶产量。在北京、山西、浙江等地开设加盟店，在保证茶叶质量的前提下，扩大经营范围。2013 年，"畲霞红"和"畲香雪"获得福建省农业厅颁布的"优质茶"称号。

四　结语

20 世纪 90 年代时任宁德地委书记的习近平很重视畲族地区科技骨干与经济能人的培养，他说："要引导和帮助少数民族群众摆脱封闭、单一的自然经济状态，向商品经济发展，使少数民族地区经济走上良性循环的道路。今后扶贫资金要重点帮助少数民族地区，扶持他们兴办乡、村两级经济实体，增强民族地区经济的'造血功能'。要提倡科技扶贫，抓好实用技术培训工作，培养一批技术骨干和能人，让畲族群众掌握一些实用技术。"[1]

120 个的宁德畲族企业家给我们留下了深刻的印象。他们中文化程度初中以下的占 75%，大专以上的仅占 6.67%。女性占 7.5%。"70"后出生的占 74.16%。他们大多出身于畲族乡村。许多人有着 5—10 年的外出

---

① 习近平：《巩固民族大团结的基础 ——关于促进少数民族共同繁荣富裕问题的思考》（一九八九年六月），载《摆脱贫困》，福建人民出版社 2014 年版，第 120—121 页。

打工经历。他们眼光独特，敢于冒险，努力改变原有的面貌，依靠自己的力量，在市场博弈中，抓住机遇，务实创新，吃苦耐劳，坚忍不拔，逐渐摆脱昔日个体户家庭作坊式的经营方式，滚动发展，不断扩大企业规模，逐步建立现代化经营模式，展示着无限的活力和能量。这些畲族企业家的出现是 21 世纪畲族经济发展史中的新事物、新动向。

宁德畲族企业家的涌现，有着特定的政策背景与经济背景。《福建省少数民族权益保障条例》的颁布，中共福建省委、省政府关于少数民族发展的若干优惠政策的实施，宁德电机电器行业、按摩器行业的崛起，包括功夫茶、绿茶、白茶等茶业的发展等，都为畲族企业家的创业提供了契机。他们在自我择业中找到了自身的位置，寻找适合自己的商机。他们也依靠自身的正能量开展了电子商务、建立外向型企业，参与全球化的竞争。同时，他们没有忘记自己的根，仍然大量地从事种植业、养殖业等开发，推广绿色、生态、高优的农业产品。畲族乡村大批农民专业合作社的存在为畲族企业家的转化埋下了伏笔，而且，有一些专业合作社的核心成员已经具备了企业家的潜质。实践证明，宁德畲族企业家有着良好的发展前景。

在民族工作中，当我们在讨论对民族乡村的经济投入，变"输血功能"为"造血功能"时，宁德畲族企业家已自觉与不自觉地践行"共同团结奋斗，共同繁荣发展"的主题，探索出一条民族发展的新路。他们在自身发展的同时，吸纳少数民族群众就业。在追求经济效益最大化的同时，主动承担起社会责任，实现社会效益的最大化。

由于畲族企业家自身的劣势，如文化程度低、信息渠道闭塞、资金来源匮乏等制约因素，他们的创业之路较之一般人更为艰难。因此，我们更应该关心他们，理解他们，扶持他们，为他们的创业铺平道路。宁德畲族企业是全省少数民族经济体系的命运共同体，是宣传和展示"海西"民族政策和民族团结进步的重要窗口，宁德畲族企业家理应得到重视与关怀。希望政府加大政策扶持力度，建立健全的相关法律法规，畅通融资渠道，确保宁德少数民族企业家的合法权益，进一步为少数民族企业家创造良好的社会环境和经济环境，让他们得到更大、更好、更顺利的发展。

第七章

宁德畲族合法权益的保障

——民族工作的法治化之路

保障畲族的合法权益，是宁德民族工作的一项重要内容。习近平《摆脱贫困》一书中就讲道："民族工作十分复杂，涉及面广，政策性强，各级党政领导要经常过问民族工作，行动上要尊重少数民族的合法权益，在经济、文化、教育、卫生等方面，对少数民族都要有适当的照顾。"[①]

《宪法》第四条对少数民族权益作了明确规定，强调"中华人民共和国各民族一律平等。国家保障各少数民族的合法权利和利益，维护和发展各民族的平等、团结、互助关系。禁止对任何民族的歧视和压迫，禁止破坏民族团结和制造民族分裂的行为"。1999年10月，福建省人大常委会制定出台的《福建省少数民族权益保障条例》，对保障少数民族合法权益，维护和发展平等、团结、互助、和谐的社会主义民族关系，促进各民族共同繁荣发展作出了规定。关于宁德市畲族权益保障的调查研究，特别是对宁德畲族政治、经济、文化权益等方面的保障的调查研究，对于推动散杂居地区少数民族权益保障的法律法规的修订、出台，促进宁德畲族合法权益的保障具有十分重要的意义。

一 政治权益的保障

政治权益是建立在经济权益和文化权益之上的一种公民基本权益。少数民族政治权益之中最重要的权益就是平等权。广义的平等权包括参政权、自治权。新中国成立后，宁德市十分重视畲族平等权、参政权、自治

---

① 习近平：《摆脱贫困》，福建人民出版社1992年版，第125页。

权等政治权益的保障，确保畲族平等独立地行使参政权、自治权，使畲族也能以主人翁的身份参与国家和地方的各项政治生活。

（一）平等权的保障

平等是社会主义民族关系的基础。马克思主义民族理论的核心内容就是各民族不分人口多少、历史长短、发展程度高低，一律平等，这也是中国共产党解决民族问题的根本原则和基本政策。民族平等原则承认和坚持一切民族的地位一律平等，反对任何民族享有任何特权；承认和坚持各民族在社会生活的各个方面完全平等，不仅在政治上、法律上完全平等，而且在经济、文化以及一切社会生活领域内完全平等，并无条件地保护一切少数民族的权利。

1952 年 2 月政务院在《关于保障一切散居的少数民族成分享有民族平等权利的决定》中，对保障杂居、散居少数民族的民族平等权利作了专门的规定。1979 年 10 月中共中央、国务院批转的国家民委党组《关于做好杂居、散居少数民族工作的报告》要求，大力培养少数民族干部，确保杂居、散居少数民族能够享有各项平等权利，使他们以主人翁的身份参与国家各项政治生活。宁德市重视少数民族平等权利的实现。早在1956 年，畲族作为单一民族的确认和族称的确定，就广泛地征求了闽东广大畲族同胞的意见。中央统战部专门就畲族族称发函福建省委统战部，要求召开畲民会议予以讨论和解释。按照"名从主人"的原则，确定了畲族族称。为保障畲族等少数民族合法权益，进一步做好民族工作，1983年起，宁德地区和福安、霞浦、福鼎、宁德（蕉城）、古田县先后成立了民族事务委员会；2001 年后设立民族与宗教事务局，作为地（市）、县（市、区）管理民族事务的职能部门。

中华人民共和国成立后，宁德畲族享受到了广泛的民族平等权利。宁德市从 20 世纪 50 年代初期就在畲族聚居的地方建立畲族乡后就对畲族乡工作进行了总结，畲族乡人民代表和人民委员会委员中畲族占 80% 左右。多次组织畲族代表到北京等地参观、学习、观礼，充分享受到民族平等的权利。1949 年至 1993 年，宁德地区内共有畲族干部群众代表 100 人赴京参加国庆观礼和到外省、市参观学习；有 40 多位畲族干部群众被评为省级以上模范（先进工作者）。畲族干部群众当选全国人大代表 6 人，当选省人大代表 32 人，当选县（市）人大代表近 500 人；担任全国政协委员

2 人，省和各县（市）政协委员 140 多人。大力培养选拔少数民族干部。通过在广大少数民族工人、农民中招收干部，举办大中专院校民族班、民族预科班，扩大了少数民族干部队伍。通过一系列的措施，消除了历史上遗留下来的民族歧视，增进了民族团结，使宁德畲族的平等权得到了保障和实现。

《福建省少数民族权益保障条例》对少数民族平等权的规定还体现在招工、招干的平等和侮辱、歧视行为的禁止上，并制定了罚则。如第九条："各级国家机关、事业单位、社会团体应当重视和加强少数民族干部和专业技术人才的培养、选拔和使用。国家机关、事业单位、社会团体录用聘用公务员或者其他人员时，在同等条件下优先录用聘用少数民族公民，不得以生活习俗等理由拒绝录用聘用少数民族公民。"第十条："禁止在各类出版物、广播、电影、电视、音像制品、文艺表演、社会交际和其他活动中出现侮辱、歧视少数民族、伤害民族感情的语言、文字、图像和行为。"并对违反第十条规定的现象和行为作了处罚规定。规定："由工商、新闻出版等有关部门按照各自的权限，责令改正，没收有关制品，可并处五百元以上五千元以下罚款；对直接责任人员，视其情节轻重给予行政处分；构成犯罪的，依法追究刑事责任。"

宁德市注重保障畲族的政治平等权利。1995 年，宁德地委、行署出台《关于加强民族工作的决定》；2001 年 10 月 25 日，宁德市第一届人民代表大会常务委员会第八次会议通过了《关于进一步贯彻实施〈福建省少数民族权益保障条例〉的决定》（宁常〔2001〕23 号）。2007 年，宁德市委、市政府作出《关于进一步加强民族工作加快少数民族和民族地区经济社会发展的决定》。这些文件均对维护少数民族政治平等权利作了强调。同时，加大对民族政策法规的宣传教育力度和贯彻落实力度。新中国成立后，宁德市很少因媒体宣传原因发生侮辱、歧视畲族和伤害畲族感情的事件，巩固和发展了平等、团结、互助、和谐的社会主义民族关系。宁德市委、市政府在 1994 年 9 月、1999 年 9 月和 2005 年 5 月连续三次被国务院授予"全国民族团结进步模范集体"的荣誉称号。

福安市注重维护畲族政治平等权利。长期以来，坚持落实党的民族政策，积极采取措施，不断提高畲族的政治地位。市、乡两级十分重视畲族平等地参与社会政治生活和参政议政工作。1991 年，福安市换届后，市委、市人大常委会、市政府、市政协班子中均配备了畲族领导干部。福安市第十四届人民代表大会的畲族代表有 26 人、政协第十届会议的畲族委员有 16 人，占代表和委员总人数的 10.9% 和 8.7%。同时，福安市还按《福建省少数民族权益保障条例》的要求，由市政府发文确定了 101 个民族村，并在各方面给予重视和倾斜，增强了民族团结，促进了共同繁荣。

（二）参政权的保障

参政权就是参加国家政治生活、参与管理国家大事和各级地方政治事务的权利，是少数民族行使当家做主权利的重要表现，是少数民族政治权利中的一项重要权利。散杂居地区少数民族参政权的实现，主要是通过选举少数民族人民代表大会代表参加国家和地方大事的管理，推荐少数民族政协委员参政议政，培养选拔少数民族干部参与管理国家和地方具体事务。

《宪法》和《选举法》对散杂居少数民族参政权的保障作了规定。《宪法》第三十四条规定："中华人民共和国年满十八周岁的公民，不分民族、种族、性别、职业、家庭出身、宗教信仰……都有选举权和被选举权……"《选举法》第十八条规定："有少数民族聚居的地方，每一聚居的少数民族都应有代表参加当地的人民代表大会。""聚居境内同一少数民族的总人口数占境内总人口数 30% 以上的，每一代表所代表的人口数应相当于当地人民代表大会每一代表所代表的人口数。""聚居境内同一少数民族的总数不足境内总人口数 15% 的，每一代表所代表的人口数可以适当少于当地人民代表大会每一代表所代表的人口数，但不得少于 1/2；实行区域自治的民族人口特少的自治县，经省、自治区的人民代表大会常务委员会决定，可以少于 1/2。人口特少的其他聚居民族，至少应有代表 1 人。""聚居境内同一少数民族的总人口数占境内总人口数 15% 以上、不足 30% 的，每一代表所代表的人口数，可以适当少于当地人民代表所代表的人口数，但分配给该少数民族的应选代表名额不得超过代表总数的 30%。"第二十条："散居的少数民族应选当地人民代表大会的代表，每一代表所代表的人口数可以少于当地人民代表大会每一代表所代表的人口数。"《组织法》第五条第二款规定："……各行政区域内的少数民族应当有适当的代表名额。"1993 年 12 月中央组织部、中央统战部、国家民委制定了具有法规性质的文件，即《关于进一步做好培养选拔少数民族干部工作的意见》，对少数民族干部培养选拔使用和配备作出了规定。

　　宁德市注意做好畲族党代表、人大代表和政协委员的推荐工作，历届全国党代会、人大、政协会议，都有宁德市安排的畲族代表、委员参加。如十三大畲族党代表雷春美原是闽东电机厂一车间党支部书记，经过县级市副市长、省扶贫办挂职副主任、团省委副书记、书记、福州市委副书记、龙岩市长、南平市委书记、福建省政协副主席兼省委统战部长的历练，现已成长为福建省委常委、统战部长。全国十届人大、十届政协、团中央十五大、中国妇女九大各有 1 名宁德市畲族代表，省市党代会、人代会和政协会也都有一定比例的畲族代表、委员。2000 年，宁德市撤地设市首次召开的党代会、人代会、政协会议，占全市总人口 6% 的畲族代表所占的比例达到 13.8%，有效地保障了畲族参政议政权利。

　　鉴于少数民族大分散小聚居的分布格局，福建省出台培养选拔少数民族干部工作规划，要求少数民族人口万人以上的县（市、区）和千人以上的乡（镇）党政领导班子，应当配备一名以上的少数民族领导干部。并落实少数民族人口万人以上县和千人以上乡（镇）的党政领导班子中少数民族干部的配备工作，使一批少数民族干部走上各级领导岗位。《福建省少数民族权益保障条例》第二章保障少数民族政治平等权利第六条对少数民族参政权做出规定，要求"少数民族人口五万人以上的设区的市、少数民族人口万人以上的县（市、区）的人民代表大会常务委员会和人民政府，其组成人员中应有少数民族成员"。"少数民族人口千人以上的乡（镇）人民政府的组成人员中，应当注意选配少数民族成员。"

　　至 2005 年年底，宁德市基本做到了市级和少数民族人口万人以上的县（市、区）的人大常委会和政府组成人员中都有少数民族干部；少数民族人口万人以上的县（市、区）党政班子中都有一名少数民族干部；民族乡由建乡的少数民族公民担任乡长，并配有副职少数民族领导；少数民族人口千人以上的乡（镇），基本都配有少数民族领导干部。2005 年县级党委换届，宁德市 9 县（市、区）组织部部长中，就有 3 位是畲族干部。全市有畲族干部 2164 人，其中地厅级 1 人，处级 40 人，科级253 人。

　　宁德市蕉城区充分发挥畲族的参政议政作用。组织畲族党代表、人大代表、政协委员，通过走访座谈、视察调研、定期通报、提案议案等多种形式，充分发挥畲族代表委员的参政议政作用。至 2005 年，畲族"两代

表一委员"共提交意见建议 100 多条，提案议案 73 件，涉及非物质文化遗产传承保护、少数民族文化教育、民族乡村经济社会发展等方面。至 2005 年，霞浦县在各级党代表、人大代表、政协委员中，畲族市、县、乡的党代表分别为 4 名、10 名和 152 名，省、市、县、乡人大代表分别为 1 名、8 名、25 名和 100 名，市、县政协委员分别为 1 名和 13 名，其中县政协常委 3 名。霞浦县盐田畲族乡有各级党代表 29 名和人大代表 14 名，分别占总数的 24% 和 22.9%。

（三）自治权的保障

少数民族自治权的实现，在没有民族区域自治的地方，主要通过建立民族乡村的形式来实现。民族乡是少数民族自己管理自己的内部事务、依法行使当家做主权利的一种基层政权形式，它是解决散杂居少数民族问题的一种较好的政治形式。民族乡虽然不算一级民族自治地方，但是民族区域自治的重要补充形式，也是我国民族平等政策的一种具体体现。

1953 年 2 月，福安县成立畲族仙岩乡自治区人民政府。1957 年年初开始，遵照《国务院关于建立民族乡若干问题的指示》精神，宁德境内建立了 36 个畲族乡，1958 年人民公社化后畲族乡撤销；1963 年区内恢复设置 9 个畲族乡；1966 年"文化大革命"后再度撤销。1983 年 12 月国务院发出《关于建立民族乡问题的通知》，指出："建立民族乡是一件重要的工作，是关系到加强民族团结、保障少数民族实现民族平等权利的大事，各省、市、自治区应当予以重视。"1993 年 8 月出台的《民族乡行政工作条例》对民族乡的设立条件、批准机关、工作人员的配备、少数民族干部的培养使用等作出规定。如第二条："民族乡是在少数民族聚居的地方建立的乡级行政区域。少数民族人口占全乡总人口 30% 以上的乡，可以按照规定申请设立民族乡；特殊情况的，可以略低于这个比例。"第三条："民族乡的建立，由省、自治区、直辖市人民政府决定。民族乡的名称，除特殊情况外，按照以地方名称加民族名称确定。"第四条："民族乡人民政府配备工作人员，应当尽量配备建乡的民族和其他少数民族人员。"第十九条："民族乡应当在上级人民政府的帮助和指导下，采取各种措施，加强对少数民族干部的培养和使用。"宁德市根据《关于建立民族乡问题的通知》和《民族乡行政工作条例》，1984 年恢复设置畲族乡，设立霞浦县崇儒、水门、盐田，福安县穆云、坂中、康厝，宁德县金涵畲族乡；1993 年设立福鼎县硖门畲族乡。至 1993 年，全市共设立 8 个畲族乡。

　　《福建省少数民族权益保障条例》除对民族乡的设立条件、批准机关、工作人员的配备等作出规定外，还特别对民族村的认定、主任、副主任的配备作出规定。如第七条："民族乡的建立和撤销，由省人民政府批准。民族乡的乡长，由建立民族乡的少数民族公民担任。民族乡人民政府配备少数民族工作人员的数量应当与其人口占全乡总人口的比例相适应。"第八条："少数民族人口达到总人口百分之三十以上的村，经村民会议同意，由所在乡（镇）人民政府提出申请，报县（市、区）人民政府认定为民族村，并报省和设区的市人民政府民族事务主管部门备案。民族村的村民委员会主任或者副主任应当有本村的少数民族公民。"根据《福建省少数民族权益保障条例》的规定，2009 年福建省政府批准设立了福鼎市佳阳畲族乡。从 1984 年开始至今，宁德市已建立畲族乡 9 个。按照《福建省少数民族权益保障条例》的规定，在畲族乡配备了畲族干部担任乡长，畲族乡、村领导成员和干部中也配备了一定数量的畲族公民。至 2013 年，福安市坂中、康厝、穆云三个畲族乡党委、政府 6 个主要领导中共配备了 5 个畲族干部；霞浦县盐田、水门、崇儒三个畲族乡 6 个主要领导中共配备了 4 个畲族干部；蕉城区金涵畲族乡党委、政府主要领导均配备了畲族干部。福安市坂中畲族乡在 2003 年村级换届选举中，11 个畲族村有 8 个村的村民主任由畲族干部担任，3 个村的村民副主任由畲族干部担任。霞浦县盐田畲族乡有 4 个畲族村党支部书记和村民主任 8 人均由畲族干部担任，其他畲族村主干副职中也都配有 1 名至 2 名畲族干部。

（四）民族成分权的保障

　　民族成分权是涉及公民恢复和改正民族成分的一种权利，是公民民族情感和心理认同的外在表现，是公民政治权益保障的基础。我国民族识别工作在 20 世纪 50 年代已基本完成；更改民族成分的工作，就全国来讲也已基本解决，剩下的主要是遗留问题。为规范公民民族成分权的行使，国家民委等有关部门出台了法规性文件进行规范。1981 年 11 月国务院人口普查领导小组、公安部、国家民委发出《关于恢复或改正民族成分的处理原则的通知》。1986 年 2 月国家民委发出《关于恢复或改正民族成分问题的补充通知》，提出了恢复或改正民族成分的处理原则。1986 年 6 月国家民委《关于我国的民族识别工作和更改民族成分的情况报告》，强调民族识别和更改民族成分工作，是理论性、科学性、政策性很强的工作，是关系到改善民族关系、加强民族团结的重要问题，必须坚持实事求是的态度，慎重稳妥的方法，切实做好，并提出了必须注意掌握的原则。1989年11月，国家民委、公安部发出《关于暂停更改民族成分工作的通知》，在全国各地一律暂时停止更改民族成分工作。1990年5月，国家民委、国务院第四次人口普查领导小组、公安部发出《关于中国公民确定民族成分的规定》，明确公民个人的民族成分只能依据父或母的民族成分确定；18周岁以前，民族成分由父母商定，满18周岁由本人决定，年满20周岁不再更改民族成分。同时明确，属于集团性要求更改民族成分的，仍然按照《关于暂停更改民族成分工作的通知》执行。根据恢复或更改民族成分的有关规定，20世纪80年代，宁德市完成了1多万人的畲族公民恢复民族成分工作；帮助部分公民完成了民族成分更改工作。此外，宁德市还作出不成文的规定，凡是更改民族成分为畲族的，必须将姓氏更改为畲族的传统姓氏。

（五）畲族政治权益保障还需要解决的问题

1. 民族镇的法律地位问题。《宪法》第三十条规定："中华人民共和国的行政区域划分如下：（三）县、自治县分为乡、民族乡、镇。"《宪法》没有民族镇的提法，设立民族镇是一种违宪行为。但是，随着民族地区经济社会的发展，撤销民族乡设立民族镇或民族街道已势在必行，这是民族地区加快发展的需要。关于民族乡改镇问题，浙江、江苏早在二十多年前就已经开始实施，并取得了推动民族地区加快发展的明显成果。宁德市许多畲族乡已具备设立畲族镇的条件，建议在《宪法》修改时，对第三十条第三项修改为"（三）县、自治县分为乡、民族乡、镇、民族镇"，确立民族镇的法律地位。

2. 自治县的批准设立问题。《民族区域自治法》第十二条规定："少数民族聚居的地方，根据当地民族关系、经济发展等条件，并参酌历史情况，可以建立以一个或者几个少数民族聚居区为基础的自治地方。"国务院《关于行政区划管理的规定》第四条规定自治县的设立、撤销、更名和隶属关系的变更以及自治县人民政府驻地的迁移，由国务院审批。畲族是全国少数民族人口较多的民族之一，有人口70多万，居百万人口以下第一位，现仅有浙江省景宁一个畲族自治县，而全国畲族人口最多、聚居最集中的福建省却没有一个畲族自治县。而且现在连人口在万人左右的少数民族均设立了自治县。福建畲族人口多达37万多，占全国畲族人口的52%，不在福建设立自治县，显然不利于畲族自治权的实现，不利于畲族自己管理本民族的内部事务。福安市强烈要求在该市西部析出三个乡镇成立穆阳畲族自治县，既有利于畲族自治权的实现，有利于畲族自己管理本民族的内部事务，也有利于畲族聚居地区的经济社会事业的加快发展，有利于畲族群众的脱贫致富奔小康，提高畲族群众的生活水平。建议作为历史遗留问题，批准设立穆阳畲族自治县。

3. 省人大常委会、政府组成人员中畲族公民的安排问题。我国十分重视少数民族参政权的使用，不仅在少数民族人大代表的选举上作出有益于少数民族参政的规定，而且全国人大常委会在组成人员的安排上对人口百万人以上的少数民族在实际上都做了安排。宁德是一个少数民族散杂居省份，畲族人口全国最多。习近平总书记在《摆脱贫困》一书中指出："少数民族干部与本民族有着天然的联系，善于反映少数民族的意愿和要求，是我们在民族地区贯彻执行民族政策的纽带和桥梁。在民族地区的具体工作中，少数民族干部有着特殊和不可替代的重要作用。"建议《福建省少数民族权益保障条例》修订时，规定人口30万人以上的主体少数民族畲族至少应在省人大常委会和政府组成人员中安排一名畲族公民，参与省级人大常委会的决策和政府部门的管理，以更好地保障全省畲族的政治权益。

4. 畲族村改畲族社区问题。近年来，宁德市城市化进程不断加快，城市发展空间不断拓展，部分具有区位优势的畲族乡村逐渐融入城市，有的则成为城市发展的中心区。建议《福建省少数民族权益保障条例》修订时，对民族村改民族社区进行规范，同意在城市街道设立民族社区，民族社区少数民族人口应占社区人口的30%以上，社区主任或副主任应当有建立民族社区的少数民族公民。

5. 畲族公务员考入问题。宁德市畲族公务员总量少，畲族进入公务员队伍难的问题十分突出，存在着后继乏人、青黄不接的现象。从全省看，少数民族公务员录用仅占全省的1.2%左右，大大低于少数民族人口比例。福建省规定对少数民族报考民族事务部门和民族乡公务员职位的予以笔试成绩加10%的照顾。但由于民族事务部门和民族乡公务员职位有限，全省几年难得录用一名少数民族公务员。根据《公务员法》第三十一条："录用特殊职位的公务员，经省级以上公务员主管部门批准，可以简化程序或者采用其他测评办法。"的规定，建议在地方性法规对少数民族录用公务员作出规定，每年划出专项指标录用少数民族公务员，录用后由组织、人事部门分配到基层单位；或者省、市、县三级在面向社会公开招考公务员时，按不低于当地畲族人口比例，划出指标定向录用畲族公务员，以扩大畲族公务员队伍，打开畲族公务员入口关。

二　经济权益的保障

经济权益是一切权益的基础。由于历史和自然原因，宁德市畲族地区大多数经济基础薄弱，文化、科技、教育事业比较落后，群众生活水平较低，医疗卫生、交通通信等基础设施较差，与当地发展水平始终都有较大的差距。随着改革开放的深入和市场经济的发展，人文、地理、经济资源上的弱势，使得这种差距越拉越大，由此引发的社会转型期的民族差异和矛盾也有了新的变化。不能任由畲族发展进程中因历史、社会、环境等方面的差异所形成的发展水平持续拉大。否则，只能导致或加剧民族之间的矛盾甚至隔阂，不利于民族团结和进步。对这种差距，要积极创造条件，努力缩小和消除事实上的不平等问题。

（一）经济发展权的保障

习近平总书记在《摆脱贫困》一书中指出："加速发展少数民族地区经济，使他们赶上或接近汉族的发展水平，才能够解除事实上的不平等，使各民族得到共同的繁荣。这是社会主义时期处理民族关系问题的主要内容，是少数民族工作的主要内容，也是少数民族利益的根本所在。民族平等，是马克思主义民族理论的基石，也是我国民族政策的核心。社会主义的经济基础和消除了民族压迫的社会主义政治制度为民族平等提供了最根本的保证。但是，我们还应当认识到，实现民族间事实上的平等首先就要消除各民族在经济、文化发展水平上的差距。目前，全国扶贫工作的主战场已开始转移到少数民族地区。90 年代，闽东畲族地区开始从解决温饱问题为重点的摆脱贫困时期，进入以经济开发和开放为重点的实现小康时期。这一时期，我们要巩固和发展 80 年代的成果，力争尽快缩小畲族地区与闽东、与全省全国先进地区的经济差距。要从本地区的优势出发，扬长避短，兴利除弊，使区域生产要素不断优化，建立起一种最适合少数民族地区生产力水平发展的经济运行机制，使其高于全省平均水平的速度增长。"

贫穷是少数民族实现平等权利的主要障碍。国家有关法律法规对少数民族和民族地区经济发展权作了专门规定，如《民族乡行政工作条例》第十一条规定："县级以上地方各级人民政府在分配支援经济不发达地区专项资金及其他固定或者临时专项资金时，对经济发展水平较低的民族乡给予照顾。县级以上地方各级人民政府在分配扶贫专项物资时，应当照顾贫困民族乡的需要。"《福建省少数民族权益保障条例》对少数民族经济发展权的规定多达7条。其中第十八条："各级人民政府和有关部门应当扶持民族经济开发区的建设，在财政、税收、科技、人才、物资、信息等方面给予支持、帮助。"第十九条："对少数民族贫困村和贫困户，各级人民政府和有关部门应当在资金、科技、人才、物资、信息等方面给予帮助。对居住在偏僻山区、海岛，生产生活条件恶劣的少数民族居民，应当在自愿的基础上有计划地搬迁，并在资金和物资上给予重点扶持。"第二十条："国家建设需要征用、拆建城镇、乡村少数民族私有房屋和集体所有房屋，拆迁部门应当按有关规定，先安置后拆迁。对少数民族企业用地、居民用房，土地部门在同等条件下可以优先安排用地指标。"第二十一条："在民族乡、民族村依法保护和开发资源、兴办企业，应当带动和发展民族乡、民族村经济，照顾当地利益，互惠互利，实现可持续发展。"这些规定既涉及民族乡村的发展，也涉及少数民族贫困村、户的帮扶；既涉及科技支持，也涉及人才培养、引进。

改革开放以来，福建省委、省政府十分重视少数民族和民族地区的扶贫工作，把民族工作的重点放在帮助少数民族和民族地区发展经济建设上。针对少数民族和民族地区各个时期的不同情况，采取不同的扶持方法。1986年，省委、省政府规定民族乡全部按照贫困乡的优惠政策执行，在政策、资金上倾斜扶持民族地区发展。1994、1998、2006年和2012年，省委、省政府分别就民族地区的扶贫开发和加快发展作出重要决策，出台了《关于加强民族工作的若干意见》（闽委〔1994〕7号）、《关于加快我省少数民族和民族地区经济社会发展的若干政策措施》（闽委发〔1998〕15号）、《关于进一步加强民族工作加快少数民族和民族地区经济社会发展的若干意见》（闽委发〔2006〕4 号）和《关于进一步帮扶民族乡加快发展五条措施的通知》（闽政〔2012〕27 号）。

2001 年 5 月 29 日，时任福建省省长的习近平同志在接受《中国民族报》的采访，在回答记者提问时说，"闽东地区认真贯彻执行党的路线方针政策特别是党的民族政策，畲族乡村发生了令人振奋的变化。宁德地区的一个传统是一把手挂点民族乡，帮助乡里解决实际困难和问题，并以此为典型，总结经验，推动整个地区的民族工作。我当时挂点的乡是坂中乡，是典型的畲乡。通过深入基层进行调查研究，我感到，民族地区的发展，要把经济放在首要的位置。解决这个关键是要找准一条正确的发展路子。要充分发挥优势，扬长避短，不做不见效益、劳民伤财的事情。扶贫攻坚问题、基础设施建设问题、发展民族教育问题、培养少数民族干部问题等等都是很重要的问题，要综合考虑，统筹安排。"

中共宁德市委、市政府坚持把加快少数民族和民族地区的发展作为民族工作的主线，出台《关于进一步加强民族工作加快民族地区经济社会发展的决定》《关于加强民族工作的决定》《关于进一步帮扶民族乡加快发展的实施意见》和《关于开展民族乡村挂钩帮扶活动的通知》等文件，大力实施"强乡富民工程"，制定了政策扶持、资金投入、市场引导等措施，促进畲族地区与全市同步发展。按照因地制宜、分类指导的原则，走农业产业化的发展道路。宁德市畲族地区山海资源兼备。把资源开发作为振兴民族经济的突破口，坚持分类指导原则，努力把畲族地区的资源优势转化为经济优势，走出了一条具有畲族地区特色的发展路子。依托山区山地资源，推进农业产业化进程，搞好山地综合开发，大力发展林竹、茶果、食用菌等产业，培育了一批立足本地资源、投资少、见效快、效果好的特色农业，做到"一乡一业""一村一品"。古田县平湖镇富达村是一个有 1700 多人的畲族村，通过投入资金、派出科技特派员帮助群众进行产业结构调整，发展芙蓉李和茭白等特色产业，并利用毗邻省会福州以及与南平市接壤的区位优势，帮助他们开拓市场，解决了产销等一系列问题，短短几年间农民人均收入就超过了全市平均水平，成为畲族富裕村。宁德市还根据沿海畲族乡村特殊的地理气候和海洋、滩涂资源丰富的特点，积极引导畲族群众发展水产养殖业和晚熟龙眼、荔枝等特色产业。仅在蕉城区、福安市、霞浦县就建成了 16 个畲族村龙眼带和一大批网箱养殖点，大大增加了畲族群众的收入。蕉城区漳湾镇雷东村是一个靠海的畲族村，在水产、科技等部门的帮助下，开发了 1600 多亩的滩涂发展海洋养殖，种养了海蛏、螃蟹、大黄鱼等海产品。有资金的村民投股参与养殖，没有资金的村民就近给养殖户帮工，一天也有 100 多元收入。仅此一项每年村民的收入就达 100 余万元。2012 年雷东村农民人均纯收入达到 9200 元，仅比当年全省农民人均纯收入低 767 元。

宁德市畲族群众近年来收入增长明显加快。2014 年畲族乡农民人均可支配收入 12279 元，蕉城区金涵，福安市坂中、康厝、穆云，霞浦县盐田，福鼎市硖门、佳阳 7 个畲族乡农民年人均可支配收入超过所在县（市、区）农民人均可支配收入，全市 1 万元以上收入畲族村 59 个。畲族乡农民人均纯收入和畲族农民人均纯收入分别比 2000 年增长 2.7 倍和 2.6 倍，畲族村农民人均纯收入和畲族农民人均纯收入分别比 2000 年增长 2.4 倍和 2.3 倍。

1998 年 9 月 22 日，为推动畲族聚居地区加快发展，福建省政府以闽政〔1998〕378 号文件批复，同意将福安市穆阳民族经济开发区确认为省级开发区，并更名为福安市畲族经济开发区。开发面积 13 平方公里，包括穆阳镇的 2 村 6 居（穆阳村、苏堤村、中兴居、东旭居、石马居、西城居、百岁居、苏堤居），穆云畲族乡的 4 村（桂林村、虎头村、溪塔村、洋坪村），康厝畲族乡的 7 村（康厝村、苏坂村、邮亭村、半山村、南洋村、红坪村、东山村）。开发区享受《福建省进一步促进开发区发展的若干规定》（闽政〔1997〕46 号）的有关政策和福建省有关开发区的各项优惠政策。1999 年 10 月 14 日，省委书记陈明义到福安市畲族经济开发区调研，对开发区建设提出五点意见，一是规划要高起点，体现民族天色；二是开发区领导班子要进一步增强事业心和责任感，为全省民族地区的开发、发展起带头示范作用；三是精简机构，提高办事效能和工作效率；四是加快基础设施建设步伐；五是加大发展经济力度。2000 年 6 月 28 日，经福建省政府同意，省政府办公厅以闽政办〔2000〕函 58 号确定，将福安市畲族经济开发区视同省级贫困县对待，享受相关政策。同年 9 月 5 日，福建省政府印发《关于扶持福安市畲族经济开发区发展政策措施的通知》，给予福安市畲族经济开发区四条优惠政策，其中包括省财政在山海协作贴息资金上给予倾斜照顾；支持开发区建立一级财政、一级金库，实行独立决算体制；2001 年至 2005 年开发区上缴省里的新增建设用地有偿使用费的 20% 和耕地开垦费予以返还，专项用于耕地开发项目；

开发区享受贫困地区的各项优惠政策。

宁德市抓住福安市畲族经济开发区被省政府批准为省级开发区的有利时机，创新开发区管理体制，注重区域经济发展，制定扶持畲族开发区发展的优惠政策，打好民族品牌，吸引工业项目落地。开发区筹建至2005年，已吸引90家企业在区落户，每年的产值达到20多亿元。霞浦县盐田畲族乡依托原有基础，开辟竹本工业加工区，吸引生产加工企业20多家，年产值达5亿元，产品大部分出口。此外，还依托福鼎太姥山、霞浦杨家溪、屏南白水洋国家级风景旅游区，挖掘畲族特色，发展畲族风情旅游，促进了畲族地区区域经济发展。在全社会力量的共同帮助下，至2005年，宁德全市有2252户少数民族9925人摆脱贫困，168个民族村进入基本小康行列。

宁德市人大代表和政协委员十分关注畲族地区的经济发展和畲族群众的脱贫致富奔小康工作。2000年，宁德市政协组织部分省政协委员到畲族乡村专门就《福建省少数民族权益保障条例》的宣传贯彻和民族政策执行情况进行调研，并在宁德市政协一届一次会议上提交了关于增加投入、加大扶持力度、促进少数民族和民族地区更快发展的若干建议意见。2013年10月，宁德市省政协委员小组对宁德市畲族地区经济社会发展情况进行视察，针对畲族乡村经济基础仍然薄弱、发展不平衡、农民收入偏低、基础设施仍需完善的实际，建议各级党委、政府从战略高度重视新时期民族工作，加大少数民族地区政策的扶持力度和工作的落实力度；针对区域差别，因地制宜、分门别类做好民族乡村的专项规划，发挥规划的科学引导作用；按照壮大龙头产业、扶持培育新兴产业、带动发展中间产业"抓两头带中间"的思路，推动民族乡村产业发展，提高农民收入；继续通过扶贫挂钩措施，有效解决民族地区经济基础薄弱、基础设施不完善等问题，夯实经济发展基础。2014年11月，宁德市人大常委会组织开展帮扶民族乡加快发展工作调研。针对问题，建议宁德市和县级人民政府进一步加大政策扶持力度，把帮扶重点向民族村特别是非民族乡的民族村延伸，扩大帮扶受益面；明确帮扶责任，完善帮扶机制，确保帮扶措施落到实处。各挂钩帮扶单位要引导和推动民族乡村发挥地域优势，培育特色高效产业，形成规模效益，促进农民增收。各民族乡村要抓住机遇，用足用好帮扶政策，主动对接争取项目资金，完善基础设施，增强自我发展能力。

2000 年以来，宁德市 9 个畲族乡工农业总产值每年均以 14%以上的速度递增，畲族农民人均纯收入每年递增超过 11%，经济实力不断提升。畲族地区扶贫发展步伐不断加快，社会经济总收入年均增长速度、农民人均纯收入等主要经济社会指标实现较大幅度增长。2014 年全市畲族乡农村经济总收入 181.9 亿元、农民人均可支配收入 12279 元、人均乡财政收入 1003 元，较 2013 年分别增长 16.1%、8.6%和 14.1%。畲族乡农村经济总收入和乡财政收入分别较 2000 年增长了 14 倍和 9 倍，畲族村财政收入比 2000 年增长近 3 倍。

福安市坚持把促进畲族地区经济社会发展作为全市工作的重点，采取倾斜政策，积极引导和扶持畲族地区发挥当地资源优势，把发展经济与奔小康、扶贫攻坚有机结合起来，采取建立畲族地区经济聚集点与加快畲族地区开发并进的办法，按经济发展的不同类型，建立三个不同层次的经济开发区，以点带面，辐射和带动畲族经济发展。先后建立了市畲族经济开发区、坂中畲族乡工业小区，积极探索畲乡发展民营企业的新路子；因地制宜大力发展畲乡农业综合开发，重点发展具有地方特色的名、特、优产品和经济作物，在沿海地带发展荔枝、龙眼等名优水果和海水滩涂养殖业，山区重点发展茶、果、竹、林、食用菌、畜牧业，尤其是发展明前茶和高档优质茶叶；毗邻城区和靠近集镇畲村发展蔬菜，沿溪沿河地带种植绿竹，形成"一村一品"或"一村多品"的畲族区域经济新格局，大大提高了农村畲族群众的生产积极性，村民收入不断增加，实现了增产增收，畲族乡村的经济状况大为改善。福安市穆云畲族乡着力培育虎头水蜜桃和溪塔刺葡萄特色产业，"虎桃牌"穆阳水蜜桃获全国优质水蜜桃第二名，溪塔刺葡萄获得国家地理标志证明商标，同时积极引进水蜜桃、刺葡萄加工企业，开发水蜜桃系列酒和刺葡萄红香炉葡萄酒，填补了福建省酿酒业的空白，有效地提升了特色产业的效益和发展潜力，增加了畲族群众的收入。在发展经济的同时，福安市加大投入，着力改善畲族群众生产生活条件。通过向上级争取支持和加大财政投入，大力组织实施了畲族扶贫攻坚、"造福工程"和"五通工程"，针对一些畲族居住地自然条件恶劣、生存空间狭窄、一方水土养不活一方人的现状，先后搬迁了 295 个畲族自然村，搬迁 2212 户、10285 人。在全市畲族人口占 30%以上的 100 个畲族村中，全部实现通路、通电、通电话、通广播和饮用水卫生安全，畲族群众生产生活条件明显改善。

（二）财政权的保障

宁德市畲族地区经济发展相对滞后，保障畲族经济权益离不开上级的财政支持。《民族乡行政工作条例》第八条规定："民族乡财政由各省、自治区、直辖市人民政府按照优待民族乡的原则确定。""民族乡的上一级人民政府在编制财政预算时，应当给民族乡安排一定的机动财力，乡财政收入的超收部分和财政支出的节余部分，应当全部留给民族乡周转使用。"福建省按照优于非民族乡的原则确定了民族乡的财政体制，农业税免征前，规定并落实民族乡农业税先征后返、财政收入的超收部分和财政支出的节余部分全部留给民族乡安排使用，支持民族乡的发展。

《福建省少数民族权益保障条例》第三条规定："各级人民政府应当将本地区少数民族的经济、社会事业列入国民经济和社会发展计划及财政预算，并充分考虑少数民族的特点和需要，加大资金投入。"第十三条："各级人民政府每年在安排财政预算时，应当安排民族补助款，用于本区域内发展少数民族经济、社会各项事业。""民族补助款按省、市、县三级核定。每年核定的款额，不得低于上一年度，并随财政收入的增长有所增加。民族补助款任何单位和个人不得扣减、挪用、截留，不得替代正常经费。""各级财政应当加大对少数民族地区转移支付的力度。"第十四条："民族乡的上一级人民政府应当按优于非民族乡原则确定民族乡的财政体制；在每年编制财政预算时，应当安排一定的财力用于扶持民族乡发展经济和社会事业；民族乡财政收入的超收部分和财政支出的节余部分，应当全部留给民族乡安排使用。"

福建省为扶持民族乡村加快发展，设立了民族补助款，并随财政收入的增长逐年增加。省级民族补助款已从2005年的每年880万元增加至2013年的1900万元。鉴于民族乡因农业税、农业特产税免收后财政收入锐减，福建省从2006年开始对每个民族乡财政转移支付20万元，2009年又增加至民族乡人口2万人以上的财政转移支付60万元、2万人以下的50万元，有效地缓解了民族乡的财政困难。

2000年以来，宁德市制定出台《关于加快少数民族和民族地区经济社会发展的决定》和《关于贯彻落实〈福建省少数民族权益保障条例〉的决定》，宁德各市、县、区也按照要求设立了民族补助款。

福安市从2001年开始设立少数民族补助款专户，上级民族补助款和每年本级民族补助款进入专户，及时、足额汇入市民宗局户头，做到及时到位，专款专用，没有出现扣减、挪用、截留现象。福安市民宗局根据省、市下达的项目，对畲族乡村项目的完成情况、自有资金情况进行检查评估，及时将民族补助经费全额下达到项目单位，减少中间环节，做到不扣减、不挪用、不截留。同时，加强对民族补助经费使用情况的监督管理，要求项目单位对项目资金的使用进行"两公开一监督"，确保落实到位，发挥效益，从而更好地推进畲族地区经济社会的发展。

（三）获得帮扶权的保障

国家法律法规和福建省地方性法规对少数民族获得帮扶权作出规定。《民族乡行政工作条例》第十三条："县级以上地方各级人民政府应当帮助民族乡加强农业、林业、牧业、副业、渔业和水利、电力等基础设施的建设，扶持民族乡发展交通事业。"《福建省少数民族权益保障条例》第四条："鼓励社会各界帮助支持少数民族和民族地区发展经济和社会事业。"第十二条："各级人民政府和有关部门在安排农田水利、农村饮水、地方公路、农业综合开发项目以及专项资金，开展以工代赈，提供产供销服务，进行对口支援和经济技术协作等方面，应当优先考虑少数民族地区。"第二十五条："各级人民政府应当制定优惠政策，吸引各种人才到少数民族地区工作；采取调派、聘任、轮换等办法，组织素质高的教师、医疗卫生、科技人员和其他人才到民族乡、民族村工作；帮助培训少数民族师资、医疗卫生、科技和各种专业技术人员，组织和促进教育、医疗卫生和科学技术的交流与协作。"第二十六条："科技部门应当为民族乡、民族村的科学技术推广应用提供服务，在安排科技发展项目时，应当照顾民族乡和民族村。"

福建省在总结扶贫开发和小康建设经验的基础上，省委、省政府于1998年作出挂钩帮扶民族乡的重要决策，实施省民族工作协调委委员单位和沿海经济发达县（市、区）挂钩帮扶民族乡。安排宁德市9个省直单位和9个沿海经济发达县（市、区）挂钩帮扶9个畲族乡。至2010年，省直单位和沿海经济发达县（市、区）累计投入宁德畲族地区帮扶资金近6000万元，为畲族地区办成了一些实事，大大改善了畲族乡村的基础设施和生产生活条件。2012年，福建省政府发出《关于进一步帮扶民族乡加快发展五条措施的通知》（闽政〔2012〕27号），要求从2012年开始，省财政转移支付每个民族乡每年 100 万元；挂钩帮扶的省直单位和沿海经济发达县（市、区）每年筹措资金分别不少于 100 万元（列入预算）；民族乡所在的设区市、县（市、区）分别安排配套资金各 50 万元。资金主要用于帮助民族乡发展特色产业和社会事业、完善农村基础设施、培育"造血"功能，增强自我发展能力。要求到 2015 年，全省 19 个民族乡的社会经济总收入年均增长速度、农民人均纯收入、人均乡财政收入不低于所在县（市、区）的平均水平；农村教育、文化、卫生、体育、社会保障等达到所在县（市、区）农村平均水平；水、电、路、通信等基础设施不断完善，群众生产生活条件明显改善。

宁德市长期坚持"两挂钩一扶持"的制度，制定出台《关于进一步帮扶民族乡加快发展实施意见》和《关于开展民族乡村挂钩帮扶活动的通知》，确立市领导挂钩畲族乡，县领导挂钩畲族村；市里联系省里 9 个单位挂钩 9 个畲族乡，组织市直 42 个单位挂钩畲族村，安排 95 个县直单位挂钩畲族自然村；组织干部与畲族乡村贫困户采取一帮一的帮扶模式。宁德市委、市政府每年在研究为民办理的十件实事项目中，畲族群众的项目至少安排 2 个以上。将帮扶畲族乡政策延伸至畲族村。全市组织市直单位与畲族村开展挂钩活动以来，扶持畲族乡村建设了一批项目，增强了畲族乡村的"造血功能"。福安市财政每年给予上年度农民人均纯收入在 7000 元以下的畲族村经济社会发展可行性项目补助 5 万元；福鼎市财政每年给予畲族村财政转移支付 5 万元；周宁县财政每年给予畲族村 2 万元扶持资金，给予畲族自然村 1 万元扶持资金；寿宁县财政每年给予畲族行政村和 9 个较大的畲族自然村所在行政村补助民族发展项目经费每村 1.5 万元，用于畲族村经济社会事业发展和村级组织建设。

霞浦县水门畲族乡茶岗畲族村，原是有名的产茶区，但由于地处边远、交通闭塞，茶叶品种老化、效益低下，长期处于贫困。2002 年被列入省扶贫工作重点村后，由省民族宗教厅派驻第一书记挂点，省、市两级挂钩帮扶单位一方面多方筹集 70 多万元资金帮助村里改善路、水、电、学校等基础设施；另一方面组织技术力量对千亩茶园进行改造，引进新品种 113 万株，新植无公害茶叶新优品种 400 亩。同时，挂钩单位还扶持村里发展蔬菜和经济作物生产，引进莴苣 200 亩，嫁接西瓜种植项目 100 亩，群众生产生活条件发生了根本性的变化。

福鼎市赤溪畲族村曾经是远近闻名的贫困村。30 年前因为山大林密、地少路难、信息闭塞、群众文化水平低、观念陈旧，农民人均收入仅 166 元，以贫困闻名周边。下辖的下山溪自然村群众"住的茅草房、点的煤油灯、吃的地瓜米、配的苦菜加盐水"。1984 年 6 月 24 日，《人民日报》头版刊发读者来信反映下山溪村贫困状况，并配发评论员文章，受到中央重视，引发全国关注，引起强烈反响。9 月 30 日，中共中央、国务院发出《关于帮助贫困地区尽快改变面貌的通知》，新时期扶贫开发工作就此启动。福鼎市赤溪畲族村也因此成为改革开放以来党和国家扶贫事业的第一批"试验田"。30 年间，赤溪村经历了"就地帮扶""造福工程""整村推进扶贫开发"三种模式，群众生产生活条件大为改观。头一个十年，福鼎县在下山溪村开展扶贫活动，采取送钱送物供良种的优惠政策，希望引导村民通过养羊、造林等方式走出一条致富路子。"就地帮扶"的"输血"式扶贫未触及贫困的根子，当地自然条件差、土地贫瘠，"一方水土难养一方人"，群众仍然习惯守着口粮田，自给自足，1994 年下山溪村人均收入仍不足 200 元。第二个十年，宁德地区大力实施"造福工程"，推动实现"自我造血"驱动。1995 年起，采取政府引导、部门支持、社会资助、群众投工投劳的方式，进行整村搬迁、异地安置。赤溪村 200 多户 800 多名居住偏远的群众走出大山，告别茅草屋，住进了安置房，不仅解决了饮水、用电、孩子上学等问题，还重新分配了口粮，走上一条具有畲族山区特色的市场、技术、资源相结合的发展生产、增加收入的致富路子。第三个十年，大力发展"整村推进扶贫开发"。2004 年起，福建省以三年为一个周期，采取部门挂钩、资金捆绑、干部驻村担任村支部第一书记等组合方式，实施整村推进扶贫开发工作，赤溪村在内的全省 600 多个省级重点村实现大变样，步入小康行列。30 年的扶贫攻坚，赤溪畲族村群众收入 2013 年达人均 9430 元，是扶贫开发前的近 57 倍，人均住房面积从 8.5 平方米提高到 21.6 平方米，羊肠小路已变成宽阔水泥路，全村初中以上文化程度村民增长 6 倍，达到总人口的 52% 以上，公园、卫生所、学校等公共服务设施日臻完善。2009 年被国务院扶贫办授予"中国扶贫开发第一村"称号，实现了"穷山村"到"小康村"华丽转身。一是思想观念变化大。通过加强村"两委"班子建设，保障村民参与决策的权利，选派代表外出考察，依托农家书屋等文化设施树立"自强不息、不断超越"的民风村风。发展意识明显提高，"要钱要物不如要发展要项目"，积极主动运用优势谋求发展。二是基础设施大改善。先后修通了连接国家 5A 级景区太姥山、临近乡镇及主要自然村的水泥路，与国道、省道连接，彻底改变了"孤岛"局面，优化了旅游等产业发展环境。据不完全统计，1993 年以来，各级党委政府已为赤溪村投入交通、水电等各项基础设施项目 25 个、建设资金 8339 万元；正在实施和计划实施的项目 13 个，建设资金 10785 万元。三是增收渠道大拓展。结合实际，广开致富门路。一方面，做足生态文章，利用生态林和水资源，引入"公司＋合作社＋基地＋农户"模式，大力发展有机茶、珍贵苗木、淡水养殖等特色农业。另一方面，推进"旅游富村"，累计完成旅游项目投资 8000 多万元，村民自发兴办了 30 多家"农家乐"餐厅，吸引了大量游客。赤溪村在扶贫攻坚中，把生态资源转化为生态发展优势，走出了"生态立村、农林强村、旅游富村"的摆脱贫困、致富奔小康之路。生态养殖、生态旅游、民俗文化成为赤溪村的发展之宝。通过移民搬迁、生态保护和发展，村民砍伐林木现象大为减少，很多地方实现了退耕还林，自然环境日益优美，旅游资源也日益丰富，"百姓富、生态美"的美丽乡村之路越发宽广。目前，正引进实施生态投资项目 6 个，总投资超过 5 亿元；加快建设当地旅游项目，力争到 2018 年实现年接待游客 50 万人次、农民人均纯收入达到 3 万元、村财政收入达到 50 万元的目标。30 年后，在党和国家扶贫政策的支持带动下，该村成功实现了从贫困村到"中国扶贫开发第一村"的巨大转变，成为新时期扶贫开发事业的缩影和第一批受益者，也为少数民族和民族地区全面建成小康社会积累了宝贵经验。2015 年 1 月 29 日，习近平总书记在国家民委《民族工作简报》第 6 期《"中国扶贫开发第一村"福建宁德赤溪畲族村各族群众全面迈入小康生活》的批示中指出，"30 年来，在党的扶贫政策支持下，宁德赤溪畲族村干部群众艰苦奋斗、顽强拼搏，滴水穿石、久久为功，把一个远近闻名的'贫困村'建成了'小康村'。全面实现小康，少数民族一个都不能少，一个都不能掉队。要以时不我待的担当精神，创新工作思路，加大扶持力度，因地制宜，精准发力，确保如期啃下少数民族脱贫这块'硬骨头'，确保各族群众如期实现全面小康。"

（四）经济权益保障需要解决的有关问题

1. 畲族地区发展的扶持问题。宁德市目前还有畲族贫困村 58 个，畲族贫困户 2817 户、贫困人口 10810 人，"一方水土养不活一方人"的边远偏僻畲族自然村 309 个。农民人均纯收入 6000 元以下的畲族村还有 26 个。畲族地区大部分乡村文化教育、医疗卫生等公共服务水平与非畲族地区仍有一定差距。发展后劲不足，全市 237 个畲族村中，村财在 5 万元以下的还有 139 个，1 万元以下的有 70 个，零村财的村 28 个。民族乡人均乡财收入仍较低，2014 年全市畲族乡财政总收入 2.3 亿元，乡人均财政收入 1003 元，为同期全市人均地方公共财政收入 3145 元的 31.9%。尽管有民族政策、资金、项目倾斜，但财力有限，难以普惠，畲族乡村发展仍然后劲不足。因此，在现阶段对宁德畲族地区还要继续予以倾斜扶持，落实挂钩帮扶政策到村到户，继续实施民族乡村特色经济发展扶持增收工程，引导畲族乡村继续发展具有畲族乡村优势的特色产业，促进畲族群众增产增收。习近平总书记在《摆脱贫困》一书中就指出："支持和帮助的意义主要在于增强少数民族地区自身的'造血功能'，起决定作用的还是少数民族地区的自我发展能力。""畲族地区在外来'输血'的同时，一定要增强自身的'造血功能'。""要提倡科技扶贫，抓好实用技术培训工作，培育一批骨干和能人，让畲族群众掌握一些实用技术。"建议国家对扶持散杂居民族地区发展问题予以关注，从法律法规上规定对少数民族和民族地区实行差异化政策，规定各级政府和各有关部门扶持散杂居民族地区发展的责任和义务，促使各级政府和各有关部门将民族地区的发展问题摆上议事日程；同时，扶持民族地区发展的法律法规规定应少提倾斜、优先、优惠等字眼，而应提出具体而明确的、可操作的规定。

2. 畲族地区资源开发补偿问题。《矿产资源法》第十条规定："国家在民族自治地方开采矿产资源，应当照顾民族自治地方的利益，作出有利于民族自治地方经济建设的安排，照顾当地少数民族群众的生产和生活。"《国务院实施民族区域自治法若干规定》第八条第二款规定："国家征收的矿产资源补偿费在安排使用时，加大对民族自治地方的投入，并优先考虑原产地的民族自治地方。"第三款："国家加快建立生态补偿机制，……通过财政转移支付、项目支持等措施，对在野生动植物保护和自然保护区建设等生态环境保护方面作出贡献的民族自治地方，给予合理补偿。"目前国家法律法规对在散杂居民族地区开发矿产资源没有明确补偿的规定，仅在《民族乡行政工作条例》第十二条要求民族乡依照法律、法规和国家其他有关规定，管理和保护本乡的自然资源，并对可以由本乡开发的自然资源优先合理开发利用。建议国家有关法律法规覆盖到散杂居民族地区，对散杂居民族地区矿产资源开发作出补偿。

3. 畲族地区发展扶持经费的问题。为推动民族地区加快发展，《福建省少数民族权益保障条例》要求省、市、县三级设立民族补助款，每年核定的款额，不得低于上一年度，并随财政收入的增长有所增加。并在《条例》的说明中，"建议由省政府下文或省财政、省民族事务部门联合发文，对省按少数民族人均20元，市、县两级各按人均10元的补助标准予以明确"。经过15年的努力，目前省级及各市、县（区）基本都设立了民族补助款并达到或超过《条例》说明的这个要求，但这个规定在宁德市还没有完全落实到位。建议《福建省少数民族权益保障条例》修订时，对省级及各市、县（区）民族补助款核定的款额作出明确规定，并对每年的增长幅度作出规定，做到财政权法定，以便于落实。

4. 加大畲族地区财政转移支付力度问题。宁德畲族乡村经济普遍比较薄弱，畲族乡农业税免收后财政收入锐减；畲族村许多是空壳村。为推动民族地区加快发展，福建省出台《进一步帮扶民族乡加快发展五条措施》，要求从2012年开始，省财政转移支付每个民族乡每年100万元；民族乡所在的设区市、县（市、区）分别安排配套资金各50万元。这个政策有效地弥补了宁德畲族乡财政不足的问题，深受畲族乡村群众欢迎。要以法制的形式将这个政策固定下来。《国务院实施民族区域自治法若干规定》第九条规定："国家通过一般性财政转移支付、专项财政转移支付、民族优惠政策财政转移支付以及其他方式，……逐步加大对民族自治地方财政转移支付力度。""上级人民政府出台的税收减免政策造成民族自治地方财政减收部分，在测算转移支付时作为因素给予照顾。""国家规范省级以下财政转移支付制度，确保国家对民族自治地方的转移支付、税收返还等优惠政策落实到自治县。"建议《福建省少数民族权益保障条例》修订时，参照《国务院实施民族区域自治法若干规定》，制定加大民族地区财政转移支付力度的规定，从法规上规定各级财政对民族地区的转移支付额度，并明确对民族乡发展民营经济和乡镇企业所产生的税收，除上缴中央的外，属于地方级的税收全额返还给民族乡，用于民族乡发展生产和改善基础设施。

5. 扶持畲族贫困村、贫困户发展问题。实施民族贫困村整村推进帮扶，是推进贫困村加快发展、脱贫致富的有效措施。福建省实施四批56个畲族村（其中宁德市33个）的整村推进帮扶，收到了很好的效果。宁德市 237 个畲族村中，有 70% 隶属于非畲族乡，69.2% 的人口在非畲族乡。畲族村的发展仍需进一步的政策扶持。畲族大多数居住在自然村，目前畲族村路、水、电、通信、电视等"五通"还只解决到建制村主村，畲族还没有完全享受到这些公共服务设施带来的便利。实施"造福工程"搬迁，是从根本上解决山区畲族群众生产生活问题的有效办法，可以改善畲族群众的生存环境，提高收入水平，促进防灾减灾，推动城镇建设，缓解生态压力。建议在地方性法规或政府规章中规定各级政府和各有关部门对少数民族贫困村、贫困户的扶持责任，制定畲族村整村推进、畲族自然村"五通"和造福工程搬迁等一揽子政策措施，扶持畲族贫困村、贫困户的加快发展。

三　文化权益的保障

习近平《摆脱贫困》指出："畲族人民在漫长的历史岁月中，创造了光辉灿烂的文化，这不仅是畲族人民自己的瑰宝，也是我们国家的一份宝贵财富。畲族文化为畲族的延续和发展起到了积极作用，在实现社会主义现代化过程中一定要让畲族文化发扬光大。……我觉得畲族歌舞就很有特色，很有风采，还有畲族的传统歌会完全可以加工升华一下。要抓紧修建畲族博物馆，办好畲族研究会和畲族歌舞团，以丰富我国多民族的文化宝库。"[1] 文化权益是一个民族的重要权益。保障畲族文化权益，就要保障畲族的语言文字权、风俗习惯权、宗教信仰自由权、文化发展权、教育发展权、人口发展权等。

（一）语言文字权的保障

语言文字平等原则是民族平等原则的重要部分，保障各民族使用和发展自己语言文字的自由，有利于各民族团结进步和共同繁荣。《宪法》和《国家通用语言文字法》都明确规定"各民族都有使用和发展自己的语言文字的自由"。1991 年 6 月，国务院批转了国家民委《关于进一步做好少数民族语言文字工作的报告》，提出了我国民族语言文字工作的方针、任务和措施，要求做好少数民族文字的使用和推行工作，鼓励各民族互相学

---

① 习近平：《摆脱贫困》，福建人民出版社 1992 年版，第 124—125 页。

习语言文字。《城市民族工作条例》第二十条规定："城市人民政府应当保障少数民族使用本民族语言文字的权利，并根据需要和条件，按照国家有关规定加强少数民族文字的翻译、出版和教学研究。"福建省地方性法规对少数民族语言文字权也作了保护性的规定。《福建省民族民间文化保护条例》将少数民族语言文字列入保护范围。在福建省要保护的少数民族语言文字主要就是畲族语言。

畲族是一个有语言没有文字的民族，畲族语言正在走向衰微。宁德现在除畲族村的畲族群众还能够讲畲语外，散居、杂居在城市和其他非畲族聚居地区的畲族群众，特别是在城市和其他非畲族聚居地区生活的第二代畲族群众，已经大部分不会讲畲族语言。畲族语言如不加大保护力度，在民族学校开设畲族语言课，在畲族群众中普及畲族语言，出不了几代，畲族语言将走向消亡。

畲语掌握人群越来越小。随着城市化进程的加快，畲族走出了封闭的山村，走出了自给自足的自然经济，参与到社会经济交流中，加快了与汉民族的文化融合。随之，畲语的使用范围越来越小，使用频率越来越低。现在，城市的畲族青少年已绝大部分不会讲畲语，畲汉杂居村的畲族青少年也已大部分不会讲畲语，只有纯畲村的畲族青少年才会讲畲语。能熟练使用畲语者的年龄大都集中在 55 岁以上的人群中，存在着年龄越大，畲语使用者比例越高；年龄越小，畲语使用的比率越低的现象，畲语正在失去年轻一代，成为濒危的语言。有学者认为，畲语属"双语萎缩型"语言，即双语人以老年人或中老年人为主体，平均年龄一般较高，中青年或青少年大多已转用新的语言，成为单语人。群体内部主要的交际工具是转用的新语言，随着老年双语人的减少，语言转用过程逐渐结束，成为新的单语群体。畲语是畲歌的载体，当他们连畲语都不会讲的时候，畲歌也就灭失了。

畲歌逐步失去青年基础。畲族是无时不歌、无事不歌、无物不歌的民族，但现在基本上只在重大节日和婚庆时才唱。闽东畲歌，现在会唱的基本上是 40 岁以上的中老年人，"80"后、"90"后的畲族青年大部分都不会唱了。如省级非物质文化遗产项目"畲族山歌"，由于近年来传统对歌活动渐趋弱化，宁德全市能够熟练演唱各类畲歌的仅千余人，其中的 95% 年龄都在 40 岁以上。福建师范大学音乐系教授蓝雪霏在《畲族音乐的现代化问题》一文中谈到，一个以歌唱为特性的民族，几十年间，在中老年中淡忘了歌唱，在青年中不再熟习歌唱，在少儿中几近丧失歌唱。而舞台上、银屏上的畲族音乐创作节目，因与畲族音乐传统有相当距离，也得不到畲民的认可，所以尚无一首畲族创作歌曲能在畲族地区广泛流传，也没发现一位畲族歌曲演唱家能为畲族认定是本民族的歌唱家。学习畲族山歌要有氛围，如即兴对歌、掌握歌调等，要长期积累，然而青年人更喜欢的是流行音乐，对本民族的歌曲语言比较淡漠，也就失去了畲歌传承的基础。

畲族语言属于汉藏语系。宁德至今许多畲族聚居地区仍然保留着本民族固有的语言、服饰和生活习俗。宁德通过畲语畲歌的传承，加强畲语畲歌的保护传承。一是保护畲语畲歌。宁德市开展了畲族语言、歌谣音乐、文化丛书、舞蹈等书籍和影像资料的编撰和刻录工作，努力让畲族语言、歌舞等通过记载和录制促进保护传承。二是传承畲族语言。畲族乡村许多学校还通过设立畲语角，推动畲语的学习传承。霞浦县盐田畲族乡中心小学将畲族歌言进入校园、引入课堂，反响很好。福安市在康厝畲族乡中心小学建立畲歌传习所，开展畲语畲歌教学，将畲族歌曲《爱唱歌言》作为校歌，形成了浓厚的学习畲歌的氛围。三是推广畲族歌言。2012 年至 2015 年，福建省民族宗教厅联合有关部门在宁德福安等地共同举办了四届"三月三"畲族文化节，反响热烈，效果很好。罗源县委、政府连续 9 年举办"畲族·风"民俗文化节活动。这些均推动了畲语畲歌的传承普及推广。四是培养畲语人才。宁德市编印出版了畲族文化校本课程《畲族文化读本》《畲族文化常识》，作为课外读本免费发放给各民族中小学校学生学习使用。福安市成立畲歌联谊中心，吸引众多畲族群众前来学习畲语畲歌，还在近郊设立畲歌活动中心，以满足进城畲族同胞唱畲歌学畲语的需要。还通过举办畲歌赛，培养发现一批人才。2013 年，宁德市结合举办"三月三"畲族文化节活动，举行"山哈杯"民歌赛，来自福建和浙江的 11 支代表队的 100 余位歌手参加了比赛，扩大了畲语畲歌的影响。

（二）风俗习惯权的保障

民族风俗习惯是一个民族在其历史发展过程中，相沿久积而形成的喜好、风尚、习俗和禁忌等，它表现在饮食、服饰、居住、婚姻、生育、丧葬、节庆、娱乐、礼节、生产等诸方面。尊重少数民族风俗习惯，是党和国家民族政策的重要组成部分，是民族平等和民族团结的重要内容。

习近平《摆脱贫困》指出："对民族风情习俗、语言文字、宗教信仰是否尊重等问题，少数民族群众要敏感的多。""畲族人们在漫长的历史中，创造了光辉灿烂的本民族文化，畲族文化在国内占有相当重要的地位，这是我们闽东文化中的一颗璀璨的明珠，是我们闽东地区可以引以为荣的特色和优势。搞好民族工作，有利于我们保持这种特色，发挥这种优势。"

国家法律法规和福建省地方性法规对少数民族风俗习惯权的保障都作了规定。《宪法》明确规定："各民族都有保持和改革自己的风俗习惯的自由。"《城市民族工作条例》第二十四条规定："城市人民政府应当保障少数民族保持或者改革民族风俗习惯的自由。"少数民族风俗习惯权的法律法规规定主要涉及三个方面内容：一是清真食品，二是殡葬管理，三是尊重习俗。1986 年 1 月国家民委发出《关于慎重对待少数民族风俗习惯的通知》，要求尊重和正确对待少数民族的风俗习惯，对于涉及民族关系的问题要特别注意。《福建省少数民族权益保障条例》第十一条规定："少数民族公民有保持或者改革自己风俗习惯的自由。社会服务行业和公共场所不得以生活习俗和语言不同为理由，拒绝接待少数民族公民。"《刑法》第二百五十一条还对国家机关工作人员非法剥夺公民的宗教信仰自由和侵犯少数民族风俗习惯作出处罚规定，"情节严重的，处二年以下有期徒刑或者拘役。"

宁德畲族的生活习俗、生产习俗、婚姻习俗、生育习俗、丧葬习俗和岁时节俗等都有自己独特的习俗文化，虽然受到当地汉族的影响，但与当地汉族却有明显的不同。如畲族的饮食，有独具特色的乌米饭、菅叶粽、糍粑等；畲族的服饰，有妇女"凤凰髻"发式、"凤凰装"、佩戴"山哈带"和畲族妇女新婚时戴"凤冠"习俗；畲族的婚姻，有实行族内婚、同姓不婚、"高头嫁女、低头迎亲"、难为"亲家伯""踏米筛拜祖""漏夜对歌"等习俗；畲族的丧葬，有以歌代哭，亲朋好友唱《起棺歌》《路祭歌》《劝酒歌》《跪祭歌》《回龙歌》等；畲族的节俗，有"二月二"会亲节、"三月三"乌饭节、"四月八"牛歇节等。宁德畲族独特的婚嫁、祭忌等习俗不但得到大家的尊重，而且还成为了畲族传统文化得到弘扬。

畲族的盘瓠传说和祖先崇拜形成了畲族最原始、最基本和最核心的氏族宗教的神灵。加之盘、蓝、雷、钟诸姓直系的列祖列宗，构成宁德畲家祠堂中祖先崇拜的偶像体系。除氏族神灵之外，畲族民间信仰的世俗神灵还有神圣化的族内英雄与历史传说人物、职业性神灵（猎神、农神）、神格化的自然物体、汉族社区渗入的民间俗神、世俗化的道释诸教尊重、神和鬼魂幽灵等六类。宁德畲族的祭祀仪式、畲族的巫术文化也是独具特色的。如祭祀时用 13 张八仙桌相叠形成的"起十三层洪楼"，高度危险，体现了畲族巫师的法力。宁德畲族宗教信仰自由权利受到保障。

应当指出的是，新中国成立后乃至三年困难时期，直到"文化大革命"和改革开放以后，畲族的风俗习惯都得到尊重与照顾。为方便畲族同胞食宿，福安、霞浦、福鼎、宁德等县先后在城关设立了少数民族招待所。商业部门在各县城关百货公司设立畲族用品专柜，供应畲族妇女服饰等民族特需用品。三年困难时期，虽然物资匮乏，但政府仍为畲族乡村提供了一定的民族特需用品。在参军、招生也给予畲族子弟适当的照顾。随着改革开放的深入和经济社会的发展，宁德畲族家庭中族内婚的壁垒已经松动，畲汉之间通婚的现象逐年递增。1990 年，宁德地区的民族混合户共 18381 户，2000 年增至 24168 户。

（三）文化发展权的保障

文化发展权是少数民族弘扬和发展本民族优秀传统文化的一种权利。国家法律法规和福建省地方性法规都对少数民族文化发展权作出了的规定。《文物保护法》将"反映历史上各时代、各民族社会制度、社会生产、社会生活的代表性实物"列入保护范畴。《城市民族工作条例》第十九条、第二十一条规定少数民族人口较多的城市人民政府，应当根据需要和条件，设立具有民族特点的文化馆（站）、图书馆，建立民族医院、民族医药学研究机构，发展少数民族传统医药科学。第二十三条："城市人民政府在少数民族聚居的街道，应当按照城市规划，保护和建设具有民族风格的建筑物"。《民族乡行政工作条例》第十六条规定："县级以上地方各级人民政府应当积极帮助民族乡创办广播站、文化馆（站）等文化设施，丰富各族人民的文化生活，保护和继承具有民族特点的优秀文化遗产。"《福建省少数民族权益保障条例》第二十七条规定："各级人民政府应当扶持民族乡、民族村创办和改善各种文化、艺术、体育活动场所，实现民族村广播、电视全面覆盖；帮助少数民族开展具有民族特点的、健康的文化、艺术和体育活动，培养少数民族文艺、体育人才，挖掘、继承、发扬和保护少数民族的优秀文化遗产，加强对少数民族文物的保护。"

习近平《摆脱贫困》一书中指出："畲族文化是一个闪光点"，"我建议：一是办一个畲族文化节……搞一个畲族文化大检阅。"宁德市把弘扬和发展畲族文化列入繁荣社会文化的《芳草计划》，组建了宁德市畲族歌舞团，建设了闽东畲族博物馆、闽东畲族革命纪念馆，大力发展畲族旅游文化，举办畲族风情旅游节，建立畲族民俗文化村，推动畲族传统文化的弘扬和发展。通过参加四年和五年一届的全省少数民族传统体育运动会和文艺会演，挖掘整理了部分畲族传统文艺、体育表演项目，经常性地开展畲族"二月二""三月三""四月八"歌会活动，命名了一些民族文化村，并将有特色的畲族歌会列入非物质文化遗产进行保护，开展少数民族古籍收集整理，保护少数民族古民居，民族民间文化保护工作不断加强。加强畲族医药学研究，召开畲族医药学研讨会，成立畲族医药学研究机构，挖掘、征集和整理畲族民间医生的医案、单验方，出版了《畲族医药学》等专著和论文。投资近千万元建设了中华畲族宫。民族乡和部分民族村建立了文化站、图书馆。少数民族群众文化体育活动逐步丰富，呈现经济与社会加快发展的良好格局。

畲族服饰需求迅速缩小。1975 年，罗源县畲族女性服饰被国家民委定为全国畲族代表装。但由于畲族服饰较为昂贵，且"不休闲""不时尚"，还有一些地方因为某些心理原因，不愿意穿本民族的服装，只在重大节日的时候才会穿起民族服装进行对歌。宁德畲族群众在婚丧时还穿相应的传统服装。而随着畲汉之间的通婚，穿畲族礼服举行传统婚礼的越来越少，这些都对传统手工艺人造成极大的生存危机。畲族服饰制作省级代表性传承人表示，凤凰装已经断线很久了，穿的人少了，自然也就少人做了。同时，做传统服装费工费时，收入并不高。据调查，现在会做畲族凤凰装的裁缝已经越来越少。霞浦半月里做传统服饰的两位裁缝平时并不做传统服装，只在有人来预订时才做。

畲医畲药遭遇发展瓶颈。传统的畲医畲药对于一些疑难杂症有着很好的疗效，在民间有着不错的市场。然而，畲医所开的诊所得不到卫生部门的认可，无法取得从医资格证，制约他们进一步发展。由于畲医畲药传承秉持传内不传外的传统，一旦子女不愿意学，就面临失传的局面。宁德现有畲族医药队伍人数少、素质低。由于畲族医药专科专病、专科性强，只凭记忆传授医药知识，无法形成优势。随着老一辈畲医的先后离世，其传人又因无合法行医资格，多数沦为摆摊卖青草药。现有的畲医基本都已年老，而畲药价格低廉，行医收入低，畲医执业资格还属空白，大大挫败了畲族青年从事传承的愿望和积极性，畲医畲药面临濒于失传的危险。

畲族文化传承人才匮乏。现有的传承人能够被群众普遍公认的很少，一些项目要找到传承人很艰难。同时，由于市场需求的萎缩、传承人年老多病或离世、青年人外出务工的增多，导致许多民间技艺难以传承，创新、发展更是后继乏人。如福安大林畲族村仅有的一个会制作畲族服饰的师傅已80多岁，但没有培养传承人；畲族传统头饰银凤冠，整个霞浦县会制作的只有两个人，一位是70多岁的老人，只有孙子在跟着他学手艺；畲族妇女的重要装扮凤凰头只有50岁以上的老人才会梳。福安畲族银器制作技艺，由于传统工艺耗时费力且经济效益低，难以应对市场需求，众多银匠改用注模、车花等机械工艺来提高效益，使传统手工技艺队伍日渐萎缩。民族企业"珍华堂"对挖掘、保护、研究、传承畲家银饰文化发挥着巨大的推动作用，但由于银雕工艺技术难度大，学艺周期长，年轻人多不愿学，工艺后继乏人。虽然福安市政府从2008年扶持开办了全国唯一一个银雕班，对畲族学生、贫困学生学费全免，但每年只能招到名额一半左右的学生，畲族学生更少。

宁德市本着对历史负责、对畲族负责、对宁德发展负责的精神，把畲族文化的发掘、抢救、整理和弘扬作为推进畲族地区进步的重要内容，制定工作方案，市里成立以市委书记为组长，市长、市人大主任为副组长，文化、教育、民族等市直有关部门领导组成的宁德市抢救与发展畲族文化领导小组及其办公室，并在市财政极为困难的情况下，拨出100万元专项经费用于畲族文化的抢救和保护工作。各县（市、区）也相应成立了组织领导机构。完成了畲族文化普查、畲族文化重点村命名、畲族文化光盘制作、《闽东畲族文化全书》编辑出版、畲族文学作者培养、畲族文物馆建设、畲族乡土教材缩写、畲族风情旅游线路设立等"七个一"文化工程。2004年7月，宁德市人大常委会出台《关于保护与发展畲族文化的决定》，为保护畲族优秀传统文化提供了法律保障。

通过近几年的努力，宁德市初步建立了比较完整的畲族文化保护制度和保护体系，使珍贵、濒危并具有重要历史价值的畲族文化得到有效抢救和保护。宁德市畲族歌舞团创作了许多优秀畲族歌舞曲目，多次在全国获奖，并先后出访国家和地区9次，深入基层演出1600多次，为弘扬畲族文化作出了积极贡献。整理出版了《闽东畲族志》《霞浦畲族志》和《崇儒畲族》等畲族志书和文化书籍，填补了畲族无志的空白。扶持成立了畲族民歌联谊会，持续开展"三月三"歌会，成功举办了畲族文化艺术节、风情旅游节和面向21世纪中国畲族社区研讨会等活动。畲族传统体育项目《打枪担》《赛竹卜》《舞龙头》等多次在全省、全国民族运动会上获得金奖。成立了畲族茶艺表演团，进一步弘扬畲族茶艺。现在，以畲族山歌、服饰、武术为代表的宁德市畲族文化正日渐引起国内外专家、学者及各族群众的广泛关注。畲族传统文化保护、传承、发展取得新进展，全市列入国家级、省级、市级非物质文化遗产名录的畲族文化项目分别达到6个、12个和25个，国家和省、市三级畲族非遗项目代表性传承人分别有3人、15人和45人。为推动宁德畲族文化的繁荣发展，宁德市出台了《畲族文化十年发展规划（2013—2022年)》，确定了15项重点任务。

福安市积极采取措施，抢救、保护和发展畲族文化。在长期的历史进程中，福安市畲族创造了富有本民族特色的历史文化，如畲族传统婚礼、畲族祭祀巫舞、金斗洋畲家拳、畲族山歌和畲族医药等。为使独具特色的畲族传统文化不断延续和发展，福安市多方开展了"抢救"工作。一是以经济发展促进畲文化繁荣；二是重视抢救与发展相结合，不断进行挖掘、整理、褒扬，使其发扬光大；三是以民族教育促进畲族文化的发展，培植民族"春蕾"，开设"春蕾希望班"，成立畲文化教育基地等，把宝贵的畲族传统精神结合革命史进行研究，把弘扬畲族传统精神与畲族革命史的教育寓教于学生的品德教育之中，使畲族文化得到进一步弘扬。福安市还建立了畲族民俗馆，出版了《福安畲族志》，连续举办福安市畲族三月三节活动，民族传统体育项目《打枪担》《赛竹卜》等分别在福建省和全国民族运动会上获奖。

福安市畲族医药列入第四批省级非物质文化遗产名录的扩展项目。从20世纪60年代开始，宁德市先后整理编印了《畲族验方选》《福安县畲族单验方汇编》《畲族医药学》等，参与《中国传统医药概览》中"畲医药"供稿。2008年，福安市畲医药研究发展中心成立，2010年出版了《福安畲医畲药》。2011年霞浦县畲族医药研究所成立，编写了30万字的《中华畲族药典》。2005年宁德市蕉城区成立闽东畲族青草药育苗基地，将收集的50多种畲族本土名贵药材集中种植和示范推广，取得了良好效益。福安市在松罗乡大坪里村和穆云畲族乡溪塔村分别建立畲药种植基地和畲药生态园，并发动推广畲药种植 200 多亩。

（四）教育发展权的保障

历史上闽东畲族地区的教育极为落后，全区畲族私塾不足 20 家。民国时期，全区只有 10 余所小学，入学者只有几百人。新中国成立前，闽东畲族的文盲率高达 98% 以上。新中国成立后，福建省根据闽东畲族山区居住分散、交通不便、学生上学难的问题，建立和发展各类学校，调派汉族教师到畲族小学任教，派畲乡小学教师到县教师文化进修轮训班学习，对畲族学生实行减免学杂费，畲族学龄儿童升学率逐步上升。福建省政府还为畲族聚居乡村拨专款盖校舍。1958 年，省政府拨专款在福安建立民族中学，招收福安专区各县和周边的畲族子弟。随后，一批批初高中畲族毕业生被陆续保送到中央民族学院和中央民族学院武汉分院等高校的预科和本科深造。为畲族培养了第一代大学生，这些大学毕业生日后成为了福建省和宁德市畲族的代表性人物，成为在宁德乃至福建省的政治、经济、文化建设的中坚力量。

少数民族教育发展权的有关法律法规规定比较多，内容涉及政府对民族教育的支持、教育设施的建设、教师的配备、少数民族学生的录取照顾、设立民族班等。一是《义务教育法》规定，第六条："国务院和县级以上各级人民政府……并采取措施，保障农村地区、民族地区实施义务教育……"第十八条："国务院教育行政部门和省、自治区、直辖市人民政府根据需要，在经济发达地区设置接收少数民族适龄儿童、少年的学校（班）。"第三十三条："国务院和地方各级人民政府鼓励和支持城市学校教师和高等学校毕业生到农村地区、民族地区从事义务教育工作。"第四十七条："国务院和县级以上各级人民政府根据实际需要，设立专项资金，扶持农村地区、民族地区实施义务教育。"二是《城市民族工作条例》规定，第九条："城市人民政府应当重视发展少数民族教育事业，采取适当措施，办好各级各类民族学校（班），在经费、教师配备方面对民族学校（班）给予适当照顾，对义务教育后阶段的少数民族考生，招考时给予适当照顾。"三是《民族乡行政工作条例》规定，第十四条："县级以上地方各级人民政府应当在师资、经费、教学设施等方面采取优惠政策，帮助民族乡发展教育事业，提高教育质量。在上级人民政府的帮助和指导下，可以设立以寄宿制和助学金为主的学校。县级以上地方各级人民政府可以根据当地实际情况，在有关大中专院校和中学中设立民族班，尽可能使民族乡有一定数量的学生入学。"四是《福建省少数民族权益保障条例》规定，第二十二条："各级人民政府应当在师资、财力、物力等方面帮助少数民族发展基础教育、职业教育和成人教育。在安排教育经费时，民族学校应当高于其他学校，并在师资力量、教学设备等方面给予照顾。"第二十三条："各级教育行政部门应当区别不同类别教育特点，制定对少数民族考生优先照顾的招生政策。招收高等学校、普通高中、中等专业学校、技工学校、职业高中新生时，应当按照国家和本省对少数民族考生的有关规定给予加分照顾。省民族事务部门可以根据各地实际需要提出意见，经省教育行政主管部门批准后，在省属高等学校和省内中等专业学校举办民族班或者民族预科班。"第二十四条："在少数民族人口较多的地方，当地县级人民政府应根据实际情况，建立寄宿制民族小学和民族中学，对家庭生活有困难的少数民族学生，应当减免学杂费，实行助学金和定期困难补助。"

福建省坚持把民族教育放在优先发展的位置，省政府制定并落实《关于深化改革加快发展民族教育的实施意见》（闽政文〔2002〕344号），增加对民族教育的投入，促进了民族教育各项改革的落实。根据《福建省少数民族权益保障条例》，福建省对宁德的畲族考生和其他少数民族聚居地区及民族乡的少数民族高考考生享受加20分的照顾（2010年实行平行志愿录取后改为加10分）。普通高中招生时，对散居在设区市的少数民族初中毕业生按升学考试总分的2%加分录取；对县城及县以下地区的少数民族初中毕业生按不低于升学考试总分的5%加分录取；对报考民族中学或普通中学民族班的少数民族考生按不低于升学考试总分的10%给予加分录取。开设福建农林大学、集美大学、福建工程学院、闽江学院、宁德师范学院等高校民族预科班，招生数每年增加到350人；开办福建农林大学、宁德师范学院民族班，每年招收30人。近年来，少数民族考生高考录取率与全省录取率基本持平。建立民族中学和中学民族班少数民族助学金制度，从2007年开始，按照高中生平均每生每年1000元、初中生平均每生每年600元的标准，每学年发放少数民族助学金500多万元，每年有6000多名少数民族学生受惠。设立高教助学金，开展省直有关单位结对帮扶，发动社会力量捐资助学，资助了一大批少数民族贫困大、中学生。

　　宁德市坚持畲族教育优先发展，市委、市政府始终把坚持优先发展畲族教育放在重要议事日程，把发展民族教育纳入本地区经济和社会发展规划，并在安排教育经费时，重点向民族地区倾斜，不断改善畲族地区学校的办学条件，促进畲族地区教育事业的健康发展。2000 年，宁德市委、市政府将建设 26 所民族寄宿制小学列入为民办实事项目，民族工作部门每年 40% 以上的补助款用于教育投入，市教委专门切出民族教育经费，用于民族中小学校舍建设。2000 年以来，先后对民族教育基础设施，开展两轮为期五年的民族中小学扩建工程，仅福安市仙岩村、霞浦县茶岗村两所寄宿制畲族小学的投入就达到 120 万元以上，远远超过当地一般的村级小学。全市现有 6 所民族中学，93 所独立设置的寄宿制民族小学。其中创办于 1958 年的宁德市民族中学是一所专门培养少数民族人才的学校，是全国 15 所著名民族中学之一，共培养了近 2 万名中学生，5000 余名大学生及百余名研究生。畲族儿童入学率、巩固率、毕业率和升学率均保持在 99% 以上。2008 年，全市共有民族小学 135 所，其中完全小学 91 所，在校畲族小学生 7800 多人，6 所市、县民族中学和 8 所畲族乡小学共有在校生 6500 多人。每年考上各类大学深造的畲族学生不断增加。2008 年全市有 780 名畲族学生被全国各类高校录取；2013 年全市有 690 名畲族考生考上大学，升学率达 83%。

　　福安市加大畲族教育专项经费的投入，致力改善民族中学、民族职业中学和寄宿制民族小学的基础设施。福建省政府《关于深化改革加快发展民族教育的实施意见》（闽政文〔2002〕344 号）出台后，福安市初中招生和高中招生对畲族考生给予更大的照顾，福安市民族中学和民族职业中学还设立了畲族初中、高中学生"春蕾"班，并采用政府投入与社会赞助相结合的办法，多渠道筹措畲族贫困生专项助学金，不断改善畲族乡村的教育条件。全市现有民族小学 76 所、教师 396 人，福安市民族中学和民族职业中学的"两基教育"通过省级达标验收。

　　宁德畲族教育伴随着宁德市民族中学的成立，走过了 57 年的历史，取得了辉煌成就，为闽东和全省乃至全国的改革开放和现代化建设培养了大批的各类畲族人才，初步形成了包括基础教育、中等职业教育和高等教育在内的民族教育体系，畲族受教育人口不断增多，与全省平均水平的差距进一步缩小。对现有畲族教育的发展，应该说宁德畲族群众是基本满意的，全社会也是基本满意的。

（五）人口发展权的保障

少数民族的生育政策，确保了畲族公民的生育权，使宁德的畲族人口能够按照一定的幅度适度增长，人口结构得到一定的改善。据 2000 年第五次全国人口普查，宁德畲族人口 15.9 万人，占宁德总人口的 5.32%，占全省畲族人口的 42.39%，占全国畲族人口的 22.41%。从 1953 年第一次全国人口普查到 2000 年第五次全国人口普查，47 年间宁德畲族人口从 81423 人发展到 159040 人，增长 1 倍左右，与汉族在同一时期增长幅度不相上下。

国家法律法规和福建省地方性法规对少数民族人口发展权均作出规定。《人口与计划生育法》第十五条第二款规定："各级人民政府应当对贫困地区、少数民族地区开展人口与计划生育工作给予重点扶持。"第十八条第二款："少数民族也要实行计划生育，具体办法由省、自治区、直辖市人民代表大会或者其常务委员会规定。"《民族乡行政工作条例》第十八条："民族乡应当积极做好计划生育工作，搞好优生优育优教，提高人口素质。"《福建省人口与计划生育条例》第十二条规定："夫妻双方均为少数民族（除壮族外），且均为农村人口或者均在少数民族乡、村居住或者工作满五年的可以生育两个子女；如果夫妻双方均为独生子女，或两个子女中有一个残疾儿，不能成长为正常劳动力，或再婚夫妻再婚前双方合计有两个子女的，经批准可以再生育一个子女；夫妻一方为汉族，一方为少数民族（除壮族外），汉族一方到少数民族一方落户，居住在少数民族乡、村，所生子女按有关规定定为少数民族的，适用前面规定。"

据有关文献记载，民国 26 年（1937）闽东畲族人口为 38061 人，户均 3.78 人。1953 年第一次全国人口普查时，宁德畲族人口已发展到 81423 人，户均 3.3 人，人口绝对量增加 43362 人，平均年增加 2710 人；1964 年第二次全国人口普查时，宁德畲族人口为 94780 人，11 年人口绝对量增加 13357 人，人口发展速度明显放缓，年平均仅增加 1214 人，年均递增 13.91‰；1982 年第三次全国人口普查时，宁德畲族人口快速发展，达到 141808 人，18 年人口绝对量增加 47028 人，年平均增加 2615 人，年均递增 22.64‰；1990 年第四次全国人口普查时，宁德畲族人口为 157313 人，比 1982 年增加 15505 人，年平均增加 1938 人，年均递增 13.09‰。分析第一次全国人口普查到第五次全国人口普查宁德畲族人口的发展，主要是国家对少数民族生育政策上的倾斜照顾和医疗条件的改善，还有就是恢复民族成分的人口占一定的比例，第四次人口普查时宁德畲族人口大约恢复民族成分的占 7000 多人，随后每年均有 100 人左右的民族成分恢复。宁德畲族在加大人口基数的同时，也扩大了生育队伍。

宁德市人大常委会《关于进一步贯彻实施〈福建省少数民族权益保障条例〉的决定》（宁常〔2001〕23 号）要求："加强少数民族乡村医疗预防保健工作。有关部门要定期组织专家巡回查治，加强对民族乡村地方病、多发病的预防控制和做好少数民族妇幼保健工作，进一步改善民族乡村医疗卫生条件。"国家法律法规和福建省地方性法规、法规性文件对少数民族人口的卫生保健均作出规定。《民族乡行政工作条例》第十七条规定："县级以上地方各级人民政府应当积极帮助民族乡发展医药卫生事业，扶持民族乡办好卫生院（所），培养和使用少数民族医疗保健人员，加强对地方病、多发病、常见病的防治，积极开展妇幼保健工作。"第二十条第三款："县级以上地方各级人民政府对长期在边远地区的民族乡工作的教师、医生和科技人员，应当给予优惠待遇。"《福建省少数民族权益保障条例》第二十八条规定："各级人民政府应当建立和完善民族地区医疗卫生体系。各级卫生部门在安排专项经费时，要优先考虑少数民族地区，帮助和扶持民族医院和民族乡卫生院、民族村医疗所的建设；发展民族传统医药，开展妇幼保健，加强健康教育，提高人口素质；做好少数民族地区地方病、多发病的防治；定期组织巡回义诊，做好农村改水、改厕等环境卫生工作，加强民族乡、民族村的卫生执法监督工作。"

宁德畲族乡村历史上医疗卫生条件差，治病、防病主要依靠畲医畲药。新中国成立后，福建省和宁德地区（福安专区）派出医疗队深入畲族乡村为群众免费治病，并建立起了畲村卫生防疫网络。宁德畲族乡村免费治病、施医赠药活动一直持续不断，1996 年 5 月，福建省委统战部、福建省民委联合组织省各民主党派医疗卫生界的 14 位专家赴福安和宁德（蕉城）畲族乡村义诊 10 天，义诊人数达到 4000 多人次，发放卫生宣传小册子 2000 多册。近些年来，福建省民族宗教厅多次联合省委统战部、省政协民宗委到宁德畲族乡村开展义诊活动。从初步缓解畲族乡村群众看病难问题到初步缓解看专家门诊难问题。至 2013 年，宁德市 9 个畲族乡均建立了比较完善的医疗机构，畲族村办起了医疗站，进一步改善了畲族乡村的医疗卫生条件，加强了对地方病、多发病、常见病的防治。全市 9

个畲族乡卫生院，总建筑面积达到 14082 平方米，有病床 142 张，医疗器械 48 台；239 个畲族村有卫生所 200 个，总建筑面积 5756 平方米，有病床 79 张，医疗器械 115 台。全市 9 个畲族乡卫生院有医护人员 254 人，其中医生 82 人，护士 68 人，有执业资格 160 人；全市畲族村卫生所有医护人员 227 人，其中医生 225 人，全部具有执业资格。全市建立了农村新型合作医疗，全市民族乡村畲族人口 17.6 万人，参保新农合 15.6 万人，88.75% 的畲族群众参加新型合作医疗，解决了畲族乡村群众看病难、看病贵问题。

宁德市重视提高畲族乡村群众的公共卫生水平。全面推进妇幼保健工作。组织畲族乡卫生院医护人员深入畲族乡村开展妇幼保健和卫生知识宣传，为儿童免费接种疫苗、免费健康体检，建立儿童健康档案。霞浦县盐田畲族乡投入 120 多万元完成乡计生服务所达标升级改造，同时投入 25 万元对 23 个村计生服务室达标改造升级。稳步开展公共卫生服务。在畲族乡村卫生院所全面推行基本公共卫生服务，建立居民健康档案管理、健康教育、预防接种、传染病、突发公共卫生事件报告处理、卫生监督协管，儿童、孕产妇、老年人、高血压患者、糖尿病患者、重性精神病患者等重点人群健康管理等 11 个公共卫生服务项目稳步开展，逐步提升整体服务能力。

福安市民族卫生工作呈现新的面貌，全市至 2013 年共有市民族医院 1 所，畲族乡卫生院 3 所，民族村医疗所 103 个。福安市将民族医院与穆阳卫生院整合，设立新的民族医院和穆阳卫生院，实行一个机构两块牌子，核定人员编制 80 人、病床 50 张。2014 年上半年门诊量达到 31033 人次，业务收入达到 523 万元，比上年同期增长 81.44%，卫技人员年平均工资达到 4 万元。福安市坂中畲族乡卫生院科室设置完善，医疗设备较为精良。设有住院部、急诊科、门诊部、中医科、内科、儿科、外科、妇产科、妇幼保健科、公共卫生科、预防接种门诊、检验科、B 超室、心电图室、注射室、中西药房等临床医疗、公共卫生和医技科室，拥有日本东芝 B 超诊断仪、迈瑞全自动生化分析仪、血球分析仪、全自动尿液分析仪等医疗设备，设有病床 15 张。随着畲族人民生活水平的提高和畲族村卫生设施、医疗手段的改善，畲族人民的身体素质不断提高。

（六）文化权益保障需要解决的有关问题

由于经济社会的发展，生产生活方式的转变，外来多元文化的冲击，畲族传统文化的发展空间逐步萎缩，民族服饰、语言歌舞、手工技艺、传统医药等都濒临失传，畲族传统文化要保持其自身的独立性已经变得越来越困难。畲族聚居区普遍存在畲族文化遗产流失严重、畲族非遗保护缺经费、缺乏专业性研究机构和专职人员。这些都制约着宁德畲族非遗保护工作的进一步开展。对畲族优秀传统文化的挖掘、抢救、保护、传承和发展，畲族文物的征集、收藏、整理和管理，畲族文化产品的创作，畲族文化基础设施和文化服务体系的建设等，还缺乏有力度的政策引导扶持。

1. 畲族流动人口文化权益的保障问题。随着经济社会的发展，畲族人口进入城市的越来越多，这部分人群的文化权益保障也日益凸显出来。总体来说，目前少数民族流动人口权益保障还缺乏专门法律规范，存在保护不力和保障缺失问题。只有《城市民族工作条例》第十六条作了规定："城市人民政府有关部门对进入本市兴办企业和从事其他合法经营活动的外地少数民族人员，应当根据情况提供便利条件，予以支持。"这些只是一种原则性的规定，可操作性比较差，难以据此对畲族流动人口的合法权益进行保障。特别是畲族流动人口文化权益的保障问题愈加突出。尤其是畲族青少年，在接受新的价值观和生活观后，其民族文化的自觉意识不断淡化。进城后，由于畲族文化设施缺失，畲族传统文化意识逐步淡漠，传统服饰也逐渐退出人们的视线，传统技艺难以传承并日趋消竭，畲族风俗逐渐消失。如畲族婚丧嫁娶新事新办，寿诞从简，一些传统的节日与习俗被现代节日所取代，原生态的田野式对歌、文艺表演日益淡化，人们对传统畲族歌舞、服饰等逐渐失去了兴趣。

2. 畲族过本民族传统节日的休假保障问题。《全国年节及纪念日放假办法》第四条规定："少数民族习惯的节日，由各少数民族聚居的地方人民政府，按照各民族习惯，规定放假日期。"《城市民族工作条例》第二十六条规定："少数民族职工参加本民族重大节日活动，可以按照国家有关规定放假，并照发工资。"畲族有自己的传统节日，如"二月二"会亲节、"三月三"乌饭节、"四月八"牛歇节等都是畲族的重要节日。福建省和宁德市目前并没有对这些畲族传统节日制定放假办法，实际操作中也没有给予放假。建议《福建省少数民族权益保障条例》修订时，对少数民族的重要节日放假问题作出规定。这样既可以唤起人们对畲族传统文化的记忆，又可以增强畲族文化的自觉意识。通过畲族传统节日的休假，带动畲族文化遗存较多、原生态环境保护较好、具备畲族民俗、生态旅游开发的地方，形成民族文化旅游产业。

3. 畲族成分确认涉及姓氏文化的保障问题。公民更改民族成分政策性强，是群众关注的敏感问题。畲族传统姓氏以蓝、雷、钟三大姓为主，另有吴、李、杨三姓，人数较少。畲族传统姓氏已经成为畲族的基本文化标志，是畲族姓氏文化的主要特征。畲、汉民族通婚后，特别是汉族男子娶畲族妇女所生子女的民族成分认定，存在把民族成分更改为畲族又保持原汉族姓氏问题，畲族群众难以认同。此类问题在宁德畲族聚居地区有一定代表性，近年来反映不断，因畲族成分确认引发的畲族群众上访问题时有发生。《婚姻法》第二十二条规定："子女可以随父姓，也可以随母姓。"本来更改民族成分后随父姓或随母姓完全属于公民个人的权利。但是由于畲族传统姓氏具有典型性和特殊性，涉及畲族公民的民族情感问题，本着尊重畲族历史渊源和畲族群众感情，建议在地方性法规立法方面，对畲族这一传统习惯进行立法，规定公民确定畲族成分应该按照畲族传统更改姓氏。

四　宁德畲族权益的法制保障问题

少数民族权益，包括政治权益、经济权益和文化权益等诸多方面。保障少数民族合法权益，是一个系统工程，涉及社会生活的方方面面。宁德畲族权益的保障，经历了从政策保障到法制保障的过程。现有的法律法规对宁德这样的散杂居地区畲族权益的保障还不够全面，许多方面的保障尚处于真空状态。虽然我国在 1993 年就出台了《城市民族工作条例》和《民族乡行政工作条例》，但无法覆盖到散杂居少数民族的全部。保障散杂居地区少数民族合法权益，需要制定新的法律法规进行调整，需要修订现有的《城市民族工作条例》《民族乡行政工作条例》和《福建省少数民族权益保障条例》等法规，还需要出台部门规章和政府规章、措施进行配套。

（一）政治权益的法制保障

为了进一步贯彻实施《福建省少数民族权益保障条例》，切实保障畲族的合法权益，加快畲族乡村经济和社会事业发展，2001 年 10 月 25 日，宁德市第一届人大常委会第八次会议通过了《关于进一步贯彻实施〈福建省少数民族权益保障条例〉的决定》（宁常〔2001〕23号）（以下简称《决定》）。《决定》对畲族政治权益的保障作了规定。强调："少数民族公民享有宪法和法律赋予的政治平等权利，并履行宪法和法律规定的义务。少数民族有保持或者改革自己风俗习惯的自由，其合法权益受法律保护，任何组织和个人不得侵犯。禁止在任何场合以任何行为方式侮辱和歧视少数民族，对侮辱、歧视少数民族公民，伤害民族感情，破坏民族团结的事件，要认真严肃查处。""按照干部选拔条件配备好少数民族干部。少数民族人口万人以上的县（市、区）人民代表大会常务委员会和人民政府领导班子中要配备1名以上少数民族干部。人民代表大会常务委员会和政府组成人员中应配备有少数民族干部。少数民族人口千人以上的乡镇的领导班子应配备至少1名以上少数民族干部。民族乡的乡长由建立民族乡的少数民族公民担任，还应配备相应数量的少数民族干部。民族村的村民主任应由本村的少数民族公民担任。各级人民政府人事部门在录用国家公务员和机关事业单位工作人员时，对少数民族公民应按国家和省有关政策规定予以优先照顾。""少数民族人口较集中的县（市、区）人民政府设立民族事务委员会，负责管理辖区内的少数民族工作。不设民族事务委员会的县（市、区），要在相关主管局内配备专管民族工作的领导干部和专职工作人员。""继续促进民族团结进步事业的发展。要深入开展争创民族团结进步先进单位、先进个人活动，促进全市精神文明建设和民族团结进步事业发展。全市每三年开展一次民族团结进步事业评比表彰活动，对为民族团结进步事业作出显著成绩和贡献的集体、个人给予表彰。""深入开展《福建省少数民族权益保障条例》的宣传学习和执法检查活动。各级人大要把贯彻《条例》和本决定作为监督和检查的内容，对损害少数民族合法权益的现象要及时批评教育，情节严重的要依法追究责任。"

宁德市人大常委会通过的《关于进一步贯彻实施〈福建省少数民族权益保障条例〉的决定》，对宁德畲族政治权益的保障作出了明确确定，是根据我国《宪法》和有关法律法规，结合宁德市民族工作实际作出的决定，对于实现宁德各民族的团结进步和共同繁荣具有重要意义和作用。

畲族政治权益可以分为平等权、参政权、自治权，它的基础是民族成分确定权。现有宁德畲族的政治权益得到了有效保障，但畲族流动人口的政治权益还需要法制的保障。撤销畲族乡设立畲族镇是畲族地区经济社会发展的必然，也是推动宁德畲族地区加快发展的有效措施，《宪法》修订时需要明确民族镇的法律地位。畲族是一个人口较多的民族，仅有一个畲族自治县无法解决畲族群众的自治问题，在畲族人口最多的福建省宁德市建立畲族自治县很有必要，可以有效地解决畲族的自治问题。暂停公民集团性更改民族成分已经 26 年，不能无休止地暂停下去，应本着实事求是的原则，恢复公民集团性民族成分的更改，解决好公民集团性更改民族成分的遗留问题。散杂居省份少数民族权益的保障，需要在省级人大常委会和政府中有人口较多民族的代表，有必要在福建省人大常委会和政府组成人员中安排人口在 10 万人以上的少数民族代表，并作为地方性法规规定下来。随着城市化进程的加快，城市规划区内的畲族村改社区已势在必行，设立畲族社区是少数民族群众的要求，也是解决社区少数民族行使自治权的需要。畲族公务员入口难的问题，直接关系畲族干部的培养选拔，这个问题在宁德市已经十分突出，已到了非解决不可的时候，需要引起各级各有关部门的高度重视，是需要从立法上解决问题的时候了。

（二）经济权益的法制保障

经济是一个民族赖以生存、发展和立足于民族之林的决定性因素。宁德畲族地区经济普遍相对比较滞后，与全省平均发展水平始终有较大的差距。必须运用法律手段调整畲族经济关系，以更好地保障畲族的合法权益，维护和发展平等、团结、互助、和谐的社会主义民族关系，促进各民族的共同进步、共同繁荣。这是一个经济问题，也是一个政治问题。

宁德市人大常委会通过的《关于进一步贯彻实施〈福建省少数民族权益保障条例〉的决定》，对帮助畲族地区发展经济作出规定。强调："少数民族和民族乡村必须发扬自力更生、艰苦奋斗精神，充分利用本地资源，因地制宜地搞好扶贫开发，发展民族经济，加快脱贫致富奔小康步伐。""各级人民政府及其工作部门均有义务和责任制订各项扶持政策，帮助、指导少数民族和少数民族乡村发展经济。每年在编制财政预算时，应切出一定额度的资金，用于扶持少数民族乡村发展经济和社会事业。对国务院、省制定的有关少数民族乡村各项优惠政策应予兑现。""进一步加强少数民族乡村卫生饮用水、供电、道路、通信、广播、电视等基础设施建设，加大政府扶持力度，完善少数民族乡村基础设施建设。""各级人民政府应从人力、财力、物力等方面加大对少数民族乡村的扶持力度。

要帮助'造福工程'搬迁户解决生产和生活问题。对一些少数民族村居住分散，没有发展条件的，要继续实施'造福工程'或建中心村，为其发展创造条件。市、县（市、区）直单位和先进发达地区要继续开展与民族乡村结对子帮扶活动。""各级人民政府及有关部门要支持帮助畲族经济开发区建设发展，在政策、人才、物力、项目上给予支持，帮助开发区搞好发展规划，以基础设施启动、项目经济带动、政策措施推动，加快畲族经济开发区的建设与发展。"

畲族经济权益可以分为财政权、获得帮扶权、信贷支持权、税收优惠权和经济发展权等。宁德市畲族人口总量不小，推动畲族地区加快发展意义重大，要从立法上明确各级各有关部门对发展畲族地区的责任和义务，改变宁德畲族地区长期落后于当地发展的现状。畲族企业是一个需要帮扶的经济实体，现实的情况是畲族企业贡献的多、支持的少，很有必要在财政、税收、金融上扶持畲族企业的发展。畲族乡村资源开发尚缺乏补偿规定，要按照谁开发、谁补偿的原则，对畲族乡村资源开发补偿作出规定。建立畲族发展资金，加大对畲族乡村转移支付力度，都是推动畲族乡村加快发展的有效措施，要建立机制，适度增长，做到财政权法定。对畲族乡产生的税收应将地方级的收入全额返还。畲族贫困村、贫困户的问题，已经到了有能力解决和非解决不可的时候了，要通过实施整村推进、移民搬迁予以整体解决。畲族信贷支持权的规定和落实，直接关系畲族和畲族地区的发展问题。国家法律法规和福建省地方性法规对少数民族信贷支持权都作了规定。如《民族乡行政工作条例》第九条规定："信贷部门应当根据法律、法规和国家其他有关规定，对经济发展水平较低的民族乡用于生产建设、资源开发和少数民族用品生产方面的贷款给予照顾。"《福建省少数民族权益保障条例》第十七条规定，"各级人民政府应当扶持民族乡村企业和少数民族职工占30%以上的企业以及以少数民族为主要服务对象的企业发展生产，有关部门应在财力、物力上给予照顾，并在融资方面提供优质服务；财政部门可以给予贷款贴息。"畲族地区企业的发展离不开信贷的支持，但是要商业银行支持畲族地区企业发展难度比较大，操作起来比较难。财政部门贷款贴息也因没有具体的实施意见而难以落到实处。《民族乡行政工作条例》和《福建省少数民族权益保障条例》对少数民族税收优惠权也作了规定。如《民族乡行政工作条例》第十条规定："县级以上地方各级人民政府依照税收法律、法规的规定及税收管理权限，可以采取减税、免税措施，扶持民族乡经济的发展。"《福建省少数民族权益保障条例》第十六条："在民族乡、民族村新办的企业享受国家和省定的税收优惠。对在民族乡、民族村投资开发经营农业项目，经同级财政部门批准，其农业特产税给予适当减免。"这些税收优惠的规定，如同信贷支持一样，均难以操作和落实。

（三）文化权益的法制保障

文化是一个软实力，文化决定着人们的思想、情感，决定着经济的发展。宁德市是畲族文化权益保障相对比较完善的地方，特别是畲族文化权益的法制保障，推动着宁德畲族地区经济社会事业的发展和畲族人口素质的提高。

宁德市人大常委会通过的《关于进一步贯彻实施〈福建省少数民族权益保障条例〉的决定》（宁常〔2001〕23 号）强调要发展少数民族社会事业。"加大对少数民族的文学、艺术、新闻、广播、电影、电视等文化事业的投入。要保护少数民族名胜古迹、珍贵文物等重要的历史文化遗产，加强文化设施建设。要组织力量对少数民族传统文化进行挖掘整理，弘扬民族文化。要划出专项经费，帮助建立、健全民族乡、村文化站，丰富民族乡村的精神文化生活。要积极引进国外和港、澳、台地区的资金、技术、人才，帮助民族乡村兴办各种公益事业，促进对外文化交流一要积极开展少数民族传统体育活动，培养少数民族体育人才。""各级人民政府要加大少数民族教育投入，帮助少数民族发展基础教育、职业教育和成人教育。在师资、财力、物力等方面予以优先照顾。要采取强有力的措施巩固民族乡村'两基'达标成果，办好以寄宿为主的民族小学和以助学金为主的民族中学，对少数民族学生实行助学金制度，确保其完成九年制义务教育。要采取地方财政拨款和社会赞助相结合的办法，多渠道筹措少数民族贫困生专项助学基金，用以解决少数民族贫困学生的学杂费减免和生活困难补助等。教育行政部门在招生工作中，应按照国家和省对少数民族考生的有关规定给予加分照顾。"

为了保护和发展畲族优秀传统文化，2004 年 7 月 29 日，宁德市第一届人大常委会第二十四次会议通过了《关于保护与发展畲族文化的决定》（以下简称《决定》）。《决定》对畲族文化的内涵作了明确，包括畲族语言，畲族民间文学、戏曲、音乐、舞蹈、绘画、工艺美术等，具有学术、史料、艺术价值的手稿、经卷、典籍、文献、契约、谱牒、碑碣、楹联等，集中反映畲族生产、生活习俗和历史发展的民居、服饰、器具等，具有畲族民间文化特色的代表性建筑物、设施、标识以及特定场所，畲族医药，畲族传统礼仪、节日、庆典活动、体育和民间游艺活动以及民俗活动，畲族传统工艺和制作技艺和畲族文化其他需要保护的项目等9个方面。《决定》共18条，强调："市、县（市、区）人民政府要把畲族文化的保护与发展纳入本行政区国民经济、社会发展计划和城乡总体发展规划，政府文化与出版局主管本行政区内畲族文化工作，民族与宗教事务局等有关部门应根据各自的行政职责，做好畲族文化的保护与发展工作。""公民、法人和其他组织应支持畲族文化、文物的普查和抢救性征集工作，根据国家有关法律规定，本着自愿为主、合理作价的原则，鼓励单位或个人捐献有关畲族文物和其他文化资料、实物。""畲族村的古建筑、古文化遗址、革命纪念地等重点文物，由各级政府列为文物保护单位。""由各县（市、区）政府文化主管部门负责拟定本行政区域内限制摄影、录像、录音的畲族文物和文化资料、实物名录，报同级人民政府公布；对限制摄影、录像、录音的畲族文物和文化资料、实物进行摄影、录像、录音的，必须报县级以上人民政府民族、文化行政部门批准。""国外、境外团体或个人以研究、营利为目的，到本市进行畲族文化考察活动的，应当报市人民政府民族、文化行政部门批准。""各县（市、区）民族、文化部门负责拟定本行政区内畲族文化重点保护目录，并对符合命名市畲族文化传承人和畲族文化重点村条件的予以申报，经市民族、文化部门审查确认，报市人民政府批准。""在本行政区内，对符合下列条件之一的畲族公民可以申报和被推荐为畲族文化传承人。（1）熟练掌握某种畲族民间传统技艺，在当地有较大影响或者被公认为技艺精湛的；（2）被群众公认为通晓畲族文化形式和内涵的，或有特殊技艺的；（3）大量掌握和保存畲族传统文化原始文献、资料和实物，并有一定研究成果的。鼓励、支持畲族文化传承人依法开展传艺授徒、讲学和学术研究活动。""对符合下列条件的可以命名为市畲族文化重点村：（1）自然文化生态环境整体保存较好，并以畲族文化某种表现形态闻名；（2）具有畲族传统文化典型特征，经常组织畲族文化活动；（3）保存有大量畲族文化原始资料、实物，并有一定影响的。""每年的农历三月初三为'三月三'畲族文化节，定期举办盘歌、文艺表演、体育竞赛、学术研讨和民俗等活动。"

"畲族优秀文化编入地方乡土教材，列为中、小学教育内容，民族学校要成为弘扬畲族文化的重要基地。""在畲族文化重点村设立文化站，以加强对当地畲族文化遗产的保护管理。对原有设立的畲族文化站进行整顿、恢复，保证其正常活动。""加快中华畲族宫文物馆的建设，充实、完善畲族重点文物、文献和文化资料实物，丰富中华畲族宫的文化内涵；畲族革命纪念馆、博物馆、文化站要根据各自职责，做好文物保护管理工作。""进一步采集、发掘畲族传统文化，按照畲族文化的独特内涵，编纂、制作能客观真实地展现畲族文化风貌的系列丛书和音像制品，创作以畲族风情为题材的文艺作品，作为传承和弘扬畲族文化的载体。""重视畲族文化艺术人才培养，加强畲族文化团体的建设，充分发挥畲族歌舞团等文化团体传承和弘扬畲族文化的作用。""积极发展有畲族文化特色的旅游业，开发独特的畲族旅游资源和产品，开辟畲族风情旅游专线，为振兴经济服务。""各级政府要加强对保护与发展畲族文化工作的领导，职能部门要指定专人负责协调、指导、组织实施对畲族文化遗产的保护与抢救工作。""畲族文化保护与发展经费通过政府拨款、社会捐资和接受国内外捐赠等多渠道筹集，建立保护与发展畲族文化专项基金，实行专款专用。""对保护和发展畲族文化工作作出显著成绩的单位或个人，由市、县（市、区）人民政府给予表彰和奖励；对侵占和非法采挖或盗卖畲族文物和文化资料、实物，不尊重少数民族风俗、损害少数民族群众利益，不利于民族团结，且造成不良影响，以及违反本决定第五条规定的责任单位和责任人，要依法追究其行政责任和法律责任。"

　　畲族文化权益可以分为语言文字权、风俗习惯权、宗教信仰自由权、文化发展权、教育发展权和人口发展权等。但是畲族流动人口文化权益的法制保障问题尚未摆上议事日程，是需要通过立法解决的时候了。畲族传统节日的放假问题，有关国务院法规已经作了明确规定，需要结合宁德市实际在地方性法规规章和法规性文件中予以明确。畲族传统姓氏已经成为畲族的基本文化标志。畲族姓氏文化具有典型性和特殊性，涉及畲族公民的民族情感问题，要从文化的角度看待民族成分的更改问题，需要在福建省地方性法规立法方面，规定公民确定畲族成分应该按照畲族传统更改姓氏，以保障畲族成分确认涉及的姓氏文化问题。宁德畲族教育发展仍然相对滞后，必须通过立法保障畲族教育优先发展、公平发展、协调发展和特色发展。公共教育资源要向畲族地区倾斜，建立和完善促进教育公平的制度、机制，实现均衡发展。要突出解决少数民族学前、普高和中职、高职教育发展滞后问题，鼓励畲族学生参加职业院校学习。民族文化是民族教育的最大特色，要大力开展民族文化进校园活动，在校园文化中体现畲族元素，培养畲族学生学习本民族文化的兴趣。

综上所述，宁德畲族权益的法制保障，既需要国家层面制定法律法规进行保障，也需要福建省通过修订地方性法规进行保障，还需要宁德市人大常委会通过制定法规性文件并加强执法监督检查加以保障。特别是在当前国家经济实力增强、发展加快的背景下，宁德畲族乡村迫切要求加快发展，城市化进程明显加快，畲族流动人口快速流动，如何用法制手段保障宁德畲族的合法权益已经是十分迫切的问题。像宁德这样畲族人口聚居的散杂居地区少数民族权益的法制保障呼唤着尽快出台《散居少数民族权益保障法》。当前如果《散居少数民族权益保障法》出台条件尚不成熟，可以考虑制定出台《散居少数民族权益保障条例》。《福建省少数民族权益保障条例》实施已 15 年，对保障少数民族合法权益，推进福建省民族团结进步事业，促进少数民族和民族地区经济社会持续健康较快发展，巩固和发展平等、团结、互助、和谐的民族关系起到了重要作用。但随着社会经济的发展，《福建省少数民族权益保障条例》的许多条款已不适应新时期民族工作的需要，有些新出现的问题又缺乏相应的法规进行调整，对《福建省少数民族权益保障条例》进行修订已经十分紧迫。要通过《福建省少数民族权益保障条例》的修订，促成福建省政府实施意见的出台，推动宁德市各级政府和各有关部门制定出台配套政策措施，切实依法保障畲族的合法权益，依法加强对畲族和畲族地区的各种支持和帮扶，为畲族地区的发展提供有力的法律支持和法制保障。

第八章

宁德少数民族干部的培养与选拔

宁德市委、市政府重视少数民族干部工作，将培养选拔包括畲族在内的少数民族干部列入重要工作内容，深化认识，增强责任，采取措施，加快培养选拔，取得了明显成效。具体表现在以下四个方面：

一是少数民族干部总量有所增长。1995 年，宁德市有少数民族干部1623 人；2000 年，全市少数民族干部 2164 人；2014 年，全市少数民族干部 2271 人。20 年增加 648 人。福安市 2015 年有少数民族干部 556 名，占干部总数的 5.6%，比 1995 年的 393 人增加 163 人，增长 41.5%。

二是少数民族专业干部队伍有较大增长。1993 年，宁德市有各种专业干部 725 人，中高级职称 97 人；2014 年，全市少数民族专业干部 1785人，占全市的 3.04%。福安市 2015 年有少数民族专业技术干部 402 名，其中高级职称 19 人，中级职称 241 人。高、中级职称人数分别比 2002 年增加 14 人和 199 人。

三是培养了一批少数民族领导干部。20 世纪 80 年代以来，宁德市 9个县（市、区）至少安排 1 位畲族干部担任县（市）长。1990 年县级换届，少数民族当选领导班子成员 11 人；2014 年，少数民族县级领导班子成员 15 人。1993 年，宁德市有畲族厅级干部 3 人、处级 25 人、科级 152人；1998 年，有畲族厅级干部 2 人、处级 23 人、科级 168 人；2004 年，全市畲族厅级干部 1 人、处级 35 人、科级 286 人；2014 年，全市畲族厅级干部 2 人，处级达到 38 人。此外，还向省里输送 7 名副厅级以上畲族干部。

四是少数民族干部素质不断提高。2000 年，全市 2164 名少数民族干部，其中大专以上文化程度 582 人，占少数民族干部总数的 26.9%，中专、高中 1408 人，占 65.1%，接近宁德全市干部队伍的同期水平。

截至 2014 年年底, 宁德市少数民族干部 2271 人, 其中公务员 486 人, 占全市公务员总数的 3.8%; 事业干部 1734 人, 占全市事业干部数的 3.05%; 国有企业干部 51 人, 占全市企业干部的 1.49%; 厅级畲族干部 2 人, 处级 38 人 (其中正处 11 人)。全市少数民族人口万人以上的 5 个县 (市、区) 党政班子均配备了 1 名至 2 名畲族领导干部; 柘荣县政府和寿宁县、周宁县人大常委会配备了主要领导, 福安市、霞浦县政协和福鼎市人大、政协班子配备了少数民族干部。少数民族人口千人以上的 60 个乡镇中, 有 51 个乡镇配备了 66 名少数民族党政领导干部; 9 个畲族乡的乡长均由畲族干部担任; 9 个县 (市、区) 共有 52 个部门单位配备了正职少数民族领导 (绝大部分为畲族)。

一　培养选拔少数民族干部的政策措施

习近平同志早在 1989 年在闽东工作时就强调指出: "大力培养少数民族干部, 是党的一项重要政策, 是解决民族问题的关键。从总体上说, 我们闽东的少数民族干部还是偏少的。这个问题需要我们花大力气去抓。特别应强调三个方面: 一是要培养和不断提高现有少数民族干部的素质; 二是注意发现和培养少数民族干部的后备力量; 三是少数民族领导干部在地、县二级要有一定的比例。少数民族聚居在千人以上的乡、镇应创造条件, 至少配备一个少数民族的副职领导。对少数民族干部的培养要树立长远观念, 即要注意从中小学开始培养各方面的人才, 办好现有的民族小学、民族中学, 提高教学质量, 扩大少数民族的教育面。没有民族学校的地方要注意吸收少数民族子弟入学, 要为大学输送更多的少数民族大学生, 还可以采取代培或者定向招生的办法培养少数民族的大中专学生。"

1998 年 10 月 26 日, 福建省委、省政府出台《关于加快我省少数民族和民族地区经济、社会发展的若干政策措施》(闽委发〔1998〕15 号), 规定: 少数民族人口超过万人的县、市和辖有民族乡的县、市党委、政府的领导班子中要配备少数民族干部; 民族乡的党委、政府班子成员中除乡长为少数民族干部外, 还应配备一定数量的少数民族干部; 民族乡工作人员中要配备与其所在乡的少数民族人口比例相适应的少数民族干部。少数民族人口千人以上的乡、镇的领导班子中也要配备少数民族干部。要把少数民族后备干部队伍建设纳入规划, 加强管理。1999 年 10 月

22 日，福建省人大常委会发布施行《福建省少数民族权益保障条例》，以法规的形式规定了少数民族干部的配备，将少数民族人口五万人以上的区市、万人以上的县（市、区）、千人以上的乡（镇）、民族乡配备少数民族干部作为保障我省少数民族政治平等权利的一项重要内容作出规定。2006 年 1 月 22 日，福建省委、省政府出台《关于进一步加强民族工作加快少数民族和民族地区经济社会发展的若干意见》（闽委发〔2006〕4号），除强调市、县党政领导班子少数民族干部配备外，还规定少数民族人口较多的市、县（区）以及与群众生产生活密切相关的部门领导班子要注意选配少数民族干部；在公开选拔、竞争上岗时，可以适当放宽少数民族干部的报考条件，或按规定划出相应的名额和岗位，定向选拔少数民族干部；少数民族报考民族工作部门和民族乡工作岗位，笔试成绩按卷面总分加 10% 照顾。1995、2001 年和 2007 年，福建省委组织部、统战部、省人事厅、民族宗教厅联合制定了 1995—2000 年、2001—2005 年和 2007—2010 年培养选拔少数民族干部工作规划，通过召开培养选拔少数民族干部工作座谈会等办法，推动民族干部政策措施的落实。

　　宁德市严格按照中央和福建省委关于领导班子配备的政策规定和精神，把加强少数民族干部的培养选拔工作摆上重要位置，在全市范围统筹考虑少数民族干部的调整配备。早在 1993 年 4 月，宁德地委办公会议就对少数民族干部配备问题进行研究，地委组织部下发了《关于配备少数民族干部的通知》，1995 年和 1996 年又作了补充规定。1996 年县乡换届选举前，宁德地委又专门下发文件，要求少数民族人口万人以上的 5 个县（市），都要配备 1 名少数民族的副县（市）长或常委；在少数民族人口千人以上的乡镇，至少配备 1 名少数民族党政领导，以确保具备领导干部条件的少数民族干部顺利进入各级领导班子。2001 年 10 月 25 日，宁德市第一届人大常委会第八次会议通过《关于进一步贯彻实施〈福建省少数民族权益保障条例〉的决定》（宁常〔2001〕23 号），规定少数民族人口万人以上的县（市、区）人民代表大会常务委员会和人民政府领导班子中要配备 1 名以上少数民族干部。人大常委会和政府组成人员中应配有少数民族干部。少数民族人口千人以上的乡镇应配备至少 1 名以上少数民族干部。民族乡的乡长由建立民族乡的少数民族公民担任，还应配备相应数量的少数民族干部。民族村的村民主任应由本村的少数民族公民担任。福安市康厝畲族乡有少数民族干部 14 人，占干部总数的 21.5%。其中公务员 9 人、占 33.3%，事业干部 5 人、占 13.1%。少数民族副科级以上领导干部 3 人、占 25%，村主干 13 人、占 20.3%。

　　培养选拔少数民族领导干部是民族干部工作的重点。宁德市各级党委在培养选拔少数民族领导干部工作中，在指导思想上破除论资排辈、求全责备思想，不拘一格选人才，从被动寻求人才转向主动培养人才。采取"后备选苗子、培养树梯子、锻炼压担子、优先给位子"的办法，全方位培养选拔少数民族领导干部。2004 年，全市 9 个县（市、区）党委、人大常委会、政府、政协领导班子中共配备少数民族干部 14 人，占班子成员总数的 5.9%。仅 2004 年就提拔少数民族处级干部 12 人，占同期提拔处级干部人数的 28.5%。近年来，针对领导班子和干部队伍存在结构性矛盾比较突出的情况，2012 年 12 月宁德市研究出台了《关于进一步加强年轻干部、妇女干部、少数民族干部和党外干部培养选拔工作的意见》，明确提出坚持"领导班子调整时优先考虑、班子出现空缺职位时优先补充、同等条件下优先使用"的"三优先"原则，重新强调少数民族人口万人以上的县（市、区）党政领导班子要配备 1 名以上少数民族干部，少数民族人口千人以上的乡镇党政领导班子应配备 1 名以上少数民族干部；民族乡的乡长由少数民族干部担任，民族村的村民主任或副主任应由本村的少数民族居民担任等，并把这些政策落实到位。福鼎市把加强少数民族干部队伍建设摆在干部人事工作的重要位置，按照"全面提高、重点培养、大胆使用"的思路，立足工作实际，优先选拔一批优秀少数民族干部到重要工作岗位任职。2010 年以来，福鼎全市提拔少数民族干部 32 名，其中正处级 1 名、副处级 3 名、正科级 12 名、副科级 16 名。至 2015 年，全市有少数民族处级干部 5 人、占 10.0%，科级干部 49 人、占 6.3%。蕉城区金涵畲族乡有畲族干部 8 人，占干部总数的 19.5%。其中公务员 5 人、事业干部 3 人。乡党委书记和乡长均由畲族干部担任，还配有副科级领导 2 人，畲族科级干部占比达 23.5%。

　　宁德市重视做好少数民族干部的岗位培训工作，不断提高他们的政治素质、理论水平和业务能力。把加强实践锻炼作为全面加强少数民族干部队伍能力建设的有效途径，采取挂职锻炼、岗位轮换、交流任职、教育培训等方式，加快少数民族干部的健康成长。坚持以党校和行政学院为依托，有计划地举办少数民族干部培训班，并在举办各类主体班次时，有意识地选送少数民族干部参加。1994 年，省委组织部和省民委在省委党校举办第一期少数民族干部培训班（党校半年期学历班），宁德市选派了16名科级干部参加培训。1995年至2001年，宁德市共选派55名少数民族干部参加省委党校少数民族干部培训班学习；选派36名少数民族干部参加地委党校理论和经济管理培训，17名参加地委党校和干校学习，30名参加地委党校少数民族青干班培训。2010年以来，宁德市先后选送26名少数民族干部参加省委党校和福建行政学院培训班学习，安排60名少数民族干部到宁德市委党校、行政学院学习，2014年还选送5名少数民族干部参加北京大学、清华大学"全面深化改革"研修班学习。2012年至2014年，先后选派了14名少数民族干部到省直机关、沿海经济发达地区、重点项目和基层挂职锻炼。各县（市、区）也注重选派少数民族干部参与党委、政府中心工作，参加征地拆迁、重点项目、信访维稳等工作，促使少数民族干部在基层一线、艰苦环境和急难险重任务中磨炼意志、增长才干，提升适应发展需要的实践能力。霞浦县本着"缺什么，补什么"的原则，建立了分批培训与实践锻炼相结合、业务培训与理论培训相结合、专门培训与日常教育相结合的培训机制，每年安排一定比例的少数民族干部参加培训，提升理论素养。

注重加强定期分析，结合"议班子、议干部"活动，定期听取和分析少数民族干部的选拔配备、培养发展情况，重点分析研究存在的突出问题，提出改进措施和办法。注重建立齐抓共管机制，市、县两级党委组织、统战和民族宗教工作部门充分发挥职能优势，加强经常性的沟通联系，积极物色、主动推荐系统内的优秀干部和后备干部人选，推进培养选拔任务的落实。宁德市管后备干部中少数民族干部保持一定数量，上一轮确定处级后备干部349人，其中少数民族19人，占5.4%（正处级后备干部97人，其中少数民族5人，占5.2%；副处级后备干部252人，其中少数民族14人，占5.6%）。为进一步加强后备干部储备力量，宁德市在开展新一轮市管后备干部集中调整时，明确要求少数民族人口万人以上的县（市、区）要有少数民族干部后备干部推荐人选，市直单位要注意推荐少数民族干部，优化后备干部队伍结构。同时，积极做好少数民族大学毕业生的选调工作，2010年以来共接收安排10名少数民族选调生，并把他们列入后备干部进行培养。

积极探索畅通少数民族干部的来源渠道，从2007年开始采取单独招考少数民族公务员的政策，对少数民族考生报考民族乡机关或各级政府民族事务部门公务员落实加分政策；事业单位考录工作人员时，在同等条件下优先录取少数民族考生，不断加强少数民族公务员队伍建设。2001年，宁德市委在公开选拔副处级领导干部中，专门拿出1个市民委副主任职位面向少数民族干部公开选拔；2010年以来，宁德市各县（市、区）共公开选拔科级领导干部189名，其中少数民族干部18名、占9.5%，从中选拔和发现了一批优秀少数民族干部。针对少数民族干部总量不足和民族学校师资缺乏的实际，宁德市专门在宁德师范学校开设民族班、在宁德农业学校开办畲族预备班，为民族乡村学校和民族地区"量身定制"了834名少数民族教师和农村干部。还在闽东卫生学校举办民族班。所有这些措施都保证了少数民族干部有充足的来源，每年都有一定数量的少数民族学生通过考试被录用为国家公务员和事业单位工作人员。

　　近年来，蕉城区进一步完善少数民族干部培养选拔机制，建立健全联席会议制度和部门协调机制，区委组织部发挥牵头抓总作用，加强协调；统战部、民宗局发挥联系少数民族干部优势，提出建议，推荐人选；人事部门建立健全少数民族干部队伍管理机制；党校有针对性地加强教育培训，形成各部门分工负责、通力合作的工作机制。一是着力提高少数民族干部人才素质。2010年以来，共选派少数民族干部100多人次，参加中青年干部培训班、科级干部进修班、专题理论培训班等主体班次学习；选派5名少数民族干部到中央民族学院、省委党校培训，进一步开阔视野，增长才干；选派少数民族干部30多人次参加重点项目一线实践锻炼，下派8名少数民族干部驻村任职，上派4名少数民族干部到省、市直机关跟班学习。二是加大少数民族干部选拔使用力度。拓宽来源渠道，2010年以来，共选调、录用少数民族公务员11名，招聘事业干部26名，面向少数民族干部公开选拔乡镇班子成员2名。加强后备培养，实行少数民族后备干部单列推荐。加大使用力度，将开拓创新、政绩突出、群众信任的优秀中青年少数民族干部，适时选拔进入各级领导班子。经过30多年的培养选拔，全区畲族干部从1983年的59人，处级2人、科级11人；增加至1990年的88人，处级2人、科级22人；2000年的187人，处级1人、科级25人。截至2014年年底，全区少数民族干部213人，占干部总数的3%。其中公务员48人，占22.5%，事业干部165人，占77.5%；本科以上学历82人、占38.5%，专科学历87人、占40.8%，中专及以下学历44人、占20.7%；35岁以下64人、占30%，36岁至45岁的87人、占 40.9%，46 岁至 55 岁的 55 人、占 25.8%。区党政领导班子配备副处级少数民族干部 2 名，有少数民族正科级干部 13 名，副科级干部 18 名，分别占同级干部比例的 5.6%、4.7% 和 3.8%。其中区直部门主要领导 6 名、乡镇党委书记 2 名、乡镇长（街道办事处主任）4 名。区管后备干部中，少数民族干部 35 人，占 10.6%。少数民族千人以上的乡镇党政领导班子，配备少数民族干部 14 名。全区从事专业技术的少数民族人员 166 人，占全区专业技术人员总数的 2.7%，其中高级职称 7 人，占 4.2%；中级职称 86 人，占 51.8%；初级职称 73 人，占 44%。全区唯一的金涵畲族乡，有少数民族专业技术人员 17 人，占全乡专业技术人员的 12.1%。

福安市始终把加强和改进少数民族干部培养选拔工作作为加强领导班子和干部队伍建设的重要内容，从思想上重视、长远上规划、措施上落实，坚持定期或不定期听取畲族干部情况汇报、坚持调整班子或换届时注意征求统战民族工作部门意见、坚持按要求按比例配备少数民族干部，做到同等机会优先考虑、同等条件优先使用、职数不足优先安排。至 2015 年，全市有少数民族干部 556 名，占干部总数的 5.6%；现有公务员 135 名，占全市公务员总数的 6.5%；科级干部 55 名，占全市科级干部数的 6.0%。全市 22 个乡镇（街道）党政领导班子共配备少数民族干部 24 名，其中党政正职 5 名；3 个畲族乡均配备 2 名以上少数民族班子成员，乡长均由畲族干部担任；有 7 名畲族干部担任市直机关单位正职。全市少数民族后备干部 516 名，占全市后备干部数的 11.4%。有少数民族专业技术人员 402 名。主要措施：一是拓宽渠道，加大考录聘用力度，在条件设置上适当倾斜，创造条件让更多少数民族进入干部队伍。1996 年至 2001 年，选送培养大中专院校委培生、定向生 120 多名，有 20 多名村主干和企事业单位职工被录聘用为干部，为培养少数民族干部奠定了基础。落实民族乡录用少数民族考生加分政策，2010 年以来，3 个民族乡共设置 5 个职位专门招收少数民族干部，全市共招收少数民族公务员 26 名。同时，通过优秀村干招录、选聘生转岗、军转安置等渠道方式，吸收少数民族干部 5 名。二是搭建平台，根据急难险重工作的需要，抽调 20 多名少数民族干部在工业服务队、征地拆迁、信访维稳等基层一线锻炼；有计划地选派 9 名少数民族干部到重点扶贫村挂职党支部书记，在扶贫开发工作中接受锻炼。同时，注重把少数民族干部纳入挂职锻炼、培养交流的整体规划。近年来，有1名正科级少数民族干部到省直部门挂职培养；选送5名少数民族干部到中央民族干部学院学习；宁德市委党校的每期中青年干部培训班、清华大学远程教育自主选学培训班，均安排一定比例少数民族干部参加。此外，积极支持和鼓励少数民族干部参加各类培训和学历教育。三是动态管理，建立健全少数民族干部信息库，通过议班子、谈心谈话、定期考察、组工干部下基层等形式，实时掌握少数民族干部履职情况，做到发现一批、成熟一批、选用一批。1996年至2001年，提拔副科以上少数民族干部29人，其中提拔正科干部7人；少数民族后备干部82名，占总数的20.5%。2010年以来，选拔任用少数民族干部86人次，其中提任30人次，交流56人次。同时，鼓励少数民族干部参加公开选拔，设定专门岗位选拔少数民族干部。先后进行的3次公开选拔中，有9名少数民族干部脱颖而出。

二　培养选拔少数民族干部存在的问题

习近平总书记在《摆脱贫困》一书中指出："少数民族干部与本民族有着天然的联系，善于反映少数民族的意愿和要求，是我们在民族地区贯彻执行民族政策的纽带和桥梁。在民族地区的具体工作中，少数民族干部有着特殊和不可替代的重要作用。"①宁德市培养选拔少数民族干部工作取得较好成效，但还存在一定的差距，主要表现在：

一少数民族干部总量严重不足。2002年，宁德市全市每万人干部数为213人，而少数民族每万人干部数只有114人，仅占全市每万人干部数的53.5%。至2014年，这种情况并没有从根本上改变，反而问题更加突出。全市每万人干部数上升为227人，而少数民族每万人干部数仍仅为109人，不到全市每万人干部数的一半，仅48.0%。与《福建省1995—2000年培养选拔少数民族干部工作规划》提出的"到2000年少数民族干部队伍总量与全省少数民族人口的比例要达到同全省干部总量与人口的比例相一致"的要求相去甚远，总量缺口大约2200人，相差一半。宁德市少数民族人万人以上的5个县（市、区）少数民族干部与所在县（市、区）干部总数的比例悬殊也比较大，少数民族干部占所在县（市、区）

———————

① 习近平：《摆脱贫困》，福建人民出版社1992年版，第123页。

少数民族人口的比例低于县（市、区）干部占总人口的比例。如蕉城区全区干部 6996 人，占全区总人口的 1.55%；而少数民族干部仅 213 人，只占少数民族总人口的 0.87%，比例悬殊较大。按照少数民族干部比例与人口比例相协调的配备政策要求，少数民族干部缺口达 166 人，差额较大。

二是少数民族干部来源渠道比较单一。人事制度改革后，进入公务员和事业单位的人员实行"凡进必考"。虽然宁德市委于 2012 年下发了《关于进一步加强年轻干部、妇女干部、少数民族干部和党外干部培养选拔工作的意见》，要求在每年公务员招考中，根据编制情况安排一定比例的职位，专门录用少数民族考生。但由于受总体编制的影响，少数民族干部考录公务员的数量偏少。每年回乡的少数民族大学毕业生基数小，总体竞争力相对较低，进入机关和事业单位的少数民族干部也就比较少。同时，没有通过其他渠道补充人员，少数民族干部来源没有得到有效改善，以致影响到少数民族干部队伍的建设。1996 年至 2001 年，全市录用公务员 772 名，其中少数民族仅 22 名，占录用数的 2.85%，远远低于人口比例的 6%。蕉城区少数民族干部来源，主要渠道也是公务员招考。但由于少数民族人才总量少，再加上受区直单位总体超编影响，乡镇每年招考的职位有限，少数民族毕业生被录用得少。蕉城区金涵畲族乡公务员和事业干部队伍中少数民族干部人数依然不多，且多集中在政府部门，教育、卫生、技术、金融等部门少数民族人才少。大中专毕业生回乡创业不多，特别是优秀人才更少，少数民族干部来源受到一定制约。

三是少数民族干部结构分布不均衡。少数民族干部行政编制的少，事业编制的多。受身份限制，少数民族事业干部很难在行政领导岗位上使用。由于事业单位科级职数较少，影响了少数民族干部培养使用空间。在干部配备上，少数民族干部在市直机关工作的少，在乡镇、地方工作的居多，主要集中在教育、卫生等事业单位。2002 年，宁德市共有少数民族干部 2164 名，其中乡以上党政机关 824 名，占 38.08%，教育部门 1007 名，占 46.53%，卫生系统 174 名，占 8.04%，农技人员 104 名，占 4.81%，经济管理人员 33 名，占 1.52%，科技人员 22 名，占 1.02%。存在"一多三少"现象，"一多"，即少数民族干部中教师和医务人员多，共 1181 人，占少数民族干部的 54.57%；"三少"，即一是少数民族领导干部偏少，处级以上 25 人，每万人只有 1.3 人；科级 251 人，每万人

13.3 人，分别低于宁德全市 2.09 人和 23.3 人，分别只占全市标准的 62% 和 57%。二是与少数民族生产生活密切相关的公检法、人事、财政、工商、税务、教育、发改、建设、交通、农业、水利等职能部门的少数民族干部少，领导干部更少。三是懂金融、外贸、法律、工商管理、城建、规划，尤其是懂现代企业经营管理的少数民族人才少。基层一线的农业技术人员十分缺乏，形成了越是贫困落后，越是人才匮乏的局面，而且少数民族干部接受继续教育的机会少。蕉城区少数民族干部主要也是分布在教育、卫生等事业单位，大多数是事业干部，行政干部偏少。全区 2002 年有少数民族干部 186 人，教师就占了 106 人，医务人员 10 人、农技干部 17 人，行政干部仅 46 人，其他企事业干部 7 人。

四是少数民族领导干部老龄化趋势严重。按宁德市 2002 年统计，全市 30 岁以下的少数民族干部 929 人（主要是教师），占 42.92%；31 岁至 40 岁的 643 人，占 29.7%；41 岁至 50 岁的 355 人，占 16.4%；51 岁以上的 237 人，占 11.0%，总体结构还比较合理。但从少数民族领导干部看，老龄化比较严重，年轻干部偏少，出现断层现象。同样以 2002 年为例，全市少数民族处级干部 25 人，55 岁以上 7 人，占 28%；50 岁至 54 岁的 4 人，占 16%；45 岁至 49 岁的 6 人，占 24%；40 岁至 44 岁的 5 人，占 20%，40 岁以下 3 人，占 12%，少数民族领导干部队伍年龄结构不尽合理，存在青黄不接现象。福安市 2002 年行政干部 122 人，41 岁以上的 72 人，占 59%；36 岁至 40 岁的 16 人，31 岁至 35 岁的 26 人，30 岁以下的 8 人。63 名科级干部中，41 岁以上的 37 人，占 59%；36 岁至 40 岁的 12 人，31 岁至 35 岁的 11 人，30 岁以下的 3 人；5 名处级干部中，41 岁至 45 岁的 1 人，51 岁至 55 岁的 1 人，55 岁以上的 3 人。

五是少数民族干部政策落实还不够到位。在实际工作中，一些政策规定经常落实不到位或者落实后缺乏长效机制，甚至空有优惠政策却难以落实。如宁德市少数民族后备干部比例偏低，上一轮少数民族正处级后备干部 5 人，占正处级后备干部数的 5.2%；少数民族副处级后备干部 14 人，占副处级后备干部数的 5.6%，与《福建省 2001—2005 年培养选拔少数民族干部工作规划》要求宁德市少数民族后备干部应达到后备干部总数的 10% 的要求还有差距。宁德市少数民族人口千人以上的乡镇 60 个，还有 9 个乡镇没有配备少数民族领导干部。蕉城区少数民族人口千人以上的乡镇 10 个，还有 4 个乡镇没有配备少数民族领导干部。9 个畲族乡的少数民族干部配备也都未达到人口比例要求。还有公务员考试中少数民族考生笔试成绩加分、优先录用等政策成效不太明显，加分政策局限于民族乡和民族工作部门，范围太窄。一些民族乡和民族事务部门满编，即使编制出缺，由于受该县（市、区）总编制超编的限制也无法招考；公务员考试竞争激烈，少数民族考生难以脱颖而出；单列比例招考少数民族考生在实际操作中难度大。

存在上述问题的主要原因：一是对培养选拔少数民族干部工作的重要性认识不足。个别地方领导干部对党的民族政策了解不多，对培养选拔少数民族干部工作重要性认识不足，认为畲族人口比例低，长期与汉族杂居，与当地汉族已没有什么差别，培养、选拔、使用少数民族干部意义不大。个别地方领导干部思想上不够重视，认识上存在误区，导致对少数民族干部的培养选拔意识淡薄，认为人为地突出少数民族特点不利于民族团结，因而没有给予足够的关心和重视，未能将一些素质高、能力强的少数民族干部安排到重要岗位。一些地方选拔使用少数民族干部，往往换届时重视，平时重视不够；一个县、乡党政领导班子只按要求配备一个。个别地方党委政府推进政策落实的力度不够，在现有政策框架下有效挖掘政策空间、推进工作成效不明显。有的地方对少数民族干部缺乏有计划的长期跟踪培养，缺少具体的规划和措施；有的职能部门，用人视野不够开阔，习惯于论资排辈，对少数民族干部求全责备，影响了干部的培养，使一些少数民族干部难以脱颖而出。二是民族地区薄弱的基础教育不利于少数民族人才成长。民族地区大都偏僻闭塞，基础教育相对落后，少数民族考生升学率较低，选调生环节也无明确照顾政策，直接导致了少数民族干部队伍来源不足。在党政机关和事业机构"凡进必考"的政策环境下，文化教育水平处于弱势的少数民族考生在竞争中难以取胜，少数民族干部队伍入口渠道更加不畅。同时，由于民族地区条件相对艰苦，回乡少数民族大学毕业生也减少，通过参加公务员考试进入党政机关的甚少。三是少数民族竞考公务员处于绝对劣势。公务员制度实施后，用人单位招考公务员对岗位和专业都有特殊要求，一个职位竞争，多的数百人，少的也有几十人参与。少数民族参与公务员考录，没有一定基数作保证，一个考生面对几十个甚至几百个考生竞争，少数民族考生不但少，而且报考公务员不具专业优势，难以同各名牌院校毕业生竞争。由于生活经历、环境原因，即便笔试上线入围，面试时也难以充分发挥，能考取者寥寥。宁德市一名厦门大学法律系毕业考生，三次笔试都入围，而面试就难以通过。四是培养选拔少数民族干部的措施还不够有力。一些领导干部因年龄原因退休或退下领导岗位，没有及时选拔配备新人选，处级以上干部越来越少，厅级干部多配备到人大常委会和政协岗位；少数民族干部大多在不容易出政绩的岗位上工作，交流到综合部门或提拔到重要岗位的机会偏少，在同层次干部中难以拔尖；一些少数民族干部在同一职级工作时间过长。随着改革的深入和发展，组织人事制度发生了很大的变化，对培养选拔少数民族干部工作也提出了新要求，与以往照顾提拔使用少数民族干部在一定程度上存在矛盾。一些地方和部门忽视少数民族干部成长规律及培养方法的特殊性研究，没有根据新常态的要求以及少数民族地区和少数民族干部的特殊情况，制定切实可行的措施和办法，做到成熟一个使用一个。同时，一些少数民族干部怕吃苦，不愿下基层工作，实践锻炼机会少，也给培养选拔工作造成一定的难度。五是少数民族地区经济落后也制约了人才培养。由于少数民族群众大都在经济相对落后的偏僻山区，绝大部分家庭拿不出更多的钱投入到教育或给子女创造更好的学习环境。大中专毕业生取消分配后，少数民族大学毕业生就业难，导致贫困地区少数民族家庭陷入"考进大学难，读完大学难，找工作更难"的怪圈，也影响了家长投资教育的积极性。就是能够培养子女顺利读完高中，考上大学，面对高额的学费，也只能望校兴叹。同样少数民族干部也大都在这些地区工作，由于经济限制，民族教育和干部培训工作相对滞后，严重制约着少数民族干部人才的培养和素质的提高。

三　培养选拔的对策建议

少数民族干部工作是党和国家干部工作的重要组成部分，培养选拔少数民族干部是贯彻落实党的民族政策的重要体现。坚持德才兼备原则，大力培养选拔少数民族干部，是我们党的一贯方针，是党的民族工作和民族政策的一项重要内容。中央领导集体十分关心少数民族干部的成长，江泽民同志明确指出："少数民族干部是我们党做好民族工作的骨干力量，民族干部的状况又是衡量一个民族发展水平的重要标志。"十六大报告和党章都要求进一步做好培养选拔少数民族干部工作。我们要从实现党的建设新的伟大工程和"三个代表"重要思想、科学发展观、"四个全面"的要求，从全局和战略的高度看待培养选拔少数民族干部工作。

　　进一步提高思想认识，切实做好新形势下少数民族干部工作。习近平总书记强调，做好民族工作，少数民族干部是重要桥梁和纽带。一要提高思想认识。做好少数民族干部的培养、选拔、使用工作，努力建设一支政治上跟党走、群众中有威望、工作上有实绩的高素质少数民族干部队伍，对于维护祖国统一、维护民族团结、维护社会稳定、实现民族地区跨越式发展和长治久安的战略目标具有决定性的意义。要站在保障少数民族平等权利，巩固民族团结，维护社会稳定以及加快民族地区发展的高度，充分认识培养选拔少数民族干部工作的重要意义，正确处理好数量与质量、实施人事制度改革与落实党的民族政策、坚持干部标准与制定培养选拔少数民族干部优惠措施、培养党政干部与专业技术人才的关系，进一步增强做好这项工作的责任感、紧迫感和自觉性。二要明确指导思想。要以邓小平理论、"三个代表"重要思想、科学发展观和"四个全面"为指导，围绕改革发展稳定的大局，认真贯彻中央民族工作会议精神，坚持干部队伍"四化"方针和德才兼备原则；坚持"增加数量、稳定队伍、提高素质"并举，以改善结构、提高素质为中心，以增加数量、加快培养使用为重点，最大限度地开发少数民族干部人才，把培养选拔少数民族干部工作摆上各级领导班子的重要议事日程。三要营造良好氛围。要认真制定规划措施，加大宣传力度，加强分类指导，加快培养选拔使用，不断营造少数民族干部健康成长的良好氛围，使更多的少数民族干部脱颖而出。要大力宣传党的民族政策，宣传优秀少数民族干部先进典型，努力营造少数民族干部成长的良好社会氛围。要发挥各级党校、行政学院主阵地作用，设置民族政策的课程。要使各级党委及领导干部充分认识到，新时期加强少数民族干部培养选拔工作是促进各民族"共同团结奋斗、共同繁荣发展"的客观需要，是坚持和完善民族区域自治制度、构建社会主义和谐社会、实现国家长治久安的组织保证，是加强党的执政能力建设、巩固党的执政地位、全面推进新福建建设的现实需要，从而更加自觉地增强工作责任感和使命感。少数民族主要居住在发展相对滞后的边远山区，全面实现小康的任务十分艰巨，要克服因为全省少数民族与汉族民族差异不大就忽视或不重视民族工作的错误思想。

　　进一步加大落实力度，大力培养选拔和放手使用少数民族干部。培养选拔少数民族干部，是领导班子和干部队伍建设的一项重要而长期的任务。贯彻落实党的民族干部政策的力度，直接决定着少数民族干部的数量和质量。一要选配好市、县、乡领导班子少数民族干部。要按照《福建省少数民族权益保障条例》和《福建省 2015—2020 年培养选拔少数民族干部工作规划》（以下简称《规划》）规定的少数民族人口 5 万以上的设区市、万人以上县和千人以上乡的党政班子必须配备 1 名以上少数民族领导干部的要求，配备好市、县、乡党政班子中的少数民族干部。特别是市级少数民族党政领导干部的配备。对少数民族人口较多的县（市、区）党政班子领导配备，要确定少数民族干部比例，而非至少配备 1 名少数民族干部的要求。要克服论资排辈、求全责备的思想，对于特别优秀的少数民族干部，可以采取"小步快跑"、提前到位、轮岗交换、压担子等措施，予以破格提拔，让年轻的优秀少数民族干部进入班子。二要落实好有关部门领导干部的配备。要按要求抓好各级统战、民族、民政、交通、水电、教育、文化、卫生、体育等与少数民族群众和地区关系密切的党政主管部门的少数民族领导干部配备的落实。对于按规定要配备少数民族干部的单位部门，一时找不到合适人选的，要坚持预留位子，及早培养苗子充实进来，或通过交流等方式选配。对优秀的少数民族干部，不应局限于安排在民族乡、民族宗教工作部门等岗位。要把那些政治坚定、密切联系群众、具有较强工作能力和政策水平、工作实绩突出的少数民族干部及时选拔到各级领导岗位上来。三要采取有效措施选拔少数民族领导干部。各级公开选拔领导干部时，对参加选拔的少数民族干部，可以采取笔试成绩适当加分的形式，对少数民族干部适当倾斜，确保能有少数民族干部进入党委和组织部门的选人视野。对各级各部门领导班子中的少数民族干部职务调整，领导职位出现空缺时，补充的人选应是少数民族干部。鉴于少数民族行政干部少的实际，县（市、区）党委提拔乡科级干部时，可突破行政、事业干部界限，适当选拔优秀的少数民族事业干部到行政机关任职。针对少数民族干部多数为事业干部，而且集中在文教、卫生部门的现状，开展竞争性选拔干部时，适当放宽身份、年龄限制，并拿出专门职位面向少数民族干部公开选拔，为少数民族事业干部交流到行政岗位任职提供更多的途径，逐步改变少数民族干部分布不均衡的状况。各级组织、统战、人事、民族工作部门要定期组织对《规划》落实情况进行检查，及时发现干部工作中存在的问题，提出解决的办法措施，推动《规划》的贯彻落实。

　　进一步拓宽来源渠道，有计划地扩大少数民族干部数量。少数民族干部总量不足，中高级领导干部来源匮乏问题已日趋突出。要对少数民族干部配备比例提出刚性要求，不断壮大少数民族干部队伍，以防少数民族干部出现断层现象。一要采取措施录用少数民族公务员。要制定少数民族干部补充计划，通过公务员考录等形式，每年从大学毕业生中，按一定比例招录少数民族干部。建议在全市范围内每年单独招考录用少数民族公务员100名，通过行政手段分配至缺编的各级党政机关、群众团体；今后面向社会公开招考国家公务员时，按不低于当地少数民族人口比例，划出专项指标从少数民族大中专毕业生、优秀少数民族工人、退伍军人中录用。录用乡镇公务员时，划出专项指标，定向录用优秀少数民族村主干、大学生村官、"三支一扶"人员，体现对基层少数民族干部的倾斜。二要放宽少数民族选调生条件。选调选拔少数民族优秀大学毕业生，既可拓宽干部来源渠道，解决少数民族大学毕业生直接进入国家公务员队伍问题，又可作为少数民族后备干部培养，为少数民族干部的培养选拔打下基础。今后宁德市在选调优秀大学毕业生时，少数民族应届大学生应占有一定的比例，适当放宽少数民族选调生条件。把选调出来的少数民族优秀大学生，分配到少数民族人口比较多的地方锻炼，既可以有效解决少数民族干部匮乏的问题，又可以加快这些优秀大学毕业生的成长。通过几年的培养，还可充实到各级领导班子中。三要在事业单位干部录聘用时予以加分照顾。"凡进必考"政策推开后，对少数民族进入干部队伍增加了一定的难度。少数民族在宁德市乃至福建省都是一个弱势群体，必须予以照顾。要充分利用"三支一扶""大学生村官""选调生""志愿者"等政策鼓励更多的本地少数民族优秀大中专毕业生回乡就业，加大少数民族干部的人才储备。今后事业单位考录干部时建议予以加10分照顾录用，使事业单位少数民族干部保持一定的比例。要采取特殊政策措施。只有多渠道增加少数民族干部的来源，才能使少数民族干部队伍总量与全省少数民族人口的比例逐步达到同全省干部总量与人口的比例相一致。

　　进一步加强培养锻炼，不断提高少数民族干部能力素质。要制定少数民族干部和人才的培训计划，扩大少数民族干部和人才培训规模，努力提高少数民族干部的知识水平和领导能力，培养和造就一批高层次的少数民族干部人才队伍。一要在各级党校和行政学院开办少数民族干部培训班。少数民族干部对加强培训和挂职锻炼，提高自身素质要求强烈。要选送优秀少数民族干部到省委党校少数民族干部培训班和行政学院学习培训，在宁德市委党校和5个少数民族人口万人以上的县委党校举办少数民族青年干部培训班，对少数民族干部进行定期培训、轮训，以加强对少数民族干部的培养教育。同时，市、县党校、行政干院举办各类培训班时，都要有意识地选调一些少数民族干部参加。二要有计划地组织少数民族干部开展实践锻炼。加强实践锻炼，有助于少数民族干部拓宽视野、丰富阅历、增长才干。要继续选派一些少数民族中高级干部到中央、国家机关挂职锻炼，丰富宏观管理知识。要继续选派基层少数民族处、科级干部到省直机关、沿海开放地区挂职，或选派到省外开放地区和西部地区挂职锻炼，提高少数民族干部的工作能力和水平。同时，各地都要有意识地选派一些少数民族干部参加各项中心工作和处理一些危难险重的工作，提高他们的领导能力和驾驭全局的工作能力。要把民族乡作为少数民族干部培养基地，通过民族乡招收少数民族公务员、培养少数民族干部、向上级有关部门输送优秀干部，促进培养选拔少数民族干部良性发展。三要不断提高少数民族干部的学历层次。现代社会对各级各类干部的文化知识提出了越来越高的要求，不提高少数民族干部的学历层次和文化知识水平，就难以有所作为。要正确引导和鼓励支持少数民族干部参加学历教育培训，不断优化知识结构，提高理论分析能力和领导水平。也要有意识地采取一些特殊措施，重点培养一些少数民族高层次人才。1985年原省民委在福建师范大学历史系举办了一期二年制少数民族干部大专班，现在这些毕业生大部分已经成为民族地区经济社会发展的中坚力量，走上了厅、处级领导岗位。建议在福建农业大学举办少数民族行政管理大专起点的本科班，继续为民族地区培养一批适用的青年干部人才并跟踪培养。四要努力提高少数民族干部队伍整体素质。坚持把素质提升贯穿于少数民族干部教育培训的全过程，把理论培训与专业培训结合起来，有针对性地开展现代科技知识、经营管理知识、法律知识的教育培训，有计划、有步骤地强化他们的岗位业务知识，及时开展文化知识的更新培训教育，增强抓好发展这个第一要务、履行好维护稳定这个第一责任的本领。要创造少数民族干部锻炼成长的机会，争取每年组织一批少数民族干部人才到经济发达地区考察学习，在更大范围内推动少数民族干部轮岗交流，加大培养力度。通过采取各种措施，不断提高少数民族干部的整体素质。

进一步建设后备队伍，适时把后备干部提拔到领导岗位上来。少数民族后备干部队伍的数量直接关系中青年干部培养的质量。一要进一步加强少数民族后备干部队伍建设。要努力建设一支素质优良、数量充足、结构合理、有培养前途和发展潜力的少数民族后备干部队伍，并保持一定的常量，能基本满足各级领导班子调整的需要，形成"近期、中期、远期"合理梯次的用人配备规划，为增强少数民族干部队伍的生机和活力提供制度保障。要及时将优秀少数民族干部补充到后备干部队伍中，加强对少数民族干部的培养推荐力度。对列入后备的少数民族干部，要逐人制定培养措施，并对他们加强管理，加快成长步伐。二要把成熟的少数民族后备干部适时提拔到领导岗位上来。对少数民族干部要在坚持干部"四化"方针和德才兼备的原则的前提下，高看一等、厚爱一层，拓宽视野、发现人才，成熟一个、提拔一个，充分信任、放手使用，把那些思想品德好、能力强、有发展潜力的少数民族干部适时提拔到各级领导岗位上来。三要拿出部分职位定向选拔少数民族干部。宁德市 2001 年采取从少数民族干部中定向公开选拔市民委副主任，47 位少数民族正科级后备干部参加竞聘，社会反响很好。宁德市和 5 个少数民族人口万人以上的县公开选拔领导干部时，根据岗位需要，可以拿出部分与少数民族生产生活密切相关的职位定向从少数民族干部中进行选拔。鉴于少数民族干部主要集中在教育系统，可以从教师队伍中培养选拔少数民族干部，扩大选人用人视野。四要坚持同等条件下优先选拔少数民族干部。《党政领导干部选拔任用工作条例》出台后，一方面要继续深化干部人事制度改革，把竞争机制引入干部工作，促进少数民族干部整体素质的提高；另一方面要继续认真贯彻落实党的民族政策，按照要求配备好少数民族干部。要落实好同等条件下优先选拔少数民族干部的政策，在少数民族干部工作中，既要坚持公开、平等、竞争、择优的原则，鼓励少数民族干部参与竞争，又要从少数民族干部的实际出发，考虑其特殊性，采取积极措施提高少数民族干部的竞争能力。

进一步发展民族教育，抓好培养少数民族干部基础工作。发展民族教育，努力提高教育水平，是少数民族干部成长的重要基础。从长远来看，培养选拔少数民族干部最终还要靠发展民族教育。一要加大扶持力度。要推动沿海经济发达县（市、区）对口帮扶民族乡教育活动，改扩建民族寄宿制中小学校，完善少数民族贫困生助学金制度。要通过加大对少数民族贫困生的扶持力度、改善民族中小学的教学条件、提高民族中小学办学质量等方式，不断提高少数民族高中学生的入学率和升学率，让更多的少数民族学子有机会站到竞争平台。二要加强基础教育。要进一步加强少数民族九年义务教育，大力发展少数民族高中阶段的教育，在少数民族人口万人以上的县（市、区）的重点中学开办民族班，提高少数民族的文化素质，提高少数民族高考录取比例，使更多的少数民族学生能够接受高等教育。三要加快师资建设。要多渠道、多形式提高民族中小学教师学历达标率和业务工作能力，鼓励优秀的师范大学毕业生到民族中小学任教，城市重点中小学优秀教师到民族中小学支教，组织优秀教师讲学活动，不断提高民族中小学校师资水平。四要办好高校预科。开办民族预科班、民族班，实践证明是加快少数民族人才培养的有效途径之一。福建省在福建农林大学、集美大学、福建工程学院、闽江学院和宁德师范学院开办了民族预科班，在福建农林大学和宁德师范学院开办了民族班，要鼓励学习成绩比较一般的少数民族学生报考，为少数民族高中学生进入高等院校学习创造条件，开辟就学渠道。要争取中央民族大学或中南民族大学在宁德市开展委培，加强中高级人才培养，以补充少数民族干部的来源。同时，还要鼓励和支持少数民族干部参加各类成人教育，加快知识更新，提高综合素质。

进一步健全工作机制，共同做好培养选拔少数民族干部工作。中央组织部、中央统战部、国家民委作出的《关于进一步做好培养选拔少数民族干部工作的意见》，明确了各有关部门在培养选拔少数民族干部工作上的分工。指出："各级党委组织部门，要负起牵头、抓总的职责，做好综合、协调工作。统战和民委部门，要发挥密切联系党内外少数民族干部的优势，积极主动地反映情况，提出建议，推荐人选。人事部门要密切协同组织部门制定和完善有关政策，建立健全少数民族干部队伍的管理机制。教育部门要有针对性地制定出少数民族干部教育规划。财政部门在经费安排上，要尽可能给少数民族地区教育事业以适当照顾。"做好少数民族干部的培养选拔工作，是各级党委、政府和有关部门的共同职责，组织、统战、人事、民族等部门要分工负责，在工作中加强联系，密切配合。组织部门要牵头，每年召开一次有关部门参加的培养选拔少数民族干部工作联席会议，研究少数民族干部队伍建设和领导干部的配备等问题，协调解决好工作中存在的问题，使少数民族干部的培养选拔工作真正落到实处。民族工作部门要把培养选拔少数民族干部工作作为重要职责之一，搞好调查研究，逐步建立健全少数民族干部人才信息资料库，发挥优势，主动反映，提出建议，推荐人选，抓好落实。特别对少数民族领导干部及后备干部要进行跟踪管理，定期考察，发现人选，及时推荐。市、县相关部门要将少数民族干部培养选拔工作列入年度绩效考评内容，形成长效机制。通过各级各有关部门的分工负责，协调落实，督促检查，进一步加快少数民族干部的培养选拔。

第九章

宁德畲族文化的传承与保护

宁德具有相当丰富且完整的畲族文化资源，可说是"中华畲族文化基因库"。要充分发挥闽东区域文化资源优势、提升核心竞争力，离不开对这里的丰富畲族文化资源的深入挖掘、大力保护和合理利用。20 世纪与 21 世纪之交，当其遭遇工业化、现代化的巨大潮流，过去行之有效的畲族传统文化承传方式，还有一定作用，但已经越来越弱，应运而生的各种各样行政性的或市场性的或两者混合的"保护对策"，成效各有胜场，也存在种种局限。这样的一种情势，既是强力的冲击，也是一个重要的发展契机。近年来，闽东畲族文化保护、承传和建设问题日益引起各个方面的重视，已经做了大量的工作，取得很好的成绩，各方面的情况较之过去已有很大进步。当然，以畲族文化的历史传承方式比照当今的保护办法，由丰硕成效反观基本局限，形势仍有它严峻的一面。关键是能否维持畲族文化自然承传演化的底脉。

一　闽东具有相当丰富且完整的畲族文化资源

闽东的畲族人口主要是明清以来自汀、潮一带规模性迁入的。畲族为该地区的经济开发作出贡献，畲族传统文化也得到较好的保存。在这个以"滨海山区格子状水系"为显著地表形态特征的闽东地区，至今保存着丰富的畲族文化资源，它们至少具有如下九大亮点。

1. 服饰

畲族男装和汉族差异不大。女装较有特点，上衣是大襟衫，领、袖、襟都绣有花边，大衣襟胸前多有图案。女性在不同阶段发式有分别，16岁前用红绒缠辫子，盘绕头上，称"布妮头"；已婚妇女称"山哈娜头"，随地域而略有分别：霞浦为"盘龙髻"（又称"凤凰髻"），蕉城（原宁德县）北部和福安一带梳成截筒式（俗称"凤凰中"），福鼎一带梳头不掺假发，长发在脑后束成面包形，罩以黑色网纱，插上头花。

畲族的传统首饰，女性婚礼中或去世时戴凤冠，尖顶圆口，正中上部装有银框小方镜，冠顶塔形骨架外蒙红布，各面贴缀錾有吉祥纹的银片，婚礼加戴遮面银饰，长方形银牌下垂有九串银"线须"，典雅秀丽。

2. 工艺

主要有刺绣、织花带、竹编、剪纸等。畲族人的衣裳、蚊帐眉、被单、肚兜、鞋面、烟袋等，习惯上都有绣花。刺绣者以男性居多。图案多为动植物和几何纹，也有人物，色彩鲜艳，对比强烈。花带用各色丝线手工编织，长几米到几十米，宽一厘米至六厘米，有"七根花"至"十九根花"多种规格。竹编斗笠以霞浦崇儒乡上水村最为著名。木雕祖牌、窗棂、石雕祠庙饰件，做工都很精细。畲族银饰工艺，如凤冠、银钗、银镯、银腰带，都很精美。

3. 歌舞

畲族人把自己的民歌称作"歌言"，以歌代言，内容广泛，形式多样。福安、福鼎、霞浦、蕉城等地，每年都举行"三月三"（或"二月二"）歌会，参与群众一般可达三、五千人，多的时候甚至将近万人。演唱方法分为假声、真声、真假声结合等三种，畲民崇尚假声，而以二声部盘唱的"双音"（"双条落"）最富有民族特色。以宁德为主要发生地的"畲族民歌"、以霞浦为主要发生地的"畲族小说歌"，已于2006年列入首批国家级非物质文化遗产名录。畲族舞蹈则以宗教祭祀舞最具特色，福安畲族巫舞《奶娘催罡（踩罡）》也在2005年列入第一批省级非物质文化遗产名录。

4. 民俗

畲族往往同姓聚居，流行祭祖做福的风气。做福多与生产相关，如二月初一（或初二）为春福，祈求春耕顺利；立夏日为夏福，庆祝麦子收成；端午前后为保苗福，祈求庄稼免遭灾害；白露日为白露福，答谢秋粮进仓；等等。其中农历正月的清醮道场是最隆重的祈求丰收的祭祀形式。做法事时，"上刀山"（刀刃向上搭梯，赤脚拾级上下），"过火海"（赤足跃入火塘），"登九重天"（叠架九张八仙桌，攀爬至顶层表演），有很强的神秘性和观赏性。婚俗中，"做表姐""难为迎亲伯""留花轿""拦旗""男拜女不拜"，都别具一格。

5. 武术

主要分拳术和棍术两大类，前者以福安金斗洋、霞浦四斗和福鼎双华诸村为代表，后者以古田梅山、蕉城后山、金涵诸村为代表。畲族武术一般都不摆花架子，讲求实用，步稳势烈，发力短、猛、狠，攻守门户严谨，曾多次在国内、国际武术比赛中获奖。

6. 医药

有独特的疾病观、疾病命名和疾病分类，在疗法上，擅长用捏、抓、挑、刮和针刺来治痧症，用草药正骨疗伤，盛行食物疗法。历史上使用畲药三百多种，其中常用药几十种。

7. 文物

1958 年闽东征集畲族文物 250 余件，其中入藏厦门大学人类学博物馆的有宗谱、男女服装等。1985 年再征集 400 多件，入藏闽东畲族博物馆的有畲族祖图、清道旗，剧本、歌本、书刊、剧照，斗笠、纺车、线篮等日用品，围脖、肚兜、衣帽等服饰。1989 年又征集革命文物 77 件，入藏闽东畲族革命纪念馆的有各种武器、装备和生活用具。现霞浦白露坑半月里自然村收藏畲族文物 200 多件。各地畲村还散存相当数量的匾额、楹联和碑刻等。

8. 建筑

畲族传统标志性建筑主要有祖祠、寺观和规模较大的私宅。这方面霞浦县保存情况最好，半月里村三座"秀才第"占地 1300 平方米，雕梁画栋；半岭观音寨依山势而建，雄伟壮观；崇儒樟坑蓝氏大厝，三座连成一体，占地 4.9 亩，拥有九厅六天井，楼上楼下各有 94 个房间，是畲村罕见的群体建筑。福鼎双华、蕉城猴盾、福安坂中的民居也都很有特色。现代新建的标志性建筑则有闽东畲族革命纪念馆和中华畲族宫等。

9. 村落

畲族村落大多山清水秀，田园丰美，民风淳朴，富有吸引力。近年已有蕉城亭坪、福鼎方家山、福安溪塔、霞浦半月里等多个畲村被开辟为风情民俗旅游点。实际上，闽东北还有不少传统文化特色保存得更好的畲族村落。

这些亮点鲜明的畲族文化资源，世代相承，积淀深厚，既昭示着畲族群与众不同的传统基质，也蕴含着他们与时俱进生生不息的内在创造力，至今仍能保持较好的完整性。

二　闽东畲族文化传承至今的若干"机制"

明代以来的闽东北畲族文化能够相对完整的传承至今，自然要有一些内部的和外部的支撑条件，这也可以理解为若干保障性机制。

其一，地理屏障。

地理屏障是最基本的文化屏障，越是古代越是如此。闽东北的山川地貌，仿如福建的一个缩影。其山势，有两点值得注意。一是山体西北面高陡，东南面"形如台阶层层降低"，这种结构对中原文化产生阻隔机制，对海洋却像一把"拥抱的圈椅"。二是地貌类型以中、低山地为主（63.6%），高低丘陵地次之（27.6%），不仅山地的峰崖兀立，切割强烈，地表破碎，连"起伏舒缓"的低丘陵也显得比较"破碎凌乱"，这就造成区内交通的阻滞。

闽东北的水系不属一般的树枝状类型。在东南沿海浙、闽二省和紧邻的粤东地区，溪河多独流入海，受褶皱—断块山地构造的切割，形成格子状水系。其中浙江尚有苕溪（入太湖）、信江（入鄱阳湖）属长江水系；广东最大的河流珠江属树枝状水系，格子状水系以福建河流最为典型。宁德市境内这样的河流数量更多，"规模"更小，除古田溪可与闽江相通，这里的河流都自成格局，流域面积100平方公里以上的河流就有36条，流域总面积占全区土地面积99%左右。河道纵横交错，加上山岭切割，把大地划成许多格子状的小单位，地形尤其"细碎"。

闽东北山水的特定结合形态，发育出许多串珠状的小谷地（溪谷、山谷、盆谷），一谷一村甚至数村，地名喜欢冠上某"洋"、某"坑"、某"坪"。例如，原宁德县洋中镇北洋村所辖自然村中，就有7个村名与洋、坑、坪有关。这些"洋""坑""坪"都是山区丘陵间的局部平地，但它们的实际面积很小。这种山川交错，使得地表分割细碎，各个地理小单元之间可以连通，但不便捷，文化隔离机制较强，具有很高的保真功能。①

---

① 详见林校生《闽东区域文化初识（下）》，《福建文史》2010年第4期。

其二，婚姻壁垒。

婚姻圈也是很古老的很有效的文化屏障。譬如在三国两晋南北朝时期，无论是鲜卑拓跋部的大幅度汉化，还是门阀士族的自我固化，不同族外、圈外的人通婚，都是被自觉运用的最重要的一个策略工具。畲族群的古代历史，是一部迁徙史；畲族群明清以来的"大地占有"形态，是散杂居形态。处于这种历史地理形势，最容易丢掉特色，丧失自我。畲民要承传文化，加强或维护本族群的凝聚力，族内婚制是无可规避的选择。

这方面的材料比较多见。畲民自况，如《高皇歌》中有"尔女乃大嫁我了，我女乃大主分你，""蓝雷三姓好结亲，都是南京一路人"的吟唱①；汉人旁观，如郑祖庚《侯官县乡土志》中有畲人"结庐深山，聚族而处，有盘、雷、蓝三姓，自相配偶，不与平民通婚"的描述。②郑祖庚的《侯官县乡土志》写于清光绪年间，民国时用作乡土教材。这种弱势族群封闭式的自我保护，在闽东北一带至少延续了五六个世纪。据 1990年第四次人口普查资料统计，福安市坂中畲族乡 18 个畲族建制村（一共20 村），畲民中族内婚占 94.71%，畲娶汉占 2.80%，畲嫁汉占 2.49%。③

其三，文字隔离。

畲族没有本民族的文字，仅有自己的民族语言。畲家"语言侏㒧""沿蛮俗"④，"方言与汉人异"，"其语言不通"⑤，畲族传统文化的积累和承传不能像汉族一样通过文字进行，而主要是通过口头语言传播和手头技艺传播来进行。有些畲族地区虽借助汉字记录畲族语音来传承传统文化，但毕竟不占主导地位。本族的历史源流、宗教信仰、伦理道德等精神文化主要是在家庭学歌、家族活动、习俗活动和宗教活动过程中以歌谣、故事、谚语等代代相传而实现的，"歌教"成为畲民家族传统教育的特殊手段。"歌教"内容十分丰富，包括历史、宗教、礼俗、文学、农事等。

---

① 《高皇歌》：见凌纯声《畲民图腾文化的研究》，载《国立中央研究院历史语言研究所集刊》第 16 本，1947 年；转引自《畲族社会历史调查》附录二，福建人民出版社 1986 年版，第365—368 页。

② 郑祖庚：《侯官县乡土志》，海风出版社 2001 年版（与朱景星《闽县乡土志》合刊），第 383 页。

③ 转引自蓝炯熹《福安畲族志》，福建教育出版社 1995 年版，第 294 页。

④ 见光绪本《遂昌县志》卷 11《风俗·畲民附》。

⑤ 见道光本《建阳县志》卷 2《舆地志·附畲民风俗》。

"歌教"常要用到唱本，唱本以汉字为主，兼有别字、造字和特殊的符号。一般而言，家族中能完全依照唱本而歌者终究少数，大多数人主要靠记忆，通过口耳相传、博学强记、历经歌场，而练就盘歌的本领。此外，本民族的建筑、耕作、狩猎、染衣、制衣等传统技艺的延续，也主要是通过老一辈族人的身体力行传授给下一辈而完成的。

绝大多数人不识汉字，对于文化交流，是很大缺点，而对于民俗文化持守则又是相对有利的。

其四，血统自信。

畲族都奉忠勇王、三公主为始祖，认为盘、蓝、雷、钟四姓都有血亲关系，都以广东潮州凤凰山为畲家总祠。"每祭祖，则四姓毕集"。[①] 民族即家族的族缘观念成为民族认同的基石。他们以同姓同宗血缘序列建构"公祠—支祠—户—家庭"宗法组织；受客家文化的影响，热衷于修谱、建祠、祭祖、迎祖，设立族长、房长，订立族规、家训；将历代同姓文武官宦等附会为列祖列宗，虚构历朝皇帝的封赠；把畲家四大主姓的郡望嫁接为南阳郡（盘姓）、汝南郡（蓝姓）、冯翊郡（雷姓）、颍川郡（钟姓）。从清代到民国时期，闽东出现了一批著名的畲族修谱先生和熟悉畲民家族文化的汉族修谱先生，他们为闽东畲族谱牒的定型化发挥了重要作用。谱首《敕书》《龙首师杖志》《历朝封赠》等近乎家族教本的权威性的乡村文献，确立了代代相传的家族伦理范本。畲族家族文化系统的成型，虽然采借了汉族文化元素，但也昭显出鲜明的畲族文化特色，而且重要的是，这种文化建构，大大提高了畲族的自信心和凝聚力，对其文化承传是很有积极作用的。

其五，适度采借汉族文化。

任何一种文化的延续，都不能搞"自我孤立"，都离不开与其他文化的接触、交流和学习，关键在于采借什么、如何采借。汉族文化的延续性举世艳称，它的强大的遗传基因在客家文化中有很突出的表现。与畲族类似，客家人也有漫长的迁徙历史和艰辛的"在地化"过程，在这个历史过程中也亟须建构辉煌历史，纯洁姓氏源流，严格族群边界，加强内部凝聚等一系列文化运作，修族谱、建宗祠尤其成为不可缺少的文化元件。南宋时期畲人在闽粤赣边界地区与客家人紧邻相处，彼此影响，学到不少东

---

① 见清同治本《贵溪县志》卷1《杂类轶事》。

西，当他们大量移民闽东北一带，散杂居中又相对集中，创造性的发扬光大客家人的历史经验，可谓正逢其会。

如此等等，还可以列出一些。最基本的是第一、第二两条，核心问题是如何能够在散杂居状态下、在与汉族近距离接触和相互影响中保持其自身的文化底色。

而今时过境迁，这些过去行之有效的畲族传统文化承传方式，还有一定作用，但已经越来越弱，各种各样行政性的或市场性的或两者混合的"保护对策"遂应运而生。

三 闽东畲族文化保护的主要工作和基本方法

近年来，闽东畲族文化保护和建设问题日益引起各个方面的重视，已经做了大量的工作，取得很好的成绩，在工作实绩中同时表现出其基本方法。

1. 实施畲族文化"八个一工程"

2004 年宁德市启动了抢救与发展畲族文化的近期"八个一工程"，主要任务已经基本完成：

对全市畲族文化进行一次普查。深入 200 多个重点畲族村搜集畲族文物、文献，积累了 2000 多万字的文献资料，拍摄相关资料照片 5 万多张。

编辑一套《畲族文化丛书》。2009 年 4 月份《闽东畲族文化全书》（钟雷兴主编）共 12 册 13 卷正式出版发行。

制作一套畲族文化专题光盘。现已完成总述、畲乡名胜、服饰、歌言、婚礼、祠堂、民间信仰等八个专题的制作。

建一座文物馆。闽东畲族文物馆于 2004 年 10 月开工建设，2008 年 1 月正式对外展出。

开辟一条畲族风情旅游专线。决定设立中华畲族宫（亭坪畲族风情村、民俗街）、福鼎方家山畲族民俗村、福安穆阳畲族民俗古镇（红坪、溪塔、长潭畲族民俗村）、霞浦溪南白露坑半月里畲族民俗村、古田富达畲族村 5 个旅游点，现福鼎方家山的畲家山庄已经建成并对外开放，蕉城区金涵畲族乡上金贝村被列全省十个旅游村之一。

命名一批畲族重点文化村。2004 年确定霞浦县溪南镇白露坑村为畲族重点文化村；2006 年确定福安市坂中林岭村、康厝乡凤洋村、古田县平湖镇富达村为畲族重点文化村。

编辑一本中小学畲族文化乡土教材，2007 年，由市民族中学主编的《畲族文化简说》试用读本已经编成使用。

创作一台反映畲族风情的歌舞剧，目前《天罡赋》剧本初稿已经完成。

2. 保护与传承畲族非物质文化遗产

近年来，闽东畲族民歌、畲族小说歌、"奶娘催罡（gāng）"巫舞、东畲族婚俗、畲族"三月三"节俗等一批项目先后被列入国家、福建省或宁德市的非物质文化遗产名录，就全省而言是很突出的。具体如表1—表3所示：

表1　　　　　　　　国家级少数民族非物质文化遗产名录项目

批次	项目类别	项目名称	申报地区或单位
第一批	民间文学	畲族小说歌	霞浦县
	民间音乐	畲族民歌	宁德市
	传统医药	畲族医药六神经络骨通药制作工艺	罗源县
	民俗	畲族服饰	罗源县
第三批	民俗	歌会（瑞云四月八）	福鼎市
扩展项目名录	传统技艺	银饰锻制技艺（畲族银器制作技艺）	福安市

表2　　　　　　　　省级少数民族非物质文化遗产名录项目

批次	项目类别	项目名称	申报地区或单位
第一批	民间文学（口头文学）	霞浦畲族小说歌	宁德市
	民间音乐	福建畲族民歌（宁德畲族二声部山歌"双音"、宁德闽东畲族歌言）	
	民间舞蹈	宁德畲族奶娘催罡巫舞	
	民间手工技艺	福安银器制作工艺、银饰锻制技艺（畲族银器制作技艺）	
	人生礼俗	闽东畲族婚俗	
	岁时节令	宁德畲族三月三节俗	
	文化空间	福鼎双华畲族二月二歌会	

续表

批次	项目类别	项目名称	申报地区或单位
第二批	民间音乐	畲族山歌	福州市
	杂技与竞技	八井拳	
	传统手工技艺	畲族苎布织染缝纫技艺	
	传统医药	畲族传统医药	
	民俗	畲族传统服饰	
第三批	杂技与竞技	畲族武术（盘柴槌）	霞浦县
第四批	传统技艺	闽东畲族乌饭制作技艺（蕉城、霞浦）	宁德市蕉城区、霞浦县
第一、二、三批省级名录的扩展项目	传统音乐	福建畲族民歌（华安畲家民歌）	华安县
		福建畲族民歌（岭炳洋畲歌）	南平市延平区
	民俗	福建畲族歌会	福鼎市
	传统医药	畲族医药（福安）	福安市

表3 **国家级、省级少数民族非物质文化遗产项目代表性传承人名单**

级别	批次	项目类别	名称	地市	传承人
国家级	第三批	传统音乐	畲族民歌	宁德	雷美凤
省级	第一批	民间文学	霞浦畲族小说歌	宁德	雷国胜
		民间音乐	福建畲族民歌（宁德畲族二声部山歌"双音"）		雷美凤
		传统手工技艺	畲族苎布织染缝纫技艺	福州	兰连珠
			福安银器制作工艺	宁德	林仕元
		民俗	畲族传统服饰	福州	兰坤兴
					兰曲钗
	第二批	民间文学	畲族小说歌	宁德	钟昌尧
					雷翰琳
		传统音乐	宁德闽东畲族歌言	宁德	雷仙梅
			畲族山歌	南平	雷茂发
		传统体育	畲族武术（盘柴槌）	宁德市	蓝大瑞
		民俗	福鼎双华畲族"二月二"歌会	宁德	蓝春娥
			福建畲族歌会		李梅英
			闽东畲族婚俗		雷其松

3. 修编、出版一批畲族史志和文史资料

20 世纪与 21 世纪之交组织修编、出版的畲族志有：

《霞浦县畲族志》，俞郁田主编，福建人民出版社 1993 年出版；

《福安畲族志》，蓝炯熹总纂，福建教育出版社 1995 年出版；

《福鼎畲族志》，蓝新福主编，2000 年编印；

《闽东畲族志》，蓝运全、缪品枚主编，民族出版社 2000 年出版；

《宁德市（县）畲族志》，蓝纯干主编，天津古籍出版社 2001 年出版；

《富达畲村志》，蓝正韶主编，2003 年编印。

这一时期编印、出版的畲族其他文史资料主要有：

《闽东畲族革命斗争纪实》，钟大湖编写，宁德地委党史办公室 1984 年编印；

《闽东畲族民间故事》《闽东畲族谚语》，肖孝正主编，宁德地区文化局 1990 年编印；

《崇儒乡畲族》，陈国强、蓝孝文主编，福建人民出版社 1993 出版；

《闽东畲族歌谣集成》，肖孝正主编，海峡文艺出版社 1995 年出版；

《猴墩茶人》，蓝炯熹著，云南人民出版社、云南大学出版社 2003 年出版；

《蕉城畲族歌言简集》，雷良裕主编，宁德市蕉城区宣传部 2007 年编印；

《畲族文史资料专辑》，福安、霞浦、福鼎、宁德等市县政协先后分别编印；

《梦里畲乡》，钟雷兴著，民族出版社 2007 年出版。

《福建省宁德市民族中学志》，李健民编撰，民族出版社 2008 年出版。

《闽东畲族百年实录》，宁德市政协文史委编（闽东文史资料第九辑），海峡出版发行集团、海峡文艺出版社 2010 年出版。

与此同时，福建省民族研究所陆续出版的福建省少数民族古籍丛书·畲族卷（已出家族谱牒、契约文书、小说歌、民间故事等分卷）和中国少数民族古籍总目提要·畲族卷，为学者们提供了很好的资料基础。专题研究方面也有不少成果推出。

4. 大力弘扬畲族优秀文化

大抵同期，闽东建成了畲族革命纪念馆，畲族博物馆，中华畲族宫和闽东畲族文物馆，成立畲族歌舞团。闽东畲族革命纪念馆和闽东畲族文物馆被确定为全国民族团结进步教育基地，是展示和宣传闽东畲族文化的重要载体；畲族歌舞团积极进行民族文化交流，是全国文化先进集体。

2009 年 9 月，中共宁德市委批准成立宁德市畲族文化研究所，成为国内首家地市一级的畲族文化研究所，进一步整合优化了宁德市畲族文化研究队伍，聘请了国内畲族研究的知名专家作为学术指导与顾问，搭建了闽东畲族文化研究的重要学术平台。

宁德市民族中学从 2005 年开始，坚持开设校本课程《畲族文化简说》，对各族学生进行畲族优秀文化教育；配合课程教学建立的"畲族文化展厅"是目前最为全面、系统的畲族历史文化展示。

每年"二月二""三月三""四月八""九月九""分龙节"等畲族传统节日，福安、霞浦、福鼎、蕉城、古田等县市区都举办大型的歌会和民俗文化活动，弘扬畲族文化。通过歌会和文化活动，还培养了一批歌手，扩大了承办村寨的知名度。

四　当下"保护"的路径和限度

近年来，闽东畲族文化保护和建设问题日益引起各个方面的重视，已经做了大量的工作，取得很好的成绩，但形势依然有它严峻的一面。

1. 大倡文化"保护"的背景

文化本自承传有绪，无须刻意"保护"。文化在其共享者生活的不同层面发挥着不同的功能，倘使下一代也认同、共享上一代的文化，那么，文化就有了传续功能。虽然变动是文化的常态，没有亘古不变的文化，但常态的文化变动，是自自然然的发生和演化，发生和演化之中，自有承传的底脉在，一般不造成大规模的、急速的文化断裂。

今日"保护"之声鹊起，乃是遭遇工业化、现代化潮流的特有景观。工业化、现代化潮流对传统文化的冲击，早在鸦片战争前就已发轫。可是，势头远不像今天这么强急，良性的文化转型还时有佳例。工业化、现代化催生的全球化遍及各地，也多不如我们这么狂暴和鄙俗。在举国大忙种种粗放的现代化的"事业"竞逐巨浪之中，诸多传统文化事项的次第式微，无论畲、汉，殆不可免。我们的"保护"倡议，且不说被拒斥、被冷落，即使能够从"呼吁"到"政策"到"落实"都一路顺溜下来，也只能稍缓其势而已。文化人于此可以不甘不愿，可以心有戚戚，却不会有太多的有效办法。

以语言一端为例。畲族至少从明清以来就成为一个散杂居的族群，现在的情势，广大畲民还必然要进一步开阔视野，促进交流，接受新式教育，融入外面的世界，加快建设社会主义新农村，学习和运用纷至沓来的新概念、新原理、新知识，参加或听取乡里、县里的会议、报告，其优秀代表人物还会参加省里、省外直至中央的会议和各项活动，学会熟练听、说普通话甚至外语，已是十分必要。精英具有示范效应，语言需从娃娃抓起，那么，"防治"畲语整体上的萎缩，很难不面临困境。① 从更大的范围说，中国社会科学院 2002 年度把《中国濒危语言方言调查研究》立为 A 类重大课题，组织许多民族语言专家，调查各地濒危语言，记录、描写、保存相关语言资料，出版研究专著、词典，建立少数民族语言音库，录制、保存濒危语言的声像资料。毫无疑问，这些都是很重要的工作，很可喜的成绩，但也毫无疑问，这些制作标本式的保护最终不能阻遏绝大多数濒危语种的消失。

2. 诸种保护方式的局限性

前文所述诸种保护文化的努力，与历史上的文化承传，有一个最大的分别，即是传统文化哪怕是其优秀精华，也已从"承传"的主体变作"保护"的对象。所以，保护者虽也费心劳力，却未必能够挈其要领。

有一种常见的保护办法，可以称为"展演式保护"。它往往与近二三十年蓬勃兴起的旅游业相结合，把文化做成"节目"献给游客。其成效也不算小，一可筹集各方资金，二可挖掘民俗资源，三可宣传地方优势，四可增进异族群对你的初步了解，等等。难以承受的代价是，民族文化往往被抽离它生命的整体环境而或多或少、或快或慢走向媚俗化、娱乐化和他者化。林锦屏以宁德八都猴盾畲族村"三月三"歌节为个案，观察其间民俗文化的功能异化现象，认为"权力与资本共同作用，将民俗文化符号商品化"，"在重新建构民俗文化符号的过程中，许多的民俗仪式恢复

---

① 关于全国最大畲族聚居区闽东的畲语濒危情况，可以参看赵峰《闽东畲语濒危现状考察》，《长春工程学院学报》（社会科学版）2009 年第 1 期；《闽东畲族母语的传承与保护》，《长春工程学院学报》（自然科学版）2011 年第 12 卷第 3 期。

了，民俗物品被保护起来了，从表层上说，传统文化由此得以延续甚至彰显，但从更深的层面上看，文化符号象征意义的神圣性被旅游活动的娱乐性消解了。……有些少数民族的仪式（如祭祀）只有在特定的日子才举行的，而如今为了开发民俗旅游，变成了一种为外来游客而进行的表演，"其非同平常的神圣意义已经消失了。①

还有一种非物质文化遗产保护办法，被命名为"生产性方式保护"，颇能兼得政府、企业和学界的认可。在原理的层面上，笔者也以为，这是一种切合手工技艺存在形态和传承特点的保护方式。而若结合实践的层面来考虑，仍觉得此中尚多不易处置的榫口。生产性保护的原则是对技艺体系和核心技艺的保护。手工生产是保持个性化、差异性的生产，不能大批量的克隆复制。宁德市霞浦县崇儒畲族乡上水村久负盛名的花斗笠，编织一顶需要270多根80厘米长的细竹篾，经过砍竹、裁竹、削篾、打顶、做坯、修边、夹料等37道工序才制成，这里曾经是畲族手工艺制作集中地之一，目前全村能完整制作花斗笠唯有80岁老人蓝兴佺，村里刚给他"配了"三个徒弟。② 这样的传统技艺不像名酒、名茶一类制造业，做不到也不该做到后者那样的大机器生产规模。真要做到了，该传统技艺的真髓和魅力便丧失了。

中国近年来的文化保护，以其时兴形态"非物质文化遗产保护"来看，虽然所指涉的保护对象主要是底层的、草根的、民间的、地域的、村野的和族群性的，但它的基本运作方式却是行政主导、自上而下层层动员、基于政治判断而展开的。结果便在"保护"的同时带来种种破坏和伤害。诚如周星所指，"非物质文化遗产保护运动明显地具有将民俗文化按照行政区划及其级别来区分等级的倾向。县级、省市级、国家级和世界级非物质文化遗产的序列，原本只是为了行政管理的便利，它一旦成为体制，便成为非物质文化遗产之重要性和价值的等级制结构体系，这完全是非学术的，有悖于文化平等理念。过度倾斜关照某些特殊的文化项目而忽视或无视其他一般的文化，则有悖于文化生态和文化多样性原则。"③在行

---

① 详见林锦屏《乡村旅游浪潮下民俗文化功能的异化》，《宁德师范高等专科学校学报》（哲学社会科学版）2007年第4期。

② 关于上水村花斗笠工艺最近的报道，可读林鹏浩《畲族花斗笠：婉转于手间的农耕记忆》，载《闽东日报》2012年8月14日。

③ 周星：《非物质文化遗产保护运动和中国民俗学："公共民俗学"在中国的可能性与危险性》，《思想战线》2012年第6期。

政主导、行政干预日益成为各项文化事业驱动总引擎的形势下，文化等级制、文化民族主义等问题，几成无解。

目前很流行的一种保护模式是建文化生态园，这是"集萃"模式，在不少地方都出现过。宁德市民族宗教事务局也已完成《中华畲族文化生态园规划方案》，总占地 350 亩，总投资 6.8 亿元。应当承认，如前文所述，畲族的特异处在于它漫长的迁徙史和现实的散杂居形态，在这种情势之下，建个文化生态园以集中展示畲族风采，还是有一定的必要性的。而且这种模式也有一些长处，主要是有规模，有影响，有经济效益。它的短处是"展演性"强而"在地性"弱，因而在文化上的"可持续"存在缺口。从根本上说，文化的产业化蕴含着一种内在的紧张，产业化运作对民族文化保真可能产生很大的破坏性。虽然文化自身是动态的、发展的，但产业的利润取向、规模经营，极容易迫使或诱使文化成长背离其固有逻辑，发生巨大扭曲。特别是在我国，严重缺失文化批判传统，例如像法国那样的以 T. W. 阿多诺、M. 霍克海默创立的法兰克福学派及其后与时递变的相关新学派的自省、反思传统，特别容易迷失在经济扩张的凯歌声中，民族文化特色的生命力显得特别脆弱。

文化产业"求大求快"战略和种种"恶搞"的运作过程，以及"文化企业重组并购"风潮日盛，引起一些学者的警觉。胡惠林指出："2006年以来的全国性的文化产业发展战略规划制定，是一场史无前例的对文化历史地理生态系统的大规模改造，是一次有计划、有步骤地对原有历史地理生命系统的颠覆与再改造。在当代中国，似乎还没有哪一种产业形态有如此能量改变着中国的历史地理人文生态。"[①] 这就需要我们在文化产业热中保持一份冷观察和冷思考。在畲族文化自我承传的整体环境已经发生根本性变化的情况下，保护者当深存戒惧之心：保护的力度强、热度高、速度快、场面大，不等于保护的效果就好，有的时候特别是一切都作"大跃进"状的时候，各项经济事业和文化事业如果能够放慢一点脚步，是有利于文化变迁和文化延续之平衡的。

当前的一个普遍性的误区，是用城市规划或区域规划的概念、理念来规划文化产业的发展，例如"纵、横""园、区""圈、带"等，其实都是城市规划或工业经济规划的空间表达，不能确切表达文化产业生命运动

---

① 胡惠林：《文化产业正义：文化产业发展的历史地理学问题——关于文化产业发展新战略理论思考》，《上海交通大学学报》（哲学社会科学版）2009 年第 5 期。

的内在逻辑。① 这里，我们强调的是，在文化产业运作中务必高度重视文化保护问题，各个文化产业，包括本书前面提到的歌舞团、风情旅游、工艺制造等等，都要注意防止民族文化原质的流失和异化。越是大型的文化产业，保护的问题可能越严峻。

五　加强闽东畲族文化生态保护的几个原则

综如前述，我们也只能在已然遭遇的既定环境下加强畲族文化生态保护。工作千端万绪，无力深论，这里尝试性的约略提出几条原则。

1. 真正树立"保护为主"的理念。根据国家政策，非物质文化遗产保护要贯彻"保护为主，抢救第一，合理利用，传承发展"的方针。畲族节俗文化的生态保护，要把"保护、抢救"放在首位，"利用"和"发展"都是第二位的，而且是为"保护"服务的。现在的问题是，一谈保护，马上就与利用、开发搅在一起，变成"保护"搭台，"开发"唱戏，结果往往越保护，文化原质越减少、越走样。为避免误入歧途，要慎重从企业引资，要慎重与旅游开发结合。企业的天性是追逐利润追求回报，旅游开发的根本取向是迁就顾客的口味，这在经济领域本来无可厚非，若要赋予文化保护的严肃使命，便不宜草率成交。这里特别需要呼吁、敦促政府加大投入，这是其本职之所在。在资金来源有限的情况下，我们的工作或许只能"抓紧"而不"提速"。文化保护通常属于"细活"，那种大干快上、大开大合、大刀阔斧、大包大揽的风格，不一定合适。

2. 高度强调"在地""生态"的意识。所谓在地，就是与全球化、普遍化相区别而与特定人群具体的本土知识、地方经验紧密联结；所谓原乡，是指祖先未迁移之前居住的地方；所谓原生态，一般定义为经由自然传承、未受外界冲击的原来的人文形态。三个词，意义接近，互相补充，极示强调之意。当然，变迁是文化的常数，今天已不大可能还存留纯粹的原生态文化，但相对而言，某些族群在特定环境中形成的较少受到工业、后工业文明冲击，大体未被卷入全球化浪潮的传统文化，还是颇不少见的。就闽东畲族文化的生态保护而言，笔者很赞同一位畲族朋友也是专家的看法：今天所能看到、所能讨论的畲族传统文化，只能是经过有清一代的发展而

---

① 参见前揭胡惠林文。

定型的畲族文化。这种文化在清中叶到民国时期尚未受到深度扰动，中华人民共和国成立后，文化变迁大大加快，但它在晚清民国的风貌至今依然留有比较完整的痕迹，它的诸多元素依然紧紧植根于闽东广大畲村，"在地的"、与其存活环境浑然一体的保护还是可能的和有效的。

3. 综合运用两种保护模式。一种是建文化生态园，这是"集萃"模式，在不少地方都出现过，宁德市民宗局已完成《中华畲族文化生态园规划方案》，总占地 350 亩，总投资 6. 8 亿元。这种模式的长处是，有规模，有影响，有经济效益。短处是"展演性"强而"在地性"弱，因而在文化上的"可持续"存在缺口。省政协视察团有的专家曾对此持质疑态度，但畲族的特异处在于它漫长的迁徙史和现实的散杂居形态，建个文化生态园以集中展示畲族风采，还是可行的。另一种是村落生态博物馆模式，选择条件合适的畲村，建立村落生态博物馆，对畲族文化原质及其生存延续整体环境实行深度保护。这里的"合适条件"，主要指：村中畲族人口占比大，畲族文化资源较完整，有较好的文化保护自觉性，与周边存在一定的文化隔离机制，等等。如果能把两种保护方式有机结合起来，效果自然会更好，生态园的文化展演也才后继有人。这牵涉到民宗局、文化局、建设局、民政局等多个职能部门，协调工作很重要。①

4. 畲族与汉族的文化遗产保护并行相济。长期以来，畲族就是一个散杂居民族，与汉族的关系非常密切，畲文化的不少成分来自汉文化，例如民间信仰，家族的物化形态即谱牒、宗祠等。而这些在汉族社会中，很容易以"封建迷信"遭受遏制和排斥。这种氛围很自然会影响到畲族社区。以盘瓠为轴心的民间信仰是畲族传统文化的基本内核，而家族认同是畲族民族认同的基础。来自汉族社会的对于民间信仰和家族观念及其物化形态的遏制和排斥及其形成的社会氛围，对于畲族社会文化的影响是显而易见的。这是在民族杂散居地区进行民族文化遗产保护时，不能忽略的问题。因此，少数民族与汉族的文化遗产保护应当并行互济。即使单独讨论汉族民间文化遗产保护问题，对于何为"封建迷信"也需要慎重对待并加以准确地界定和甄别，要从整体观和大局观的角度来反思和重新认识这个问题。②

---

① 以上三点，参见林校生《简论闽东畲族年俗文化的承传与开新》。
② 本条据宁德市民族宗教局、厦门大学人类学研究所《从闽东白露坑看畲族文化遗产的保护》。

第十章

宁德畲族的文化产业

宁德是我国畲族文化的代表性区域,畲族乡村分布广泛,畲族民间文化历史悠久、根基深厚、内涵丰富,且得以较好的保存,具备培育与发展畲族文化产业的可能条件。当下宁德民族文化产业作为新事物与民族经济的增长点,尚处于初始阶段。因此,对于这个课题的关注和研究,也处于探索阶段。

一 宁德畲族文化资源为文化产业的发展提供了富足的基础

延续至今的畲族文化资源,在宁德畲族地区保存得相当完整,以其独特性、民族性、开放性和兼容性而名重海内外,是宁德传统文化中最活泼、最生动的因子。如以宁德为主要发生地的"畲族民歌"、以霞浦为主要发生地的"畲族小说歌",以福安金斗洋、霞浦四斗和福鼎双华诸村为代表的武术,以古田梅山、蕉城后山、金涵诸村为代表的棍术,以及广泛分布在宁德畲族乡村的畲族服装、刺绣、织带、竹编、剪纸等民族民间工艺。此外,还有"上刀山"(刀刃向上搭梯,赤脚拾级上下)、"过火海"(赤足跃入火塘)、"登九重天"(叠架九张八仙桌,攀爬至顶层表演)等具有很强的神秘性和观赏性的畲族民俗,"做表姐""难为迎亲伯""留花轿""拦旗""男拜女不拜"等别具一格的婚俗。霞浦白露坑半月里、福鼎双华、蕉城猴盾、福安坂中的畲族民居以及山清水秀、田园丰美、民风淳朴的畲族村落,也都是少数民族文化多样性的体现,完全可以制作、转化为各种类型的文化产品(包括旅游消费)。

1989年6月,习近平在《巩固民族大团结的基础——关于促进少数民族共同繁荣富裕问题的思考》一文中阐述道："畲族人民在漫长的历史中，创造了光辉灿烂的文化。这不仅是畲族人民自己的瑰宝，也是我们国家的一份宝贵的财富。"① 如何切实、有效地保护和发展畲族文化，弘扬民族特色，树立文化品牌，习近平提出了自己的思路和想法。"要继承和发扬畲族文化传统中优秀的部分"，"要抓紧挖掘整理畲族文化遗产"，"要组织力量进行深入探讨，取其精华，古为今用。"②

　　针对目前宁德畲族文化发展的现状，2004 年 6 月，中共宁德市委办公室、宁德市人民政府办公室曾下发《关于开展抢救与发展畲族文化工作的方案》的通知。之后在 5 年时间里编写了一套 12 册 13 卷 500 万字的《畲族文化全书》，建设了一座畲族文化博物馆，对全市畲族文化进行了一次全面普查，确定了一批畲族文化名村和畲族非物质文化遗产传承人，编写了一套畲族文化读本作为学校的地方教材。这一切对于当今继承畲族文化，打造宁德畲族文化品牌，促进宁德畲族文化产业的发展都具有重要的推动作用。如果将多样性的畲族文化资源变为雄厚的文化资本，使之成为创造经济价值的来源和建立消费者满意度的来源，可以为民族文化产业的发展提供有利的基础。

二　发展文化产业是改变宁德畲族经济落后面貌的重要途径

　　宁德畲族地区经济社会发展相对落后，贫困人口多，贫困程度深，要与全省同步实现全面建设小康社会的目标，面临极其严峻的困难，这就必须充分发挥自己的比较优势，做大做强优势产业，实现经济社会跨越式发展。宁德畲族地区文化资源的多样性和独特品质，蕴含着极高的经济价值，是发展文化产业的无穷宝藏和财富。据 2013 年福建省少数民族乡村社会经济统计资料，宁德市 9 个畲族乡三大产业比重分别为第一产业 7.22%，第二产业 86.60%，第三产业 6.65%。倘若将宁德畲族文化产业作为民族经济发展的增长要素，有意识地加快宁德畲族文化产业的开发，势必使宁德三大产业的产值比重得以调整。

---

　　① 习近平：《巩固民族大团结的基础 ——关于促进少数民族共同繁荣富裕问题的思考（1989 年 6 月）》，载《摆脱贫困》，福建人民出版社 2014 年版，第 124—125 页。

　　② 同上书，第 125 页。

1989 年 6 月，习近平在《巩固民族大团结的基础——关于促进少数民族共同繁荣富裕问题的思考》一文中阐述道："畲族文化为畲族的延续和发展起到了积极作用，在实现社会主义现代化过程中一定要让畲族文化更加发扬光大。"① 应当充分利用与开发宁德畲族文化资源，将民族文化产业作为一个新的经济增长点来培育和构建，将发展民族文化产业作为宁德畲族地区实现经济结构战略性调整的手段。

生活在现代化的年代，宁德畲族也需要提高自己的物质生活水平和经济收入，而做到这一点的基础就是经济发展。宁德畲族总人口数中有90%以上是农业人口。宁德畲族乡村的经济发展同全国其他地区一样，也存在着劳动力供给过剩问题。文化产业虽然不完全等同于第三产业，但基本上属于第三产业。畲族文化产业的开发，能够带来大量的直接或间接的就业契机，可使宁德畲族乡村剩余劳动力转移到对本民族文化资源的合理性产业开发上来，人口"包袱"将就地转化为"财富"，从而有效地改变其人口的劳动力结构。

总之，开发和利用畲族文化资源、发展民族文化产业是宁德发展少数民族经济和社会事业的重要目标与途径。这对于促进宁德少数民族与民族地区的全面进步，具有显著的现实意义与深远的战略意义。

三　宁德畲族文化产业发展的政策支持

2002 年 11 月，党的十六大把文化作为经济社会发展的重要内容和目标；2007 年 10 月，党的十七大就提高国家文化软实力、兴起文化建设新高潮做出一系列重大战略部署；2009 年 5 月，国务院发布《关于支持福建省加快建设海峡西岸经济区的若干意见》，提出要重点保护发展包括畲族文化在内的特色文化，推动文化与经济融合，大力发展文化创意产业。同年 9 月，国家发布《文化产业振兴规划》；2010 年 10 月，十七届五中全会公报将"十二五"时期文化产业的目标界定为"国民经济的支柱性产业"，从政策层面上予以文化产业最高级别的定位。2011 年 10 月，中共十七届六中全会审议通过《中共中央关于深化文化体制改革推动社会主义文化大发展大繁荣若干重大问题的决定》（中发〔2011〕14 号）提出

---

① 习近平：《巩固民族大团结的基础 ——关于促进少数民族共同繁荣富裕问题的思考（1989 年 6 月）》，载《摆脱贫困》，福建人民出版社 2014 年版，第 125 页。

要加快发展文化产业，推动文化产业成为国民经济支柱性产业。2012 年 2 月，《国家"十二五"时期文化改革发展规划纲要》再次提出加快发展文化产业。

福建省委、省政府充分认识发展文化产业对于提升海峡西岸经济区综合竞争力的重要性。早在 2006 年出台的《福建省"十一五"文化发展专项规划》就提出加快文化产业发展的目标。2009 年 4 月发布了《关于加快文化产业发展的意见》。2011 年 12 月，福建省委发布《关于贯彻落实党的十七届六中全会精神推动文化大发展大繁荣的实施意见》（闽委发〔2011〕7 号），提出要"实施文化产业提升工程"。2012 年 12 月，福建省政府办公厅印发《关于贯彻落实少数民族事业"十二五"规划的意见》（闽政办〔2012〕216 号），提出要"加大民族文化产业扶持力度"。2013 年，福建省制定了《进一步推动金融支持福建省文化产业发展的若干措施》（闽文改办〔2013〕5 号）。

近年来，宁德市也将文化产业战略地位提升到了一个前所未有的高度。继 2005 年 1 月福建省出台《福建省民族民间文化保护条例》之后，2010 年 7 月《宁德地区畲族民族民间文化保护条例》正式出台。翌年宁德市政府工作报告提出要"大力扶持福安银器、柘荣剪纸、寿宁乌金紫砂陶、畲族银器工艺等宁德特色文化产业发展，打造区域品牌，促进特色文化产业形成规模"。根据 2011 年颁布的《宁德国民经济和社会发展第十二个五年规划纲要》，环宁德畲族原生态保护区、"活态传承"示范村建设已经开展。2012 年，宁德市出台《宁德市促进文化产业发展若干意见》《宁德市文化产业发展专项资金管理暂行办法》和《宁德市加快文化创意产业人才队伍建设的实施意见》，为文化企业在土地使用、资金补助、筹资融资、扩大市场和引进人才等方面提供了有力支持。2012—2016 年，宁德市还每年统筹安排 1000 万元设立市级文化产业发展专项资金。随着宁德市财力增长逐年增加，各县（市、区）也分别设立了 100—1000 万元不等的文化产业发展专项资金，支持引导文化企业提升自主创新能力和市场竞争力。2012 年 2 月，《中共宁德市委关于贯彻落实党的十七届六中全会精神推动文化大发展大繁荣的实施意见》进一步确定了文化产业发展的具体目标。2013 年 6 月，宁德市人民政府印发《宁德市畲族文化十年发展规划》（宁政〔2013〕11 号），铺设了 2013—2022 年我市畲族文化的发展之路。根据发展目标，未来十年，市、县（市、区）、乡

（镇）、村（社区）畲族文化基础设施建设将更加健全，并达到国家和省的要求。逐步完善文化市场长效管理机制，建立灵活多元的民族文化投融资体制，初步形成具有民族特色的文化产业，文化产业发展活力和综合实力明显增强。不断创作和生产既有思想内容又有市场价值、具备畲族特色的文化产品，文化创新能力进一步提升。

四　宁德畲族文化产业的个案分析

近年来，宁德畲族文化产业凭借相关政策扶持的优势，开始出现了多元化发展的格局。关于宁德畲族文化产业发展现状和存在问题，以下选取几个有代表性的个案进行剖析。

（一）福建省宁德市畲族歌舞团

宁德市畲族歌舞团成立于 1988 年，是宁德市文化局下属事业单位，核定编制 65 人。宁德市畲族歌舞团是全国唯一以畲族命名的专业文艺表演团体。2002 年 4 月之前，宁德市财政按照剧团在职人员工资 70% 给予定额拨款。之后，畲族歌舞团人员工资经费统一纳入国库支付，人员工资经费提高到 100%，并解决了社保、医保和住房公积金等问题。2009 年初，宁德市财政对宁德市畲族歌舞团实行 65 个编制每年 180 万元的经费包干制，超支不补，节余留用。该团现有演职人员 85 人，其中 80% 的演员均毕业于大中专艺术院校。其中高级职称 4 人，中级职称 32 人。宁德市畲族歌舞团演员的培养模式是在宁德本土招收生源，再送到福建艺术职业学院和厦门艺术学校进行五至六年的专业训练，毕业后回团工作。

《"把闽东之光传播开去"》系统阐述了习近平同志在宁德工作期间关于文化建设的思想精华。他指出："要办好畲族研究会和办好畲族歌舞团，丰富我国多民族的文化宝库。"在 20 多年来的艺术实践中，宁德畲族歌舞团将挖掘、传承和发扬民族特色文化作为其重要工作之一。主创人员走访霞浦白露坑、蕉城猴盾、福安溪塔等畲族文化保留较为完整的村庄，采访畲族民间艺人，并从畲族服饰中提炼图案元素，应用于舞台的布景中。在创作过程中既注重传承，也注重创新，《竹响畲山》《龙头迎祖》《幸福畲家喜嗒嗒》等一批具有畲族特色的舞蹈作品被创作出来，《五彩山哈》《凤凰到此》《祥瑞畲乡》《赤髀横裙》《凤冠银光》《花朝节》等一批具有浓郁民族特色的优秀剧目轮番上演。

建团以来，宁德畲族歌舞团曾多次参加中国艺术节、全国专业舞蹈比赛、中国舞蹈"荷花奖"民族民间舞蹈比赛、CCTV 电视舞蹈大赛等，共获得全国性奖项 40 多项（次）、省级奖项 100 多项（次）。"打枪担"是福建畲族传统的节目，曾获得多届全国少数民族运动会金牌。为了创新这个传统舞蹈，宁德畲族歌舞团首次加入男性演员，并加入音乐伴奏，使其更有力度，更具听觉冲击力，蝉联全国第八届少数民族运动会金牌。4 年后，宁德畲族歌舞团又创作了《竹响畲山》，再次摘得全国第九届少数民族运动会金牌。2001 年，宁德市畲族歌舞团还被国家文化部授予"全国文化工作先进单位"称号。宁德畲族歌舞团曾多次赴澳洲、新加坡、马来西亚以及港、澳、台等国家和地区，开展文化交流展演，扩大畲族文化的影响力。

宁德畲族歌舞团自始至终坚持文化下乡活动，进农村、进部队、进校园、慰问重点工程的文艺演出已成常态，迄今约 800 多场，观众达 100 多万人次。宁德畲族歌舞团还通过帮助边远基层农村宣传文化站创作或排练具有民俗风情特色的节目等方式，开展艺术扶贫活动，提升基层农村文艺工作者的艺术创排水平。2012 年，宁德市启动"文化惠民"工程。作为一项重要活动，每周五晚上在宁德市艺术馆剧场举办的以"魅力闽东"为主题的宁德市文化惠民工程文艺演出活动中，宁德市畲族歌舞团创作、编排、表演的大型畲族节俗歌舞《祥瑞畲乡》是主要演出剧目之一。

21 世纪以来，文化体制改革使得艺术团体面临着公益性文化事业和经营性文化产业两大主题。演艺业赖以生存和发展的经济基础、体制条件和社会环境发生了深刻变化。文化事业，主要是强调公益性的文化；文化产业，主要强调通过文化产品和服务来盈利。近年来，宁德市按照"事业单位、市场机制"的改革思路，积极推动文艺院团引入市场机制这一创新举措，通过打造演艺节目、挖掘旅游市场潜力、完善市场营销等方式，扩大演艺项目的知名度。2012 年出台的《宁德市促进文化产业发展若干意见》提出了物质奖励、资金补助等措施，鼓励原创舞台艺术精品生产，鼓励国有艺术院团开拓演出市场和国有艺术院团与市内著名旅游景区的对接，打造景区特色演艺精品。

在强调其社会公益属性的同时，宁德市畲族歌舞团逐步树立起了市场意识，认真研究观众的文化娱乐消费需求，并不断创新，终于自立于文化消费市场，焕发出了生机和活力。其艺术产品不仅在艺术比赛评奖与公益性文艺会演中屡获殊荣，还能与市场机制有效对接，生产出社会效益和经济效益相统一的文化产品，满足人民群众不断增长的精神需求。宁德畲族歌舞团团长雷高平近年来撰写了《关于设立太姥山畲族风情展演点的建议》《定期举办"畲族艺术节"的建议》《关于加大对大型剧目创作经费投入的建议》等一系列提案。作为福建省第一代受过专业训练的畲族舞蹈演员，雷高平承担着创作和表演的双重任务。他认为畲族传统文化只能作为资源基础，不能替代民族文化产业的发展。他提案的主要内容是希望通过创造设计一些演出项目，吸引人们前来观看，并形成规模消费。经过大量的努力，他的一纸提案最终变为了现实。2011 年，宁德市畲族歌舞团承接了首届宁德世界地质公园（太姥山）文化旅游节大型实景演出，这是宁德市畲族歌舞团第一次自主策划编排大型广场演出。天造地设的太姥山自然景观实景、动感的旋律、曼妙的舞姿，获得了观众好评，也增强了宁德市畲族歌舞团的文化自信。随后，宁德市畲族歌舞团连续拿下了福安"三月三"民俗文化节、屏南白水洋文化旅游节、海峡两岸国际（霞浦）摄影艺术节等大型演出的承办权。

与现存的许多地方性文艺团体一样，宁德市畲族歌舞团的发展也遇到了诸多挑战，其中最突出的便是人才的缺失。畲族属于中国少数民族中人数较少的一个民族，学习畲族舞蹈的青年人更少。多年来，宁德畲族歌舞团始终注重人才的培养，曾先后选送一批编导、演员到北京舞蹈学院、中国戏曲学院等高等艺术学院进修培训，提高专业创作队伍水平，为团里实施精品战略奠定基础。2014 年 10 月，宁德师范学院艺术系与宁德市畲族歌舞团合作成立了全省首个畲族舞蹈班，将畲舞列入选修课程，这为畲族舞蹈的传承发展开启了新的一页。来自该校不同专业的 30 多名舞蹈爱好者成为首批学员。宁德师范学院与宁德畲族歌舞团合作的目的，是传承发扬畲族文化，通过团校合作，取长补短、共谋发展。院团合作不仅可以弥补学院师资力量的不足，而且有利于学校培养应用型、复合型人才。通过与宁德畲族歌舞团合作，宁德师范学院也为学生提供更多锻炼和上台展示的机会。更重要的是，为畲族歌舞团提供后备人才，为传承地方民族文化服务。

成立畲族舞蹈班，离不开资金、场地和专业配备方面的有力支撑。为此，宁德师范学院艺术系一方面积极争取学院在场所、音响等硬件经费的投入；另一方面则积极为老师和学生争取福利，例如提高教师工资、为学生申请学分等。宁德师范学院艺术系党总支书记谢基利表示，宁德的畲族文化相当丰富，我们将以此次成立畲族舞蹈班为契机，传承和发扬畲族的民族文化，为丰富地方文化服务，培养艺术类的应用型人才。

宁德师范学院专门为这个班聘请有丰富艺术教育经验的宁德畲族歌舞团老师担任授课老师，教学紧紧围绕当下的人才需求展开，将畲族歌舞团最前端的行业经验直接渗透于学院的教学中。担任畲族舞蹈班的培训老师的宁德畲族歌舞团培训部主任刘荣常常在业余时间深入民间采风，从畲族传统文化、生活劳作、民间仪式舞中汲取灵感，为自身"充电"。他认为，宁德的畲族文化丰富多彩，只有根植于传统、根植于民间，挖掘传统文化中最具传统特色的东西，才能表现出畲族的独特韵味，这样的艺术创作才更富有生命力，才能更好地传授给学生。

（二）蕉城区金涵畲族乡上金贝村"民族村寨旅游"

随着旅游发展的逐步深化，人们对旅游活动的追求已从单纯的观光旅游转向更深层次的、以精神享受与文化体验为主的文化旅游。代表文化深度游的民族村寨旅游，逐渐成为文化旅游的重要内容。依托畲族文化资源，打造相关的文化旅游产品，树立畲族文化主题旅游品牌，也成为宁德旅游开发的必由之路。蕉城区金涵畲族乡上金贝畲族村以其诸多优势条件，成为宁德开启民族村寨旅游的"试验田"。本课题选择上金贝畲族村作为个案。

上金贝畲族村的旅游开发意识早在早期的社会主义新农村建设之际便已初见端倪。2008 年，上金贝畲族村被确立为新农村示范点，并高起点编制《上金贝村新农村建设总体规划》。建设目标是建设"三园"，包括新农村建设示范园、畲族村寨风情园、郊外生态休闲园。此外又要求以畲乡风情为亮点，建设融农业生产、乡村休闲、避暑度假、康体健身、科普教育、人文体验为一体的文化旅游产业示范区。

规划完成后，上金贝的旅游开发在各级政府扶持下开始实施。在旅游配套设施方面，景区内相继完成了金贝先后完成了山门（牌坊）、景观湖、葡萄沟、荷花池、樱花谷、百草园、畲族风情街、"畲寨酒家"接待中心、现代农业观光园、森林人家、"农家乐"等旅游观光点和服务点的建设。在基础设施建设方面，在原有的基础上进行了升级，新建拦河坝、停车场、公交车站、公共厕所，并将游步道自村寨铺至"八仙顶"游览区。此外，还对全长 4 公里的进村公路由原来的 4.5 米拓宽至 7.5 米，以解决旅游发展后进村道路对客流量增加的制约问题。新建的小水库库容量达 6000 立方米，解决了村庄的绿化和饮用水的净化。新建的污水处理池的日处理污水能力达 200 吨。村里安装了路灯，架设了广告宣传栏，聘请了专职保洁员。村假日团支部每月组织一次清洁家园的活动。

在地方政府的操持和各级部门的扶持下，上金贝畲族村利用各方提供的资源，使村落的面貌发生了巨大的变化。在几年时间内上金贝畲族村就实现了通电、通水、通电话、通电视与道路硬化、民居翻修等基础设施的改善，旅游产业发展初具规模，2008 年全年游客的数量突破十万人次。2009 年 7 月，国家民委主任杨晶和党组书记、副主任杨传堂在国家民委《民族工作简报》（第 51 期）关于《增强活力，凸显特色，惠及群众，福建省上金贝畲族村围绕"三园"目标建设民族特色村寨》的信息上作出批示，认为："福建省宁德市上金贝畲族村在省、市各级组织和部门的支持下，大力发展民族特色村寨建设，科学规划、增强活力，突出特色、惠及群众，取得了明显成效，成为省级社会主义新农村建设示范村。这充分体现了福建省各级组织认真学习贯彻省委、省政府部署，对民族工作的高度重视；充分体现了福建省各族群众在科学发展观指引下，立足实际，创造性贯彻党的民族政策的智慧和力量。"

2009 年，上金贝打出了"中华畲家寨"的招牌，开始着力打造畲家寨景区旅游品牌。在旅游发中，畲族服饰、畲族节庆活动、畲族节日饮食等被一一挖掘出来成为旅游资源。各级政府、旅游市场、新闻媒体"合力"进行生产和再生产。畲族服饰成为旅游过程中畲民身份识别的一张重要"名片"。每当有贵宾来到，村委会和景区的工作人员就会换上经过打造的五颜六色的畲族服饰。"三月三"等畲族节庆活动成为舞台上的表演节目。"三月三"所食的乌饭、端午节包制的菅叶粽和新年制作的糍粑，也逐渐演变成旅游食品。旅游服务业的配套和景区的运转，在一定程度上改变了村民的生计方式。部分外出打工的村民回到村中，从事农家乐等与旅游相关的服务业。

作为一种特殊的旅游形式，上金贝畲族村的开发不仅顺应了文化生态旅游的发展势头，还推动民族村寨的建设和发展。2012 年，国家民委印发了《少数民族特色村寨保护与发展规划纲要（2011—2015 年)》，从保护少数民族文化的角度出发，提出"十二五"期间在全国重点保护和改造1000个少数民族特色村寨的思路。上金贝村被选作"试点"村落，在开展少数民族特色村寨建设的同时，继续进行民族文化旅游的开发活动。

对于具有旅游资源基础条件的上金贝来说，少数民族村寨旅游是成效最明显的方式，有利于促进畲族乡村与现代文明直接对话，实现跨越式发展。上金贝由此变身为国家"AAA"级旅游景区，并入选首批"中国少数民族特色村寨"。选择发展旅游业，是少数民族乡村走向致富的"关键一招"。随着高优农业和民族村寨旅游的逐步推进，上金贝村民年人均纯收入从2006年的3850元上升至2014年的13450元。"百姓富、生态美"的图景在过去上金贝畲家百姓脑海中是难以想象的，如今家家拥有生活电器，有的还拥有汽车。

在上金贝的建设过程中突出的特点是：始终在政府的统一领导下，以市场经济为先导，落实"三园建设"规划中已然制定的各个项目。依靠相关的各种力量与各种资源，政府将其整合成社会资本，从基础设施建设、高优农业项目的实施到特色村寨的打造，进行运作。在发展高优农业的同时，调整乡村经济结构，将传统与现代整合，民族文化与经济互动，从而促进第一产业向第三产业延伸。

目前上金贝仍然存在着以下较为突出的问题：上金贝畲族村缺乏对各种无形而可感知的畲族文化内涵的挖掘和表现，鲜见畲族文化传承人、畲族标志物、畲族风俗、畲族歌舞的展示。其畲族商品开发意识可以说是完全缺位的，当游客对畲族产生好感，并对其衍生的如中草药、银饰、绣品、竹编等手工艺品产生兴趣时，却遍寻无果。民族旅游是将少数民族文化和生态环境作为旅游资源来开发的旅游活动，主要有衣食住行方面的生活文化，婚姻家庭和人生的礼仪文化，如民族民间文学艺术、歌舞、游乐文化、节日文化等。上金贝村畲族文化产品和服务的欠缺，难以满足以体验异质文化，求新、求异、求乐、求知为消费动机的旅游者，无法适应城乡居民日益提高的审美需求。

上金贝旅游开发受到了国家政策等诸多因素的影响，且主要依靠政府的拨款和财政的支持，更多的是政府在"输血"，其经验也难以在其他畲族乡村复制和推广。在开发过程中，虽然村民自始至终都有所参与，但参与程度非常有限。村民只是政府展示"少数民族文化"的载体。政府并没有将畲族村民作为旅游开发的主体来考量，明显存在着政府过于包办代替、畲族文化内涵挖掘不够、少数民族个体和家庭家族力量缺位的状况。民族村寨旅游的消费者主要来自城市和异域，是一种跨文化的交流形式。民族地区独特的民族文化和自然环境、民族地区群众的友好情谊、村民的生活方式等，都属于旅游产品的成分。上金贝的旅游开发者并没有充分意识到将畲族文化、畲族村落、畲族村民形成整体"产品"投入市场的必要性与可能性。

文化产业是智慧型产业，因此，应当主要依托于人力资源开发所实现的价值的增长。上金贝旅游开发需要在畲族传统文化的要素里面，一方面满足人们对于神秘的民族传统文化的好奇心，另一方面满足游客具有现代要素的娱乐消费需求。上金贝旅游开发缺乏专业人才，也就缺乏制作民族乡村旅游精品的能力，无法适应民族村寨旅游业进一步发展的需要。

上金贝基础设施还不够健全。相对于交通、卫生及通信条件的便利，上金贝在住宿、餐饮和娱乐等方面的条件不尽如人意。仅7家农家乐日均可接待旅客人数不足千人，唯一一家宾馆和几乎空白的娱乐设施也让游客失望。随着游客量的攀升，仅仅停留在餐饮与自然观光层次上的旅游基础建设已远远不能满足市场需求。

（三）宁德市"盈盛号"金银饰品有限公司

在漫长的历史长河中，即使身处异常恶劣的生活环境，热情达观的宁德畲族也始终维持着本民族独特的田园生活艺术化倾向，畲族民间工艺可以视作这一民族心理的重要体现。银饰、银器在早期就进入畲民生活。"三千来去客，四万打银人"，这是明万历年间《福安县志》的记载，由此可知当时民间银器制作的繁盛。据《福安畲族志》载，畲家传统结婚用品中，"新娘首饰为银耳环1对，银手镯1副，银戒指4枚，银簪1支"，"银凤冠是畲族姑娘出嫁时必戴的，死后还要将它带到棺材里"。时至今日，宁德的银器、银饰企业仍然超过百家。本书选取民族银饰品企业宁德"盈盛号"金银饰品有限公司作为个案。

宁德"盈盛号"源自福安市下白石镇一个背山面海的畲汉聚集地大获村，至今已有130多年的历史。明万历年间，林贤学祖上林氏五世祖林玄友以家族传承方式在大获村从事打银，共沿袭了14代。清同治年间，林氏子孙林隆魁迎娶畲族姑娘钟氏，此后畲汉技艺融合，创立"盈盛号"。民国后动荡的时局使"盈盛号"日渐冷落并被迫关停。直至20世纪 80 年代中叶，林氏第十三代子孙林俊恩（林贤学父亲）重操祖上旧业，并将技艺传授给其子林贤学和林陵祥。

20 世纪 90 年代末，宁德市委、市政府决定将挖掘、保护、发展宁德畲族文化作为"文化立市"的战略措施之一。林贤学、林陵祥兄弟俩在得知这项新举措时有了灵感：畲家传统银饰历来富有特色，造型别致，富有神秘感。从事畲族银饰开发，不仅能传承和保护民族文化，还能在银饰行业中打出一片天地。21 世纪初，林贤学的弟弟林陵祥在家乡大获村办起了打银小作坊，并接收一些乡邻的畲族青年、孤儿与单亲家庭的孩子为徒。林贤学则帮助弟弟林陵祥拓展营销空间。为了充分发掘畲族传统银饰文化的内涵，兄弟俩走村串户，遍访银器制作匠人，并拍摄了大量畲族银饰资料。2007 年，兄弟俩在宁德注册了宁德盈盛号金银饰品有限公司。他们秉承宁德畲汉传统文化，融合现代时尚元素，以新颖的设计、精湛的技艺，满足人们日益提升的美学品位和对生活品质的需求，很快占有了一定的市场份额，在同行业中拥有了较高的知名度。可以说，"盈盛号"从民族文化资源转向民族文化产业发展的征程。

在弘扬民族民间传统文化的大环境下，各级政府及行业主管部门采取一系列保护、扶持和发展的措施，加强引导和服务。2009 年 9 月，宁德"盈盛号"被列入国家三部委《"十一五"期间全国少数民族特需商品定点生产企业名单》。2012 年 12 月，宁德"盈盛号"被列入国家三部委《"十二五"期间全国少数民族特需商品定点生产企业名单》。"福建盈盛号民族银饰文化创意产业园"项目还被福建省人民政府列入"2013 年度福建省重点项目""2014 年度福建省重点项目"。2014 年宁德"盈盛号"被列入"全省文化产业园区""第六批国家文化产业示范基地"。2011 年12 月，宁德"盈盛号"被福建省旅游局授予"福建省旅游商品银品购物中心"和"福建省旅游商品银品研发中心"。宁德"盈盛号"畲族银饰银器与福州脱胎漆器、泉州漆线雕、德化陶瓷并列成为福建省指定旅游商品。2012 年 12 月与 2013 年 12 月，宁德"盈盛号"两次被福建省工商局认定为福建省企业知名字号。2013 年 2 月，宁德"盈盛号"被列入"福建省名牌产品"。2015 年 7 月，宁德"盈盛号"被认定为第四批"福建老字号"企业。

与传媒平台的结合，也能有效地推广宁德"盈盛号"的文化创造力，并创造出更高的商业价值。《福建日报》《海峡都市报》《宁德日报》、福建电视台、宁德电视台等多家媒体为宁德"盈盛号"打开了宣传窗口。各级各类博览会、交易会等活动经济，带动和提升了宁德"盈盛号"的大师品牌、设计和艺术化服务的发展。2010 年 5 月，宁德"盈盛号"独家为福建馆提供世博纪念币，作品《世博八宝盘》作为上海世博会福建馆的展示品亮相世博会。2011 年 4 月，作品《银翼善冠》在第六届海峡工艺品博览会上被评为中国工艺美术"百花奖"特别金奖。同年 10 在厦门举办的第四届海峡两岸文化产业博览会上，作品《八宝托盘》摘取最佳文化精品金奖。2012 年 4 月，作品《银錾花双龙耳瓶》获第七届中国（莆田）海峡工艺博览会优秀作品评比金奖，银雕作品《提梁壶》获银奖。同年 4 月，作品《国宝百鹿尊》获 2012 中国工艺美术"百花奖"评比银奖。同年 10 月，作品《云里弄花》获第五届海峡两岸（厦门）文化产业博览交易会 2012 年最佳工艺美术精品奖银奖。2014 年 3 月，作品"云墨"在第 49 届全国工艺品、旅游纪念品暨家居用品交易会上获得创新作品设计大奖赛银奖。同年 5 月，作品《雾里探花》获 2013 年中国工艺美术"百花奖"（莆田）评比金奖，作品《凝香·黛兰》获银奖。同年 5 月，作品《花趣·国色天香》获得第十届中国（深圳）国际文化产业博览交易会"中国工艺美术文化创意奖金奖"，《坐忘无我》获得银奖。2014 年 10 月，作品《海风东进》获得第七届海峡两岸（厦门）文化产业博览交易会最佳文化精品奖银奖。2015 年 5 月，作品《知时节》获得第八届福建省工艺美术精品"争艳杯"金奖。时至今日，宁德"盈盛号"逐渐建立起品牌化的文化系统，提升了消费者对其产品的美誉度和忠诚度。

随着国内、国际交流日益频繁，各种不同民族之间文化交流碰撞的机会增多，相互学习、相互改进的空间大大拓展。林贤学、林陵祥曾前往北京、云南、浙江、广东等地学习汉银、云银、藏银的制银技术。他们还先后跟随陈氏银雕工艺匠师传人陈向国、联合国手工艺大师寸发标、世界非物质遗产传承人母丙林等人学习不同地区不同文化的制作技艺。2010 年 3 月，"盈盛号"畲族民俗银饰传统制作技艺被列入第三批宁德市级非物质文化遗产。2011 年 5 月，宁德"盈盛号"申报的"银饰锻制技艺（畲族银器制作技艺）"被列入"福建省非物质文化遗产项目"。2014 年 12 月，宁德"盈盛号"畲银锻造技艺列入国家级非物质文化遗产代表性项目。林陵祥被福建省人民政府命名为"福建省非物质文化遗产保护项目代表性传承人"。2012 年 2 月，宁德"盈盛号"作为福建省政府指定的唯一代表，参加了由文化部主办的"2012 中国非物质文化遗产生产性保护成果大展"。同年 11 月，宁德"盈盛号"参加了首届中国（黄山）非物质文化遗产传统技艺大展，作品《醉里看花》获得金奖。2015 年 5 月，宁德"盈盛号"应邀参加福建省文化厅、省艺术馆、省非物质文化保护中心组织的"福建文化宝岛行·福建非遗工艺精品展"。

宁德"盈盛号"创立时仅几人，如今宁德和福安两个分厂的工匠总数最多时将近 100 人，其中畲族工匠占 70% 以上。大众消费方式的变化，悄然推动着文化生产方式的变革。宁德"盈盛号"最初只做畲汉民俗银饰，近年来开发了餐饮器具、纪念币、礼品等十多个系列，上千款产品，并且每个月都有 20 多款新产品投放市场。产品不仅畅销宁德，而且走向了广东、浙江、深圳。自主创新是民族民间工艺技术发展的生命源泉，宁德"盈盛号"精心打造"盈盛号""畲家""麟祥"系列品牌，凝聚成企业发展竞争力。其中"盈盛号"以宁德传统民俗为元素开发民俗系列产品，"畲家"根据畲族群众的习俗和需求开发具有畲民族特色的产品，"麟祥"则为时尚系列。

林贤学认为，目前纯粹的畲族银饰是不存在的，畲族银饰客观地说又具有民族多元性特点。早在各民族文化的交融时期，作为主流的汉民族文化其实已经渗透到畲族的传统文化中来。汉民族的审美倾向其实一直在潜移默化地影响着畲族文化，畲族银饰传统图案很多都与汉族或其他民族银饰相类似。也正是畲汉传统文化在相互渗透、相互融合，才形成现存畲族银饰和结构、款式、功能、图样纹饰等。宁德"盈盛号"成功之处在于，其运作过程中始终贯穿立足畲族、植根本土、面向全国、迎合时尚的经营理念。即在产品开发与市场定位上，讲求不能没有畲族，也不能忽视宁德，但不拘泥于畲族，也不局限于宁德的全局视野。另外，在产品服务于宁德民族地区与少数民族的同时，以招收畲族村民为主，关注畲乡剩余劳动力的出路问题，赢得畲乡群众的普遍认可，产生一定的社会效益。

宁德"盈盛号"所需的后续资金多，在融资时可用于抵押的固定资产较少，融资基础薄弱。还由于投资者本身难以准确把握其商业模式、业务能力和发展前景，从而抑制了为其注入资金的意愿。这对于宁德"盈盛号"的产能和经营规模造成了一定程度的制约，也对企业的创新能力、竞争能力、未来的发展前景造成一定的影响。但林贤学坚信银饰品产业不是夕阳产业，而是既古老又年轻的产业，只要发展思路正确，市场对路，继续注入资金，继续开发新产品，继续拓展市场，就一定能渡过目前生产和研发资金不足的难关。

（四）福建山哈乌饭食品有限公司

畲族传统节日大多是一种时间性的"岁时节日"。也有一些传统节日的时间的确定不是根据一年的时序，而是根据民族集体生活中的重大事件，或根据民族著名人物的诞辰或忌日。畲族"三月三"乌饭节源于中国古代民间传统的上巳节，又融入了做乌饭祭祀本民族英雄祖先的文化活动。在"三月三"乌饭节中，宁德畲民做乌饭、吃乌饭是其中非常重要的组成部分。2014 年 5 月，位于宁德蕉城区的福建山哈乌饭食品有限公司获得了全国首个乌饭"企业食品生产许可"，即"QS"认证。从地方美食到酒店、宾馆、旅游景区的特色佳肴，从街巷作坊发展到企业化经营，宁德畲家传承千年的乌饭经历了一次"华丽转身"，走上了规范化、产业化的发展之路。本课题选择福建山哈乌饭食品有限公司作为个案。

福建山哈乌饭食品有限公司的前身是宁德市畲族乌米饭加工坊，创业者是吴立强。20 世纪 90 年代，在宁德畲族乡村任教的吴立强对于畲民馈赠的乌饭产生了浓厚兴趣，并萌生了将这一畲族特色食品打造成旅游产品的想法。他利用暑假到宁德畲族乡村和浙江景宁畲族自治县考察，多方寻找有关畲族历史文化的书籍，了解乌饭的来历，并向畲族乡亲讨教乌饭的制作方法。经过反复多次的操作，他逐步掌握了乌米饭的制作工艺：乌稔树叶要在早上无露水时采摘，采下的树叶要松散地放在篮中，避免挤压和发热，因为发热后会降低各种元素的含量，用来制作乌饭的糯米要用山区的晚熟糯米，这种糯米生长期长、米粒饱满、营养丰富。在不同的季节，乌稔树叶与糯米的投料比例不同。清明至立秋时节，树叶的黑色素最多，投料宜少。投料比例还需根据每天树叶的颜色和经验目测，随着节气逐渐增加。乌稔叶汁是天然的防腐剂，乌饭的制作无须使用添加剂。煮好的乌饭夏季常温下可以保存 2 天，冷冻保鲜可保存长达 60 天以上。

1996 年，吴立强提前办理了退休，并举家迁到宁德蕉城，开办了宁德市畲族乌米饭加工坊。由于契合了现代人崇尚天然、健康的养生理念，宁德市畲家乌饭加工坊生产的乌饭成为抢手的生态美食，2003 年 5 月，荣获福州市第四届美食节风味美食展十佳品牌风味小吃荣誉称号。2005

年3月，福建省商业联合会授予宁德市畲族乌米饭加工坊"福建金牌老字号"称号。同年，《中国质量报》刊登了"质量月"质检合格企业名单，宁德市畲族乌米饭加工坊榜上有名，翌年还代表福建省参加"中华老字号精品博览会"。

2004年，吴立强尝试在太姥山风景区开设了第一家乌饭食品店，获得了成功，产品受到游客热捧。先后有浙江西塘、苏州虎丘、无锡太湖、杭州西湖、浙江雁荡山、屏南白水洋等旅游景点的客商加入连锁经营。除日常经营销售乌饭外，吴立强每年还可以从各地加盟商那里收到数万元的加盟费。乌饭很快成为各地景区旅游的一部分，成功"变身"为畲族文化旅游产品。2006年3月，宁德市畲族乌米饭加工坊当选为福建省旅游商品同业协会理事单位，约有上千家酒店和宾馆与吴立强签下了供销合同。乌饭产品还被收入《福建旅游商品宝典》，并获得福建省旅游商品同业协会颁发的"清新福建旅游好商品"荣誉称号。

与此同时，畲族乌饭树叶的营养价值也被挖掘出来，并得到科研人员的认证。2007年第2期《福建农业科技》刊登了福建省农科院中心实验室研究人员对宁德北野生植物乌饭树叶的营养成分进行分析，其"测定结果表明乌饭树叶有很高的营养价值，且食药同源，具有健脾益肾、抗衰老、防癌等多种营养保健功能。福建省拥有丰富的乌饭树资源，若能将其食用、药用价值充分挖掘，并作更深入的研究和开发利用，将为山区经济发展，农民脱贫致富提供一条有效途径"。2008年第3期《福建农业学报》发表了福建省农科院中心实验室对于"乌饭树叶蛋白质中氨基酸含量及营养价值评价"。

由于现代生活方式的改变，从农耕文化发源而来的畲族传统文化随着时间的流逝，大多已经渐行渐远。近年来，畲族文化的发掘、整理、发展和传承，已被各级政府上升到落实党的民族政策、尊重民族历史、尊重民族风俗、展示民族特色的高度。在这一背景下，2010年，吴立强将宁德畲族乌饭制作技艺申报宁德市非物质文化遗产，同年被列入宁德市第三批非物质文化遗产。2012年，宁德畲族乌饭制作技艺又被列入第八批省级非物质文化遗产。2013年6月，宁德市人民政府印发的《宁德市畲族文化十年发展规划》提出要"做大做强畲族银器、服饰、竹木加工、特色饮食、旅游商品等文化产业"。2014年，宁德市政府授予宁德市畲族乌饭加工坊为"宁德市畲族文化生态保护示范单位"。

宁德市畲族乌饭加工坊对于畲族文化实践的响应，确有对畲族文化的认同的意涵与倾向，但主要也是为了从中获取更多的利益。吴立强希望能以产业化的形式将乌饭加工坊发展成现代化的企业，以便更好地传承乌饭这一畲族非物质文化遗产。他招商引资，努力寻找一名年轻的畲族企业家作为乌饭加工坊传承人，以便能够更多地保存畲族文化内容的本真。2012年，畲族青年企业家蓝进良与吴立强合作创立了福建山哈乌饭食品有限公司。蓝进良出任总经理，聘请吴立强担任董事长兼技术指导。

公司成立后，历时一年半，通过了企业食品生产许可认证。在此前，吴立强和蓝进良遍访江苏、湖南等地，了解乌饭生产的具体情况。调查的结果是全国范围内都有乌饭的生产和销售企业，但还没有任何一家企业通过"QS"认证。这一结果让当地的主管部门没有可参照的标准进行批复。为此，他们为畲族乌饭做了3次权威的营养成分检测和一次毒理检测，终于得到企业食品生产许可证，将乌饭带入产业化经营的轨道。标准化的食品生产布局、现代化的加工设备、整洁的生产车间，一应俱全。

畲族人将乌饭树嫩叶洗净捣烂，加适量清水滤汁后除渣，再把淘净的糯米放入汁液中浸渍一段时间后上锅蒸煮，便是乌饭了。油黑透亮的乌饭，不仅有糯米的清香，还有乌稔的草香。畲家人认为，乌饭清热解毒，舒筋活骨。"三月三"吃了乌饭，也意味畲家人要开始一年一度的春耕了。乌饭也被作为畲家独特的伴手礼，用来馈赠亲友。为了让消费者一年四季都品尝到乌饭，吴立强与蓝进良改革了传统的制作工艺，将乌饭树叶榨成汁后，按配方浸泡大米，并用特殊工艺加以风干，制作成乌米，这样既方便了储藏和运输，也延长了保鲜期。他们还开发了竹筒乌饭、荷叶乌饭、菠萝乌饭、八宝乌饭等10多种乌饭系列产品。2014年，福建省第三届"三月三"畲族文化节在福鼎开幕。福建山哈乌饭食品有限公司制作了7000份草包乌饭，免费赠送给来宾。2015年端午节，乌饭销售进入旺季，公司接到各地美食行业和旅游行业订单5000多公斤。

当前宁德畲族非物质文化遗产的保护与传承水平仍然处于初级阶段，大部分都还呈现出家庭作坊的状态。福建山哈乌饭食品有限公司将乌饭制作这一畲族非物质文化遗产项目进行产业化试水，并取得了良好的经济效益和社会效益。在保护畲族文化遗产的同时，福建山哈乌饭食品有限公司也为打造宁德民族文化旅游品牌出了一份力。

（五）宁德市山哈服饰有限公司

据现存的中国文化典籍记载，对畲族传统服饰的描述始于明清时期。明代谢肇淛就在其《五杂俎》中对畲族服饰艺术作了描述。清乾隆十六年（1751年），皇家钦定的画本《皇清职贡图》具体描绘了畲族男女服饰，这是封建朝廷首次披露福建畲族男女服饰。福建省是现存的畲族服饰最丰富的区域，宁德是至今保留畲族传统服饰极具代表性的地区。清道光年间，霞浦县溪南镇白露坑畲族村民钟应宝以制作畲族服装技艺精湛出名，经过家族代代传承至钟李发手中。1994年，林章明前往姨丈钟李发家拜师学艺，1998年出师。宁德市蕉城区畲族人口2.38万多人，是畲族主要聚居区之一。林章明选择在蕉城开设了一家服装裁缝店，取名"宁德市山哈服饰有限公司"，至今已从事畲族服饰制作10多年。本书选取宁德市山哈服饰有限公司作为个案。

在最初的那几年，林章明裁缝店里的畲族服饰订单相对较少。究其原因，主要是由于宁德畲族在长期与汉族交往过程中逐渐被同化，畲族服饰渐渐湮没。外来商品市场的成衣造价低，款式面料丰富多样，穿着便捷，赢得畲民的普遍认同。畲族服饰制作周期长，价格相对较高。制作一套原汁原味的畲族传统服装至少需要半个月的时间。畲族姑娘的一整套新婚服饰甚至需要一个师傅和三五个徒弟耗时一个月才能完成。华丽的刺绣是畲族服饰的精华所在，且题材广泛，种类繁多，但手工刺绣的不易也因此提高了畲族服装的价格。畲族服饰以畲族女子的"凤凰装"最具特色，但畲族女子认为穿着凤凰装必须梳凤凰髻，而凤凰髻的梳理又十分费时，这也成为她们最终放弃本民族服装的另一个理由。随着畲民"心甘情愿"在穿着上的汉化，畲族服饰的市场需求量小，林章明的裁缝店遭遇了生存与发展的困境。

与此同时，外界正在积极推进抢救与发展畲族文化的工作。诸如收集、整理畲族古籍、歌谣集，筹建民族风情园，挂牌保护畲族文化遗迹，举办畲族"三月三"风情节，开发民族村寨旅游，挖掘畲族民间工艺等民族民间文化图片展，等等。2007年，福建省政府公布了第二批省级非物质文化遗产名录，其中包括畲族苎布织染缝纫技艺、畲族传统服饰。对于普通民众而言，这些措施并不会给他们的生活带来太多的变化，但对于林章明来说，面临着良好的发展机遇和挑战。

　　林章明开始承接畲族民俗活动、畲族庆典活动的民族服饰制作。他制作的畲族服饰还被中华畲族宫、宁德畲族博物馆、闽台缘博物馆、景宁县畲族自治县畲族博物馆、上海纺织博物馆收藏。宁德市山哈服饰有限公司也被列入宁德市级非物质文化遗产保护单位。随着越来越多的畲族元素被编成舞蹈带上舞台，为了扩大经营，林章明还为宁德畲族歌舞团置办"行头"。此外，林章明还为福建省少数民族传统体育运动会畲族体育表演项目选手制作服装。民族旅游作为一种文化产业，畲族服饰的利用与展示被认为是畲族乡村不可或缺的元素。林章明借助宁德民族乡村旅游资源的开发，为民族旅游已是风生水起的上金贝畲族村与猴盾畲族村制作畲族服饰。

　　2015 年第四届"三月三"畲族文化节在宁德举行。这场节日的狂欢，给了畲族文化一个绽放的舞台。宁德市山哈服饰有限公司抓住这一难得的机遇，以"读畲服、品文化"为主题，现场展示了纺线、织布、靛染、裁剪、畲绣、缝制、盘发等畲族服饰传统技艺，受到观众的广泛赞誉。中央电视台、宁德电视台、《福建日报》、《宁德日报》及人民网、东南网、新浪福建、凤凰福建等众多媒体迅速"跟进"，在报道"三月三"盛况时，不约而同地都配发了宁德市山哈服饰有限公司展位的视频或配图。从开幕式的航拍图可以看出，12 个展位中，宁德市山哈服饰有限公司展位的观众最为密集。

　　为了保护和发展宁德畲族服饰制作技艺，林章明还积极与国内高等院校师生探讨交流民族传统工艺的普及。他曾接待北京大学、清华大学、人民大学、复旦大学、厦门大学、东华大学（原中国纺织大学）、福州大学、闽江学院等高校的社会实践师生，为专程来调研传统民族服装制作技艺的师生讲解畲族服饰工艺。他经常在青少年中开展民族传统手工艺 DIY 活动，希望能唤起青少年保护民族传统工艺的意识。他多次在商业繁华区域宁德万达举办畲族传统服饰作品展及畲族传统服饰制作技艺展，宣传普及畲族传统服饰文化。

　　有机遇也有挑战，主要的挑战来自观念的更新和理念的调整。随着机织布逐渐进入畲族家庭，畲民自种自纺自织的苎布已被取代。畲族传统工艺想要跟上市场发展的步伐，关键要看文化产品和服务的供给。林章明从消费需求来反向思考，看准了消费需求的变革和趋势，在畲族服饰原有传统工艺的基础上，吸收了其他现代服饰的制作方式进行文化重构，进行工业化的批量生产。林章明首先在畲族服装面料的选择上舍弃了本土化的苎布，而采用了现代化生产的机织棉布甚至是化纤面料。他还应用电脑设计和刺绣缩短生产周期，降低了销售成本。由于舞台艺术的需要，他为宁德市畲族歌舞团演员们制作的畲族服装经过了艺术加工，面料轻盈、图案夸张。为了搭配畲族服装，他甚至还开发研制了具有畲族风格并且佩戴方便的发套。相对价廉的畲族服饰推向市场后，促进了民众购买力，公司订单很快增多，除了来自宁德本地区不断增多的畲族客源，也有通过网络信息慕名而来的广东、浙江等地的客商。由于当前品牌已成为市场开发核心战略，林章明也因此注册了服装商标"畲派"，以增加产品的文化附加值。

在现今就业门路拓宽、谋生手段多样的经济社会里，由于制作畲衣学艺周期长且经济效益低，无法满足当代人急功近利的人生目标，越来越少的畲族后代愿意从事畲族服饰制作。经过多年的实践，林章明的制衣技术精湛，2012 年 11 月举办的首届中国（浙江）畲族服饰设计大赛上，林章明的三件参赛作品《飞龙在天》《火蓝畲鸣》《凤凰之歌》全部入围决赛，并入围常规实用型服装优秀奖。2014 年 4 月，《福建日报》以《畲族服饰：从传统走向现代》为题，介绍了林章明。2015 年 1 月，林章明还被宁德市人民政府授予"宁德市工艺美术名艺人"称号。作为宁德市非物质文化遗产传承人的林章明，还是苦于找不到愿意跟随他学习的学徒，畲乡传统的家传、师传等传承方式出现了断裂。

在宁德市山哈服饰有限公司并不大的空间里，制衣间、样板间、设计室等功能空间分类明确，展示厅里挂满了各种民间收藏及自己制作的畲族服饰。样衣间里还有各式各样经过改良、融合了现代元素的畲族服装。在这里，似乎让人看到了畲族传统服饰走出更广阔路子的可能性。然而，在当今外界大量信息的刺激下，畲族同胞们已渐渐蜕去身上的"乡土气息"，伴随的是民族意识的相对淡薄与民族认同感的相对减弱。随着畲族服饰的式微，就现阶段而言，真正、自觉展示民族服饰的事象越来越少。而那些被林章明"改良"的五颜六色的畲族服饰在旅游景区的出现，让人觉得是"伪民俗"，不容易接受。宁德还有许多从事畲族服装设计的服装厂尝试从时装的角度，重新设计并制作现代版的畲族服饰，但从市场前景、消费群体来看，这种实践并没有取得成功。

五 宁德畲族文化产业可拓展的空间

宁德畲族地区的发展不仅需要物质财富的创造，也需要民族文化的凝结。宁德畲族民俗产品既可成为民族经济发展的组成部分，也能成为民族群体寻求民族自信与文化自觉的重要象征。此二者如同鸟的两翼、车的两轨，没有民族文化凝聚的物质财富如同昙花一现，没有物质财富支撑的畲族文化如同海市蜃楼。由此可知，宁德畲族民俗产品并非普通的商品。在畲族文化产业发展过程中应当重视社会效益，应当避免"过度"开发对畲族文化生态造成的破坏，使畲族民俗产品失去文化内涵，影响畲族文化的生机和活力，伤害民族自尊心和自信心。这就需要在畲族文化产业开发过程中把握正确的方向，科学的、合理的开发宁德畲族地区丰富的文化资源，引导宁德畲族地区的经济发展、社会面貌、文化需求走上良性发展轨道。

文化产业被定义为用最先进的手段、最理想的商业模式推广文化创造力。但由于历史和现实原因，宁德畲族地区经济社会发展起步晚、水平低，现代性特征不明显。与其他地区相比，宁德畲族文化产业尚处在初级发展阶段。因此，在制定发展战略时既要有前瞻性，又要有现实性。要因地制宜地制订畲族文化产业发展规划，既突出宁德畲族地区资源禀赋的优势，又要跟上全国性的发展步伐，形成阶段性的、波浪式的发展态势。当今各级政府多关注于宁德畲族传统文化的保护、非物质文化遗产的保护工作。而对于宁德畲族文化的现代化发展，如市场化、产业化发展方面的认识不足。保护和传承工作仅仅是畲族文化发展中的一个方面，还应该关注的是畲族文化适应现代社会的产业化发展问题。因此，需要转变发展观念，进一步优化文化消费环境，健全公共文化服务体系，为民族文化消费提供完善的基础条件，广泛吸收有利于民族文化发展的现代的、先进的文化元素，积极培育新的民族文化消费增长点。

福建省是现存畲族民间工艺最丰富的区域，尤其是宁德畲族地区民间工艺更加引人注目。在宁德畲族文化产业起步阶段，宁德畲族民间工艺起着非常重要的作用。然而，从农耕文化发源而来的畲族民间工艺随着时间流逝，大多因现代生活方式的改变而渐行渐远。原有的封闭式的仅靠传统手工制作的模式已无法满足市场日益增长的需求。当下其丰厚的底蕴，脆弱的现状，艰难地前行，已令保护和发展变得刻不容缓。当务之急是政府相关部门应尽快组织力量，对于现存的宁德畲族民间工艺进行摸底调研，尽快研究制定出可操作的民族民间工艺保护和发展的政策。可制定奖励扶持办法，鼓励企业开发新技术、新产品，并对产生较大市场影响力、具有较好社会效益的民族文化产品给予奖励。可以借鉴福州市的做法，对重点保护的民族传统工艺实行工艺大师、名艺人、民间工艺传人带徒（含子女）津贴制度。可以不定期地举办宁德畲族民间工艺展览，选送优秀作品和民间艺人到全国各地进行交流，对于在各级赛事和展销活动中获奖的工艺产品或艺人，给予奖励。随着宁德市旅游效应逐步显现，可以将宁德畲族民间工艺列入旅游产业链，拓宽畲族文化的行销渠道。如建设宁德畲族民间工艺品步行街，达到对于畲族民间手工艺需求、体验和传承相辅相成的目的。还可以搭造平台，策划、组织有影响力的民族民间文化节、工艺美术节等活动，让潜藏在民间的民族传统手工艺产品走出"深闺"，推动其创收致富。传统媒介可以设置专门频道或固定专栏，新媒体可以开辟传播畲族文化的网络平台，以最流行、受众面最广的传播方式传播"指尖上的畲族文化"。与此同时，还应当发挥科研院所、大专院校、群艺馆、博物馆等文化事业单位在开发宁德畲族民间手工艺方面的功能。

宁德畲族文化产业总体来说，活力不足，还很弱小，亟须具有整合开发畲族文化经济存量潜力和创新能力的领军人物。专业的文化产业人才的匮乏，成为制约宁德畲族文化产业发展最直接的瓶颈。各级政府还应加大民族文化产业核心人才、重点领域专门人才、高技能人才的引进、培养、扶持力度。可以采取学历教育与职业培训并举、创意设计与经营管理相结合的人才培养新模式，推动高校、知名企业、园区、科研院所联合培养民族文化创意人才。

在宁德现有的畲族文化产业普遍存在融资困难的情况下，各级政府应当广泛动员各种社会力量投入民族文化产业。应当鼓励组建民族区域文化发展协调基金和各类民族文化产业基金组织、民族文化投资公司，允许社会和个人参与兴办民族文化艺术基金，并逐步形成政府、企业、个人、社会多元化投入的格局。还可以通过举办银企洽谈会、融资推进会等形式，支持民族文化产业的发展，民族企业重点园区、民族产业重点项目建设，促进宁德畲族文化产业健康的快速的发展。2005 年 8 月，国务院发布了《国务院关于非公有资本进入文化产业的若干决定》，鼓励和支持民营资本进入以下领域：文艺表演团体、演出场所、博物馆和展览馆、互联网上网服务营业场所、艺术教育与培训、文化艺术中介、旅游文化服务、文化娱乐、艺术品经营、动漫和网络游戏、广告、电影电视剧制作发行、广播影视技术开发运用、电影院和电影院线、农村电影放映、书报刊分销、音像制品分销、包装装潢印刷品印刷等。根据 2013 年福建省制定的《进一步推动金融支持福建省文化产业发展的若干措施》文件精神，应当为文化企业提供融资需求信息平台，创新文化金融产品和服务，大力协调和拓展"免担保"等信用类贷款产品或者降低融资成本等专项文化贷款产品，进一步提升文化产业发展金融服务效率。

附录：

宁德市畲族文化十年发展规划
（2013—2022 年）

宁德市是全国畲族主要聚居地，有畲族人口 18.9 万人，占全国畲族人口的 26.7%，全省畲族人口的 51.6%。畲族人民在长期的历史活动过程中铸就了勤劳勇敢、忠诚刚直、团结友善、自强不息的精神。他们创造物质财富的同时，也创造了珍贵的精神财富，留下许多独具特色的文化遗产，是中华民族文化宝库中重要的组成部分。为全面贯彻落实党的十八大精神，促进民族文化繁荣发展，充分发挥畲族文化在建设丰富多彩新文化"大宁德"中的作用，根据国务院《关于进一步繁荣发展少数民族文化事业的若干意见》（国发〔2009〕29 号），结合全市少数民族和民族地区实际制订宁德市畲族文化十年发展规划（2013—2022 年）。

一　发展目标

（一）公共文化服务体系不断完善。公共文化基础设施更加健全，畲族文化活动更加活跃，市、县（市、区）、乡（镇）、村（社区）文化基础设施建设达到国家和省的要求，畲族群众基本文化权益得到保障，文化生活质量进一步提高，城乡特色文化进一步凸显。

（二）文化产业发展活力和综合实力明显增强。文化市场长效管理机制逐步完善，建立灵活多元的民族文化投融资体制，文化生产要素市场、各类特色文化产品市场活跃，初步形成具有民族特色的文化产业。

（三）文化创新能力进一步提升。不断创作和生产既有思想内容又有市场价值、具备畲族特色的文化产品。

（四）文化遗产得到有效保护。改善文物馆、博物馆、纪念馆馆存条件，形成较为完善的文化遗产保护体系，采取有效措施加强畲族文化遗产保护。非物质文化遗产保护取得新成效，新增一批非物质文化遗产列入国家级和省级名录，畲族传统工艺、医药等非物质文化遗产得到顺畅传承。

（五）传统体育进一步弘扬发展。积极开展畲族传统体育运动，重视畲族传统体育项目的挖掘整理和推广工作，在现有少数民族传统体育基地的基础上拓展传统体育项目，提高竞技水平。举办民族传统体育项目展示和竞赛活动，民族学校开设民族体育类课程，办好少数民族传统体育运动会，在全国、全省少数民族传统体育运动会上取得好成绩。

二　主要任务

（一）加快建设公共文化服务体系

1. 加强市、县（市、区）、乡（镇）、村（社区）四级公共文化服务体系建设，丰富服务内容与形式，突出服务功能与实效，提高服务水平与质量，构建结构合理、发展均衡、服务高效的公共文化服务体系，满足畲族群众多层次精神文化需求，发挥文化在和谐社会建设进程中的重要作用。

2. 进行文化资源整合，充实中华畲族宫内涵，改善闽东畲族文物馆、畲族革命纪念馆安防、消防设施，提升文物保护单位安全技术防护能力。加快中国畲族博物馆的筹建工作，着力设计构建与丰富多彩新文化"大宁德"相匹配的民族特色文化设施。

3. 支持福安市畲族文化交流中心、霞浦县畲族风情园、福鼎市畲族文化展示中心建设，在畲族人口聚居的区域逐步建立民俗文化活动场所，促进民族文化的传承发展。

4. 加强民族乡、村文化站达标建设，同步实现乡文化站与市、县（区、市）级图书馆的联网。

5. 加强少数民族传统体育训练基地管理，努力创造条件，争取更多畲族体育运动项目被省确定为少数民族传统体育单项训练基地。

（二）保护弘扬畲族传统优秀文化

1. 巩固扩大畲族文物普查工作成果，积极做好文物保护单位和非物质文化遗产的申报工作，争取国家、省级文物保护单位有新突破，国家、省、市非物质文化遗产有批量增加。

2. 争取设立省级闽东畲族文化生态保护试验区。

3. 摸清全市畲族文物家底，进行文物建档立卡，加大文物征集力度，丰富馆藏藏品。

4. 拓展文物馆的横向联系，加强文物馆与中国民族文化宫等单位的交流与协作，提高文物管理水平。

5. 增添畲族文化传习所数量，进一步推进畲族优秀文化、传统工艺、畲医、畲药的传承与发展。

6. 支持指导民俗文化活动，做大做强"三月三"畲族文化品牌。凭借"三月三"在畲族群众中的影响力，通过精心策划与引导，进一步提升城乡畲族群众自办文化活动的层次和水平。鼓励支持各地定期举办"正月十五""二月二""三月三""四月八"等民俗文化活动，打造出以"三月三"为主体的民俗文化活动品牌。

（三）打造畲族文化艺术精品

实施文艺精品战略，以畲族歌舞团、闽东畲族文化研究会为基础，组织民间艺术团体，大力推进民族文化创新，对有鲜明畲族特色、具有一定影响力的文艺门类进行重点扶持，着力打造能代表畲族形象、具备民族特色的文学、音乐、美术、书法、摄影、舞蹈等文化艺术作品。培育一批在省内外具有影响力的畲族文化名人和畲族文艺精品。

（四）发展畲族文化产业

充分利用"宁德世界地质公园"和"闽东北亲水游线路"的影响力，将畲族文化融入闽东自然山水，有重点地在宁德市主要旅游线路沿线建立畲族文化旅游点，加快中华畲族宫、蕉城区上金贝景区等旅游点建设，结合附近的旅游线路进行联动开发，形成畲族风情旅游景点，打造畲族旅游文化品牌。进一步拓宽畲族文化产业发展的投融资渠道，更多地吸引银行信贷资金和引导社会资金注入，本着"谁投资，谁所有，谁受益"的原则，动员社会力量，鼓励企业、个人、社会各界对畲族文化产业的投入。重点支持做大做强畲族银器、畲族传统竹木制品等畲族文化旅游产业。

（五）推进两岸民族文化交流

通过举办"三月三"等畲族民俗文化活动，寻求畲族与台湾盘、蓝、雷、钟姓氏宗亲文化共同点，加强畲族与台湾同姓氏宗亲的文化交流。采取互访的形式邀请台湾民族歌舞艺术团体到我市交流演出，鼓励畲族歌舞团等团体到台湾进行畲族民间艺术展示和文艺演出活动，促进两岸民族文化的交流与合作。

三　保障措施

（一）加强组织领导。各级党委、政府要将畲族文化建设列入重要议事日程，相关部门积极支持、密切配合，制定具体实施方案，建立工作责任制，切实履行各自职责，形成推动畲族文化发展的合力。宁德市保护与发展畲族文化领导小组负责组织协调、督促各项工作落实。

（二）培养专业人才。建立科学的民族人才培养机制，将畲族文化人才的培养纳入全市人才培养整体规划，因地制宜，因材施教，在畲族年轻干部和热心民族文化事业的各族能人中推选具有专长的人员参加培训、参观学习，提高畲族文化骨干队伍的综合能力和管理水平，深入研究发展畲族文化，彰显畲族文化特色。加强畲族文化产业人才培养，选拔中青年民族文化人才赴国内著名艺术院校深造学习，培养艺术创作、编导、指挥、演出、经纪等方面人才，造就一批熟悉民族文化及市场运作和投融资体系的高级文化经营管理人才和掌握文化产业高新技术的专门人才。做好畲族文化传承人的建档立卡工作，加强对传承人的培训，有计划地实施畲族文化传承人的传、帮、带工作。

（三）加大扶持力度。根据国务院《关于进一步繁荣发展少数民族文化事业的若干意见》和《中共宁德市委关于贯彻落实党的十七届六中全会精神推动文化大发展大繁荣的实施意见》，各级党委、政府要切实担负起传承保护发展畲族文化的领导、组织、统筹、规划、协调等责任，加大扶持力度。同时，积极发动社会经济组织与各界人士投身畲族文化建设，形成以政府投入为主、社会各界积极参与的稳定的公共文化服务投入机制。

（四）扩大宣传教育。扩大媒体渠道，拓展舆论空间，运用各种宣传形式，多渠道、多层次地宣传畲族文化，让汉族群众认同并尊重畲族民间民俗文化，营造全社会关注支持畲族文化保护与发展的良好氛围。

（五）加大督察力度。各项目牵头单位要按照规划要求认真组织实施，各协办单位积极主动配合，每年12月30日前牵头单位要将项目进展情况形成书面材料，报宁德市保护与发展畲族文化工作领导小组办公室。市保护与发展畲族文化工作领导小组、市政府督察室不定期对项目执行情况进行检查，通报项目实施情况。

附件：

宁德市畲族文化十年发展规划项目任务分解表（一）

项目名称	任务目标	牵头单位	协办单位
畲族风情旅游	用3—5年时间开辟一条畲族风情游线路：中华畲族宫—蕉城上金贝畲家寨—福安溪塔葡萄沟	市旅游局	市发展改革委、民族宗教局、财政局，蕉城区、福安市政府
特色村寨建设	分年分批进行畲族特色村寨建设，2022年形成一批具备畲族特色的村寨	市住房和城乡建设局	市民族宗教局、旅游局、财政局、文化广电新闻出版局、有关县（市、区）乡镇人民政府
畲族公共文化体系建设	①加快中国畲族博物馆筹建工作；②畲族人口较多的福安、福鼎、霞浦县（市）建立畲族文化活动、展示、传承、传播中心	市民族宗教局，福安市、霞浦县、福鼎市政府	市文化广电新闻出版局、发展改革委、国土资源局、规划局、旅游局、财政局，相关县（市）职能部门
中华畲族宫	进行资源整合，丰富畲族宫内涵，完善设施，打造畲族风情旅游景点，使之成为展示畲族文化的一个窗口	市民族宗教局	市文化广电新闻出版局、旅游局
畲族歌舞团建设	将畲族歌舞团打造成具有一定影响力的文艺团体	市文化广电新闻出版局	市民族宗教局、各新闻媒体

宁德市畲族文化十年发展规划项目任务分解表（二）

项目名称	任务目标	牵头单位	协办单位
畲族文化保护传承	①加强畲族文化普查，组织发动畲族非物质文化遗产的申报；②扶持传承人开展非遗传承；③收集、保护畲族历史文物	市文化广电新闻出版局	市民族宗教局、住房和城乡建设局、规划局
畲族生态保护实验区	争取设立宁德市畲族生态保护实验区	市文化广电新闻出版局	市民族宗教局、住房和城乡建设局、规划局，相关县（市、区）政府
畲族民俗文化活动	①支持打造"三月三"畲族文化品牌；②指导各地开展畲族民俗文化活动	市民族宗教局	市文化广电新闻出版局、旅游局，相关县（市、区）政府

续表

项目名称	任务目标	牵头单位	协办单位
畲族传统体育	①完善民族乡村、学校民族传统体育设施；②建立6—8个少数民族传统体育训练基地；③指导民族乡村、学校传统体育训练；④做好全国全省民族运动会参赛工作	市体育局	市民族宗教局、教育局
畲族文化教育	民族团结进步和畲族文化知识内容列入地方教育课程，民族中小学校园文化要体现民族特色，畲语畲歌进校园，推行民族特色校服试点	市教育局	各县（市、区）政府，市民族宗教局
畲族音乐舞蹈	①每年要创作编排具有民族特色的舞蹈节目；②培养国家、省、市级畲族民歌传承人；③规划期间创作编辑出版较高水准畲族民歌专集	市文化广电新闻出版局、民族宗教局	市教育局

宁德市畲族文化十年发展规划项目任务分解表（三）

项目名称	任务目标	牵头单位	协办单位
畲族文化产业	做大做强畲族银器、服饰、竹木加工、特色饮食、旅游商品等文化产业	市经贸委	各县（市、区）政府，市文化广电新闻出版局、林业局、工商局、地税局、旅游局、民族宗教局、城联社
畲族文化宣传	宁德电视台、《闽东日报》《宁德晚报》等加强民族文化题材的报道	市文化广电新闻出版局	市民族宗教局、宁德电视台、闽东日报社、宁德晚报社
畲族文化人才培养	加强畲族文化人才培训、培养，引进各类民族文化专业人才	市公务员局	各县（市、区）政府，市文化广电新闻出版局、教育局、人社局、城联社、民族宗教局
畲族医疗	①支持民族医院和民族乡所在地卫生院、村卫生所配套医疗设备，提高医疗服务水平；②每年举办包含民族乡村医生在内的村医培训班；根据省卫生厅统一部署，对传统畲医进行考核认定	市卫生局	市民族宗教局、药监局

摘自 2013 年 6 月 16 日宁德市人民政府《宁德市人民政府关于印发〈宁德市畲族文化十年发展规划〉的通知》（宁政〔2013〕11 号）文。

第十一章

宁德畲族的教育事业

1997 年 12 月，时任福建省委副书记习近平在"面向 21 世纪的中国畲族社区研讨会"的讲话中指出：根据福建省少数民族大分散、小聚居的分布特点和福建省地处沿海开放的实际，民族工作着重按照"教育为先，科技为要，经济为重，小康为实，干部为本"的工作思路。[①] 1998 年 9 月 15 日，在福建省民族工作会议暨民族团结进步表彰大会上，习近平在《深入开展民族团结进步活动　共同促进民族地区经济社会全面发展》的工作报告中指出："要从根本上提高少数民族人口素质，关键在于大力发展民族地区教育。要调动全社会的力量，多渠道增加对民族地区教育的投入，发展和完善民族地区的教育设施，切实改善办学条件。（福建）省直有关部门都要针对我省民族地区教育相对落后的状况，支持少数民族教育发展专项资金，每年集中精力办好一批重点民族小学或寄宿制民族小学，切实提高民族乡村基础教育质量。建立少数民族特困助学金，救助一批少数民族失学儿童。要大力普及九年义务教育，扩大民族中学办学规模，提高少数民族和民族地区初中升学率。要大力发展各种形式的职业教育和成人教育，为民族地区培养大批合格的各类专业人才。要将职称评定与山区教学期限结合起来，鼓励、支持城市教师、师范毕业生到民族地区任教，扶持民族地区教育事业。要尝试在一些重点中学举办民族班，招收各县的少数民族学生进行培养。要继续做好省内发达地区对民族乡教育的对口支援工作，发动社会捐资助学，实施'希望工程'，开展'手拉手、献爱心'活动，确保少数民族适龄儿童都能够接受义务教育。"[②] 1999 年 3 月，习近平到宁德地区调研少数民族与老区工作，在福安市畲族经济开发

---

① 摘自《福建民族》1997 年第 6 期，第 9 页。
② 摘自《福建民族》1998 年第 5 期，第 10 页。

区调研汇报会上，他认为，宁德是全省畲族最大的聚居地，是畲族人口最集中的地方。当前，要着重从四个方面抓好工作，其中之一是要大力发展少数民族聚居地的社会事业，特别是发展教育事业。特别指出："社会事业相对滞后于经济，是普遍存在的现象。少数民族地区的这种滞后更突出一点。所以，电视、电话、卫生、文化设施、学校、计划生育工作要尽快搞上去，当前特别是教育要搞上去。少数民族地区有很多一人一校的情况，教育水平不高，师资缺乏，这些工作在民族工作会议上已专门作了部署要认真加以落实。抓经济发展是关键、抓人才培养是根本。一个民族的希望在于教育，世界的财富在犹太人的'口袋'里，犹太人的财富在他们的'脑袋'里，这句话说的就是这个意思。"①习近平这些关于福建民族教育的讲话精神对 21 世纪初宁德畲族的教育发展指引了方向。

21 世纪初，宁德的畲族教育工作在民族政策的指引下，在促进教育现代化发展的背景下，从实现教育公平和均衡、改善教育结构和水平、传承民族优秀文化等方面入手，在普及义务教育、发展高中和职业教育、弘扬畲族文化等方面有了较大进步，并关心呵护畲族留守儿童健康成长。

一　义务教育的普及与优化

（一）条件与保障

20 世纪末 21 世纪初，福建省委、省政府以及相关部门先后通过有关规定和措施，为少数民族教育文化事业发展提供了条件和保障。1999 年10 月，福建省人大通过了《福建省少数民族权益保障条例》，要求各级政府在师资、财力、物力等方面帮助少数民族发展基础教育、职业教育和成人教育，并在经费、师资力量、教学设备方面给予照顾，同时制定少数民族考生优先照顾的招生政策，在省属高校和省内中等专业学校举办民族班或民族预科班；要求在少数民族人口较多的地方建立寄宿制小学和民族中学，对家庭有困难的少数民族学生减免学杂费，实行助学金和定期困难补助，对教师给予优惠政策。当年，省委、省政府"举全省之力，动员全社会力量，加快少数民族地区经济社会发展"，每年从年度事业费预算中

---

① 摘自《福建民族》1999 年第 3 期，第 4 页。

安排 200 万元，专项用于办少数民族地区寄宿制小学。2000 年 6 月，省教育厅与省民族与宗教事务厅在全省民族教育工作会议上，决定将发展少数民族教育事业列入全省"十五"教育发展的重点，采取有效措施，扶持少数民族教育发展。包括加快少数民族聚居乡村兴建寄宿制小学步伐；3 年内为少数民族学校按部颁标准配备补充仪器设备；加大培养少数民族学生的力度；加强少数民族地区师资队伍建设；做好民族困难学生资助工作；做好民族教育对口帮扶工作；健全和完善民族教育专项督察制度，等等，推动民族教育发展各项措施的落实。2001 年 7 月，福建省教育厅制定颁布《加快民族教育改革与发展步伐　促进民族地区经济和社会快速发展》，2002 年，根据国务院的决定和福建省人民政府《关于基础教育改革与发展的决定》，8 月 14 日，省人民政府制定发布《关于深化改革发展民族教育的实施意见》，决定"十五"期间福建省民族教育的发展目标为：发展学前教育，改善民族中小学的办学条件，加快基础教育信息化进程，提高教育质量，促使民族地区学前一年和三年受教育率达到 80% 和 50%，小学适龄儿童都能按时入学，在校生年辍学率控制在 1% 以下，15 周岁以下人口基本都能完成初等义务教育；初中入学率 92% 以上，初中生年辍学率控制在 3% 以下，17 周岁人口初级中等教育完成率 90%，高中阶段入学率接近或达到当地平均水平；青壮年非文盲率达到 95%，全面扫除 15—24 周岁有学习能力的青年文盲。并要求：合理调整民族中小学布局，使少数民族学生占民族中小学在校生数 30% 以上；少数民族散杂居的县（市、区）要设立民族教育专项基金，并根据当地实际制定少数民族学生的助学金标准；选调一批城镇优秀教师到民族乡中小学任教和支教，选拔优秀学生到省属高校民族预科班就读并定向回到民族地区任教；继续推动省直有关单位和沿海经济发达县市区与 18 个民族乡、省一级达标中学与民族中学的对口支援工作。同时，全省进行民族地区义务教育阶段学校布局调整。这些政策大力推动了宁德畲族教育的发展。

在各级政策支持下，20 世纪 90 年代以来，宁德针对少数民族特别是畲族教育发展采取了多种扶持政策。一是优化办学结构：小学采取县办民族实验小学、在畲族人口较多的乡中心小学办民族高小班，在畲民聚居的行政村办完全小学，在畲民散居的自然村增设教学点以及夜小学、寄宿制小学等。二是培养合格师资：在福安师范学校、宁德师范学校办民族师范班，每年招 40—50 人，毕业后全部分配到畲乡任教；逐年增派公办教师到民族小学，特别是选调优秀汉族教师到畲乡任教；组织各县的教师进修学校举办脱产、半脱产班轮训少数民族教师。三是设立专项资金：各地设立贫困地区义务教育专项资金，强调教育经费安排向贫困地区和少数民族地区倾斜。对民族重点小学，统一配备了国家教委颁发的2类以上教学仪器设备。筹资争取了邵氏基金，世行"贫三项目"贷款，"贫义工程"专款等主要安排在贫困地区和民族地区，支持民族教育基础建设。1999年初，福建省教委成立"对口帮扶少数民族和民族地区教育工作领导小组"。7月，省教委与省民委联合召开全省民族教育工作对口帮扶工作会议。省教委与福安康厝民族乡结为帮扶对子，每年安排经费50多万元支持康厝调整学校布局、建设新村和资助贫困生；省教委向康厝学区赠送电教设备、图书，开展实用技术培训；并组织几所福州的省级示范小学对口帮扶康厝乡小学。泉州鲤城区出资80万元支持帮扶对象霞浦县民族乡水门设立教育奖励基金，为学校配备教学仪器设备，安装语音室、电教室等。长乐市与福安市的三个畲族乡结对帮扶，帮助建设了燕科民族小学以及民族乡小学的新教学大楼。福清市拨出专款30万元资助福鼎硖门乡中小学建设新教学楼，并捐款帮助失学儿童重返课堂。同年，宁德地区开始三轮民族寄宿制中小学建设，对56所民族寄宿制中小学进行新、改和扩建。福安市教育局投资20万元、福建省妇联资助10万元，在溪潭乡蓝田村成立蓝田民族春蕾小学；省民族宗教事务厅、宁德市民宗局、福安市教育局总共投资118万元将坂中乡中学改建为福安市民族中学，并在其中开办针对初中畲族特困女童的"春蕾班"。福安市教育局、民族宗教局每年各拨款3万元补助春蕾班贫困生的学杂费和住宿费，并给予春蕾班学生每月30元生活补助。2004年，福建省加大对民族教育的政策和经费扶持，少数民族地区的义务教育阶段事业发展接近全省平均水平。

2013年以来，宁德累计投入民族学校资金1000多万元，民族学校面貌焕然一新，办学条件明显改善。其中，宁德市民族中学创建省一级达标学校投入资金617万元；畲族经济开发区中心小学改造为民族实验幼儿园投入资金150万元；同时，民族学校各项优惠政策得到有效落实。2013年，将民族小学的少数民族普通寄宿生生活补助标准提高到每生每学年1000元、少数民族的低保寄宿生生活补助标准提高到每生每学年1200元；民族中学的少数民族普通寄宿生生活补助标准提高到每生每学年700元、少数民族的低保寄宿生生活补助标准提高到每生每学年1450元。并将市民族中学畲族贫困女童初中"春蕾班"助学金标准提高到每生每学年1000元。到2014年，14届初中畲族"春蕾"班共资助了680名畲族特困女童到校就读，至此，福安全市共有3000多名女童受到资助完成学业。这些，为21世纪宁德畲族各级各类教育发展奠定了坚实的基础。

（二）结构优化与质量提升

宁德畲族教育在普及的同时，不断优化教育结构、提升义务教育质量水平。

在全国最大的畲族人口聚居县福安市，建立了从幼儿园到高中的民族学校体系，共22所学校，其中宁德市属民族高级中学1所，民族职业中学1所，民族实验小学1所，畲族乡中心小学3所，民族制小学14所，民族实验幼儿园1所。畲族学生12767人，占12.5%。为了有效提高畲族教育水平，从2006年开始，就以特岗教师大力扶持民族学校改善师资水平。2014年，福安市制定了针对民族教育工作"四个一"即：一个核心目标、一个交流平台、一个特色品牌和一个牵手行动的行动计划。在"传承民族文化，推进民族团结"这一核心目标下，各校轮流每年举行一次民族教育研讨会，以交流、展示和提升民族学校；构建完整的民族教育体系的基础上，积极打造"一校一品一特色"的办学格局，确立各民族学校的发展特色为：宁德市民族中学发展民族特色校本课程，福安市民族职业中学发展民族体育活动，福安市民族中学继续发挥"春蕾班"优势；坂中中心小学以"小山哈少年宫"为品牌，康厝中心小学办好畲歌传习所，穆云中心小学推进体验教育，福安市民族实验小学完善寄宿制管理和双语教学，坂中中心幼儿园深化民族文化背景下特色区域活动的实践研究。同时，"牵手行动对子"为推动民族中心学校（或实验学校）与民族村小学（完小校、教学点）"手拉手"，推进民族村小学工作，提升民族教育整体水平。要求大校每年到所牵手的民族村小学做一次工作指导；开展一次教育教学、师生生活等帮扶活动，给予一定财物支持。

福安坂中中心小学通过打造"四大工程"朝着特色优质的方向发展，包括：一是以团队建设为支撑的团队成长工程，努力培养具有专业的技能和教师素质、对民族教育的发展有着一颗执着和热忱的心，并知晓畲族的文化内容、能够肩负研发校本课程的特色品牌教师队伍；二是素质提升工程，即基于宁德教育的培养方案，以提高学生的素质教育为目标，开设针对畲族留守儿童的心理咨询室和每周定期的心理交流班会，为畲族孩子排除心理障碍，促进师生之间的共同进步发展；三是文化重建工程，将畲族的"忠"和"勇"民族精神贯穿于学校文化中，如把畲族的吉祥物"凤凰"作为学校标志，建立"畲文化长廊"，即，将畲族的特色文化渗透到阅读节、艺术节、科技节和体育节的四大节活动当中，培养畲族学生的民族情感；四是纵深拓展工程，主要是打造学校的核心理念，以"畲文化"的传承为中心线，努力创建各种平台，发挥校园优势，提升学校管理实力，同时构建"家庭、社会、学校"三位一体的教育管理网络，通过现代化的互联网更加便捷高效地进行资源的整合，提高学校的主体效益和学生的综合发展。在"四大工程"的基石下，21世纪的坂中中心小学无论是教师队伍还是办学质量都呈现出了新的局面。教学楼已经不再是过去砖头堆砌，每一面墙壁都是光亮的瓷砖铺成，学校占地面积达到了16000平方米，校舍面积为4000平方米，在校学生2272人，其中畲族学生达到了778人，占总人数的34.2%，畲族教师有22人，占16.2%。

福安市民族实验小学创办于1952年，原名福安县仙岩小学，1985年经福建省教育厅和福建省民委批准命名为"福安市民族实验小学"，是一所完全寄宿制小学，学校占地面积6408平方米，建筑面积2526平方米，现有6个教学班，教职工16人，在校生103人，其中寄宿生86人，民族生85人，学生来自4个县市，14个乡镇，33个自然村，大部分是边远的少数民族地区农民子女或进城务工农民子女。为保证每一位少数民族学生都能进得来学得好，学校积极改善办学条件，新建寄宿生宿舍楼，对学校的操场、厕所、围墙、栏杆、绿化美化、大小门等进行改造，添置专用设备，不断提升办学水平。同时，努力推进"双语教学与校本课程开发"。教学方面，学校开展优质课的评选、校本培训，派教师外出学习，请专家进校讲座等多种形式，努力提升教师整体素质。同时，通过新老学生结对子、建立师徒关系等举措促进全体学生共同进步。因此，其毕业生到宁德市民中、福安市民中就读后，学生思想表现、学习成绩得到两所中学的肯定，学校还长期坚持"双语"教学，被《人民日报》誉为"畲山教育的明珠"。

福安市穆云中心小学地处桂林螺峰山下，下辖1个中心园，7个初小校，覆盖全乡33个行政村157个自然村，现全校有学生511人（其中有畲族、回族等少数民族学生248人），教师62人。积极组织学生深入开展畲族科技体验教育活动，实行畲族文化与传统文化相结合，课内与课外相结合，基础知识教学与畲族科技实践相结合，将教师的研究性教学与学生的研究性学习引入课内外，科技教育特色逐渐凸显，取得 60 多项教育教学成果，包括：香港国际专利博览会金奖 1 个（"中国语文扑克"），获国家发明专利 3 项（中国语文扑克、中国数学扑克、四大古典名著棋），获全国一等奖 6 个，全国二等奖 3 个，全国三等奖 2 个，全国优秀指导教师奖 2 个，全国提名奖 1 个；获省自制教具能手 1 个，获省一等奖 3 个，省二等奖 9 个；获宁德市一等奖 2 个，二等奖 1 个，三等奖多个；教师发表论文 12 篇等等。学校教师还专门为学生撰写"学海导航"——《让自己的心智与事实发生联系》《你必须有一样非常出色》《最有效的教育》等系列指导，现已达到 20 多篇，起到了较大作用，产生了一定影响。

福安市民族中学则以"春蕾"和"春苗"创出特色。1999 年 5 月，在市教委、民委、妇联牵头下，学校招收小学毕业无力升入初中的畲族特困女童 55 名，开设初中畲族"春蕾班"。办班至今，已经有十届"春蕾"学生顺利毕业（其中两年未招生），毕业学生 536 人，这些学生大部分以优异成绩升入高一级学校深造。孤儿兰坛梅被评为全省"十佳春蕾女童"，王珊班主任被评为省"实施春蕾计划先进工作者"及省"优秀教师"、兰坛梅还被省妇联推荐到全国妇联，成为宁德"全国百名优秀春蕾女童"的唯一人选。2004 年 8 月，在市委、市政府有关领导的大力支持下，福安市计生局在学校创办了福建省唯一一个计生"二女春苗班"，目前"二女春苗班"已毕业十届，累计培养计生"二女春苗班"初中毕业生 226 多人，其中有 30 余人分获省、地、市级三好生称号，大部分学员都品学兼优上了高中继续深造，并成功在高考中脱颖而出。首届初中计生"二女春苗班"的大部分学员，经过 3 年高中及 4 年大学学习，已经出来工作了。第二届 2014 年参加高考，又有 8 人考入本一院校，其他人也上了高职、大专学校继续学习。

霞浦县是宁德市第二大畲族聚居县。霞浦县民族中学创办于 1986 年，承担着全县近 5 万少数民族人民的子女初中阶段教育任务。目前有教职工 102 人，三个年级 21 个教学班，在校学生总数 1107 人，畲族学生 693 人，占学生总数 62.6%。办学近 30 年来，学校培养了近 8000 名合格的少数民族毕业生；为中央民大附中输送了 11 位优秀的少数民族学生；学校加入由教育部民族司、国家民委教科司等单位倡导成立的"共美教育中学联盟"，被福建省授予"全省五好基层关工委""福建省模范职工之家"等荣誉称号。在长期摸索实践的基础上，2013 年，结合新一轮的课程改革，学校总结出了"师友互助好搭档"的教学改革模式。这个模式的起点是"师友"，落点是"好搭档"，中间的桥梁就是"互助"。在这种互助合作学习方式下，畲汉藏回等各少数民族学生互通有无，互相切磋，结下很好的友谊。有时，放学回家了，作为合作学习中的师友，还会互通电话，进行汇报与指导；许多汉畲学生家长也就这样通过他们的子女互相认识，成为好朋友。

创办于 1971 年宁德市蕉城区金涵畲族乡的蕉城区民族中学，经过近年不断投入，有新建的综合教学楼、学生宿舍、平整的操场，以及现代化的电脑室、音乐室、语音室、理化生实验室、图书室等。学校致力于建设一所具有地方民族特色的、高水平的民族中学。校长钟洪乐常说："治校贵在管理严谨、规范。"为了实现学校管理的规范化、制度化，他以身作则，每天 7 点 30 分前到校，到各个班级巡查，检查教师的备课和学生的学习生活等情况。他坚持依法治校，健全学校规章制度，加强师资队伍建设，坚持"走出去，请进来"的方针，鼓励教师到高校接受继续教育和培训并请外校优秀教师到学校进行示范教学，介绍先进的教学理念，从而培养了一批骨干教师和学科带头人。同时，学校通过多渠道探索，努力使教育教学的过程更加快乐和谐，促进畲族学生的学习积极性，不断提高教育水平。针对畲族乡村环境相对闭塞、学生获取知识的来源比较单一、视野比较狭窄的学习环境，以及很多畲族学生缺乏自信心、学习被动的特点，蕉城区民族中学的教师采取"学案导学"的教学方法营造主动学习的环境。即教师在设计教学过程时，结合学生实际对教材进行二次处理，形成更有针对性的教学方案；在教学过程中，师生围绕重点内容进行互动，立足课堂的 45 分钟，努力提高教学效率，力争让学生当堂消化所学知识，使学生在轻松和谐的教学氛围中，主动思考、合作探究，逐渐形成了创新精神和实践能力。2013 年 8 月，蕉城区民族中学启动了"乐享教育"教学改革。就是让学生想学、善学，在宽松、愉快的氛围中变苦学为乐学；教师会教、善教，在快乐心境、轻松氛围中变苦教为乐教。对于有美术、音乐和体育等特长的学生，学校努力激发他们的潜能，为他们提供机会展示自己，感受成功的喜悦。例如，组织学生参加宁德市中小学"小石子杯"绘画比赛、蕉城区"静心杯"少儿书画比赛，积极开展体育课外兴趣小组活动。学校每年举办三人篮球赛、迎新年歌咏比赛、迎新年画展、"舞动青春"广播体操比赛等文体活动，促进了学生德智体美全面发展，为学生搭建了展示才艺的平台。同时，学习重视学生的养成教育，培养学生的实践能力，增强学生的社会责任感。学校成立的青年志愿者服务小分队在 2012 年宁德市创建文明城市活动中表现突出，有 22 名学生被共青团蕉城区委授予"蕉城区创建文明城市青年志愿者先进个人"荣誉称号。教师带领学生走进社会大课堂，去学校附近的中华畲族宫和上金贝畲族村参观游览，去街道从事公益劳动。学校团委选拔优秀学生，成立了校园文明劝导队。校园文明劝导队的学生看到垃圾自觉捡起，维护校园的整洁环境，以实际行动为其他学生树立了榜样。同时，他们还提醒同学在教学楼内慢步轻声，课间不追逐打闹、不购买"三无"食品、不带食品进班级，引导同学养成良好的日常行为习惯。学校遵循"以人为本，立德为先，全面发展，开拓创新"的办学理念，为培养身心健康、和谐发展的学生而不懈努力，努力把学校办成民族教育的品牌学校。建校以来，学校已经培养毕业生 6800 多人，其中畲族学生 1900 多人。

（三）多举措关爱留守儿童

长期以来，宁德各级各类学校注意关爱少数民族贫困学生，让少数民族生时刻感受到民族大家庭的温暖。

福安市康厝中心小学一直是留守儿童居多，2014 年，该校有留守儿童 202 人，其中畲族留守儿童 76 人，占总数的 37.6%。针对留守儿童多的实际情况，学校以综合实践活动为抓手，从五个方面促进学生健康成长：一是开展"关爱留守儿童行动"，即，依托省里有关部门在学校成立的全省第一个"留守少年儿童亲情联络屋"，定点定时为留守学生提供与远方亲人电话联络、视频沟通，让他们体会到学校集体的温暖，切切实实地把学校当成自己的"家"；二是建立健全留守儿童责任制度、登记制度、联系制度、报告制度；三是重视留守儿童的心理健康教育，特别聘请心理专家，对留守儿童进行心理健康讲座，以班主任、科任教师为主，对留守儿童开展家访、谈心等工作；四是借助一些典型的、重大的活动，帮助留守学生摆脱远离父母那种孤单无助的痛苦，让他们安心学习，立志成才。比如组织"畲文化寻根之旅"夏令营，50 多名畲族留守学生参加，台湾著名艺人高子洋、苏园媛与畲族留守儿童共聚一堂，举行"我们都是一家人"联谊会，让畲族、留守学生们感受到"家"的温馨；"畲汉一家亲"联谊活动，让畲族学生感受民族大团结的魅力。五是开展贫困畲族学生助学活动，学校建立了少数民族生就学资助平台，并与康厝派出所共建关爱留守少数民族生平台，在思想上、生活上给予留守少数民族生帮助；将家庭困难的畲族留守学生纳入"两免一补"对象，通过中国空军蓝天春蕾助学活动、省委统战部的"海西春雨行动"等活动给予他们物质上的帮助。同时，为解决边远山区畲族留守学生上学难的问题，学校还筹措资金120多万元，建设学生宿舍楼、食堂；投入60多万元绿化美化校园环境；联合公交公司，开通至"南洋"片的"村村通"公交班车，有效改善了广大畲族留守学生的学习生活条件，使畲族留守儿童的入学率达100%。在"宽容为本、和而不同"的民族大融合理念指导下，学校畲汉两族学生和谐交流与共处，办学质量不断提升，许多在外读书的学生家长纷纷把孩子转回该校就读，学生数每年递增。

福安市民族实验小学面向宁德招收少数民族学生，特别是进城务工农民子女，现在校学生来自4个县市、14个乡镇、33个自然村。大部分都来自农村偏远山区，寄宿生占90%。为了创建良好的生活与学习环境，学校建立了领导带班制度，每天安排一个班子领导与两位教师值班，除了维持正常教学秩序外，午休、晚休后还要下班辅导学生；兼管学生生活，学生生病及时送医看病吃药。节假日，市教育局、民宗局、坂中乡、妇联、关工委等单位经常到学校慰问民族生，给他们送去爱心和温暖。2013年坂中乡拨款4万元给全体寄宿生更换铁床架和添置被褥；另拨款3万元，解决30个特困学生的生活费，让这些学生能安心学习快乐生活。对于一些个性学生，学校支部发动党员干部开展"党员爱心岗"结对帮扶活动，每个党员结对2个个性学生，关心他们的学习，关爱他们的生活，同他们一起过生日，以仁爱之心启迪心智，打开知识之门，激发他们学习生活信心。在升学上，市教育局在安排宁德市民族中学招生指标给予倾斜，民实小除了推荐部分优秀生进入宁德市民族中学就读外，其余的学生全部进入福安市民族中学就读，解决了农民工后顾之忧。

蕉城区民族中学位于蕉城区金涵畲族乡，是蕉城区唯一的一所民族中学。现有学生近900人，其中畲族学生约占三分之一，主要来自金涵畲族乡；还有约一半学生是当地留守儿童、外地务工人员子女，其中很多学生来自单亲家庭，家境贫寒。大部分学生家长文化程度不高，对子女的教育不够重视，大部分学生是进城务工人员子女，小学阶段学习基础薄弱，刚进入初中时普遍难以适应学习生活。蕉城区民族中学特殊的学情，决定了教师在学生的教育教学和管理上要倾注更多的心血。学校选拔了一批专业素质高、责任心强、善于沟通的教师担任班主任，建立班级学生档案和学生家长通信录，以便教师及时与家长沟通。班主任定期进行家访，了解学生家庭情况，请家长对学校提出意见和建议。教师主动上门说服少数民族家长，改变他们的教育观念；热心帮助和辅导学生，让许多因为交不起学费或学习成绩不理想而辍学的学生重返校园。在教学中，教师们实施分层教学，课堂上让学困生感受到自己被关注和肯定，课下对后进生进行辅导，还组织数学成绩较好的学生和后进生结成对子，帮助后进生。不仅使后进生的成绩得到提高，也在潜移默化中培养了学生团结互助的良好品质。

二　提高：高中教育与职业教育

普及教育的更高追求是提高。少数民族地区经济发展，离不开高级、实用型人才的支持。2001 年 7 月，福建省教育厅制定颁布《加快民族教育改革与发展步伐　促进民族地区经济和社会快速发展》。2002 年，《福建省人民政府关于深化改革民族教育的实施意见》（闽政文〔2002〕344 号文）要求，在抓好少数民族地区"两基"巩固与提高的同时，积极发展少数民族高中阶段教育，继续给予经费和政策倾斜，使之与全省基础教育事业同步发展。在福建全省民族教育工作电视电话会议要求："突破民族地区高中阶段教育事业发展的瓶颈，加快民族地区基础教育信息化进程，努力扩大少数民族学生接受高等教育的机会，为民族地区经济建设和社会发展提供强有力的人才与智力支持。"2003 年，5 月 23 日，福建省教育厅、省民族宗教厅、省公安厅联合下发《关于正确认定少数民族学生成分认真执行少数民族学生中考加分政策的通知》，报考民族中学或普通中学民族班的少数民族考生按升学考试总分的 10% 给予加分录取，提高民族中学中少数民族学生比例；职业中学招生取消"门槛"，视初中毕业生志愿放开录取，加快少数民族职业教育发展步伐。在 20 世纪末普及义务教育基础上，21 世纪初，宁德更注重追求畲族教育的提高，特别是注重造就较高级人才和实用型本土人才。

（一）普通高中教育

除了各高中降分录取畲族学生外，宁德市民族中学成为专门培养少数民族高中学生的一所少数民族重点中学。宁德市民族中学是福建省民族教育的窗口，福建省一级达标学校，福建省十七所民族中学的排头兵，全国民族中学协会的核心成员校，2003 年被协会评为全国民族中学六所示范学校之一。

校址在福安市的宁德市民族中学作为福建省少数民族学校中办学时间最早、少数民族生比例最高（60%）、培养民族人才最多、以畲族学生为主体的少数民族重点中学，承担着为高一级学校输送优秀民族毕业生和培养畲乡建设的劳动者、为民致富的带头人的双重任务。习近平总书记在宁德市民族中学建校四十年校庆时题词"发展民族教育、培养民族人才"，学校以此为办学方针，以"突出特色，为培育民族人才；以人为本，为学生一生发展"为办学理念，把建设富有民族特色的校园文化放在重要的位置，重视学校的民族特色，重视民族优秀文化的传承和弘扬。

首先，学校建立以少数民族为主体的生源结构，让少数民族学生进得来。近年来学校调整了办学结构，坚持民族招生政策，定向招收贫困山区的少数民族农村学生，降分录取，为少数民族学生敞开了大门，为收满高中部 50% 的少数民族生，每年少数民族生比汉族生录取线低 45 分，同时对照顾 45 分的少数民族的择校生免收择校费，保证少数民族学生到校学习。

其次，建立适合少数民族特点的管理体制，让少数民族生留得住。由于少数民族生家在偏僻农村，少数民族生 80% 寄宿，根据民族学生的特点，学校以奉献爱心为切入点，开展发扬爱心精神的民族团结教育，利用师生间、生生间的帮扶，减轻贫困家庭的负担。同时学校每学年投入几十万元用于扶持少数民族贫困生的生活与学习，政府和社会各界也极力捐助家庭困难的少数民族学生，使得宁德市民族中学 600 多位家庭困难的畲族学生（其中 320 多位家庭特困畲族学生）能够继续完成学业而不至于中途辍学。学校建立了全天候三位一体的值班制度，每天有两位中层以上干部负责管理当天正常教学秩序，晚自修每班级都有一名教师负责到班，切实提高寄宿生的管理，保证学生宿舍成为学生温暖的家，为寄宿生的学习、生活提供保证，为学生营造"干净、整洁、文明、和谐"的温暖之家。对于家庭贫困的少数民族学生，我们多方筹措，通过助学金、减免学杂费、少数民族教育基金、爱国人士捐资助学、省民宗厅、市关工委捐助、师生互助等形式帮助学生排忧解难，使他们在民族中学处处受到照顾、关心，并设立少数民族优秀学生奖学金制度，使他们不因家庭困难而失学，并鼓励他们克服困难、积极进取。

第三，构建教师队伍的五个机制，让少数民族学生学得好。为保证每一位少数民族学生都能学有所成，学校努力打造一支热爱民族教育事业的高素质教师队伍，落实了五个机制：（1）导向机制，以良好的师德师风引导广大教职员工，提倡奉献精神。（2）激励机制，通过评优和评先以及"教育教学成果奖"等，鼓励教师为提高办学质量而努力。（3）培训机制，学校制定了一系列教学培训计划，通过优惠政策，鼓励教师继续教育，更新教师的知识体系，提高教学水平，为民族教育做贡献。（4）规范机制，建立了严格的教育教学常规，保证教育教学工作有章可循。（5）约束机制，对个别教师中违反职业道德的行为在正面教育的同时进行严肃批评，并通过一定制度加以约束。学校培养了一批形成特色的教育教学骨干。现有全国优秀教师2人，特级教师4人，省级学科带头人8人，市级学科带头人6人；国家级骨干教师3人，省级骨干教师10人，市级骨干教师28人；宁德市名师8人，名师工作室成员5人，15位教师在市级以上学科教育专业委员会中担任重要职务，引领片区教研工作。近三年来，教师发表及获奖的论文达176篇，教师参加教育教学技能比赛获得的奖项有：国家级16项，省级25项，市级24项。培养出一批高素质的学生。

第四是树立"为国育才、为民致富"的办学特色，让少数民族学生用得上。学校努力实现两手抓，一手为培养高素质的少数民族人才，推动学校的教育教学质量稳步提升。学校秉承"团结、严谨、勤奋、进取"的校训，不断更新教学观念和模式，全面推进素质教育。另一手抓未能升学的少数民族学生一技之长的培训，让他们在校所学知识在回到家乡后能用得上，在"为民致富"中发挥作用。学校坚持地方课程与校本课程相结合，继承和弘扬畲族优秀传统文化，针对少数民族地区经济、文化发展的人才需要，成立了畲族经济研究小组，学马列主义理论小组，畲族体育文化传统研究小组，成立了以畲族学生为主体的合唱队、武术队等活动小组，学校实验室、图书馆、计算机室、语音室、体育组每天尽量向学生全方位开放，让学生有足够的时间，开展好创造性的学习活动。每年寒、暑假组织部分老师、学生深入畲族聚居区调研民族地区的经济状况，为民族地区的经济发展献谋献策；特别是由政治组与劳技组组织的"畲族经济研究小组"活动培养了一大批少数民族农村致富带头人，为发展农村、建设农村作出了贡献。

同时，学校坚持挖掘和传承少数民族传统体育，学校师生曾多次代表省、市参加全国、省少数民族运动会，他们在比赛中取得表演项目一等奖和竞赛项目银奖、铜奖的好成绩。建校56多年来，学校共培养了13000多名初中毕业生，其中少数民族学生9000多名，培养高中毕业生13000多名，其中少数民族学生近6000名，他们中有一大批成为各条战线上的骨干力量。如2012年被评为第九届"中国青年女科学家"奖的1985届校友吴志英。据不完全统计，福建省、市、乡镇许多少数民族主要领导都毕业于宁德市民中，如中央候补委员、中共福建省委常委、统战部部长雷春美、省民宗厅副厅长蓝秀珍、南平市常务副市长蓝斯文、宁德市人大副主任兰兴贵、宁德市政协副主席雷仕庆、原省民宗厅副厅长雷斌、钟安、省民政厅原副厅长蓝致和、省人防委原副主任钟明森等，还有许多校友担任了市（厅）、县级和军队的领导干部，还有如蓝家勇、陈勇生、钟周伟等一批优秀的企业家、专家、学者，还有校友成为农村致富带头人，学校被誉为培养民族人才的摇篮。

（二）职业教育

为了促进服务家乡的少数民族实用型人才培养，近年，福安市规定流动暂居其他乡镇的少数民族中小学生入学不交借读费，初中毕业被福安职专和高职少数民族班录取的少数民族学生每年免交学费300元。

福安市民族职业中学创办于1990年，是宁德第一所民族职业中学。1993年，学校采取与企业联办的办法，开设8个专业，培养人才500多人。1996年，宁德市（县级，即现蕉城区）民族中学创设民族职高班，宁德地区农业学校、福安师范学校等校开办民族预科班。当年，有500多名少数民族学生从职业中学毕业，为家乡脱贫致富作贡献；有300多名少数民族学生进入职高学习。

福安市民族职业中学地处福安市康厝畲族乡苏坂村，穆阳溪畔。目前是福建省唯一的一所民族职业中学，宁德市农村重点职业中学。学校设有初中部和中职部。初中部主要招收康厝乡户籍的小学毕业生及邻近乡镇的少数民族生，高中部为职业教育，学校职业教育基础较为扎实，被誉为"宁德职教一枝花"。加强畲民培训，促进畲民劳动力转化。在职业教育教学方面，学校进行了以下探索：

1. 以本地的实情为出发点，实行全日制教育与非全日制教育相结合。对于适龄学生，学校在全日制教育中，实行工学结合、校企合作、顶岗实习的人才培养模式；针对农村富余的劳动力，学校采取非全日制教育，进行农村劳动力转移培训，增强服务"三农"的能力；对于畲民，注重进行技能培训，以培养有文化、懂技术、会经营的新型农民，同时开展进城务工人员技能培训，逐步实施农村新成长劳动力免费劳动预备制培训。

2. 以就业为导向，推进职业教育与培训同步发展。学校结合本地经济发展，构建培训机制，提高他们的就业能力，为畲乡劳动力的转化提高必要的技术技术准备；学校还以企业为依托，改变职业教育的办学理念，变我想要培养的人才为我需要培养的人才之思路。积极促进校企合作，联合办学；加大投入，提高办学设施；引进人才，优化师资队伍，大力发展双师型教师。同时，学校着眼长远，建立与本地经济发展相适应的开放性现代职业教育体系，从而增强学生适应社会的能力，提高他们的就业素养。

3. 调动行业企业的积极性，拓宽教育培训的渠道。学校不断完善"政府主导、依靠企业、充分发挥行业作用、社会力量积极参与，公办与民办共同发展"的多元办学格局；与企业联合，为企业进行职工培训，依托学校的教育教学资源，为企业培训出合格的创新型人才；构建终身学习"立交桥"，利用学校互联网载体，为行业企业职工的终身教育、继续学习创设良好的学习平台。

学校一直重视职业教育中的短期培训工作，多次组织专业教师深入少数民族村进行农村实用技术培训，2012年6月至8月，福安市民族职业中学先后在康厝乡红坪、金斗洋、凤洋等畲族村进行生姜种植、水蜜桃种植及淡水养殖等农村实用技术培训，培训人员达150多人，2014年1月12—18日，《水蜜桃栽培与加工》培训课程走进福安市穆云畲族乡王楼畲村。培训拓展了畲农增收渠道，增强了畲农致富本领，为农村劳动力转移、农民增产增收及社会主义新农村建设等方面的工作做出应有的奉献。

2014年，学校有14个教学班（初中部6个，中职部8个），在校生506人，其中少数民族生80名。教职工70人，其中高级教师14人，一级教师 30 人，省学科带头人 1 人，省骨干教师 1 人，市学科带头人 7 人，市级骨干教师 15 人。职高部现开设有电子电器、计算机、网络技术、学前教育、财经、农学、畲族文化旅游、汽车驾驶与维修等专业，专任教师 40 人，外聘教员 20 人（主要为汽车培训教员）。学校于 2010 年荣获"宁德市义务教育标准化学校""福安市实施素质教育工作先进校"，2011 年荣获"宁德市少数民族传统体育先进集体"。2012 年荣获"第十一届（2009—2011 年）福安市文明学校"称号，2013 年荣获创建"基本均衡""教育强市"暨学校管理工作综合考评"优胜奖"。少数民族生在平等、和谐的校园氛围中学习成长，近年来，中考、高考屡获佳绩，2013 年中考，学校少数民族生共计 13 人，其中 3 名学生中考成绩达到二级以上普通高中录取线，其余 8 人均被其他高一级学校录取，2014 年春季高考，2011 级少数民族生共计 9 人，其中 8 名学生被本科院校录取，1 名学生升入大专学习。

三　传承：畲族传统文化教育

畲族文化是在长期的劳动生产实践中形成发展起来的，是中华民族文化传统的有机组成部分，宁德畲族文化包括了音乐、舞蹈、语言、服饰、宗教、医药、武术等几个重要部分。20 世纪中后期，由于多种原因，畲族不断汉化，传统文化日益失传。20 世纪 90 年代开始，尊重和传承民族文化成为政府和民间的共识。宁德立足畲乡特色区位优势和历史文化传统，包括民族学校在内的所有学校探研儿童教育和文化传承的内在逻辑，引导学生关注社会、关注历史、关爱自然、关爱人生、关爱我们赖以生存和发展的乡土和自己的生活环境，逐步探索出一条独具畲乡特色的文化传承之路。

（一）"环境育人，文化陶冶"，营造畲族校园文化

校园文化是一种隐形的教育手段，宁德民族学校十分重视营造充满畲族文化气息的校园环境，通过环境陶冶学生的民族认同感和自豪感。

福安康厝畲族乡是福安市三个畲族乡之一。康厝中心小学地处福安市康厝畲族乡。学校提炼畲文化精髓中的团结善良、热爱劳动、敢于创造的民族精神，进一步明确学校的办学理念和目标追求，形成新办学理念和

"和谐求实，敬业爱生，乐学爱学"的学校氛围，引领育人理念提升和教学行为的转变，使学校成为师生共同成长的乐园。同时，重视学校环境布置的"文化元素"，结合畲乡实际，把实体文化作为学校文化育人中的重要载体：教学楼正墙上的校标以"学"字为标志原型，结合畲族装饰图案，选取畲族代表性的色彩红、黄、黑作为标志色彩，体现了畲族学校的特色；校徽、校旗、校歌也突出畲族文化为主题；教学楼的走廊上，布置畲族历史、畲族文化、畲族民俗、畲族服饰、畲族文艺等宣传壁画；根据学生年龄特点，在保留畲族服饰主元素的基础上适当改良民族服装，学生穿上失传已久的民族服饰，使校园文化洋溢着畲文化的气息，亲身体验着畲文化蕴含的美。学校获得"全国特色学校""全国特色教育先进单位"等荣誉。

福安市穆云中心小学创建"畲俗书香校园"：利用校园里的每一面墙壁、每一棵树、每一寸草皮，建立了畲族文化长栏、畲族文化墙等，处处创造一种无声的畲俗语言，把中国深厚的文化底蕴和畲乡特有的风俗文化在潜移默化中根植到每一个学生的心田里；文化长廊布置将畲族文化教育与儒家学说、经典诵读紧密结合，将畲族文化的精彩内容与教学楼的知识长廊遥相呼应，渗透学校育人意识、办学理念；将畲族知识读本作为校本教材，组织学生开展"读书破万卷"活动，建立起了"畲俗书香校园"。同时，利用学校位于一座小山上的特点，将畲族群众吃苦耐劳、爱劳动、爱登高的优点赋予学校的三段登山岭、193级台阶中，将第一段岭命名为了励志路，寓意"人生与登岭一样，要有作为，就要立志，就要不断攀登，而我们的畲族祖辈就是喜欢登高上进的，我们应当好好继承先辈的优良传统"；将第二段岭命名为健康岭，让学生感受天天登岭、下岭的锻炼促进了学生的体质，参加市运动会等往往能拔头筹；将第三段岭称为成才路，健康的体魄促进了学生的成才，走完了这段岭，学生的人生也会步步上升。学校还命名了幸福坪等等，让学生对学校对自己的民族也就有了一种特别的认识、特殊的感情。

坂中中心幼儿园是福安市乡镇唯一一所畲乡示范性中心幼儿园。幼儿园利用充满畲民族特色气息的环境展示让孩子熏陶于畲族优秀文化中。如在幼儿园二楼走廊环境中陈列畲族特有的工具木桶、斗笠等，四楼的楼梯侧面墙上装饰有畲族竹编工艺品，上面贴有畲族体育项目的简介和图片，包括跳竹竿、稳蹬、操杠、赶小猪等。二楼楼梯拐角处有用竹筒自制的建构材料，搭建出别出心裁的"坂中森林公园"。二楼中二班的走廊区域环境中，装饰着畲族民间的风俗节庆的图片和简介，还有畲族节庆中经常出现的板龙。在三楼的大四班的区域环境创设中，垂挂着各色各样的畲族竹编工艺品，有竹编的簸箕、大小形状不一的竹篓。中四班还用畲族特色染料染成的折扇、用竹编和剪纸结合的挂饰，还有竹编球加以点缀等。在五楼的游戏区域里，有幼儿动手制作的畲乡的特产，乌米饭、糍粑、拣茶叶等。三楼的转角区域装饰出有畲族彩带、畲族妇女用的刺绣袋和畲族服饰，老师和孩子穿上这些服饰进行畲族音乐的合音练唱，载歌载舞。三楼楼梯口畲村茶艺苑，家长们在接送孩子时，带着孩子坐到茶艺苑里泡泡茶、聊聊天，体验亲子及畲家特有的氛围。

（二）畲族体育文化传承

福安市政府将畲族文化传承工作提上重要的议事日程，民族学校成为畲族文化传承的主阵地，并计划将畲族武术逐步列为民族学校体育课的教学内容。畲族传统体育是畲族人民改造自然、改造社会、改造人类自身过程中智慧的结晶。畲族传统体育的历史起源：源于生产劳动，如"狩猎""骑海马""打枪担"等；源于畲族风俗，较有代表性的如"舞龙头""舞铃刀"和"前岐马灯"等；源于防卫斗争，如"打尺寸""畲族拳"等；源于模仿活动形成的体育活动有"猛虎捉羊""猴抢蛋"等项目。畲族传统体育项目内涵丰富，形式多样。目前流传和挖掘的体育项目有畲族武术、打枪担、打尺寸、虎捉羊、舞龙头、猴抢蛋、竹竿舞、赶野猪、稳凳、摇锅、抄杠、蹴石磉、骑海马等。

坂中中心小学新建了600平方米的钢结构室内体育训练馆，作为传承畲拳的基地，并在小山哈乡村少年宫成立了畲族拳艺队、跆拳道队、鼓号队、腰鼓队等。穆云中心小学聘请全国畲族武术冠军雷盛荣先生到学校传授畲族经典武术。坂中中心幼儿园在户外运动中结合畲族体育元素，如大班《山哈操》融入了畲族音乐和舞蹈的元素，边做操边学习朗朗上口的畲族语言，而且幼儿的器材是用竹片制作的，可以进行畲族特有的竹板操练习；在体育区利用了一些畲乡的本土资源，制作《赶小猪》《竹竿变变变》等游戏，使学生们在整个早操音乐和动作编排中感受到浓浓的畲族特色。

福安市职业中学创建了民族体育基地。学校体育老师根据畲族体育的特点以及学校学生情况，把畲族的武术和舞蹈融入学校体育教学中，比如畲族的打枪担舞蹈备受学生喜欢，学生表演的"打枪担"项目在福安市2014 年"三月三"民族活动中获得好评。民族体育项目"高脚"多次代表宁德市参加福建省少数民族运动会，在 2011 年福建省第七届少数民族传统体育运动会上荣获高脚竞速男生组、女生组两枚铜牌并获得"体育道德风尚奖"，在 2014 年 11 月第八届少数民族传统体育运动会，学校又获一金一银的佳绩。民族体育活动的广泛开展，不仅丰富了学生的课余文化体育生活，促进了学生身体健康成长；同时，通过民族体育搭建的平台，畲汉学生往来密切，在交往中，增进了友谊，加深了了解，促进了民族团结。

霞浦民族中学的传承民族传统体育项目已成为霞浦县对外进行民族工作交流的一张名片：早在 2003 年、2007 年，学校就代表福建省参加第七、第八届全国少数民族传统体育运动会，均取得很好的成绩，2010 年被省民宗厅和省体育局联合确定为福建省陀螺和射弩训练基地。同年 12 月，射弩队代表福建省参加全国邀请赛，获得了男女混合团体第六名和个人第六名的成绩；2011 年 5 月参加省第七届民运会，夺得四枚金牌和一枚银牌；2011 年 9 月，代表福建省参加第九届全国少数民族运动会，获得女子立姿二等奖、女子跪姿三等奖的不俗成绩。陀螺队也不甘示弱：2009 年 7 月参加全国陀螺邀请赛，获得男子团体第 7 名，女子团体第 7 名；2011 年 5 月参加省第七届民运会获得男子团体第 1 名，女子团体第 2 名的好成绩。

（三）畲族艺术文化教育

宁德畲族在语言、音乐、舞蹈、美术、礼俗文化等方面也有独具的民族特色，挖掘和传承这些优秀文化也是各民族学校的重要任务。

福安市民族中学通过艺术教育推进畲族学生传承民族文化，以其增强畲族学生的民族认同感与归属感。在音乐教育方面：首先，安排学生向畲歌能手请教，让学生理解不同的韵律所表达的内容和意境；其次，引导学生聆听、分析有代表性的畲歌，使学生更好地了解和学唱畲歌；再次，组织学生参观畲歌演唱活动，充分感受畲歌之美；最后，邀请民间知名畲歌歌手到校教授畲歌，并从学生中选出佼佼者进行专业的培训，组织学生参加当地一年一度的畲歌会。在美术教育方面：安排学生观察畲族妇女的发式、服饰及其他畲族工艺品，拍照片、画素描或拿实物到校交流，让学生初步认识畲族工艺；组织学生到畲族文物博物馆参观，在课堂上放映 PPT 和视频，向学生系统介绍畲族服饰和工艺品，引导学生欣赏畲族工艺，并让学生选择饰物画素描加深认识；将学生分组进行"实战"比拼，让学生切实喜欢上畲族服饰和工艺。在舞蹈及综合艺术教育方面：学校搜集畲族传统舞、民族风情歌舞等视频，在课堂上播放并讲解，让学生充分了解和欣赏畲族舞蹈；然后，教授学生基本的畲族舞蹈动作，说明舞蹈动作均来源于生活，让学生亲切又轻松地学习；最后，综合各种艺术门类对学生进行艺术教育，组织学生编排群舞参加各种艺术活动。学校开展的民族艺术教育，使校本课程内容更丰富，资源更贴近生活，教学形式更生动，校内外贴合更紧密。因此，学校教育与社会实践活动有机结合，探索了一条课程服务于社会的途径，有效促进了畲族学生学业的提高。

霞浦民族中学结合校本课程开发，努力挖掘具有浓郁地域特色的霞浦小说歌：与县少数民族文化研究会联手，先后整理出版了《畲族小说歌》《霞浦畲族小说歌》两部专著，这在霞浦县历史上是第一次将畲家文化瑰宝——畲族小说歌——用文字的形式加以整理，使之系统化书面化。2010年由老校长、省级非物质文化遗产传承人——雷翰琳同志主笔，整理编写的《福建省少数民族古籍丛书·霞浦小说歌》，海风出版社出版。该书于2011年由县委、县政府作为礼物赠送给当时莅临霞浦考察的国务委员刘延东同志，并得到好评。同时，学校大力开展以少数民族文化为主题的各类文艺项目，并经常代表霞浦县参加各种对外展示。学生郑怡静参加2008年维也纳之春少年音乐会，演唱了具有浓厚的畲族风味的歌曲；学校自主编排的民族舞蹈"水连云"，在2012年宁德市中小学舞蹈比赛中获得二等奖，并在2013年参加第二届海峡两岸共度"三月三"文艺演出，为两岸少数民族文化交流增光添彩。

蕉城区民族中学所在的金涵畲族乡，民族文化积淀深厚、特色鲜明，有畲族群众世代传承的语言、服饰、节俗、人生礼俗、歌谣、舞蹈、神话故事、传统体育、医药、文物文献等，中华畲族宫便位于金涵乡亭坪村；蕉城区的猴盾畲族村传唱的二声部山歌"双音"是畲族优秀民间音乐中最复杂的表现形式。学校利用开发地方课程、校本课程等，开辟了畲族文化进校园的广阔空间。学校组织教师编写了校本课程教材《畲族文化读本》，将当地畲族民歌、舞蹈、体育、武术等纳入教学计划，开展"说畲语、唱畲歌、穿畲服"活动，要求每个畲族学生会跳一段畲舞、会讲一个畲族传说、会打一套畲拳。学校邀请了畲族民间歌手、国家级非物质文化遗产畲族民歌的传承人雷美凤、雷石凤每周到学校向学生传授畲歌。学校还邀请畲族民间文化传承人向学生传授"猎鼓舞""打枪担""板鞋竞速"等畲族舞蹈和传统体育项目，每年积极组织师生参加"三月三"畲族文化艺术节，表演《梦圆畲乡》《畲寨欢歌》《畲乡美》《打枪担》《竹竿舞》等民族舞蹈。2002年，学生舞蹈《畲寨欢歌》荣获福建省中小学生文艺调演二等奖；2006年，畲歌原声对唱《山歌年年唱春光》荣获蕉城区首届"园丁风采"文艺晚会创作和表演二等奖；2007年，学校成功承办了宁德市首届畲族青年文化节，并获得优秀组织奖；2010年，宁德市民族与宗教事务局确定学校为民族体育项目"打枪担"和"板鞋竞速"训练基地；2011年，学校学生表演的"打枪担"荣获福建省第七届少数民族传统体育运动会表演项目金奖。由学校教师指导的"传承畲族文化，爱我家乡"主题队会课，获2011—2012年度宁德市少先队"先锋课堂"中学组一等奖。丰富多彩的畲族文化传承活动，促进了民族文化的交流，增强了学生的民族自信心和自豪感，培养了学生的集体协作精神，对于学生的全面发展发挥了积极作用。

福安坂中中心小学成立了福建省第一个"畲族民歌传习所"，开展了畲歌进课堂、畲舞进课堂、畲民族体育进课堂、畲族艺术进课堂的尝试。语文课上让学生了解畲族文化中的龙麒图腾，欣赏畲族传说、故事，音乐课上让学生学会唱畲歌、跳畲舞。体育课上让学生学会一些畲家拳等体育项目。美术课上让学生欣赏畲族的服饰、剪纸艺术，绘畲族的图画，出畲文化手抄报等。达到了学生会讲一句畲语、会懂一则畲族传说、会唱一首畲歌、会跳一段畲舞、会打一套畲拳的文化传承目标。

福安穆云中心小学特聘福安文化馆馆长、宁德市民族中学老师担任畲族艺术教育老师，2014年5月23日由学校选送8位畲族女童代表宁德市在第31届"上海之春"国际音乐节——上海市百灵鸟艺术团专场演出，表演节目《畲乡童谣》摘得了一等奖。学校排演的畲族枪担舞及腰鼓等曾先后在福安畲族经济开发区、市民宗局及穆云、康厝等畲族乡举办的大型畲俗文化活动中表现出色。学校腰鼓节目参加还第十九届"三月三"畲族民俗节演出，推动、促使畲族文化在畲乡更好更深入地得以传承和发扬。此外，学校还成立了多种学生兴趣小组，有剪纸活动、书法、舞蹈、腰鼓、篮球等，将畲族文化融入这些兴趣小组中，畲族文化得到了潜移默化的传承和发扬。

福安康厝中心小学根据学生的身心特点和认知规律，在每周三下午第三节课开展，通过丰富多彩的"五个一"活动，让不同年级学生学会一项畲族文化项目，做到人人参与，人人过关，即一年级学生要会说一句畲语，二年级学生会讲一个畲语传说，三年级学生会唱一首畲歌，四年级学生会跳一段畲舞，五年级学生会打一套畲拳。学校自己编撰《畲乡情缘》校本教材（分上、中、下三册），内容涉及畲族历史、传统习俗与来历、传奇与故事、民歌、舞蹈、武术、民间艺术、畲医畲药和旅游等方面内容，一至六年级每周综合实践课程以《畲家情缘》为教材实施教学，在教学中有机渗透"畲族文化"，以形成教育的合力。艺术教育中，围绕"畲族文化"设计、开展好相关的主题活动，其他学科兼顾，搞好竞赛活动，让"畲族文化"真正覆盖到学校教学的每一个角落。以班级为单位，组织开展采访、记录、讨论畲文化，办报办刊等系列活动，组织学生访问畲族老人，了解熟知畲文化之渊源，考察溪塔葡萄沟、畲族宗祠、詹溪冰臼等自然文化景点，引导学生主动去调查、探究、发现，让学生在实践中研究学习。在每个班级中设立畲语角，提倡畲族学生讲畲语，给畲族学生自主交流创设条件。把创建特色学校与提升学校的教科研水平结合起来，课题《依托畲族文化，促进学校发展的实践研究》定期组织教师交流研讨，举行教学研讨会以及成果展示活动，推进有效教学。此外，在教育教学过程中提取畲族"孝、耕、读"的核心文化，结合中华经典诗文诵读、爱国主义教育读书活动、书法教育等，扎实开展"四节"活动，加强感恩教育、民族教育、理想教育、劳动实践教育、安全法制教育等，使优秀的文化精髓渗透到每一个师生的个性品行之中，丰富师生的文化涵养，健全人格。

福安市民族实验小学发挥畲族教师较多的优势，组织学校骨干教师，通过走访，查阅档案，收集材料，编写了一套畲族文化地方课程教材，根据不同年级特点，分成低、中、高三套教材，每周各年级安排一节地方课程，由畲族教师分别担任，让全体学生了解接近畲族文化历史，学习畲族先民的勤劳与忠勇精神，感受畲族凤凰情结，学习畲族悠扬的歌舞，让全体师生在浓厚的民族传统文化氛围中，更多地了解本民族的语言文化、风俗和历史，从小培养热爱民族，做民族团结的有心人。学校将宁德畲族纪念馆作为德育教育基地。每年清明节前都组织全体师生到宁德畲族纪念馆参观学习，听介绍、记笔记、写体会。让学生了解畲族同胞为解放全中国和建设新中国所作出的贡献，让学生接受革命精神洗礼，增强民族团结的美好情感。

宁德市民族中学将畲族文化传承与学校课程紧密结合：自编的一本地方课程用书《畲族文化简说》，开设《畲族文化简说》等校本课程，让学生通过"畲族文化"这个课程，与畲族作一次近距离的接触。促使学生通过学习，感受并强化忠勇精神、凤凰情结、畲歌悠扬等民族文化意识。学校还开设了一些符合少数民族学生兴趣爱好，具有鲜明民族特色、传统特色和地方特色的校本课程，如《畲族优秀传统文化》《畲族语言文化》《畲族文化风情》《畲族风俗》《宁德畲族史》《民族传统体育》等选修课程，让少数民族学生在浓厚的民族传统氛围中，更多地了解本民族的语言文化、风俗和历史，让他们掌握和破译本民族的传统文化密码，更好地打开灵魂返乡的旅程，做一个有根的现代畲乡人。建设"畲族文化展厅"，让民族文化走向社会。学校通过建设"畲族文化展厅"，以丰富翔实的史料和地方文献，以形象的展示为主，叙述畲族开天辟地的神话传说和历史起源，叙述畲族文化文明的演进历程，叙述畲族祖先漫长艰辛的迁徙史和关于战争与英雄的传奇故事，成为学校学生参观学习的重要场所，同时也成为向外界展示畲族民族文化与教育的窗口。在每年一次的校园文化节上，学校特别组织了"畲歌对唱"的节目。而学校活跃的畲族舞蹈队和武术队，都曾代表福建省参加全国民运会表演，并深受好评。武术队参加北京民运会舞龙节目表演，获表演二等奖；舞蹈队的"打枪担""赛竹卜"在宁夏民运会上分别获得一、二等奖；舞蹈"龙图腾"、原生态畲歌"山哈歌谣"参加海峡两岸中学生文化活动深受好评。

四 思考：成绩、问题与对策

近二十年来，宁德畲族教育从普通的文化知识教育到民族文化传承都取得了突破性的进展，与宁德的区域教育一起不断向现代化教育迈进。2013 年，宁德市少数民族在校大学生 1175 人、中专生 790 人，在校中学生 5144 人，其中高中生 1550 人，高中生巩固率 88.75%，毕业率 87.53%。少数民族初中生 3594 人，小学入学率接近 100%。其中，宁德 9 个畲族乡教育基本情况见下表：

2013 年闽东各畲族乡学校教育基本情况表　　　　单位：人/所/%

项目			宁德金涵	霞浦盐田	霞浦水门	霞浦崇儒	福安坂中	福安康厝	福安穆云	福鼎硖门	福鼎佳阳
学校	学校		3	4	2	3	11	2	1	4	4
	在校生		1202	1295	352	345	9312	2914	371	885	358
	教师		270	137	122	105	540	174	32	118	66
完全小校	校数		2	3	1	2	8	1	1	3	4
	学生数	总数	790	1052	236	258	2577	1655	371	635	358
		少数民族学生	279	252	52	123	1250	359	123	79	195
	教师数	总数	100	101	84	71	173	81	32	81	66
		少数民族教师	20	28	6	8	34	20	16	3	45
中学含职业中学	校数		1	1	1	1	3	1	0	1	1
	学生数	总数	412	243	116	87	1776	758		185	6
		少数民族学生	206	21	16	12	943	389		42	3
	教师数	总数	121	36	38	34	349	93		29	6
		少数民族教师	6			2	15				4
初中入学率	总比例		96	100	100	98	100	100	96	99.2	95
	少数民族学生比例		100	100	100	100	100	100	96	98.5	95
初中巩固率	总比例		97	100	95	97	100	100	98	98.2	95
	少数民族学生比例		96	100	96	98	98	100	97	97.9	95
初中生毕业率	总比例		97	100	100	97	100	100	98	96.5	95
	少数民族学生比例		96	100	100	96	93	90	97	95.2	87
初中生升学率	总比例		93	98.4	70	92	58	90	69	82.5	78
	少数民族学生比例		92	98	75	92	56	46	65	75	76
在校中专生	总数		71	50	27	89	276	21	30	132	120
	少数民族学生		23	11	9	19	155	20	12	37	62
在校大专生	总数		135	120	25	40	365	114	102	155	141
	少数民族学生		55	26	7	13	80	36	39	40	65

（本表数据来源于《福建少数民族乡村社会经济统计资料（2013）》，第 36—40 页，福建省统计局、福建省民族与宗教事务厅编）

但问题也是显而易见的。主要有：

1. 民族乡初中规模偏小，初中生升学率不高，学生辍学率偏高，特别是福安三个畲族乡和福鼎佳阳畲族乡。

2. 职业教育薄弱。全区只有一所民族职业中学，从专业设置到师资力量都偏弱，专业吸引力低。

3. 大部分畲族地区对保护和传承畲族文化投入了相当多的物力和人力，但畲族的传统文化资源仍然流失严重。主要问题在于方式和内容以及实践多有局限性，过分强调畲族文化与现代文化和当地汉族文化的差异性以及传播人群的族群性，使其被接受程度和接受人群有限。

4. 畲族地区的学校教育也是以主流文化为核心的课程标准和教学内容，我国的学校教育无论在组织形式和教学内容上有高度的国家统一性，对于如何使二者融合促进畲族地区文化多元化发展缺乏共识。

5. 传承人和师资队伍的缺乏。造福工程、城镇化等导致畲族古村落大量消失，农村劳动力的转移也使畲族传统民间文化体育活动受到影响。

当现代化成为农村发展的必然趋势，新农村建设和农村城镇化会逐步转变农民身份和职业结构，城乡二元对立的模式也必然会逐渐打破。到时候农村已经不再是原来意义上的农村，乡村教育既不能成为离乡教育更不能成为为农教育，而畲族文化也不应拘泥于乡村或民族学校传承。因此，面对教育现代化发展，我们应该立足于国情和地域、民族特点，不断提高畲族教育和文化传承的水平。

1. 制定畲族教育发展总体规划，根据人口增长和流动特点，调节、优化教育结构，注意教育内容和方式的多元性，在民族初中适当增加技能教育，增强学校教育的吸引力，促进闽东畲族教育科学、可持续的发展。

2. 通过政策咨询报告促进相关政府和部门加大投入，设立专门的保护畲族文化的专项资金，促进双语条件下畲族文化的重构，以及畲族文化进社区、进家庭、进学校、进课堂等，使畲族文化在各地方作接力棒似的纵向交接。

3. 加强专业研究。首先要研究如何正确处理好畲族原始文化传承与文化创新的关系。对传统民族文化的传承并不等于原封不动、画地为牢式的保留，必须跳出畲族文化就是其本源文化的窠臼，以大中华文化传统传承的眼光促进优秀民族文化传承，才能解决民族文化资源流失问题。应对各区域畲族文化形成历程和特点进行对比分析研究，促进畲族文化与地方优秀文化传统的融合与创新，使之成为具有主体性的区域文化传统。其次应研究畲族文化与学校教育中主流文化传承的融合、创新问题。因此，一方面，我们应该认识畲族文化具有"区域化、在地化、多元化"特点；另一方面，应明确作为主要传承方式之一的义务教育学校，其课程设置属于公共品设置，不能只考虑畲族的民族认同。所以必须在学校各类课程中融合畲族文化因素，促进畲族地区下一代人对包含有畲族文化的地方优秀传统文化的认同和继承。

4. 创新传承畲族文化的师资培养方式。畲族民间文化资源和传承人主要来源于农村，因此，应研究结合多元文化进行师资培育的本土实践，重视对本地教师多元文化的教育理念培养。并需要加强对成人的文化传统教育，强调畲族家庭和社区应承担的传承责任，使学校、社区和家庭形成合力，促进传承方式创新。

5. 总结研究各区域探索畲族和汉族以及其他民族文化和谐共存的创新实践。在当前基础教育课程改革的背景下，建议畲族地区结合各地区社会现实，开发地方课程、校本课程，让学生所具有的本土性知识、地域性知识进入学校课程成为学校教育的有机组成部分，通过有效的教学弥补或沟通学生所具有的本土性知识与学校教育中的"科学知识"之间的裂痕，让少数民族学生能够更好地适应现代学校教育。通过对闽东畲族文化传习所等等，到一些学校开展畲族文化传承的实践研究。

第十二章

宁德畲族城镇化进程中的音乐生活

与福建省其他族群一样，宁德畲族村民也加入了城镇化步伐。他们中的一部分人"离土又离乡"，走出了宁德，走向我国的大江南北，经商、办企业。但是大部分畲族群众还是"离土不离乡"，就近在福安、蕉城、霞浦、福鼎等宁德沿海县市城里打工，他们大多从事重体力劳动和低层次服务工作，如建筑工程泥匠木工、农贸市场经销员、家庭保姆、载客摩的司机、早市卖买的菜农，以及电机行业技术工人等等。有极少部分是食品店、花店、建筑公司、药店、宾馆的老板。仅就福安县城内就容纳了从业的畲族农民 2 万余人，占福安市畲族总人口的 1/3。他们中有的是单身、有的是整个家庭租住在城关，每日都为生计奔波，只能算是城镇的边缘人。一般而言，他们在城里主要是维持日常的物质生活，对精神生活的追求是一种奢望。但是城市的文明与繁华毕竟是一种诱惑，特别是在畲族中青年人群中，他们中的大多数是无法融入城里的精神消费的。同时，畲族自古是一个爱唱歌的民族，他们称歌谣为"歌言"，意为畲族歌谣就是畲族语言，唱歌与说话一样，在日常生活中是不可或缺的。"俗不离歌"是他们的祖训。畲族民歌覆盖了他们的生老病死，其歌唱内容关涉日常生活起居的方方面面，纯粹畲族山里人，特别是中老年人，或多或少都曾介入这个事象，又或多或少都会哼上几句。为了永远铭记的乡愁、为了排遣离乡背井的劳累、忧愁、疑惑及孤独感、困顿感、失落感、挫败感等。他们往往会在劳作之余，和在自己老家一样，三五成群聚在一起，盘歌聊歌，宣泄与表达自己的情怀。他们中的许多人非常渴望在城里有属于自己的可以随心所欲、自由发挥的空间（歌场）。

21 世纪初期，畲族山歌犹如汩汩潜流在宁德城镇涌动，成为一种新生的文化现象。福建师范大学音乐系蓝雪霏教授，是最早关注这个现象的学者之一，她在 1999 年第 9 期《人民音乐》杂志发表了《畲族音乐，一个急需扶贫的角落》。引起了较大的反响。2006 年 3 月和 2007 年 10 月她又带领师大民族音乐学专业的硕士、博士研究生深入宁德，进一步专题调查宁德畲族农民工的音乐生活，并完成了《宁德畲族农民工音乐生活问题调查》。对宁德畲族群众在城里自发创办的歌场状况进行了实地调查。

随着自发性的畲族农民工歌场的出现，宁德畲族歌言在城镇兴起的活动也逐渐开始。从 20 世纪 50 年代算起，这是第三次兴起。在 20 世纪 50 年代，民族工作的黄金时代，畲民当家做主，他们在宁德各个县城新建的民族招待所里对歌，通宵达旦。专区、县两级的畲族乡村文艺会演将畲族歌言搬上了舞台，畲族歌手晋京表演畲族歌言，长春电影制片厂拍摄的《难为迎亲伯》是第一次畲族歌言振兴的标志性总结。第二次兴起是 20 世纪 80 年代，民族工作拨乱反正，迎来了第二个黄金时代。在落实民族政策的过程中，畲族歌言的传唱在畲族乡村悄然兴起，政府举办的各种与畲族文化相关的文化节庆活动，畲族乡村"农家乐"旅游的出现，畲族歌言、畲族服饰等非物质文化遗产在畲族乡村现代化过程中以一种特殊的形式存活着、传承着，也直接、间接地影响了在城镇生活的畲民的精神世界。第三次兴起发轫于 21 世纪初，大批畲族农民工进城，"人的城镇化"使得畲族农民的生存空间发生了变化，植根于乡村的畲族歌言逐渐向城镇蔓延，畲族歌言逐渐成为了宁德城镇畲民音乐生活的组成部分。

一　宁德自发性畲族农民工歌场

宁德畲族传统的歌会有着相对固定的时间与地点，如福安市"二月二"坂中畲族乡后门坪歌会，"四月八"牛歇节穆云畲族乡牛池岗歌会，"六月初一"白云山歌会，"九月九"登高节松罗乡松罗山、樟家山歌会；霞浦县"五月年"崇儒畲族乡古老岩歌会，"元宵节"水门畲族乡半岭观音亭歌会，"分龙节"松城镇岔头岭歌会，"九月九"州洋乡目连寺歌会、溪南镇洪山歌会；福鼎市元宵节磻溪镇溪口后舍宫歌会，"二月二"佳阳畲族乡双华村歌会，太姥山镇西门外歌会，"四月八""七月七"硖门畲族乡瑞云村歌会；蕉城区"三月三"八都镇猴盾歌会；寿宁县"正月十三"斜滩镇天凤岗村歌会，"七月七"武曲乡白岩山歌会；周宁县"分龙节"方广寺歌会等。① 一到某个歌节，闽浙两省、宁德临近县份的畲民都会会聚盘歌。随着"城镇化"的进程，畲族乡村劳动力向城镇转移，乡村歌会的主流群体移到了城镇，原先有着固定的时空传统歌会逐渐式微，许多歌会都只作为文化记忆，在畲族村民的心灵中。21 世纪初，畲族农民工的歌场，不同于传统歌场，从畲族乡村移到了宁德城镇里的畲族农民工聚落，同样仍然具备传统歌会的某种功能，迎迓来自四面八方的同为农民工的畲族歌友。这种歌场因陋就简，具有即时性、随意性与不确定性的特征。

（一）蕉城区蓝溪村畲族农民工歌棚

"蓝溪村"是一个畲族农民工自发相聚形成的聚落，位于东侨曲尺塘，是宁德市蕉城区城乡结合部。1979 年以来，由福安、霞浦、寿宁及蕉城区部分边远畲族村民陆陆续续到蕉城打工，并在东侨曲尺塘地段先后自行购地搭棚盖房。到了 1995 年，共购地面积 15.07 亩，简易搭建和初步成型的房子总面积为 7236 平方米。至 2007 年 10 月，有住户有 168 户，常住人口 800 多人，包括流动人口共计 1000 多人。是一个典型的畲族聚落。由于预先没有归入城市规划，这里的公共设施很差，有生活用电，没有电视接收台，电视只能看两个频道。卫生状况不好，没有村街排水系统，一旦下雨，路面几乎无法行走。一旦发洪水，更是汪洋一片。紧靠畲民工棚的，是拔地而起的一栋栋现代化新式住宅社区，二者形成强烈反差。自 2000 年 12 月以来，畲族群众曾就其建房规划、用地审批、用水用电、户口落户、子女入学、行政管理等诸多问题多次向政府各有关部门反映，引起市、区政府的重视。但由于具体操作环节未能有效协调，至今蓝溪村畲族农民工的聚落问题仍未获得妥善解决。

蓝溪村农民工歌棚就在聚落的"街"上，由一蓝姓族人提供场地，名曰"蓝溪畲族文化活动中心"。"蓝溪村"的领头人是热心公益事业的民间青草药医生钟显玲，他是宁德八都人，55 岁，父辈搬到福安市下白石镇，26 年前搬到了这里，中心的一切事宜皆由他主持。中心搭建有一简易歌台，其中电视机是由宁德城关的蓝为金送的，VCD 是歌手蓝成钗买的，桌椅等其他设备由钟显玲提供。

---

① 萧孝正编撰《宁德畲族歌谣集成》海峡文艺出版社 1995 年版，第 344—352 页。

　　尽管蓝溪村畲族农民工的住居条件一直没改善，但畲族歌言自2001年宁德蕉城区金涵乡第二届畲歌会举办之后，就在蓝溪村复苏。当我们问及："既然你们说'没有安家，何来乐业？'，那么你们为什么还要唱歌？"畲民七嘴八舌说："我们畲族打工累了，晚上回来心里特别烦。我们离乡背井跟谁唱？跟外面的人唱？人家会说你干吗？回来哼几句心里会比较舒服！""在外面打工说的不是我们的话，回来又没有（娱乐），肯定得唱几句，畲歌才不会断根。"

　　当蓝溪村的畲族歌言唱响时，其他地方的畲歌传统尚未恢复。蓝溪人拍拍胸脯说："要唱歌就到我们蓝溪来！"于是，四面八方的畲族人凡是来宁德蕉城的，就会找上门，男来女对，女来男对。因对歌对到半夜时有吃点心的歌俗，开始点心费由个别人支付，后来由于来的客人多了，就分到各家各户去对歌，点心亦分摊到户负责。虽然大家生活并不宽裕，但钟显玲说：大家的"意思是把祖宗的文化传下去，个人流一点汗（没关系）。畲族人就是这样，好东西都扒出来招待客人，过后自己吃咸菜"。

　　现在，只要有客人来，蓝溪村就有歌声。特别是节日"三月三""九月九"，"很挤"。过年来客太多房间装不下，歌会分成6场举行。平常，中心也把培养下一代唱畲歌作为重要工作来抓。42岁的电工蓝成辉说："畲族文化应当要一代一代传下去，现在小孩畲话都不会讲了，再不唱（传统）就会断掉。"现在村里的孩子放学回家吃完饭做完作业就会来中心学唱歌，一批一批的培养，中心贴钱买矿泉水、糖果、笔、笔记本给孩子，现在重点培养了四男四女。35岁搞瓷砖销售的钟昌弟说："为了传统（能保留）下去，只能这样，没办法。"在现场我们听了四个小女孩的歌唱，也看到无数双热切期盼的眼睛。

　　"有歌手就不怕没歌场"，蓝溪村拥有曾经去台湾、福州、厦门、浙江景宁等地唱过畲歌的雷石凤、雷美凤、钟坛钗等著名歌手，慕名来对唱的各地族人络绎不绝。而且，现在电信方便，这些著名歌手经常会接到不认识的族人热情邀请前往对歌的电话，甚至半夜都打来，在电话里就跟你对起来。

　　蓝溪村的畲族农民工同时是蕉城区中华畲族宫歌会的热心发起者。如2005年歌会是由他们发起集资了1万多元，2006年也是他们发动集资2万多元；2007年"三月三"，区民宗局给3000元，金涵乡政府给2000元，蓝溪村的人一户出100元共集资4万多元办起来。为了保障歌会的安全，钟显玲主动到派出所与公安、交警联系，寻求支持。他给有关人员发牌子、派保安。他说："看着畲族宫冷冰冰的，就想把它做热闹来，（我们搞发动）不是想吃群众的钱，（我们）想多出 100 元、50 元还（更）舒服。"蓝溪人对畲族传统文化的热心感动了宁德各地的畲族，他们说："你们办，我们再没空也会来！"

村民的愿望除了热切希望政府来解决蓝溪村的农民工聚落问题，也热切希望政府来关心农民工的唱歌问题。他们很希望有一个唱歌的地方，但靠村里的力量办不到，钟显玲说："如果政府给 8 万—10 万，歌场就可以盖起来。"

（二）福安城关畲族"地下歌场"

2004 年正月，在福安县城打工的畲族人也自发集中到离城 2 公里的坂中畲族乡住家唱歌，后来消息传开，专程赶来坂中唱歌的人越聚越多，畲族住家终于容纳不下。歌手们找到了福安城关的公园，但公园要卖门票且禁止喧哗，经济利益和·"文明"氛围的制约使得本来有权利享受公共福利提供的园林休闲的畲族歌手败兴而归。最后，歌手与福安市民族宗教事务局协调后，找到了位于民宗局宿舍的地下室，作为简易歌场。2005 年 8 月，福安城关的畲族农民工终于有了一块属于自己的心灵栖息之地。

福安畲族歌场位于福安市北面，与坂中畲族乡交界的富春路 128 号金源大酒店隔壁弄堂里的地下室，面积约 300 平方米。由于地面是民宗局干部宿舍，歌场地下室有多根水泥柱占据位置，顶板横梁下距地面高度为 1.7 米，横梁上距地面高度为 2.2 米，室内昏暗无光，空气不流通。地下室内设施简陋，通风就靠一台大风扇，夏天闷热腐臭可想而知；冬天一进歌场，其拥挤浑浊仍然令人汗流浃背。笔者和学生们于初春三月初一晚穿着厚重的衣服进入来了 800 人以上的地下歌场，就个个满头大汗。而一旦下雨，雨水就从地面上顺畅地流入地下室，洪水一来更是肆无忌惮，歌场一年都要进十几次水，水位甚至高达 1.2—1.3 米。洪水肆虐过后，歌手们又要费尽九牛二虎之力清理垃圾污秽，"重建"歌场，苦不堪言。除了下雨畲民不敢来歌场，平常每晚来唱歌、听歌一般有几百人，最少每晚 300—500 人，而逢喜庆节日则有 1000—2000 人。除了福安城关的畲族农民工，他们甚至常常分别来自福鼎市、周宁县、霞浦县、宁德市蕉城区等畲族地区。地下歌场挤不下对不了歌，人群便自发延伸簇拥到地下室门口的弄堂直至大街上三五成群自发地对，对到半夜1—2点，有时到天亮。联谊中心的管理人员生怕出事，极力动员老人小孩节日期间不要进入地下歌场。

歌场的组织机构为"畲族联谊中心"，中心的组织人员主要由有一定经济实力又热心畲族歌唱的族人构成。主任、副主任负责与市民宗局上传下达、协调处理联谊中心的各种有关事宜，管理人员负责轮流值班，每周有4人负责开门、锁门、打扫卫生、维持秩序。主要的歌手一二十人，多为电机厂工人。

联谊中心的日常经费自筹，大宗经费由福安市民宗局解决。联谊中心的主任、副主任每人每年交300元，每个管理人员和主要歌手每人每年交120元，社会各界如地区、市县一些单位和个体老板也有部分捐款。这些经费主要用于日常水电支出和活动费用、设施如铺地、刷墙、电器修理和门口卫生间管理费等，而大宗费用如购置电风扇、电视、录音机、麦克风，包括年底亏空欠债，皆由市民宗局解决。

每天晚上7—8点钟，畲族农民工吃完饭换上干净的衣服就到地下歌场来，有时全家都来，也会带小孩来。一个如此简陋、处处充满安全、卫生隐患的地下室，何以聚集这么多热心人，他们不去看五彩缤纷的电视、不走进五花八门的城镇夜生活，却来这儿唱畲歌、听畲歌？我们在现场做了采访，农民工的回答主要有以下几种：

（1）"风俗就是这样的"

"我们畲族盘古开天地就不断这个歌会。风俗就是这样的！"农民工七嘴八舌地说开了。

"畲族的人就喜欢畲族的歌，如果没这个歌会就没地方玩。城里的娱乐就是打麻将、喝酒、进歌厅舞厅，我一吃饱饭就想来这里看看有没有对歌。"

"我17—18岁的时候到处去唱歌，去宁德下白石，到霞浦南门、后坂去唱，那里有朋友。但18—20年没唱歌了。社会经济发展了，没再时髦唱歌，没机会唱歌。去年8月份才知道有这歌场，有空就来聊聊天。很少唱。听歌好听，有兴趣，内容很深刻。情歌、分（别）歌，说出来（即"歌言"，用唱歌来说话）；还有小说歌，听出来（明白）很有意义。我把店门一关就来听歌了。"一位41岁的白沙人、游戏机店老板说。

36岁的副主任、工程包工头蓝荣寿说："我15—16岁学歌，17—18

岁时到处去玩去唱歌，过一个村唱一个晚上，一连唱十几个晚上，唱到白天走路走着走着就在路上睡着了，回到家死睡 1—2 天，声音都唱哑了，很好玩。到哪一个村有姑娘长得漂亮的，唱得好的，唱完就当面谈。我妻子就是到我村子来唱，唱到约好一起出去再唱，唱到有感觉。一直唱到二十几岁。这两三年来城关打工，晚上都到这里来玩。"

当问及电视节目那么丰富，为何不看电视而来这里，回答是："电视里唱的歌不一样，听不懂，口音不一样。这里能对歌，更有劲头！"有人说："电视不好看，这里歌好听！"回答的人都是 35 岁以上者。

（2）"来这儿解一个心结"

畲民说："最重要的是以歌为题，以歌为本，以歌认识你。"

"有的人没有时间来，而只要一有时间我们就会来！"

"一吃完饭就想来这里看有没有人对歌！"

"这里能对歌。来这里主要看谁的肚子里歌更多，谁对得更好。"

"累了，心情不好，来这里有对歌就对上几句，对完回去睡觉。"

"来这里主要解一个心结。如果不会说畲话了，听不懂，来这里就没意义！"

"两公婆吵架，吵翻了。别吵了，别打了，就来听歌、对歌。对好了，心情就好了。而如果没有歌场，就会去喝酒。来这里唱歌头脑会改变。"

当我们问及倘若夫妻双方各自与人对唱情歌时，会不会伤害到夫妻之间的感情，回答说："不会！爱怎样唱就怎样唱，不会当真的。"

（3）"来这儿沟通信息"

过去唱歌多为了"比肚才"，穷开心，现在对歌的功能发生了转变。畲民来这儿不仅听歌、对歌，通过歌场会友，还注意沟通、交流致富信息。比如种植业，什么季节种葡萄、种茶叶，获取生产销售资讯；比如介绍工作，电机厂老板要招收工人也来歌场，由联谊中心负责介绍；还有子女要从乡下转到城关读书没有门路，也通过歌会朋友介绍，来城关念书的日益增多。

（4）"来这儿寻求帮助"

畲族农民工有很多生活难题，来歌场不啻为一个寻求帮助的契机。如小孩上大学很困难，企业小老板们在歌会上了解到情况后便慷慨解囊，有捐资 100 元的、50 元的，也有捐 1000—2000 的，比如在赛岐罗江办钢铁厂的钟荣善就捐了 3000 元给会长,另外给困难户几百元。而联谊中心的会长也捐了 100 元,其他成员各捐 50 元。

(5)"畲族文化知道一点也是一种营养"

来自溪潭镇蓝田村 33 岁的家具企业老板钟光说:"以前没钱挣没工打才会去唱歌。整天没事干,烤火,是'文才',但唱来唱去还是那么穷,没有用。1980 年改革开放以后,17—18 岁的年轻人就没学唱歌,而是出来打工。没有经济维持怎么唱歌?没有饭吃我读书怎么读得下去?现在经济发展了,很多文化却遗失了。为了拯救畲族文化,就应该唱歌。这里是临时性的(歌场),我不会唱,但这是畲族的文化,要知道一点,也是一种营养。按照自己的能力,要搞什么活动我们也会支持。"

(6)"歌场可以宣传遵纪守法"

40 岁左右的经营床上用品生意的老板钟木石特地赶来告诉笔者:"如何以人为本,构建和谐社会,把党中央政策、八荣八耻传到畲民中,让畲民有信心,懂法守法?没来歌场唱歌,就会去赌博,搞迷信;来歌场,歌场就能带给人很多欢笑。歌场还可以宣传党的政策,民委干部经常可以到歌场进行法制、时事宣传,老百姓可以进行法律咨询;我们歌手也可以搞文化下乡,比如正月很多打工的、念书的回家,歌手就可以把歌送到乡下。"

(三)新源村畲族农民工歌会

新源村地属亭坪村,距宁德蕉城区 3 公里,是金涵乡一个移民小区,占地十余亩。1996 年以来,古田、福安、霞浦、福鼎、周宁、屏南、罗源各地山区农民陆续下山来到这儿买地,至今已聚居 3 千多人,其中 1/3 是畲族。由于亭坪村只提供建房用地,移民没有土地种植,主要从事泥水、装修、电机、砖瓦、养殖等工作,生活比山区有所改观。外地许多农民闻讯都有意搬到新源,可是现在地皮价格上涨又望而却步。

由于新源畲族分别来自不同地方,来往客人也呈现多元化特点,而这正符合畲族"远路鸟子骨会香"(即同村不对唱、同姓不对唱等关乎婚配优生科学)的歌唱需求。新源村畲汉杂居,平常畲族客人来新源对歌,主人得考虑彻夜对歌影响他人尤其是汉族休息的问题,所以若有多一点的客人,一般都会到亭坪村的畲族民间艺术活动中心唱。每年农历三月三、九月九等日子,这里宾客满棚,楼里挤不下,就三五成群唱到马路上去。

新源虽然另辟村寨，但亭坪村委会仍然视其为己出，不仅提供歌唱场地，还热心支持其培养下一代歌手。

新源畲民对亭坪村委会的热心支持心怀感激。来自周宁县云门村的畲歌好手、"歌先生"蓝徐全就说："亭坪村领导对我们很好，我有多少本事都要使出来。"他为宁德畲族宫的"三月三""九月九"歌会不遗余力，教 8 男 8 女传承《龙头舞》《铃刀舞》且传唱畲歌。

新源移民畲汉杂居，客观上增进了民族文化的融合。畲民要讲普通话、学宁德汉族方言，畲族小孩在亭坪村或到城关更好的学校读书；当地汉人也对学畲语、唱畲歌有着浓厚的兴趣。

二　畲族歌言的"城镇化"

"人的城镇化"不断深入的一个重要标志是，人们话语权的城镇化。畲族歌言是畲族的特殊话语，是畲族的标志性文化。畲族歌言能够在城镇落地生根，才意味着畲族"城镇化"的真正实现。这是一个畲族"城镇化"值得思考的问题。在畲族"城镇化"过程中，畲歌随着畲族农民工群体从畲族乡村带到了城镇，传统乡村歌会的主流人群发生了变化，即唱畲歌的角色发生变化，年轻的歌者少了，中年歌者带着当年的畲歌乡土气息，把乡愁留在并不是完全熟悉的城镇，其歌言活动的内容与形式也发生相应的变化，其涉及的范围更广，影响更深，也增添了新质。随之而来的是，与畲族歌言相关的联谊活动，更富有时代特色与现实内涵。

（一）畲族企业家与畲族歌手联袂创办畲歌协会

畲族农民工的文化自觉与歌唱热情，不仅在城镇的畲族农民工聚落产生一定的精神效应，也在畲族乡村引起了较大的反响。活跃于畲族乡村的一些闻名乡里的"歌先生"积极响应，三五成群来城里会歌。根据畲歌的发展现状，畲家人认为通过自发成立地方性畲歌协会，整合畲族乡村歌手的力量，有计划、有组织地开展畲歌活动，更加有力地推动畲族歌言的向城镇发展。

畲族企业家在这场畲歌振兴活动中充当了重要的角色。他们虽然在市场经济的博弈中取得成功。但是没有忘记畲族文化的精髓，表示要在振兴城镇畲歌中贡献一分力量。2013 年，福建省华南商贸有限公司总经理钟荣善首先出资 10 万元，甘肃亿华矿业有限公司董事长雷细旺出资 5 万元，与福安市畲族文化研究中心主任钟隐芳等人发起成立福安市畲歌协会。热爱唱歌的畲家人慷慨解囊，钟金佺、钟石慈两位会员，家庭收入并不宽裕，但却每人出资 5 万元，到这年 9 月，入会会员已达 50 多人，会员赞助款已达 60 多万元。福安畲歌协会的活动主要是挖掘、整理民间畲歌，培训畲族歌手，组织畲族歌会，委派歌手参与省内外畲歌活动等。

霞浦县松城歌谣协会由畲族企业家、福建旺嘉隆房地产开发有限公司总经理雷杨钦等人发起，他出资 50 万元，其他副会长各出资 3 万元，理事出资 2 万元，协会共有会员 24 人，集资 100 万元。松城歌谣协会主要是筹建"福建省畲族小说歌传承中心"与房地产开发相结合，为畲族歌言城镇化作可贵的探索与尝试。并作为福建省民族宗教厅文化精品十一个项目之一，培训年轻的畲族歌手。

实践证明，畲族企业家在畲歌"城镇化"的活动中是大有可为的。

（二）政府与民间互动，建设畲族歌会场所

民间自发的畲族农民工歌场，因为存在种种不确定性而时时变动。随着城镇化步伐的加快，城镇环境治理的加强与深入，到了 2010 年，当年蓝雪霏们调查过的农民工歌场已经成了历史遗迹，大多不复存在。时代要求要有新的更加理想的唱畲歌的场所出现，这也是畲歌"城镇化"的必要措施。在宁德各相关部门的努力下，通过政府与民间投资，在相关城镇相继建设了富有民族特色的永久性的畲族歌场，彻底改变以畲族农民工为主体的会歌环境。

2010 年 9 月由宁德市民族宗教局牵头投资的，位于蕉城区金涵畲族乡的宁德市畲族民歌激情广场及非物质文化遗产展示中心建成。广场总占地 2500 平方米，投资近 80 万元，可同时容纳 3000 人集会。该广场除为宁德畲族群众提供会歌的公共场所外，也可用于对外展示宁德非物质文化遗产。由于激情广场的经营，纯粹是商业行为，节目内容与后续财力、人力的局限性，现在广场的经营已是强弩之末，风光不再。

2013 年 4 月，由霞浦县松城畲族歌谣协会为主集资在距离霞浦中心城区 1 公里处的松城镇西关村，建设宁德唯一的园林式畲族聚居小区霞浦县馨园小区"畲族风情园"。风情园由一栋畲族歌楼与两栋高层住宅组成。建筑占地面积 7785.44 平方米，其中歌楼 632 平方米，住宅 2153.44

平方米；建筑总面积 26863.6 平方米，其中畲族歌楼 1179.8 平方米，住宅楼 25683.8 平方米。福建省民族文化精品项目"福建省畲族小说歌传承中心"便设在馨园小区内。该工程虽然还没有完工，传承中心的歌台正在精装修。但是，总体发展趋势良好，通过商业运作鼎建霞浦城关畲族歌台的模式，算是比较成功的范例。

2013 年 12 月 22 日，福安人民政府市长林小楠召开市长办公会议，部署 2014 年民生工程项目安排工作，同意增加城区畲族歌场与文化传承中心等项目作为民生工程文化产业项目，项目初步规划用地面积 10 亩，总投资近 1700 万元。由福安市民宗局负责，以社会资金投资为主，合理安排项目资金拼盘，建设并完成主体工程。福安市政府〔2014〕195 号专题会议纪要，明确在坂中森林公园东侧安排城区畲族歌场与文化传承中心项目，由福安市民宗局和坂中畲族乡配合市住建局进一步优化畲族文化中心设计方案。虽有方案，但是最终的实施还需假以时日。在以上计划没有实施之前，畲歌协会在坂中畲族乡富春溪森林公园边上租用了一块场地作为福安畲歌对唱的临时歌场。

现阶段，畲族乡村传统的歌场的功能逐渐消失，城镇农民工歌场还属于民间自发的无序状态，真正意义的实体性歌场建筑正在建筑与酝酿之中。

（三）收集、整理传统畲歌，创作与出版新畲歌，培训畲歌新生代

还有一个令人担忧的现象是深藏于畲族乡村的畲族歌言手抄歌本越来越少，畲歌口耳相传所赖于借助的文字媒介正面临着消失。同时，传统的畲族歌者年龄老化，年轻的歌者还人数很少，畲歌的新生代严重缺失。福安畲歌协会正从事的基础性工作是积极抢救、收集民间歌本，他们已从溪尾、坂中、甘棠等地的畲族乡村收集到畲歌本十余本。福安籍畲族老艺人蓝兴发于 2006 年被中国文联与中国民间文艺家协会授予"中国民间文化杰出传承人"称号。他费时 11 年编辑的《传世畲歌》于 2014 年由中央民族大学出版社出版。全书有 63 万字。协会订购了《传世畲歌》300 册，供畲族村和相关会员传习之用。协会还开展"歌教"活动，由钟石木、兰成长、钟桂梅等"歌先生"负责传习工作，钟神涛、吴金容等一批年轻歌手已脱颖而出。

　　畲族小说歌发源于宁德霞浦县溪南镇白露坑畲族村。是畲族歌手将汉人章回小说和评话唱本进行再创造，改编为适合畲族审美情趣与道德伦理的畲族歌言。清末民初是其发展的高峰期，出现了一批富有民族特色与畲族传奇故事的小说歌作品与擅长小说歌创作的"歌先生"。2006 年 5 月 20 日，畲族小说歌经国务院批准列入第一批国家级非物质文化遗产名录。为了发扬光大畲族小说歌，霞浦县专门成立了小说歌收集、整理小组。小组共 12 人，其中年龄最大的 82 岁，最小的 47 岁。小说歌国家级传人、当年畲族歌王钟学吉的子孙钟昌尧也参与其中。他们于 2005 年开始工作，走过霞浦 40 多个畲族村，还去了福安、宁德、福鼎等地相关的畲族村。第一集霞浦县畲族小说歌作为"福建省少数民族古籍丛书·畲族卷"已于 2010 年由海风出版社出版，全书共 37 万字，第二集正在整理中。

　　福鼎市畲族文化促进会组织畲族歌手培训，其培训内容，包括传统原生态歌谣唱法、创作歌谣唱法、舞台仪容仪表、台风步态等。并经常组织一些小规模的集会，进行练歌活动。

（四）传统节庆中的畲歌活动

　　2000—2010 年闽浙两省的"三月三"等畲族节庆活动，规模宏大，人数众多，影响深远。浙江景宁畲族自治县的"三月三"活动成为自治县规模最大、最重要的节日。福建省轮流在各个畲族聚居地方举办的畲族"三月三"，并作为福建省少数民族文化精品工程，同样不同凡响。这些都为城镇化的畲族歌言提供了巨大的舞台。除了全省性或全区性的大型畲族节日外，许多区市、县（市、区）以及乡镇都举行了各种不同的畲族传统节日活动，这些活动的重场戏都离不开畲族歌言。在这些活动中福建、浙江、江西等省的畲族歌手同台表演，文化互动，合作交流。

　　宁德福鼎市与浙南苍南县交界，近年来两地的畲歌互动是文化常态。福鼎市畲族文化促进会在近年曾组织了正月初五桐城办事处浮柳畲族村歌会，正月十五佳阳畲族乡纪念钟良弼的"弼公节"歌会，"凤凰节"桐南办事处蜊溪畲区歌会，"四月八"硖门畲族乡瑞云歌会等，都会有来自浙南的畲族歌手参加会歌。

　　据不完全统计，2014 年福安市畲歌协会参与的畲歌传唱活动有：3 月 25 日，组团参加福安穆云畲乡第四届桃花节暨民俗文化活动展演；3 月 29 日，参加在康厝畲族乡金斗洋村举办的福安市第 19 届"三月三"畲族

民俗节活动；4 月 2 日，组团参加浙江省景宁畲族自治县成立三十周年庆
典暨 2014 年中国畲乡"三月三"活动；5 月 17 日，参加宁德市畲族企业
与企业家协会成立活动；6 月 26 日，赴霞浦县参加上壇分龙节畲族歌会
和观音亭寨歌会；7 月 22 日，福安白云山景区世界地质公园迎接联合国
教科文组织中期评估，应邀前往溪塔葡萄沟开展畲歌对唱活动；8 月 15
日，赴古田县参加第一届"千年畲寨"富达芙蓉李丰收节活动；8 月 20
日，参加霞浦歌谣协会新一届会员大会；8 月 25 日，参加福安穆云畲乡
第五届刺葡萄采摘节暨原生态畲歌会；9 月 4 日，赴浙江苍南参加"中华
一家亲·海峡两岸少数民族民俗风情展演暨大型畲族祭祖大典"；9 月 8
日，重新租用临时歌场新场地开展畲歌活动等。以上的活动都吸引了成千
上万的畲族歌者，"城镇化"的畲族歌言在一年时间里，办得有声有色。

三　剖析宁德畲族农民工音乐生活

（一）农民工畲歌热唱及传统回潮的原因

　　音乐能使人快乐，音乐的需求是人正常的心理需求。过去的畲族不能
没有歌唱，所谓："歌是原底祖公礼，齐齐唱些解心开"，只是由于阶段
性的政治禁锢和时间剥夺，更因为社会进化而渐趋凝固。今天，当越来越
多的畲族人走出大山来到城市，尤其就近到本县市所在地宁德、福安、霞
浦等城区打工，他们所面临的除了繁重的体力劳动，更多则是由于这历史
性变革给其自身带来的种种无法即刻解决的生存矛盾及精神困惑，他们急
需有互相倾诉、排解、疏通的渠道，他们更需要获得宽慰、支持和鼓励，
于是畲族歌场很自然就成了畲族农民工的精神家园。各地的歌唱好手闻风
而来，炒热了畲族农民工歌棚；农民工好手到各地去对唱，又掀起了畲歌
大唱的热潮。畲歌又被作为"齐齐唱些解心开"的族性良药，得以弥补
畲族农民工急切的民生需求。畲族非物质文化遗产的代表性项目畲歌，正
以崭新的面貌进入一个空前热唱的大好势头。

　　农民工畲歌热唱并带动宁德畲族歌唱传统回潮，是各级党委、政府长
期贯彻、实施民族政策与努力营造民族平等、团结、互助、和谐的氛围相
关。20 世纪 80 年代之后，各级民族工作部门举办了各种形式畲族歌会，
2004 年 9 月，由宁德市民宗局牵头制作的 VCD 畲歌碟片的传播，营造了

传唱畲族歌言的良好氛围，也增强了畲民的民族自豪感和自信心，为畲歌的复苏打下了基础、创造了条件。

（二）民族民间文化传统回归、发展的命运终归掌握在其主人手上

当各地民族宗教事务局年年举办歌会，甚至以倒贴参会歌手一天50元的办法力图恢复畲族的歌唱活动，但总是歌会结束歌声也结束的时候；当学者在为"畲族音乐由历史驶向现代的运作中出现了脱轨，畲族传统之链发生了缺环"忧心忡忡而振臂呼吁社会关注少数民族歌唱这样"一个急需扶贫的角落！"之时，农民工自发恢复传统歌唱的实践，给政界、学界提出了一个值得深思的问题，即民族民间文化传统回归、发展的命运究竟掌握在谁手上？

历史的经验值得记取：政治干扰可使畲族传统文化断流，政府扶持也可为畲族传统回归打造基础，但畲族传统文化的命运仍然无可抗拒地要受制于现代工业环境的影响，如何把握其运行方向走出自己的一条路，最终还应由其主人说了算。

20世纪50年代至80年代中期，畲族对歌唱传统还是相当固守。虽然有些地方的歌唱活动曾经随着国家政治运动对农民生活的调控而逐渐失落过，比如合作化、公社化、"文化大革命"、学大寨，畲族歌唱的时间曾为风起云涌的政治运动所冲击。20世纪60年代之后，搞生产、搞建设、搞"四清"，唱畲歌被批为"复旧"，不鼓励，反而压抑。但应该说，由于现代文明尚未全面、深入波及畲族乡村，故而畲族的歌俗、婚俗、葬俗、家族文化等传统还是较大面积地保存在乡村。

20世纪80年代，畲村实行家庭联产承包责任制后，吃大锅饭的经济现象一去不复返，畲族农民们可以用很短的时间把活干完，留下的空余时间就可以唱歌。倘有客人来，生产队没开会畲歌也会慢慢对起来。继1983年福鼎"二月二"歌会后，各地政府连年举办歌会给了畲族人以自信。市场经济的深入，使畲族村民意识到："没钱挣没工打，才会去唱歌。整天没事干，烤火，虽有'文才'，但唱来唱去还是那么穷，没有用。"于是，"17—18岁的年轻人就没再耗费巨大的精力学唱歌，而是出来打工。"青壮年相继外出谋生，村里剩下老人和小孩，民俗中的歌言盘对活动自然就因缺了演唱主角而依然唱不起来。

现在，畲民农民工由于传统遭遇现代所导致的种种尴尬使得他们急切地需要重新找回自己的精神家园。而当崭新的艺术形式尚未出现取代古老的歌唱时，畲歌仍是畲民的情结、民族精神的代表，它成了畲族农民工精神归属的媒介。尽管现在唱歌的多是中老年人，现在农民工的歌唱也只是其把握畲歌运行方向进而找到传统与现代的契合点中的一个过程，我们也很难预计畲歌因此就会这样永远唱下去，但畲族农民工恢复歌唱传统的热情充分说明畲族传统文化的命运虽然受制于现代社会环境，但其传承与发展问题终归要由畲族人说了算。在这里，我们依然看到了艺术由于需要而产生的现代轮回。

（三）农民工畲歌热唱体现了新时代的文化自觉

农民工畲歌热唱的客观原因固然是由于畲族打工仔工余切实之需，而主观精神则是一个民族崛起之前必然预示的文化自觉。这种文化自觉固然与各级民族工作者长年努力工作有关，更与畲族打工仔中的有识之士善于汲取与时俱进的历史传统有关。

畲族打工仔中的有识之士看到了农村文明与城市文明的巨大反差，他们由自身政治、经济、文化的失落感转而凝聚于对美好歌唱传统的追索。当然这种失落感乃建筑于一定的经济基础之上。畲族是个很容易满足的民族，今天，当畲族人的经济生活比起过去相对有些改善，且出现了自己的生意人甚至企业家之后，畲民才可能意识到"现在小孩畲话都不会讲了，再不唱（歌）就会断掉"，"很多文化却遗失了。为了拯救畲族文化，就应该唱歌"。所以他们奋力寻找唱歌的地方，尽管条件是那样地恶劣；他们出钱出力主动举办歌会，买笔记本买糖饼培养小孩唱畲歌；他们甚至等着自己的学生放假回乡，他们要把歌送到乡下，以作一统教育造成的民族文化缺失之补救。

他们希望古老的歌也能跟上时代的步伐，有所改进；他们热切巴望有机会也能到中央电视台《星光大道》火一把，他们希望畲歌也能像其他民族的歌一样唱出去，他们也理所当然地认为文化应当双向交流，外国人也可以学唱畲歌。

四　解决畲歌"城镇化"的现实难题

进城的畲族农民工们对于畲歌表示了极大的热情，畲歌的"城镇化"

势在必行。以上对畲族农民工歌场的调查，以及他们有着强烈的改变歌唱场地的迫切要求等，是海峡西岸和谐社会建构中需要正视的典型案例。它反映了畲民在由农村向城市转移过程中对于精神生活的正当民生需求，也暴露了有关部门对畲族文化扶贫力度不够。

1. 以人为本解决畲族农民工的唱歌场所问题。福安畲族农民工找到的地下歌场地势低下，一来大雨或洪水即被淹没；地方小，人满为患；通风设备差，空气浑浊气温无法调节。宁德蓝溪等农民工歌棚也同样存在条件恶劣的问题。平时政府发动歌唱唱不起来，现在畲族自发歌唱是挡不住、求之不得的好事，但歌场不解决却关乎人身安全隐患。福安市民宗局虽拟另建一个畲族文化活动场所，但并非能力所及。建议政府在有畲族农民工的城镇选择重点建立畲族歌场，顺应民心。城镇畲族歌场的建设迫在眉睫，已做的和想要做的畲族歌场，都是一个良好的开端。以实际行动解决畲歌"城镇化"问题。

2. 支持畲族的音乐创新模式。

畲族农民工音乐的发展趋势将呈现两种模式。一是保持古老形式，二是走向流行音乐。畲族农民工歌唱的主角主要还是集中在 35 岁以上的中老年人，他们所唱的内容虽然可能根据自己的民工生涯触景生情即兴发挥，但他们对传统怀有深厚而抹不掉的感情，他们认为电视里的歌不好听，卡拉 OK 的歌也不好听，因为那表达的是另一个话语系统而非自己的心声。他们宁愿在自己丰富的歌唱遗产里沉迷，其思维模式和歌唱的形式（诸如歌俗、文学格式、音调等）遵循着古老的传统。而不谙老歌的年轻人来到歌场，怀揣着的多是一种对民族的皈依和认同。他们理解中老年人的歌唱，可是他们没有时间也没必要再去学到七天七夜或八天八夜不重复的歌。他们也希望唱自己的歌，但他们需要赶上时代潮流，要走上央视《星光大道》比拼。畲歌"出新"是个无可回避的话题，可是畲族几乎没有自己现代意义上的作曲家。政府有关部门可以更多地举办各种形式的畲歌大赛，竞选畲族歌王歌后，制作畲歌文化碟片，繁荣畲歌创作，组织专业音乐家帮助畲民打造畲族自身认同的现代版畲歌，让年轻人也能加入歌唱队伍，打造畲族文化品牌，发展畲族文化产业。

3. 让农民也享受改革开放的文化建设成果。对于"三农"问题，政府在经济发展上、教育扶持上考虑比较多，而在社区文化建设上和农民工业余文化生活上考虑较少。畲族农民、农民工都需要正常的业余文化生活，他们有权享受改革开放的成果，应该拥有公共的文化设施和不同于城市的民族精神文化产品和现代农民精神文化产品，建议政府有关部门能够在畲族乡村文化建设上加大扶贫力度。总之，畲族农民工业余歌唱的正当需求若能得到有关方面的重视和落到实处的解决，将激发畲族农民工的生活热情和对政府、社会的信任度、感激度，减少和谐社会构建的不稳定因素，并在畲族社会中产生广泛、良好的影响。

第十三章

城镇化背景下宁德畲族女性的家庭地位

近年来，随着城镇化的深入，广大畲村人口大量迁入城镇或社区，按"六普"数据，现闽东畲族常住人口仅 154771 人（其中女性 73093 人），比 2000 年的常住人口 159040 人还少了 4269 人，约占户籍人口的 82.1%，低于全市常住人口比例，再加上劳动力转移过程中，外出流动就业主要以男性劳动力为主，女性劳动力转移相对滞后，意味着有更多的畲族女性坚守在广大畲村，农业生产和畲村管理女性化趋势更加明显，原有的家族结构必然发生局部松动，畲族女性在家庭中的地位也势必发生变化。随着生活环境的变化，畲族女性固有的家族地位和生活状况势必承受巨大挑战，她们原有的价值观念、文化体系、社会心理以及她们对社会地位、家庭婚姻、从事职业等方面的满意度也势必受到深刻影响，传统社会性别与权力中的自主权、决策权、支配权等方面必然地产生相应的变化。由于城乡生活环境的差异，作为生活在不同村落或城镇的畲族女性，她们的家庭生活状况也势必不尽相同。所以，从社会性别的角度，通过系统的调查研究，进而分析她们如何适应城镇或畲村新环境，如何在经济、社会和文化的变迁中适应新的需求，如何让畲族女性文化与时代文化变迁进行深度互动等，都具有重要的社会意义。

一 主要调查点及调查内容概说

本次调查以畲族女性为视角，重点考察在城镇化和经济社会发展背景下畲族女性的家庭、社会生活变化，从多个维度衡量在时代文化的影响下畲族女性文化的发展与重构。

为了顺利完成本次调查，以闽东九个畲族乡为调查点，并根据各畲乡畲族总人口比例：坂中乡 9380 人、穆云 9149 人、康厝 7320 人，霞浦崇儒 4837 人、盐田 6972 人、水门 6236 人，蕉城金涵 3609 人，福鼎硖门 1825 人、佳阳 7568 人，将坂中乡福阳新村、穆云乡溪塔村、福鼎康山新村、霞浦半月里村、古田溪源里村、蕉城金涵小区、东侨兰亭社区作重点调查，共发放 860 份问卷，收回问卷 842 份，其中有效问卷 814 份（城镇264 份、畲村 550 份），有效回收率为 94.47%。调查组还加强与宁德市统计局、民侨委、政协文史委、民宗局、旅游局、建设局、教育局、文联等单位合作，与政府相关分管领导和乡镇办事人员、畲族同胞等访谈交流，并深入福安市坂中乡福阳新村、福安畲族经济开发区，福鼎市佳阳乡双华村和白琳镇康山新村，霞浦县盐田瓦窑头村、溪南镇白露坑村和半月里村，古田县大桥镇溪源里村，蕉城区金涵乡亭坪村、上金贝村和猴盾村，东侨区兰亭社区等 6 个县（市、区）的多个畲族村委会实地调研，调查点设置合理，涉及全市畲族人口的 1/4 以上。现将调查问卷过程中被调查畲族女性基本情况简要分析如下：

表 1　　　各畲村或社区被调查女性基本情况（总计 814 人）

项目	类别	人数	所占比例（%）
年龄	20—29 岁	212	26.05
	30—39 岁	234	28.75
	40—49 岁	218	26.78
	50—59 岁	118	14.52
	60 岁以上	32	3.9
主要职业	家务为主	45	5.53
	农业为主	314	38.57
	企业工人	344	42.26
	个体经营者	68	8.35
	教师及专业技术人员	36	4.43
文化程度	大学生	7	0.86
	小学及以下	348	42.75
	初中	289	35.50
	高中或中专	132	16.22
	大专及以上	45	5.53

续表

项目	类别	人数	所占比例（%）
家庭收入来源	农林牧渔收入	432	53.07
	生意收入	77	9.46
	打工收入	253	31.08
	基层干部工资收入	52	6.39
个人月收入	600 元及以下	68	8.35
	601—1200 元	286	35.14
	1201—1800 元	308	37.84
	1800 元以上	152	18.67

注：以上数据源于调查问卷统计结果。

本研究中的"城乡"指的是"城镇和乡村"，"城镇包括城区和镇区。城区包括：街道办事处所辖的居民委员会地域；城市公共设施、居住设施等连接到的其他居民委员会地域和村民委员会地域。镇区包括：镇所辖的居民委员会地域；常住人口在 3000 人以上独立的工矿区、开发区、科研单位、大专院校等特殊区域。乡村是指城镇以外的其他区域"①。

本研究主要从城镇和乡村两个维度考察畲族女性在家庭生活相关方面的自主权、决策权、支配权等，并就每个方面设置一定的测量指标，研究城镇化背景下畲族女性随着时代的发展，其学历、经济收入、城乡环境、管理能力、家庭贡献、亲属支持资源等对畲族女性家庭地位的影响。重点考察畲族女性的家庭贡献度、社会生活参与度、经济独立能力、专业训练水平、家庭角色分工等方面，以期尽可能客观地把握城镇化背景下畲族妇女的家庭与社会地位的当下变化。

为了让调查数据更加翔实，以事实说话，本次调查采用点面结合的方式，既参照全市或各县统计数据，又精心设置几个调查点，使研究建立在真实可信的数据分析之上，并结合国内外学术界有关女性家庭和社会地位研究成果，运用社会学相关理论知识，着重探讨以下几个问题：

1. 随着城镇化进程和农村劳动力转移的加快，畲族女性更大范围地参与社会化大生产，其经济地位的提高如何带来她们家庭和社会地位的

———————

① 国家统计局，关于统计上划分城乡的暂行规定，http：//nhs. saic. gov. cn/wcms2/1219. htm。

变化。

2. 随着城镇家庭结构核心化，畲族女性家庭地位是否更多取决于夫妻权力格局，畲族女性的家族地位是否被以汉文化为主导的世俗社会局部解构。

3. 城镇或农村，畲族女性的个人资源（主要包括学历、能力和经济收入）是否与女性家庭地位成正比，即女性个人资源越丰富，女性的家庭地位是否就越高。

二　城镇化背景下畲族女性家庭地位现状分析

家族传统赋予了畲族女性较高的社会地位，沈作乾在《畲民调查记》中说："（畲民）男女绝对平等，不以汉人生男则喜，生女则悲也。而犹有我汉人所梦想不到者，即女子有'承受财产权'是也。凡女子不嫁者不必独身，凡不愿离父母者亦同，得与兄弟平分家产无子者，赘婿为嗣畲族中无与争者。"① 由此可见，传统畲族女性在家庭生活中的地位较一般汉族女性要高。然而，随着畲族女性人口的流动，现有畲族女性必然因为生活的空间环境不同，其家庭地位必然也会发生相应变化。家庭权力是家庭地位的核心，从社会性别角度审视闽东畲族女性家庭生活现状，必须通过女性在家庭权力总格局中所处的位置进行测量，分别从畲族女性在家庭事务中的自主权、决策权、支配权状况以及她们在家庭事务、生产分工中的劳动状况来衡量。研究结果表明，城乡畲族女性的家庭实权拥有比例不尽相同。在农村，妻子为畲族女性的家庭中，妻子拥有实权的比例较高，占40%左右，男女双方共同拥有实权的比例约为37%，男性拥有更多家庭实权的比例仅为15%左右，公婆或父母掌权的家庭则有8%左右；在城镇，妻子为畲族女性的家庭中男女双方共同拥有实权的比例约为47%，女性拥有更多实权的比例为23%，男子拥有更多家庭实权的比例占26%，而公婆或父母掌权的家庭只有4%。这说明，在乡村，畲族女性秉承了较多的家族传统，其家庭地位依然高于男性；在城镇，特别是城市或城郊，畲族女性容身于时代大环境，其在家庭的权力趋向于夫妻平权化，且丈夫往往拥有了更多话语权。特别是在城镇，家庭中公婆或父母参与家庭权力

---

① 沈作乾：《畲民调查记》，《东方杂志》第 11 卷第 7 号，商务印书馆 1924 年版。

的分配比例大大减小了，因为随着城镇化的发展，城镇核心家庭的数量大大超过主干家庭，畲族女性在家庭中受公婆或长辈的权力限制弱化，即女性作为代际成员在家庭代际权力格局中地位得到提升。同时，城镇化背景下，畲族女性积极参与社会生产，特别是农业生产和外出打工，其经济地位有所提高，女性拥有了更多家庭和社会事务决策的机会，这也赋予了畲族女性地位全新的时代色彩。

（一）畲村女性自主权现状

女性在家庭中的自主权是指女性独立自主地实现个人目标和决定自身行为的权利。它包括女性婚姻自主、生育自主和个人发展自主权利等。具体内容包括初婚、生育时间、生育数量的自主权，以及购买个人高档商品、学习培训、创业或外出打工、参与社会和民族文化事务、资助亲人或朋友等方面的自主权。

1. 婚姻自主权

传统上，畲族女性的婚姻自主权具有民族本色，女性拥有恋爱自由权，她们通常是在生产生活或对歌中与男方建立感情，然后经父母同意后成婚。婚礼时新郎必须三跪九叩，而新娘则只需供手轻轻作揖，这种"男拜女不拜"的婚礼传统，凸显着畲族女性的家庭地位。随着城镇化水平的提高，大量畲族婚龄女性都是在畲族新村或城镇出生并长大的，新的成长环境使得新一代畲族女性的婚姻和生育观念发生了变化。除了自由恋爱外，亲戚、朋友、同事、婚介所的介绍甚至报纸、杂志、网络都是她们婚姻选择的途径。经调查发现：现今，畲村女性的婚姻大多数由本身决定，总体比例为82.91%，但低于城镇的90.15%，同时其婚姻决定权比例随着年龄增长而增加，随教育程度的提高而增加，有些女性由于受到自身的阅历和社会经验的限制，在婚姻上习惯于仰仗父母的决定。在城镇畲族女性受访者一致首选"在同事或朋友中"找婚恋对象，占59.09%，而这一结果远高于农村的34.72%；跨族婚姻的比重城镇高于农村（32.96∶19.27）；由父母安排初婚的女性在农村的比例则高于城镇，（17.09∶9.85）。具体见表2：

表 2　　　　城乡被调查畲族女性婚姻自主权（264/550 人）　　单位：人/%

项目	类别	城镇/农村	城镇/农村所占比例
婚恋对象选择	找本族男性	21/258	7.95/46.91
	跨族找配偶	87/106	32.96/19.27
	同事或朋友里找	156/191	59.09/34.72
婚姻自主权	自己决定	238/456	90.15/82.91
	父母决定	26/94	9.85/17.09

2. 生育自主权

当前，由于畲族农村或社区封闭性减弱，再加上社会观念的整体性转变和计划生育政策的推行，畲族女性在家庭中的生育地位也有较大改变。从本次调查的 814 名相关女性来看，城镇女性关于是否生育孩子、生育时间、政策范围内生育子女数的独立自主权均小于农村女性，所占比例分别为 21.59∶26.00、12.88∶20.91，两者的共同点是主要以夫妻协商为主，其中畲汉通婚的城镇家庭，由于受到汉族世俗文化的影响，希望生男孩的现象有所增多。研究还发现，无论是城镇还是乡村，畲族女性在生育时间选择都以"顺其自然"为主，所占比例分别为 50.00% 和 53.82%，这一点也客观上体现了畲族女性生育方面的选择依然带有较为浓厚的传统色彩。在一些受到汉族文化影响较深的地方，特别是在城镇，生男孩的观念影响着一部分畲族女性，但在农村，畲族女性的家庭地位不以生育儿子或生育儿子数量的增多而变化，所以在政策允许范围内，农村的畲族女性就生育子女数量的决定权反而大于城镇的畲族女性（36.91∶23.48）。

表 3　　　　城乡畲族女性生育自主权（264/550 人）　　单位：人/%

项目	类别	城镇/农村	城镇/农村所占比例
是否生育决定权	自己决定	57/143	21.59/26.00
	夫妻协商决定	195/324	73.86/58.91
	不能自己决定	12/83	4.55/15.09
生育时间决定权	自己决定	34/115	12.88/20.91
	夫妻协商决定	98/139	37.12/25.27
	顺其自然	132/296	50.00/53.82

续表

项目	类别	城镇/农村	城镇/农村所占比例
生育子女数决定权	自己决定	62/203	23.48/36.91
	夫妻协商决定	166/308	62.88/56.00
	不能自己决定	36/39	13.64/7.09

3. 个人发展自主权

传统畲族社会中，女性结婚后，除了相夫教子、操持家务，还广泛参与外界活动，她们不但是农业劳动中的主力军，在编织、刺绣等方面也表现不凡。这些劳动方面的出色作为，奠定了畲族女性的社会地位，使得她们当之无愧地成为了推动畲族农耕文化发展的主力军。随着城镇化进程的加快，越来越多的畲族女性摆脱农事生产，其个人发展自主权也有所变化。根据本次调查的结果表明：畲族女性在个人发展自主方面，以自己可以独自决定为主，其比例分别为：职业或岗位选择为81.45%；创业或外出打工为72.98%；参与民众事务71.01%。从横向看，城镇女性创业或外出打工的热情更高，自主权更大；农村女性参与民众事务的自主权则高于城镇女性，所占比例分别为74.00%和64.78%。

因此，大部分女性在家庭中享有发展自主权。同时，自主程度与个人经济收入、职业类别和所处环境相关，个人经济收入高或在事业单位从业的人员更有掌握自己未来命运的主动性，但农村女性由于环境因素影响对参与民众事务的热情较高，但经访谈了解，这种参与却又是浅层次的，效果有限的。

具体见表4（括号内分别为城镇和农村人数或比例）：

表4　　　　　城乡畲族女性发展自主权（264/550人）

项目	类别	人数	城镇/农村所占比例（%）
职业或岗位选择	由自己决定	663（217/446）	81.45（82.20/81.09）
	不完全自己决定	126	15.48
	不能由自己决定	25	3.07
创业或外出打工	由自己决定	594（209/385）	72.98（79.17/70.00）
	不完全自己决定	156	19.16
	不能由自己决定	64	7.86

续表

项目	类别	人数	城镇/农村所占比例（%）
参与民众事务	由自己决定	578（171/407）	71.01（64.78/74.00）
	不完全自己决定	193	23.71
	不能自己决定	43	5.28

（二）畲族女性决策权现状

1. 城乡畲族女性家庭冲突决策方式对比分析

在畲族传统社会中，女性在家庭生活中的地位较高，在家庭事务决策过程中畲族女性往往更有决策权。现在的畲族农村，畲族妇女不仅要打理家庭琐事，而且也直接参与家族大小事务的商议和决定。有些家庭，女性还是一家之主，特别是主干家庭中的老年妇女，家中事务基本都是由她说了算。如家中或村里有人遇到纠纷斗殴，只要妇女出面调解，干戈往往很快得到平息。也就是说，在广大农村，畲族女性在家庭社会生活中往往起主导作用，她们对家庭事务有绝对的决策权，也能毫无约束地自由参加社会活动。随着城镇化发展，大量畲民迁离山村进入城镇或更大的聚居地，如福安市 1999—2009 年十年间就先后搬迁 387 个畲族自然村，共 2647 户 12095 名畲族人口迁入城镇或"造福工程"新村。在新的生活环境中，家庭民主化趋势得到增强，畲族女性也有更多机会参与家庭事务的决策过程。本次调查将农村和城镇家庭冲突处理方式进行比较性分析后发现：城镇家庭冲突时畲族女性的决策力与女性自身的能力关联度更大，大部分家庭冲突决策时如果双方意见不一致，往往以夫妻共同协商决定的方式解决；而在农村女性的决策力则略大于男性。研究还发现，畲族农村家庭冲突决策过程中女性所处的优势与其家族环境和农村女性好争的性格有关，而城镇家庭的女性处理冲突的决策力与其各方面的能力和受教育程度相关。具体如表 5：

表 5　　　　城乡畲族家庭冲突决策方式比较（264/550 人）　　　单位：人/%

决策方式	城镇/农村	城镇/农村所占比例
自己决定	56/162	21.21/29.45
丈夫决定	42/113	15.91/20.55

续表

决策方式	城镇/农村	城镇/农村所占比例
夫妻协商决定	152/240	57.58/43.64
公婆或父母决定	14/35	5.30/6.36

2. 城乡畲族女性家庭事务决策权对比分析

国内外学者一致同意以家庭重大事务的决策权作为衡量女性家庭地位的指标，但家庭重大事务的具体内容则不尽相同。购买高档商品、买房建房、生产或经营、子女升学就业和婚姻、投资或贷款等均能较为客观地反映女性在家庭事务中的决策权。研究结果数据显示，在畲族农村，大量男性外出打工，女性在家多从事农业劳动，女性拥有了更多参与家庭事务决策的机会，这也成为畲族农村女性家庭事务决策权提高的一个重要原因；而城镇家庭中重大事务则以协商决定为主要决策模式，所占比例均在60%上下，而且女性决策权力大小与多种因素相关，主要原因在于大多数女性能力有限，无法驾驭瞬息万变的外部世界，往往在决策过程中趋附于男性的决定或主动出让决策权。同时，研究发现，在涉及孩子的重大事务时，完全由孩子自行决定的家庭也占很大比例，如升学就业问题孩子自行决定占14.02%和15.45%，婚姻问题由孩子自行决定的比例则高得惊人，分别占70.07%和56.37%，这体现了当前城乡之间青年人婚姻自主意识的强化以及家庭中代际民主趋势的加强。

表6　　　城乡畲族女性家庭事务决策权对比（264/550人）　　　单位：人/%

项目	类别	城镇/农村（人数）	城镇/农村所占比例（%）
生产或经营	由自己决定	87/295	32.95/53.65
	夫妻协商决定	168/196	63.64/35.64
	不能由自己决定	9/59	3.41/10.71
购买高档商品	由自己决定	81/265	30.68/48.18
	夫妻协商决定	167/227	63.26/41.27
	不能由自己决定	16/58	6.06/10.55
买房或建房	由自己决定	48/172	18.18/31.27
	夫妻协商决定	176/253	66.67/46.00
	公婆或父母决定	40/125	15.15/22.73

续表

项目	类别	城镇/农村	城镇/农村所占比例
子女升学或就业	由自己决定	49/192	18.56/34.91
	夫妻协商决定	178/273	67.42/49.64
	子女自己决定	37/85	14.02/15.45
子女的婚姻	由自己决定	27/84	10.23/15.27
	夫妻协商决定	52/156	19.70/28.36
	子女自己决定	185/310	70.07/56.37
投资或贷款	由自己决定	83/142	31.44/25.82
	夫妻协商决定	153/317	57.95/57.64
	公婆或父母决定	28/91	10.61/16.54

（三）畲族女性支配权现状

1. 家庭财产和个人收入支配状况

这里所说的支配权是指畲族女性在家庭生活中对财产、时间和人身权等的自主安排权利，包括对家庭财产的管理、对家庭日常支出和个人时间的分配等方面。传统的畲族家庭不以男权为中心，女性在家庭财产和个人收入的支配权基本不受限制。随着男女平等意识的增强，畲族女性在家庭中享有的权利范围也在增大。研究表明，闽东畲族农村女性不仅拥有财产继承权，还拥有更多的财产支配权，可以自己决定资助亲人或朋友等。研究结果显示，不管是农村还是城镇，大多数家庭中财产和收入支配权均以女性为主，但城镇畲族女性所占比例略高于农村。同时，研究发现，城镇的女性对个人收入的支配权比农村的高，女性在家庭经济中参与管理所占比例高于男性，其中由女性单独管理的比例为33.3%，高于农村的21.27%，但女性可以自行决定资助亲人或朋友的比例却低于农村，相差约4个百分点，这说明农村女性的家族亲和力等要高于城镇。此外，研究还发现，女性的家庭支配能力同个人经济收入相关，个人经济收入越高，支配权越大，资助能力也越大。具体数据见表7：

表7　　　　城乡畲族女性家庭财产和个人收入支配状况（264/550 人）单位：人/%

项目	类别	城镇/农村	城镇/农村所占比例
家庭财产	由自己管理支配	77/147	29.17/26.73
	夫妻共同管理支配	164/311	62.12/56.55
	不能自己管理支配	23/92	8.71/16.73
个人收入	完全由自己支配	88/117	33.33/21.27
	夫妻共同支配	173/412	65.53/74.91
	不能由自己支配	3/21	1.14/3.82
资助他人	完全由自己决定	97/225	36.74/40.91
	基本由自己决定	156/291	59.09/52.91
	不能由自己决定	11/34	4.17/6.18

2. 个人闲暇时间安排情况比较

随着社会经济发展，城乡畲族人民生活水平的提高，畲族女性从家庭内外劳动中得到更多的解脱，女性能够更大程度地实现对个人闲暇时间的自由支配，在家庭中享有较大的个人时间支配权。研究表明，畲族农村女性自由安排自己的闲暇活动多为看电视、串门聊天、打牌、参加民族活动等；城镇畲族女性自由安排自己的闲暇活动多为看电视、跳舞、逛街、朋友聚会等。同时，畲族农村女性的文化生活较为贫乏，多数农村女性在闲暇时间多选择聊天和看电视，因此，丰富农村文化生活，加强农村文化建设具有重要的意义；而城镇畲族女性大部分不参加或不经常参加民族活动，这对于民族文化传承与发展将带来消极影响。

三　城镇化对畲族女性家庭地位的影响分析

（一）性别分工与经济收入的影响

根据"宁德市各民族分性别、行业人口"数据，在闽东城镇单位畲族男女就业比例为 4808：2738，女性人口是男性的 56.95%，仅占男性的一半左右。从表8中数据看，闽东畲族女性独立承担农林牧渔业生产的比重较高，占畲族从业女性总数的 62.2%，比汉族女性从事本行业比例的40.54% 高出近22个百分点。除了农业生产劳动外，女性还积极加入乡镇

企业、家政餐饮服务等队伍中，积极参与社会经济建设。但这些行业收入
较低，不能充分彰显女性的社会地位，这与畲族农村传统女性地位高于男
性的诉求相悖。而收入较高的建筑业、运输业、采矿业等则多为畲族男性
把持，男女比例分别为 284：25、209：6 和 36：1。此外，国家机关、党
群组织、企业、事业单位负责人的男女比例为 73：20，专业技术人员男
女比例为 113：61，女性则只在零售业、餐饮业、居民服务业等方面的比
例占优势。① 因此，在城镇化背景下，畲族女性虽积极参与社会生产，成
为了生产的重要力量，但在经济、择业乃至社会地位上却处于劣势。因为
在城镇化新经济模式下，劳动市场上的性别隔离模式使得畲族女性在经济
上处于劣势；市场经济主导下，女性被进一步边缘化，有的畲族女性成为
留守妇女，经济上的收入更是远远低于男性；在城市，由于企业追求的是
利润，更需招聘拥有更大劳动力的男性，在这些行业畲族女性自然又进一
步被排斥于从业的大门之外。

表 8　　　　　　全市各城镇单位畲族分性别、行业人口统计表

（2010 年年底）　　　　　　　　单位：人

类别	总计	男	女
总计	7546	4808	2738
农、林、牧、渔业	4389	2686	1703
采矿业	37	36	1
制造业	1032	654	378
电力、热力、燃气及水生产和供应业	30	24	6
建筑业	618	568	50
批发和零售业	495	233	262
交通运输、仓储和邮政业	215	209	6
住宿和餐饮业	172	69	103
信息传输、软件和信息技术服务业	15	11	4
金融业	18	7	11
房地产业	10	6	4
租赁和商务服务业	15	9	6
科学研究、技术服务和地质勘查业	3	3	0

---

① 马少云：《宁德市 2010 年人口普查资料》，宁德市统计局，第 1641—1650 页。

类别	总计	男	女
水利、环境和公共设施管理业	21	10	11
居民服务、修理和其他服务业	208	96	112
教育	87	48	39
卫生和社会工作	34	22	12
文化、体育和娱乐业	15	12	3
公共管理、社会保障和社会组织	132	105	27

（二） 两性平等与性别文化的规约

随着城镇化的加剧，畲族女性原先所处的相对封闭稳定的社会环境逐渐被打破，性别分工所存在的隐性不平等性也逐渐清晰起来。畲族女性们在城镇或时代文化的影响下，两性关系更趋于平权化，城镇家庭的畲族女性在处理家庭事务时更多地选择"夫妻协商"的处理模式。也就是说，畲族女性更广泛地参与社会生产，其家庭地位有所提高，女性受家庭中代际权威或长辈权威的制约弱化，外界环境也不大可能赋予畲族女性地位高于男性的优待，夫妻权力格局趋向民主化，城乡女性在家庭中都享有一定程度的自主权、决策权和支配权。在城镇，女性在参与家庭重大事务的决策时，决策平权化趋势增强，但受社会性别文化规范的影响，城镇畲族女性在家庭事务中独立的自主权和决策权并不比农村的畲族女性高。城镇女性除了在家庭财产和个人收入方面的支配权较高外，其余方面的主导权倾向平权化或男性一方，表现为家庭中男性掌握实权占多数，女性在家庭和社会重大事务决策中居于劣势；同时新型家庭分工模式中，女性依然承担绝大多数家务，性别文化规约下的隐性不平等性在城镇畲族女性中表现得更加突出。其中是否生育的决定权城镇女性比乡村女性低 4 个百分点，生育子女数决定权低了近 14 个百分点，独立解决家庭冲突的决策力低了 8 个百分点，生产或经营、买房建房、子女升学或就业、子女的婚姻的独立决策权分别约低 21 个、13 个、16 个、5 个百分点。具体数据参照表 3、表 5、表 6。这说明，城镇畲族女性在地理空间环境的影响下已局部失去了乡村畲族女性的优越环境，在她们身上浸染了更多的时代特色，传统畲族女性地位高于男性的特征在城镇女性身上可能正在逐渐消隐或解构。

（三）教育程度和文化资本的制约

受教育程度和文化资本直接影响女性的职业选择、家庭事务的决策能力，影响女性在各项事务互动中提供智力支持的能力，甚至直接与个人权威相联系。城镇化给予了畲族女性更多地参与社会事务的机会，但女性自身的文化资本又限定了她们的发展空间，这种矛盾在闽东城乡畲族女性身上的表现尤为突出。根据宁德市统计局数据显示，闽东畲族女性的文化水平相对不高。在 67246 名 6 岁及以上女性人口中，未上过学的有 6482 人，占 9.64%，这一数据意味着闽东畲族女性的文盲率相当高；上过或正在上小学的有 34995 人，占 52.4%；初中学历女性所占比例达到 29.46%；高中以上学历仅占 8.86%；大学本科学历占 0.5%，研究生学历仅有 15人，占 6 岁及以上女性总数的 0.02%（即万分之二）。①（见表 9）

在调查的 814 名女性中，大部分女性的受教育程度低于丈夫，所占比例为 69.16%，仅有 6.27% 的女性其文化水平高于丈夫，其余 24.57% 的女性文化水平与其丈夫相当。可见畲族女性受教育程度相对较低，在家庭中多数女性的文化水平比丈夫低，与汉族女性的受教育水平差距更大。因此，从相对文化资本角度来看，畲族女性处于弱势地位。

城镇化背景下，城镇的高新技术产业、信息产业逐步发展，而且这些产业已日益成为闽东社会经济的主导产业，其对就业人口的文化资本要求、技术要求越来越高，即使在乡村，农业生产对科技知识、市场信息的要求也在逐步提高，教育程度低的那部分女性逐渐在社会分工中被边缘化。再者，个体文化资本越丰富，文化资本所能够转换的智力支持越强大，为其他家庭成员提供这种支持的能力越强，享有的权利和威望也越大。基于这些方面的制约，畲族女性要想实现更大作为需付出更大的努力。

表 9　　　　全市畲族分性别、受教育程度的 6 岁及以上人口统计表　　　单位：人

受教育程度	总计	男	女
总　计	142081	74835	67246
未上过学	9618	3136	6482

① 马少云：《宁德市 2010 年人口普查资料》，宁德市统计局，第 621—623 页。

续表

受教育程度	总计	男	女
小学	71475	36480	34995
初中	47231	27422	19809
高中	10472	5851	4621
大学专科	2321	1352	969
大学本科	927	572	355
研究生	37	22	15

四　畲族女性如何应对城镇化影响的对策建议

研究畲族女性家庭与社会地位现状并不意味着要彰显女权主义，也不是为了主张女性在家庭地位的理想状态必须是女性和男性处于绝对的平等地位或女性地位高于男性。对"什么是真正的男女平等"这一问题，不同学者有不同解答。其实，真正的男女平等是超越性别、超越家庭与社会局限的。也就是说，研究畲族女性家庭和社会地位的目的在于帮助人们了解畲族家庭中男女两性地位的实际状况，承认客观差异，找寻畲族女性如何顺应时代发展，如何在新一轮社会分工中发挥女性作为，促进畲族女性在新型环境中和谐健康地发展。为此，特提出以下几点建议。

1. 城镇化背景下畲族女性劳动能手的角色转变

在农耕文化背景下，畲族女性"勤劳动、善持家、巧手艺"，她们以劳动的主角登上畲族农耕文化时代的高地。她们不只要煮饭、担水、种菜、喂养畜禽，还要刨番薯丝、割稻、摘茶，甚至还要养蚕、织布、裁衣。即使是农闲季节或严冬雨雪天，她们也要纺纱、捻麻线、缝补衣服、赶集等。不少妇女不仅能肩挑重担翻山越岭，还能犁田、耙田、耕田、插秧，称得上劳动的"多面手"。现在，闽东畲族女性秉承传统、勤劳能干，她们已经分布到社会的各条战线上，有的从事经营工作，有的从事管理工作，有的坚守农耕阵地，继续演绎着畲族女性战天斗地的劳动史。但毕竟社会变化了，生存的空间变化了，劳动的模式也发生了迥异的变化。对此，畲族女性务必摆脱固有的对农耕文化的生命认同，敢于紧跟时代步伐，在秉承传统文化时将畲族女性的优秀品德带到各条战线上，激发畲族女性创造生活的更大能量，主动改造思想，敢于创新，不仅以农业劳作为荣，更要以奉献社会为耀，敢于承担社会责任，不以劳动贵贱论得失，在社会化的劳动中实现自己最大的个人价值和社会价值。

2. 城乡经济差异间畲族女性创业氛围的全面营造

当前，畲族女性或坚守农村建设新畲村，或积极融入城镇社会开创新生活，成为闽东经济建设的重要推动力量。但与男性相比，女性创业的社会氛围依然需要大力改善，一些领域或行业，仍然被视为女性的"禁区"，女性追寻"个人梦"往往要面临着社会、家庭等方面更大的压力，这也导致很多畲族女性不敢树立自己的理想信念，因此，必须切实加强舆论宣传，鼓励更多畲族女性为梦想而奋斗。如：主流媒体应该更多关注女性就业创业问题，采取各种方式广泛宣传畲族女性就业创业的先进典型，发挥先进人物的示范带头作用；有关部门可以利用社会现有资源，建设一批女性就业创业园，对于在园区内就业创业的企业和女性给予资金、税费、房租、水电补贴等优抚政策，帮助她们铺设好创业之路；还可以组建女性创业联谊组织，将有创业愿望或已经创业成功的女性组织起来，建立妇女创业联谊组织，定期开展座谈、讲座、考察等丰富多彩的活动，提升畲族女性根据城乡环境差异就业与创业的能力，并通过改善畲族女性的从业境况，提高她们的个人经济收入，实现畲族女性个人的全面发展。

3. 文化资本劣势下畲族女性教育培训体制的建设与发展

教育培训有利于提升畲族女性的文化素质和专业技能，从而让她们在城镇化进程中不致失去属于自己的社会地位。但教育程度不高、专业技术能力缺乏等问题已成为制约闽东畲族女性发展的重要因素，在全社会范围内提升畲族女性的文化教育和专业技能已成为保障城乡畲族女性地位不可忽视的问题。如：城乡各地应加快女性教育培训网络建设，整合各级各类政府培训机构，联合社会力量加强各式各类畲族女性的文化教育与技能培训，把教育和培训阵地延伸到街道、社区、农村，重点针对畲族女性开展各种类型妇女培训、企业女职工岗位技能提升培训、城乡女性劳动力就业前职业技能培训、城镇失业女性再就业培训等，并通过开展职业技能培训和职业观念教育，提高畲族女性的家庭地位观和社会责任观。此外，还要结合畲族女性不同群体的特点和各城乡产业发展需要，开展适应市场需求和城乡不同产业发展需要的培训，特别是广大农村女性劳动者的生产技术培训，使她们在新一轮的社会分工中充分发挥畲族女性的才干，为社会创造更多的价值，提升畲族女性的社会影响力。

4. 新型环境变化中畲族女性理想抱负的终极追求

受到畲族家族文化的影响，闽东畲族女性自古以来就确立了自身在家庭中的突出地位，这是畲族女性的骄傲。如果说过去畲族女性是开发建设我国东南山区的主力军，那么现在她们依然是城乡经济发展中一支不可缺少的重要力量。今天在畲族地区，已涌现出很多女专业户、女劳模、非遗传承人、三八红旗手、人大代表等。随着畲族妇女在政治地位、文化水平上的提高，畲族女性将在发展畲族城乡经济过程中起着越来越重要的作用。但是，如今的社会结构不再单一，各个领域、各条战线、各个岗位都在召唤着畲族女性积极参与，这无疑要求闽东畲族女性务必培养包容、开放的心态，务必树立更远大的理想，开阔视野，大胆超越原有农耕文化的小圈子，在社会的各个角落施展闽东畲族女性特有的精神抱负，为闽东社会经济建设作出更大的贡献，而这才真正是闽东畲族女性精神的终极追求和最高境界。

5. 时代精神召唤下畲族女性文化价值的重构与振作

"文化自觉"是费孝通先生反复强调的中心议题之一，主要是指："生活在不同文化环境中的人们，面对剧变的社会环境，对文化的一种自我反思和自我调适"，"加强自身文化转型的自主能力，在既不丧失自我又能顺应时代潮流的状态中求得自身文化的发展。"[①] 这就要求我们需要主动培育先进的性别文化，消除传统性别文化中不利于女性发展的观念影响。先进性别文化是指有利于性别平等、和谐，共同发展的文化，以两性平等为核心，尊重两性性别差异，充分尊重男性尤其是女性的个人价值和社会价值，均衡两性在家庭中的责任和权利。在城镇化背景下，激发畲族女性的自我振作是提高畲族女性家庭地位和促进女性发展的根本途径。这里，畲族女性自身的民族自信心的唤起和重新定位便是先决条件，畲族女性要完成自身的时代嬗变就必须积极参与，为维护本民族传统、张扬民族个性、增强民族自信力不断激发女性性别意识和自身的文化振作，因为畲族女性是畲族制度创新、经济变迁的主体，只有主体对自身的文化观念自觉作出根本性的变革，才能清除民族深层文化结构中阻碍自身文化变迁的消极因子，从而内生出畲族女性群体的创新力量并推动自身各方面的发

---

① 王逍：《文化自觉与畲族经济转型》，《贵州民族研究》2007 年第 1 期，第 108 页。

展，建构起属于闽东畲族新时代女性的文化大体系。

五 结语

通过调查分析，畲族女性在新时代的城乡新型环境中正努力发挥着自身重要的作用。但随着城镇化的发展，环境的变迁又潜在地不断影响着畲族女性的家庭作为和文化传统，畲族女性要想保障自己的家庭利益，提高个人的家庭地位，实现人生价值和社会价值，就必须适应城乡环境的新变化，提升自己的文化和技能水平，参与更广泛的社会活动，大胆地投身于时代的"民族文化再生产"中去，不断开拓创新，才能肩负起时代使命，实现女性自身的价值，进而提升女性的家庭和社会地位。此外，畲族女性还须从"文化自觉"的高度对畲族女性文化进行系统梳理与深层反思，辩证地将畲族女性文化进行现代性重构，不断继承传统，超越传统，才能凸显闽东畲族女性文化精神的时代色彩，让不论是城镇还是乡村的畲族女性都得到更大的发展。

参考文献

［1］蓝炯熹：《畲民家族文化》，福州：福建人民出版社 2002 年版。

［2］钟雷兴：《闽东畲族文化全书》，北京：民族出版社 2009 年版。

［3］马克思、恩格斯：《马克思恩格斯选集·第四卷》，北京：人民出版社 1972 年版。

［4］邱国珍：《民俗文化与女性社会地位——以畲族女性为例》，《民俗研究》2005 年第 2 期。

［5］费孝通：《中国城镇化道路》，呼和浩特：内蒙古人民出版社 2010 年版。

［6］盛来运：《大国城镇化：新实践 新探索》，北京：中国统计出版社 2014 年版。

［7］沈奕斐：《被建构的女性——当代社会性别理论》，上海：上海人民出版社 2005 年版。

［8］金莉：《社会性别视角下的全球环境问题研究》，北京：中国社会科学出版社 2011 年版。

［9］［美国］玛丽·克劳福德：《妇女与性别：一本女性主义心理学著作》，北京：中华书局 2009 年版。

［10］［法］吉尔·里波韦兹基：《第三类女性——女性地位的不变性与可变性》，长沙：湖南文艺出版社 2000 年版。

［11］北京非政府组织妇女论坛丛书编委会：《第四次世界妇女大会重要文献汇编》，北京：中国妇女出版社 1998 年版。

［12］刘维芳：《新中国妇女地位的历史巨变》，《当代中国史研究》2010 年第 5 期。

［13］王媛：《城乡二元体制下农村妇女发展问题探索》，《南方论丛》2008 年第 9 期。

［14］王逍：《文化自觉与畲族经济转型》，《贵州民族研究》2007 年第 1 期。

第十四章

宁德畲族家族文化的传承与发展

　　畲族是我国少数民族中较注重家族文化的民族。自 20 世纪 90 年代到 21 世纪初，相较畲族语言、畲歌、畲族服饰、习俗等畲族传统文化，宁德畲族的家族文化传承较为系统完整，编修族谱、建祠和祭祖作为畲民家族的三件大事一直得到传承，同时作为畲族同胞朝圣地的中华畲族宫的建设，以及作为畲族祭祖及重要聚会之所和同宗团体的福宁山民会馆得以恢复，展现了闽东畲民家族文化的独特魅力。畲族的家族文化是宁德畲族传统文化中最主要的构件之一。2004 年宁德市抢救与发展畲族文化领导小组开始组织人员对全市畲族文化进行一次全面普查，并编写出版了一套 13 册、500 万字的《闽东畲族文化全书》。①

一　闽东畲族宗谱

　　畲族谱牒，俗称"族谱""宗谱"，亦称"家谱""家乘"，是一个家族的生命史。它不仅记录着该家族的来源、迁徙的轨迹，还包罗了该家族生息、繁衍、婚姻、文化、族规、家约等历史文化的全过程。编纂宗谱的目的主要是为了说世系、序长幼、辨亲疏、尊祖敬宗、睦族收族，且比较关注亲亲之道的提倡。

（一）闽东畲族现存谱牒

　　畲族谱牒现存版本都是自清朝以后修编的，且以乾隆、嘉庆年间居多。畲族族谱是畲家三宝（族谱、祖图、龙头杖）之一，闽东畲族各姓

---

　　①　本文有关畲族修谱建祠的资料引用了缪品枚编撰《闽东畲族文化全书·谱牒祠堂卷》的普查资料以及笔者在福安、霞浦等部分畲族乡村的点上调查资料。

族谱保存较多且好，20 世纪 80 年代和 21 世纪初期也多有重修族谱，闽东地区畲族族谱保存情况大致是：蓝姓保存族谱约 200 部，雷姓保存族谱约 180 部，钟姓保存族谱 200 多部。

1. 蓝姓藏谱

福安蓝姓族谱：

穆云畲族乡《溪塔蓝氏宗谱》：民国 26 年（1937 年）修，宣纸线装，4 开本，本次总撰雷一声，整本谱牒由 11 个部分组成。

穆云畲族乡王楼《蓝氏宗谱》，现存民国 5 年（1916 年）修本，宣纸线装，整本谱牒由 4 个部分组成。

穆云畲族乡铁场《蓝氏宗谱》，铁场蓝姓于清乾隆十三年（1947 年）从穆云溪塔迁入。清代以来历经 3 次修谱，现保存有谱牒 4 部。

穆云畲族乡外厝篙尾村《蓝氏宗谱》，清代以来历经 4 次修谱，现存谱牒 2 部。

穆云畲族乡洋坪《汝南蓝氏支谱》，现存有谱牒 3 部。

康厝畲族乡洋里《龙岗蓝氏宗谱》：藏本有：清道光十四年（1834 年）修本，清光绪三十一年（1905 年）修本，1949 年修本，1986 年修本。

康厝畲族乡樟后《蓝氏宗谱》，藏本有：清光绪十年（1884 年）修本，宣纸线装，8 开本，长 60 厘米，宽 42 厘米，整本谱牒由 5 个部分组成；民国 5 年（1916 年）修本，宣纸线装，整本谱牒由 5 个部分组成；民国 35 年（1946 年）修本，宣纸线装，整本谱牒由 7 个部分组成；1982 年修本，宣纸线装，整本谱牒由 6 个部分组成。

溪柄镇九龙村《蓝氏宗谱》，1982 年修。

下白石镇长坑村《蓝氏宗谱》，现存谱牒 1 部。

社口镇谢岭下村《蓝氏宗谱》，清代以来历经清光绪、民国、1984 年 3 次修谱，现存谱牒 3 部。

上白石镇南山头村《蓝氏宗谱》，清代以来历经 10 次修谱，现存谱牒 10 部。

甘棠镇过洋半岭《蓝姓家谱》，历经多次修谱，现存谱牒 5 部。

坂中畲族乡和安《蓝氏宗谱》，现存谱牒 3 部。

霞浦县蓝姓宗谱

崇儒上水《蓝姓宗谱》，清光绪二十一年修，后修谱 2 次。

福鼎市蓝氏宗谱：

桐城乡浮柳《蓝氏宗谱》，2003 年重修，宣纸线装，整本谱牒由 15 个部分组成。

佳阳乡华洋（双华）《汝南蓝氏族谱》，清光绪三十一年（1905）年修，整本谱牒由 11 个部分组成；清宣统元年（1909 年）修，整本谱牒由 13 个部分组成。

福鼎《汝南蓝氏族谱》（昌禅派），清光绪五年（1879 年）修。整本谱牒由 9 个部分组成。

麻坑底《汝南蓝氏族谱》民国 37 年（1948 年）修。整本谱牒由 5 个部分组成。

店下镇硋窑村《蓝姓宗谱》，现存谱牒 2 部。

蕉城区蓝氏族谱：

八都镇新楼《蓝氏族谱》，民国 8 年（1919 年修），整本谱牒由 8 个部分组成。

七都镇漈头村《蓝姓宗谱》，现存谱牒 2 部。

周宁县玛坑乡《云门蓝姓宗谱》，1986 年修，整本谱牒由 10 个部分组成。

古田县平湖富达《蓝氏族谱》，首修于宋代，此后经屡世修辑，现存族谱 2 部。

屏南县甘棠乡巴地《蓝氏族谱》，现存谱牒 1 部。

2. 雷姓藏谱

福安雷氏宗谱：

穆云畲族乡燕窝村《冯翊雷氏宗谱》，清光绪十六年（1890 年）修，整本谱牒由 13 个部分组成。

穆云畲族乡后舍《雷氏宗谱》，现存有：清嘉庆元年（1796 年）首修后，历经道光 5 年，清光绪十四年，民国 5 年，1955 年，1986 年等多次重修，现存宗谱 9 部。拟于 2016 年重修宗谱。

穆云畲族乡南山《雷氏宗谱》，民国 14 年（1925 年）修，只余谱牒世系部分。

穆云畲族乡南山《雷氏支谱》，1995 年修。

穆云畲族乡外厝篙尾村（篙，原谱写作"筍"）《雷氏宗谱》，清代以来历经 5 次修谱，现存谱牒 3 部。

穆云畲族乡岭坑半岭村《雷氏宗谱》，清代以来历经多次修谱，现存谱牒 2 部。

穆云畲族乡燕坑《冯翊郡燕窝雷氏支谱》，2012 年修。

康厝畲族乡牛石板《雷氏宗谱》，1983 年修，整本谱牒由 5 个部分组成。

康厝畲族乡红坪《雷氏宗谱》，现存有：清道光十八年（1838 年）修本，1989 年修本。

潭头镇鹅山《雷氏宗谱》，历经 5 次修谱，现存谱牒 5 部。

坂中畲族乡林岭《雷氏宗谱》，清光绪八年（1882 年）重修，整本谱牒由 12 个部分组成。

甘棠镇田螺园《冯翊雷氏宗谱》，清光绪三十二年（1906 年）重修。整本谱牒由 13 个部分组成。

溪柄镇九龙村《雷姓宗谱》，民国 13 年（1924 年）首修，1988 年重修，现存谱牒 3 部。

溪柄镇龙潭面村《雷姓宗谱》，历经 5 次修谱，现存谱牒 5 部。

溪潭镇岐山村《雷氏宗谱》，清代以来历经 6 次修谱，现存谱牒 6 部。

上白石镇南山头村《雷氏宗谱》，历经 3 次修谱，现存谱牒 3 部。

霞浦县雷氏宗谱：

崇儒乡霞坪《雷氏宗谱》，现存有：清嘉庆十六年（1811 年）修本，清同治十二年（1873 年）修本。

溪南镇半月里《雷氏宗谱》，现保存谱牒 1 部。

蕉城区雷姓宗谱：

七都镇际头村《雷姓宗谱》，历经 2 次修谱，现存谱牒 2 部。

洋中镇雷厝村《雷姓宗谱》，现存族谱 1 部。

福鼎雷姓宗谱：

太姥山镇牛埕下村《冯翊雷氏宗谱》，清光绪二十五年（1899 年）修，宣纸线装，16 开本，整本谱牒由 5 个部分组成。

周宁雷姓宗谱：

玛坑乡灵凤山半岭村《雷氏宗谱》，历经清光绪、民国 33 年、1985 年 3 次修谱，现存开基祖传说手抄本 1 本，谱牒 3 部。

柘荣雷姓宗谱：

楮坪乡茶湾村《雷氏宗谱》，历经 1975 年、1989 年和 1999 年 3 次修谱。

寿宁雷姓宗谱：

寿宁县坑底乡云风村（林枫坑）《云峰坑雷氏宗谱》，清光绪十一年（1885 年）修，1963 年重修。

古田雷姓宗谱：

古田县大桥镇梅坪《雷氏族谱》，历经多次修谱，现存谱牒 3 部。

3. 钟氏藏谱

钟氏联谱：溪南白露坑村钟氏联谱，清光绪二十四年（1898 年），侯官进士钟大焜主修，宣纸印刷，长 28 厘米，宽 27 厘米，分八本装订。《钟氏联谱》在宁德主要有福安和霞浦各钟氏支谱。钟氏联谱是同姓联宗的杰作，这项极为浩大的畲族家族文化工程最终实现是极为困难的，钟氏族人以数年之功仅仅福州、霞浦、福安、蕉城等地 157 处钟氏族谱系。编成《颍川钟氏族谱》。最完整的钟大焜"钟氏联环谱"藏福建省图书馆，修于清光绪年间，编修地点在福清棋山。闽东部分主要包括福安、霞浦畲族乡村。

福安有《铁场钟氏支谱》《塔后钟氏支谱》《凤凰池钟氏支谱》《梨乾钟氏支谱》《叠石钟氏支谱》《深水湾钟氏支谱》《吴山湾钟氏支谱》《林岭钟氏支谱》《林岭上村钟氏支谱》《东兴埕钟氏支谱》《过洋钟氏支谱》《金斗量钟氏支谱》《下澳钟氏支谱》《济离确钟氏支谱》《牛埕岗钟氏支谱》《大填钟氏支谱》《竹园兜钟氏支谱》《桔垅钟氏支谱》《横林钟氏支谱》《凤翔钟氏支谱》《小贝并楼里钟氏支谱》《南安钟氏支谱》《王家山钟氏支谱》《上天池钟氏支谱》《二三都前洋颍川钟氏支谱》《二十六都茶洋钟氏支谱》《二三都岭门钟氏支谱》《六都橄岭钟氏支谱》《二十六都茶坑钟氏支谱》《十五都老虎湾钟氏支谱》《二十六都长潭钟氏支谱》《二十四都筼竹坪钟氏支谱》《二十四都白路东山官垄镜钟氏支谱》《二十四都九龙钟氏支谱》《二十四都下三坪钟氏支谱》《二十四都上三坪钟氏支谱》《二十二都林前钟氏支谱》《四都梨坑钟氏支谱》《二十都牛埕钟氏支谱》《二三都濑湖钟氏支谱》《五都白岩下钟氏支谱》《二十七都可坑乡钟氏支谱》《二三都下天池颍川钟氏支谱》《二十二都茄山钟氏支谱》《二三都倪宅钟氏支谱》《二十八都山头庄钟氏支谱》《二十六都确洋头钟氏支谱》《十八都东山钟氏支谱》《十八都燕窝钟氏支谱》《十

八都考河钟氏支谱》《十八都洋勘钟氏支谱》《三十六都林洋半山钟氏支谱》《三十六都溪尾马山钟氏支谱》《三十六都林洋奥里钟氏支谱》《二十七都葛藤坪钟氏支谱》《二十七都柳溪里厝钟氏支谱》《二十七都龙潭面钟氏支谱》《二十九都大留里颍川钟氏支谱》《二十七都王家底钟氏支谱》。

霞浦有《四十七都墓前岗钟氏支谱》《二十五六都古厝里钟氏支谱》《三十四五都金谷侗白若湾钟氏支谱》《三十六七都西胜牛楼钟氏支谱》《二十五六都老虎湾钟氏支谱》《四十六都白露坑钟氏支谱》《四九五十都山仔兜钟氏支谱》《四九五十都瓮里钟氏支谱》《四九五十都上坎钟氏支谱》《四九五十都台江钟氏支谱》《四九五十都西江钟氏支谱》《四九五十都大湖境钟氏支谱》（开基祖钟茂明）、《四九五十都大湖境钟氏支谱》（开基祖钟茂豪）、《四十六七都南洋山尾罗钟氏支谱》《四十六七都南洋山钟氏支谱》《四十六七都半路里钟氏支谱》《四十四五都下北山钟氏支谱》《二十五六都后地洋东钟氏支谱》《二十五六都岭头钟氏支谱》《二十五六都菜堂下钟氏支谱》《二十五六都梨坪湾钟氏支谱》《四十四五都葛藤湾钟氏支谱》《四十都大岚里钟氏支谱》《四十一都下岐山钟氏支谱》《二十五六都尤家岚钟氏支谱》《三十八九都一贝钟氏支谱》《三十六都请皎瓦窑头钟氏支谱》《三十六七都将军潭钟氏支谱》《三十八九都青蛟七罗洋钟氏支谱》《三十六七都田螺旋钟氏支谱》《三十八九都二铺五斗里钟氏支谱》。

其他福安市钟氏宗谱：

坂中畲族乡大林《钟氏宗谱》，历经清同治十三年、清光绪三十四年、宣统三年、民国24年、1984年多次修谱，现存谱牒5部。

坂中畲族乡仙岩村《仙岩钟氏宗谱》，历经清道光二十七年、清光绪十一年、民国7年、1982年多次修谱，现存谱牒4部。

坂中畲族乡和安《颍川钟氏宗谱》，历经清道光二十七年、清光绪十六年、民国9年、1982年多次修谱。现存谱牒5部。

坂中畲族乡濑头《钟氏族谱》，历经清同治十二年、清宣统三年、民国27年、1986年多次修谱，现存谱牒4部。

社口镇徐墩坂《钟氏宗谱》，始修本已遗失，历经清嘉庆六年、同治九年、民国5年、1983年、2004年多次重修，现存谱牒5部。

潭头乡小岭《钟氏宗谱》，现存谱牒1部。

溪潭乡蓝田《钟氏宗谱》，现存谱牒 5 部。

城阳乡铁湖《钟氏族谱》，始修本已遗失，清光绪十年、民国 3 年、民国 37 年重修，现存谱牒 4 部。

城阳乡茶洋《钟氏宗谱》，清道光二十四年首修，1992 年重修，现存 1992 年修辑本。

城阳乡前洋《钟氏族谱》，现存谱牒 1 部。

甘棠山头庄《钟氏族谱》，清光绪年间首修，民国 3 年、民国 32 年重修。

甘棠坑门里《钟氏族谱》，清光绪十二年首修，民国 9 年重修。

甘棠小岭《钟氏族谱》，清光绪二十二年首修，民国 36 年重修，1985 年再修。

下白石镇红夏《钟氏族谱》，现存谱牒 2 部，始修于清光绪八年，光绪二十一年重修。

溪柄镇仙仁《钟氏族谱》，始修于清道光八年。历经光绪六年、光绪三十二年、1957 年和 1989 年 4 次续修。

潭头乡《橄岭钟姓宗谱》，清光绪年间重修。

溪柄镇长洋葛藤坪村《钟氏族谱》，清光绪十年修。

溪柄镇九龙村《钟姓宗谱》，1980 年修。

溪柄镇龙潭面村《钟姓宗谱》，历经多次修谱，现存谱牒 3 部。

溪潭镇蓝田村《钟姓宗谱》，历经 9 次修谱，现存谱牒 6 部。

穆云乡高岭《钟氏族谱》，始修于清代，1983 年重修。

上白石镇南山头村《钟氏宗谱》，清代以来历经 6 次修谱，现存谱牒 6 部。

松港岭头村《钟姓宗谱》历经 1981 年、2000 年 2 次修谱。

福鼎市钟氏族谱：

松树洋《颍川钟氏族谱》，民国 8 年（1919 年）修，整本谱牒由 7 个部分组成。

枇杷坑《颍川钟氏族谱》，民国 4 年（1915 年）修，整本谱牒由 7 个部分组成。

佳阳乡丹桥《颍川钟氏族谱》，清道光十九年（1839 年）修，整本谱牒由 9 个部分组成。

店下亥窑村《钟姓宗谱》，历经 2 次修谱，现存谱牒 2 部。

柘荣县楮坪湾里王家山村钟氏宗谱，历经清嘉庆二十五年（1820年）、道光三十年（1850年）、光绪元年（1875年）、光绪十一年（1885年）、1958年、1979年6次修谱。

周宁县七步乡东岗《钟氏宗谱》，1953年修，整本谱牒由7个部分组成。

南阳镇帽底村《帽底钟氏宗谱》，民国26年（1937年）修，整本由《钟氏世系源流》和后记2个部分组成。1983年再修，整本谱牒由9个部分组成。

（二）闽东畲族修谱程序及规仪

闽东畲族视修谱为族内不可偏废的一件大事，一个村可以没有祠堂，但"族不可以无谱"，闽东畲族族谱大约每隔20—30年重修一次，相隔一代人的时间，这样才能做到把家族中的两代人衔接起来，确保家族血缘关系记载上的清楚准确。在距离上次修谱时间20—30年后，经畲村某姓族中耆老提议，各房商议达成重修共识后启动修谱。

1. 设谱局

设谱局，即设立修谱董事会，由族长和热心公益事业、办事公正、有一定威望的本族文化人担任修谱董事会成员。一次修谱往往是一次族内人才大动员，董事会成员多则30余人，少则10几人，畲民把参与修谱视为一件十分光荣的善举，族谱修成后，他们的名字将载入谱牒以示褒奖。董事会成员之间有着明确的分工，或筹集资金、或资料采集汇总、或世系审核，通常各司其职。

2. 订章程

设立谱局后聘请修谱先生和制定修撰方案。修谱先生有本族的文化人，也有汉族文化人。修谱先生是族谱的撰稿人，也往往是谱牒章程的拟稿人。章程在谱牒修撰之初，很多条款要以文告方式公告全村同族人，对入谱人丁资费的初步分摊、资料采集程序渠道，以及内容要求等必须有统一的规定，且要做到家喻户晓。在族谱修成后，部分章程的内容被收入"凡例"，作为规范今后族谱编修的范例或法则。

3. 筹措资金

编修族谱的资金筹措最通常的做法是按入谱人丁来分摊，即收取丁

钱，男丁、女丁都要分摊，如遇增加造葬、绅士、节孝等记载事项的均要
加钱，21世纪修谱过程中，对一些研究生、官员等乡贤也提出加钱，也
有按入谱字数或版面计算资费。除了收取丁钱和版面费外，来自族人的捐
资也是修谱资金的重要来源。

4. 征集资料

征集资料是修谱的重头戏。闽东畲族修谱惯例是采取分发家状的方
式，分头征集入谱资料，以表格的形式分家填写，内容包括五代人的子、
行、生辰八字、逝世时间、婚姻对象、死后坟墓地点坐向以及生育之女情
况。但村民能按单填报回馈的并不多，大部分需要谱局派出专人深入各户
协助填写回收。21世纪由于市场化和改革开放的深入，人口外迁，资料
收集更为艰难，更需要配备大量人员负责收集资料。

5. 取谱式

闽东畲族族谱多首修于清中叶，谱式最常见的为盛行的欧苏式。欧式
仿年表书法，世经人纬，条理分明，脉络贯通。苏式依家礼宗图，系联派
属，高曾祖考，一堂如见。一部完整的闽东畲族族谱通常包括以下几个部
分：修谱人员名录、新旧谱序、上古遗风（由盘瓠王敕书、开山公据、
铭记、受姓记或历代封赠、上古遗风连环图、龙首师杖、祖地凤凰山、会
稽山、七贤洞、祖坟图、重建广东盘瓠祠等组成，这一部分为汉族族谱所
没有的）、凡例、谱论、姓属字行、历代名贤、族规家范、总图支图、世
系、祠产契约、名胜艺文等。世系图是主体部分，篇幅一般占全谱的
60%以上。21世纪所修族谱也基本保持了这种谱式，如福鼎桐城乡浮柳
《蓝氏宗谱》，2003年重修。其主要内容是：

（1）祖像（12幅）

（2）祠图、坟图（6幅）

（3）凡例

（4）序7篇

（5）祠图记

（6）诸儒谱论

（7）传

（8）古风一则

（9）赞

（10）汝南郡种玉堂蓝氏历代迁居始末记

（11）蓝氏始祖出处辨析

（12）后语

（13）蓝氏本宗上纪直系图、汝南郡蓝氏总图

（14）修谱名录

6. 定谱例

修谱凡例也有直书谱例的，是有关修谱的原则规定和体例说明。

7. 取谱名

谱名是载于畲家宗谱中的宗祠内人丁所用之名，与一般日常生活社交场合用的"俗名"不同。逝世后灵堂牌位、坟墓碑文则用谱名，但今人墓碑也镌刻俗名。谱名表明命名对象的世属和排行，闽东畲族谱名由"讳名（世名）、字、行第"等三者组成，谱内男性谱名兼有三者，而女性仅用俗名或另加排行。讳名和字都是复名，复名的第一用字俗称为"字头"，是由主持修谱的族长、董事和修谱先生等人议定，每一世（代）的讳名和字的"字头"仅各用一字，这一世的每个男性的讳名和字都冠上此字。谱名、讳名用字有一定法则。畲族宗谱内部分人丁还有"奏名"，又称"醮名"，俗称"法名"。"奏名"获得者为十六岁时传法"入录""度身"，即学师传师的人，男性奏名都冠以"法"字，名如"法勤""法勇""法明"等，女性奏名一般配以"婆神"字样，名如"淑妃婆神""明妹婆神"等。已获奏名者，意即祖师已封他们为"神职"，他们可以把所获奏名的时辰写在红布条上，并系于祖杖首端，作为他们在族内地位和威望的佐证。

8. 分行第

行第是同世男丁或女性按出世年月时辰先后依次排列。闽东畲族行第用字有一定变化和发展，明代清初按族规，畲族排列主要用字仅是"念、大、小、百、千、万"等字，每世（代）仅用一字作周而复始的循环使用，其中蓝姓用6个字，雷、钟两姓只用5个字。即蓝姓按世（代）排列为"念、大、小、百、千、万"，而雷姓排行少"念"字，钟姓排行少"万"字。同时，排行时男丁不排一，女性不排二，即男丁排行序数从"二"字开始，而女性排行序数缺去"二"字。具体排法是，同辈人同属一字，再加上按出生月日时辰所排顺序。如蓝姓某男，同世用字为"念"，他在同辈中排第36位，便为"念三十六郎"；雷姓某女，同世用

字为"百"，她在同辈中排第 14 位，便为"百十四娘"。而独缺的"一郎""二娘"等，要留给未满 16 岁而夭折的男女亡灵。清代中期，受汉族文化影响，排列改为多字。现在畲族已基本取消这种排行方法，只以排世作为辈分长幼的序列。

9. 祭谱封谱

畲族族谱修好后，通常用蓝色或青黑色厚布做封面，装订成册，然后选吉日良辰举行隆重的封谱仪式，日期时辰是要经过精心挑选的黄道吉日，时辰通常选夜晚 12 点以后。祭谱封谱仪式在宗祠内举行，在祠堂大厅正中摆上祭桌，供上新修好的族谱，左右分别以全猪、全羊上祭。法师在祠堂内，搭起三界（用三张桌子代表三界），挂上神像，做请神科仪，接着起三层洪楼，祈请神灵保佑合族平安。并举行隆重的迎祖仪式，族人抬出供有祖先牌位的香亭或将始祖牌固定在八仙桌上，罩以红布，两人抬着，在全副仪仗的前导下周游全村。晚上时辰到前，先由董事会、村中全福（三、五代齐全）之人到供桌前祭拜，在司仪高呼："保合族子孙后代平安大吉，发五代全堂、百子千孙"声中跪拜礼成后，将族谱装入特制的樟木或铁皮箱中，由修谱先生贴上封条，上好锁，将钥匙交给族中年纪最轻的一位裔孙保管，谱箱一般放在祠堂内干燥处保藏。如果各房有为自己祖先制作龙牌的也选择这个时辰放进祠内神龛。没有祠堂的村选择宫庙作为封谱场所。

封谱当天家家户户捣糍粑、包粽子、煮乌米饭，迎接回来拜祖的在外宗亲和赶来庆贺的亲朋好友。

10. 保管查阅

畲族族谱大都放在祠堂和宫，一般不放在私宅中，通常由祠堂董事或村总耆老负责保管。族谱封起来后，每年只有在六月初一至初六之间，或作七月半时，才能开封曝晒。如遇上特殊的事项需查谱，必须选择吉日良辰，在有关族人、耆老的陪同下，开封查阅。开谱当然也必须设祭，祭品不必全猪全羊，小三牲及酒水果蔬和元宝香烛即可。族谱一旦封起来，查看多有不便，为此修谱先生在修谱期间会分给各房抄一个副本或支谱、房谱，以应各人不时之需。现在部分新修族谱采用现代印刷，各房藏本多了起来，但查阅依然谨慎循矩。

二　闽东畲族宗祠

祠堂是家族特殊的建筑，是家族历史资源与文化传统的浓缩，其功能主要在于崇宗祀祖，既是构建家族权威的大厦，又是累积家族团结的基石，既有类似于宗教的神圣性，又有贴近于世俗的亲和力。闽东畲族各姓宗谱几乎都有建祠记，建祠是一村一姓特大事项。畲族祠堂是供奉族内祭祖和存放祖牌的地方，是一族办公、议事和盘歌演出的公共场所。一般某个区域的血缘相近的同姓畲族都有自己共同的祠堂，又称为同姓"公祠""家庙"。"公祠"是以某个区域的肇基祖为核心的列祖列宗的构成。公祠中血脉相连，往往会覆盖同一县境内，特殊的情况，覆盖的范围延伸至临界的县域。如福建福安坂中畲族乡大林村钟氏宗祠，即是以音公为核心的钟姓公祠，钟姓派系迁居福安已有五百余年，不仅覆盖福安全境的大部分钟姓畲村，而且还扩展至临近的霞浦、福鼎等县域的钟姓畲村，即闽东北有相当一部分的钟姓均为音公派下。"公祠"之内由"房"组成，"房"是以肇基祖的若干儿孙分别组成的家族支派，肇基祖的每个儿子所形成的支派为一"房"。各房运通常按长幼序列依次称为"长房""次房""三房"等；随着时间的推进，子孙的繁衍和人数的递增，一些村落中原有"房"内子孙另立宗祠，又称"支祠"或"私祠"。根据一地同族人丁的多少，祠堂也有建筑规模大小及总祠、支祠之分。但不论规模大小如何，均系一族一派所共有的标志性建筑。

（一）闽东畲族宗祠分布及建设情况

闽东现有畲族蓝雷钟祠1座，蓝姓宗祠15个，雷姓宗祠22座，钟姓宗祠20座。

1. 联姓宗祠

柘荣乍洋柯岭蓝雷钟祠，20世纪末由柯岭村蓝、雷、钟三姓共建，砖木结构，青瓦屋面，建筑面积110平方米。分设供奉祖牌神龛3个，大门匾额书有"蓝雷钟祠"，两侧对联云："震向潮来泽及子孙皆富贵，兑局金位惠我宗亲尽贤良。"

2. 蓝姓宗祠

古田富达蓝氏宗祠：始建于宋祥符五年（1012），现宗祠为2001年重建，占地面积 850 平方米，建筑高度 8.5 米，进深 38 米，面宽 16 米，建筑面积 608 平方米。

福安穆云溪塔蓝氏宗祠：始建于 1850 年，现宗祠为 1990 年重建，占地面积 450 平方米，进深 30 米，面宽 15 米，建筑面积 360 平方米。分上下两座，上座为正殿，有供祭列祖龙牌的神龛；下座为戏台。

福安康厝洋里蓝氏宗祠：始建于 1805 年，现宗祠为 2002 年重建，进深 26.5 米，面宽 12.6 米，建筑面积 400 平方米。分上下两座，上座为正殿，下座为戏台。

福安上白石南山头蓝氏宗祠：为 2000 年 3 月重建，单座，占地面积 280 平方米，建筑高度 13 米，进深 22 米，面宽 12 米，建筑面积 264 平方米。

福安坂中井口蓝氏宗祠，清光绪二年 1876 年建，面积 400 平方米。

福安社口谢岭下蓝氏宗祠：建于 1928 年，2003 年重建，占地面积 338 平方米，进深 26 米，面宽 13 米，建筑面积 312 平方米。分上下两座。

福安谭头前村蓝氏宗祠：1984 年建，面积 400 平方米。

福安溪柄龙谭蓝氏宗祠：1984 年建，进深 12 米，面宽 6 米，建筑面积 72 平方米。

福鼎桐城浮柳蓝氏宗祠：1990 年建，占地面积 2400 平方米，砖混结构，单座 2 层，建筑高度 9 米，进深 23.5 米，面宽 24.5 米，建筑面积 486 平方米。2003 年重建两廊。

福鼎佳阳双华蓝氏宗祠：1989 年建，2004 年重修，砖混结构，进深 23 米，面宽 18 米，建筑面积 414 平方米。

屏南甘棠巴地蓝氏宗祠：始建年代不详，1884 年重修，现宗祠 1999 年重建，单座，进深 18 米，面宽 12.2 米，建筑面积 122 平方米。

霞浦崇儒上水蓝氏宗祠：1783 年始建，1948 年重建，悬山顶砖木结构，占地面积 126 平方米，建筑高度 5.13 米，进深 13.5 米，面宽 10 米，建筑面积 135 平方米。

霞浦白露坑牛跤岭蓝氏宗祠：1985 年建，单座，砖木结构，进深 14 米，面宽 11 米，建筑面积 154 平方米。

蕉城七都北山蓝氏宗祠：1995 年建，砖木结构，进深 19 米，面宽 10 米，建筑面积 190 平方米。

蕉城飞鸾长园蓝氏宗祠：清道光年间建，1966 年重修，面积 130 平方米。

3. 雷姓宗祠

福安康厝金斗洋雷氏宗祠：元至顺年间（1331—1333 年）始建，历经明天启年间（1621—1627 年）、清同治五年（1866 年）、民国初年多次重建，1996 年再建。占地面积 600 平方米，分上下两座，建筑高度 9.6 米，进深 26 米，面宽 15 米，建筑面积 500 平方米。

福安坂中和安雷氏宗祠：清乾隆二十九年（1764 年）建，2002 年重建，分上下两座，进深 17 米，面宽 14 米，建筑面积 420 平方米。

福安穆云燕窝雷氏宗祠：清乾隆五十九年（1794 年）建，建筑面积 375 平方米。

福安康厝红坪雷氏宗祠：清道光三十年（1850 年）建，1983 年重建上座正殿，2005 年重建下座，土木结构，青瓦（悬山顶）屋面，进深 26 米，面宽 20 米，建筑面积 500 平方米。

福安甘棠田螺园宗祠：清道光三十年（1850 米）始建，2000 年重建，进深 30 米，面宽 16 米，建筑面积 480 平方米。

福安坂中后门坪雷氏宗祠：请咸丰十年（1860 年）建，进深 29 米，面宽 15 米，建筑面积 435 平方米。

福安坂中上廉岭雷氏宗祠：1947 年建，1998 年装修，为上下两座，进深 23 米，面宽 16 米，建筑面积 360 平方米。祠堂坪深 5 米，宽 16，米，面积 80 平方米。

福安穆云后舍雷氏宗祠：清道光年间（1821—1850 年）始建，光绪二年（1876 年）重建，1991 年再建。占地面积 350 平方米，建筑高度 7.8 米，进深 26.5 米，面宽 13.2 米，建筑面积 175 平方米。

福安社口坑里雷氏宗祠：民国年间建，面积 400 平方米。

福安穆云南山雷氏宗祠：1980 年建，面积 400 平方米，1985 年农历 9 月 18 日午时上梁，1989 年农历 9 月 11 日九月十一日午时进主安位。

福安社口潘洋雷氏宗祠：进深 25 米，面宽 15 米，建筑面积 375 平方米，砖木结构。

福安溪潭马山坎下雷氏宗祠：1989 年建，砖木结构，进深 30 米，面宽 16 米，建筑面积 420 平方米。

蕉城区洋中溪旁雷氏宗祠：清乾隆十年（1745 年）始建，1962 年重建，土木结构，进深 18 米，面宽 12 米，建筑面积 150 平方米。

蕉城七都漈头雷氏宗祠：清康熙三年（1664 年）始建，清道光年间重建，土木结构，占地面积 300 平方米，建筑高度 8 米，进深 15 米，面宽 11 米，建筑面积 165 平方米。

蕉城八都猴盾雷氏宗祠：清道光年间建，民国年间重修，1981 年再修，砖木结构，进深 21 米，面宽 13.6 米，建筑面积 300 平方米。

霞浦水门茶岗雷氏宗祠：始建于清代，1944 年重建，2004 年再建，悬山顶砖木结构，建筑面积 70 平方米，每年三月初三和七月七日雷氏合族祭祖即在此举行。

霞浦溪南半月里雷氏宗祠：清雍正八年（1730 年）始建，历经多次重修，20 世纪 90 年代末再修，为硬山顶砖木结构，大门为牌楼式，建筑面积 136 平方米。

霞浦下浒四斗雷氏宗祠：为该村雷氏祖厝改用，原为四扇，因年久失修，仅 10 月平方米，供有雷氏祖先祖牌。

霞浦北壁盘前雷氏宗祠：始建于清代，原为木构，1995 年重建，为石构，面积 20 平方米。

福鼎白琳牛埕下雷氏宗祠：清末建。

福鼎白琳青寮雷氏宗祠：清末建，面积 500 平方米。

柘荣乍洋宝鉴宅雷氏宗祠：始建于 1930 年，2003 年重建，占地面积 240 平方米，建筑高度 6.5 米，进深 16 米，面宽 10 米，建筑面积 160 平方米。

柘荣茶湾楮坪雷氏宗祠：1989 年重建，占地面积 140 平方米，建筑面积 94 平方米。

4. 钟姓祠堂

福安坂中大林钟氏宗祠：始建于清康熙五十年（1716 年），现存建筑物于清光绪八年（1882 年）重建，建筑面积 700 平方米。土木结构，由戏台和正厅组成，正厅面阔五间 15 米宽，进深三间 30 余米。祠堂保存钟姓历代（唐至清光绪年间）祖先的神牌 487 块。这些神牌造型一致，均为木雕，上顶雕衔珠翘须龙头，两侧镂刻双龙或双凤，中间是表明祖先名分的宋体阳刻，底池为宝蓝色；下端是托座，雕有围栏、吊柱、流苏，镶嵌青云头、花卉、寿字等图案。正中神牌是"大林钟氏"派系始祖的龙牌，高达 1.3 米，宽 0.5 米。1991 年大林钟氏神牌供奉祠堂被福安市政府列为市级重点文物保护单位。

仍用木板，以备开启。以福安康厝凤洋钟氏宗祠为例。舞台高度为1.5米，面宽4.12米，进深4.36米，中间活动板宽1.58米。西边有化妆道具室各宽2.36米，深6.9米。宗祠建成后，新建的戏台在使用之前，先要请戏班和法师祭台，祭台驱赶邪魔恶煞后，才能使用。

戏台是一座宗祠的视线集中点，所以戏台天棚通常是雕梁画栋，绘有各种人物及花鸟图案，有的在屋顶上饰以凤凰泥雕，取意始祖婆高辛帝之女三公主为"凤"，与畲族传统服饰凤凰装遥相呼应。如林岭雷氏宗祠、凤洋钟氏宗祠的戏台均装饰的富丽堂皇。

2. 器物

畲族家族祠堂有六件镇祠之宝：族谱、香炉、祖图、族杖、祖牌、楹联。

（1）香炉。在家族分离时，每个房支往往以一尊香炉作为日后会面的信物，因为香炉便是家族的象征。闽东"二月二"会亲节传说中的一个重要的道具是香炉。明宣德年间，罗源县梧桐岔村雷姓畲民兄弟三人分家，每人随带一个香炉为记。兄弟中一人流落在福安后门坪村境，他得到了一对魏姓兄弟的帮助，雷氏开荒种地，成家发族。后来，后门坪雷氏在村头建立起了"魏公侯庙"、立魏氏兄弟为当境土主（保护神）。每届农历二月初二，闽东畲民便来后门坪畲族村瞻仰香炉，祭祀魏氏兄弟。在福安畲族地区多处可见畲民分流迁徙时随带的各种香炉，其中主要是铜制香炉。

（2）祖图。祖图，又称"太公图""永远图记""长联""环山轴"，是关于盘瓠传说和河南传说的实物材料。今藏的祖图多为清代物品，以麻布、土布为底，平图勾勒，浓墨重彩，以条状横幅长卷居多，也有直幅多屏组合而成。画面配有文字说明，图文并茂，以盘瓠传说为依托，展示畲族历史发展、社会生产、文化习俗等。

闽东畲族祠堂还存有祖像。蕉城柴坑钟氏宗祠、北山的蓝氏宗祠内供有忠勇王神像；富达、巴地的蓝氏宗祠内供有本派开基祖像。这些祖像有泥塑也有木雕而成，平时供在祖龛里，遇到重大节日，即行抬出迎祖。

（3）族杖。又称"祖杖""龙首杖""龙头杖""龙首师杖""法杖"。族杖是畲家显示远祖权威的象征物，今藏祖杖雕成龙头，祖杖有长短两种，长者四尺多，藏于祠堂；短者二尺余，置于祖箱。闽东部分宗祠供有龙头杖，如八都猴盾、七都北山、康厝红坪、飞鸾南山等祠堂均供有祖杖。通过醮明祭后，族人新取的法名写在红布条并系在族杖上。

（4）祖牌。祖牌，是祠堂供奉祖先神位的象征，简陋的就直接将祖牌移供于祖龛。略有规模的宗祠，均为特制的祖牌，为上等木材雕刻而成，高50—100厘米，雕有龙首、人物、吉祥图案等，中间书祖先名讳行第、职衔等，做工精细，俗称"龙牌"。福安大林钟氏宗祠、红坪雷氏宗祠、金斗洋雷氏宗祠、溪塔蓝氏宗祠均存放有数量不等的精雕"龙牌"。福安大林钟氏宗祠祖牌是迄今保存较为完好、有一定文物价值的器物，共170余面，祖牌自元代开基始祖至清光绪八年共34世，均保存完整。祖牌于光绪十二年进祖龛。祖牌进祖龛时，仪式隆重，一般在族谱中均作记载。祖龛是供奉祖先灵位的地方，根据各祠的财力，设置规模亦不同，简陋的仅设一坛，高约1.2米，宽约1米，分两级，上一级放祖牌，或为神主牌；下一级为香案，摆列香炉。由祖厝改座祠堂的祖龛都是这一类。还有一种就是较具规模的，在后座建有专用于安放保存祖牌的祖龛，通正殿中堂外，还连至左右两侧。祖龛排列祖牌也有不同规矩，如有变动必须选择专门日子致祭才行。新放入祖龛的祖牌，也一样要选择吉日良时设祭崇祀，叫进主，往往是一祠堂最盛大的活的之一，进主通常和封谱、祭祖等重大活动结合进行，设全羊、全猪大礼致祭，然后按龙牌所代表的备份入座。祖龛内龙牌也按所代表人的辈分依次排列。

在宗祠内举办的最大活动是每年的祭祖大典，合村参与，通宵达旦，同时伴随戏剧演出等文化和神事活动。

（5）楹联。畲族村祠堂内楹联专门独特，每年更换一次，但内容不变。如福建古田县富达畲村蓝氏宗祠内祖龛首联曰："存忠孝心，行仁义事。"正厅首联曰："今修祠宇其地以唐宋史基之，古肇宗风有堂衍子孙恢廓者。"这些楹联自清代至今，始终不变。为了避免祠堂毁圮而楹联消失，畲民往往把楹联的内容记载在族谱中，待日后祠堂恢复时再行显出。

（三）闽东畲族祠堂的鼎建

闽东畲族修建祠堂的事宜由族长亲自主持，配以若干名首事主办，祠堂地基和修祠时间的选择都由专人负责。修建祠堂的资金筹措类似于修谱，组成董事会，由董事各司其职，负责筹措资金，材料采购，工匠聘请，督工营建。建祠最难在于资金筹措，除部分由族中富户认捐外，其余部分按人丁分摊，少数有族产的，变卖部分族产，充做建祠资金。对于大村望族，资金较好解决，如古田富达是闽东最大的畲族村，富达蓝氏宗祠始建于宋大中祥符五年（1012 年），历经多次重建重修，清嘉庆年间建的宗祠因 1999 年失火烧毁，2001 年由乡贤蓝春、杨英夫妇捐资 28 万元和全村人集资 20 万元重建，占地面积 850 平方米，重建后仍为闽东最大、最壮观的畲族祠堂。而小一点的村建祠就困难多了，如福安红坪雷姓宗祠上座建于清道光三十年（1850 年），下座直到 2005 年才落成。

三　闽东畲族的祭祖

祭祖是畲家最为隆重的祭祀仪式，祭祖过程，举族动员，数村呼应，气势恢宏，氛围庄严，是一种民族凝聚力量的显示。仪式表达了族人对氏族神灵的纪念和祈祷。仪式体现了畲家对民族传统意识的承续，对历史的缅怀和对现实的祝福。祭祀仪式既具有神秘性，又洋溢着民族民间的世俗色彩。畲族祭祖内容丰富，形式多样。

1. 时令祭

是畲民以家庭为单位组织的祭祖仪式。畲族居住比较分散，加上崇山峻岭阻隔，各村寨的具体祭祀仪式因地而异。一般是逢年过节，每月的初一、十五，分别焚香点烛敬奉祖先。每年的正月十五以及七月十五、八月十五为祭祖三大节，福鼎畲族改八月十五为十二月十五作为最大畲族祭祖节。祭礼在家中厅堂设案祭供，挂祖图、立祖杖，除始外，也祭祀本姓祖先。另外还有独特的"三月三"染乌米饭祭祀祖先活动，畲族"三月三"节日，从 21 世纪初的一年一届的宁德畲族"三月三"歌会发展到福建省"三月三"畲族文化节，并且与海峡两岸少数民族丰收节结合起来举办，到 2015 年已经举办了四届"三月三"畲族文化节，逐步打造为畲族节庆品牌，闽东畲族"三月三"染乌米饭祭祀祖先活动也更加为人所知晓。每年清明时节，畲族也有上山扫墓习俗，各家各户带上香、酒、纸钱、糕点、猪肉或鸡肉等供品到祖坟前，焚香祭奠，墓祭仪式比较简单，都是以家庭为单位进行。

2. 醮明祭

按畲族传统习惯，男子年满 16 岁要举行"做醮"祭祖仪式，又叫"度身""学师"。每个畲民都希望通过主持"传师学师"的祭祖仪式，继承先祖的意志和力量，成为一个受人尊敬的勇士。学过师的称"红身人"，未学过师的叫"白身人"，只有"红身人"才有资格主持祭祖。"做醮"多在家中举行，日期由祭师挑选。仪式举行前，家人要从自己同姓同支的"祖祠"挑回"祖担"，叫"游祖"。"祖担"就两个竹编的箱子，装着祖图、祖杖、祖簿、香炉、龙角、龙刀、铃钟等物件。把这些东西一一摆在堂屋香桌上。仪式由法师主持，法师用念唱、歌舞方式，叙述始祖学艺的难难历程，唱罢引弟子三拜天地、始祖、本师公（学师前辈），接着参牒，取法名。法师还要传授头冠、衣衫、剑刀、号角、笏板、锣、鼓给弟子，要进行洗坛、置坛、坐坛、传渡、折坛、生筵一系列仪式。通过"做醮"后才有资格主持祭祖礼仪，祭过祖先的男人称"法师"、女的叫"皇母娘"或"西皇母"。女性没有行成丁礼，只要夫家上代有人做过"西皇母"的，自己有子孙就可请"法师"主持祭祖仪式。祭过祖的人，要把取得"法名"、做醮日期写在红布条上，结扎在祖杖上，表明就有身份的人，可主持祭祖活动，作为孝子为父治丧，否则要去请祭过祖的人来（民国后"做醮"祭已不多见）。学师仪式依祖传经文《卷头本》规定程序共 60 个台本，须三天三夜完成。

3. 迎祖祭

迎祖即接迎祖亭，祖亭内设置祖牌和祖杖。畲家三姓除共奉氏族神灵外，同姓同支畲家还共设祖亭一座，由县境内外的同姓同支的畲族轮流陈列祭祀。经商议按顺序由乙村向陈放祖亭的甲村请祖亭，置于本村祠堂或祖厝大厅，敬奉三年或两年后，再由丙村至乙村请祖，依次类推，周而复始。如闽东宁德雷姓"迎祖"，由县域内以猴墩、新楼高山互轮祭祀，县域外，则猴墩与福安康厝乡牛石坂、下白石镇下赤、金腰带、广门、半岭等村轮流祭祀。际头村、麒麟寨分别与罗源县竹里林、护国林洋村等对轮祭祀。请祖时间为农历正月初三至十五日之间，逾期不请，须待来年，若村里有特殊的天灾人祸，可不受此限，以"迎祖"禳灾。

4. 祠祭

畲族比较看重祠堂合族祭祀典礼。祠祭分春秋两祭（或一年一祭），礼仪隆重、热烈。祭礼由族长或本族名望最高的人主持。祭日前一天，要整扫祠堂，陈设器皿，洗涤用具，备办牲礼供品。供品备好后，祭日子时，放铳一响，大家做准备。丑时，铳炮一响，每家每户成年男子手捧香烛供品前往祠堂致祭，女性不参祭，只在旁观看，进祠堂门时要半跪蹲行进，将香烛祭品排列供桌上，然后退站两旁。黎明时，开炮三响，祭典正式开始，法师设坛请天神安位，迎祖图、祖杖、族谱入祠，悬图、置杖、开谱，叫请祖安位。这时鼓乐鞭炮齐鸣，由族长领唱《祖源歌》，边歌边跳"祭祖舞"，气氛热烈欢快。接着瞻仰祖图，宣读祭文，而后按辈分先后向祖先礼拜。祠祭完毕后，举行隆重的迎祖游行动。迎祖队伍由锣鼓队、彩旗队、龙头队、刀枪队、舞蹈队组成。出游时，锣鼓开道，彩旗招展，一路歌舞、放鞭炮，跳"龙头舞""迎祖舞"。其舞蹈中有三步一回头的动作，表示后代对祖先的怀念与崇敬。出游的目的是祈求祖先神灵赐福全村，五谷丰登，人丁兴旺。迎祖队伍所经之处，家家户户出门焚香朝拜同，感谢神福降临。大道小道走遍后，迎祖队伍才返回祠堂。有的地方祭祀仪式长达两三天，法师代各户读"疏文"祈福，还要带参祭者跳"独角舞""铃刀舞"，最后行谢神、送神、封谱之礼。礼毕，各家各户的户主（或代表者）带走自家香烛供品以半跪蹲方式退出，将供品摆在家中祖龛上。接着参祭者聚宴一堂，祭祖仪式才告终止。

四　闽东畲族宗族凝聚形式的传承与发展

除了编修族谱、建祠和祭祖作为畲民家族的三件大事之外，20 世纪 90 年代至 21 世纪初，闽东畲族的宗族文化凝聚形式既有对传统福宁山民会馆的恢复，又有建立中华畲族宫的创新发展。

1. 福宁山民会馆的恢复

福宁山民会馆，又名福宁三明会馆，其意在于倡导"三明"精神。一、平等、团结、和谐的"通明"精神；二、自强、开拓、共同繁荣的"昌明"精神；三、尊严、高尚、明理的"文明"精神。

清光绪二十五年（1899 年）福宁山民会馆建在霞浦西郊教场头，1919 年 8 月，建新会馆于霞浦县松城旗下街 6 号（旧门牌为 3 号）。会馆由山门、前座、后座等组成，硬山顶穿斗式砖木结构，面积 683 平方米。历史上会员多时达 2000 余人，影响到闽浙赣三省 10 多县的畲族社群，是畲族主要聚居地区畲族同胞的民间社会组织，起着联谊、商议、祭祀、慈善、维护畲民权益等重要作用。是全国唯一跨省、跨地区的畲族公益团体，也是闽浙赣畲族民众联合组建的社会公益组织。民国时期福宁山民会馆遭受几次兵祸，新中国成立后，又有十来户无房者居入，保护不善以及私自改修，会馆原貌受到较大破坏。"文革"时期木雕涂金大型神牌被焚毁，大厅两侧刻字木板被拆下用于抗洪而丢失。

2007 年 10 月，"畲族三明会馆研讨会"隆重召开，闽浙两省与会代表一致主张恢复成立畲族三明会馆董事会，开始了畲族三明会馆恢复工作。2009 年定为省级文物保护单位。

2. 中华畲族宫

中华畲族宫位于福建省宁德市金涵畲族乡亭坪民俗村内，1995—1997年投资 400 多万元完成一期工程礼仪台和忠勇王殿，2000 年投入 570 万元建设二期工程，2001 年计划投资 360 万元建设三期工程畲族文物馆。建成后代中华畲族宫包括汉阙门、龙头主杖、月亮池、祭祖坛、礼仪台、忠勇王殿、高辛帝阁及畲族历史博物馆、畲族革命纪念馆，原全国人大副委员长费孝通先生亲笔为其题名。2008 年 1 月在中华畲族宫成立闽东畲族文物馆、中国民族博物馆畲族分馆及全国民族团结进步教育基地。

主殿"忠勇王殿"面积 656.6 平方米，高 13.2 米，屋顶"挑角""飞檐"体同飞龙，殿前六根玄武岩廊柱雕刻有畲族农耕艺术图案，雄伟庄严；殿内忠勇王、三公主坐像，用珍贵红豆杉雕成，富丽堂皇；礼仪台占地 2200 平方米，由花岗岩火板铺面，古朴凝重；汉阙大门突出汉代风格，庄严肃穆。宫门口广场及高耸的龙头祖杖，凝结着畲族人民对忠勇王至高无上的崇敬；祭祖坛，用于再现古老的祭祖仪式；忠勇王殿内装修、大门口辟邪石雕，都体现了浓郁的畲族风情特色；忠勇王殿内还陈列有畲族民间文物及照片资料。

中华畲族宫内设闽东畲族文物馆，其建筑面积 1200 平方米，设序厅、历史厅、风情厅和现代厅等四个厅，具备展示、研究、信息和教育功能。

中华畲族宫建成后，经常开展畲族各类民俗活动和上刀山、下火海、起洪楼、婚嫁仪式等畲族民俗表演，春节、三月三、九月九等传统节日，畲族父老乡亲们自发地来此祭祖、赛歌等。2013 年在中华畲族宫隆重举行畲族祭祖大典，通过文物展示、民俗活动等，进一步弘扬和发展了畲族文化，提升畲族形象，也加强了畲族同胞的凝聚了。中华畲族宫自修建以来，得到了全国畲族同胞的方认同，使之成为畲族同胞的朝圣地。中华畲族宫为费孝通题写宫名，是中国民族博物馆畲族分馆。

参考文献

1. 缪品枚编撰：《闽东畲族文化全书·谱牒祠堂卷》，民族出版社 2009 年版。

2. 许怀中主编：《八闽文化研究丛书·畲族文化研究》，民族出版社 2007 年版。

3. 蓝炯熹总纂：《福安畲族志》，福建教育出版社 1995 年版。

4. 蓝纯干主编：《宁德市畲族志》，天津古籍出版社 2001 年版。

5. 蓝炯熹主编：《穆云畲族乡志》，海峡出版发行集团、海峡书局，2014 年 10 月。

6. 蓝炯熹：《畲民家族文化》，福建人民出版社 2002 年版。

7. 蓝运全、缪品枚主编：《闽东畲族志》，民族出版社 2000 年版。

关键词索引

后　记

　　国家社科基金特别委托项目"二十一世纪初中国少数民族经济社会发展综合调查"子课题"二十一世纪初的畲族经济社会发展综合调查"于2014年5月初正式启动。课题组选择了浙江省景宁畲族自治县与福建省宁德市作为两个调查点，并根据民族自治地方与散杂居地区的特点，采取了略有不同的调查内容与方式，最终完成了《景宁畲族自治县卷》和《宁德畲族聚居区卷》两个研究成果。

　　《宁德畲族聚居区卷》的编写得到了福建省民族宗教厅、宁德市民族宗教局相关领导的重视与支持。课题组成员所在单位包括中国社会科学院民族学与人类学研究所、福建省民族宗教厅、福建师范大学、福建省民族与宗教研究所、福建省教育科学研究所、宁德师范学院。在编写期间，课题组先后征求了省民宗厅、宁德市民宗局相关领导与部分人员的意见，商讨了课题的具体调查、编写工作；召开了蕉城区金涵畲族乡，福安市坂中畲族乡、穆云畲族乡、康厝畲族乡，霞浦县水门畲族乡、崇儒畲族乡等畲族乡干部、村级基层干部座谈会，讨论相关内容。我们完成了省、乡两级畲族工作部门与乡村基层干部的问卷调查，采访了宁德畲族企业与企业家协会相关人员、畲村合作社社员等100余人，为编写工作奠定了较为扎实的基础。

　　本书课题组负责人陈建樾、成员马骍负责编写、完善全书的章节结构，成员蓝炯熹负责协调编写人员的具体工作。书稿于2014年12月中旬完成，之后，征求了福建省民族宗教厅、宁德市民族宗教局相关人员的意见。编写组根据相关意见进行了修改，形成了最终研究成果。

　　感谢宁德市委书记廖小军、市长隋军在百忙之中，为本书写序。

　　本书撰写分工如下：

绪论　马骅

第一章　宁德畲族的地理禀赋与民族特征　陈建樾

第二章　宁德畲族乡村的挂钩帮扶　刘冬

第三章　宁德畲族乡村的"造福工程"　刘冬

第四章　宁德畲族乡的城镇化问题——以福安市畲族乡为例　马骅

第五章　宁德畲族乡村特色产业与农民专业合作社　马骅

第六章　宁德畲族的企业家现象　蓝炯熹

第七章　宁德畲族合法权益的保障——民族工作的法治化之路　刘培芝

第八章　宁德少数民族干部的培养与选拔　刘培芝

第九章　宁德畲族文化的传承与保护　林校生

第十章　宁德畲族的文化产业　刘冬

第十一章　宁德畲族的教育事业　郭少榕

第十二章　宁德畲族城镇化进程中的音乐生活　蓝雪霏、蓝炯熹

第十三章　城镇化背景下宁德畲族女性的家庭地位　李益长

第十四章　宁德畲族家族文化的传承与发展　赖艳华

"二十一世纪初的畲族经济社会发展综合调查"课题组

2015 年 3 月